КРАТКИЙ
РУССКО-НЕМЕЦКИЙ
СЛОВАРЬ
ГАЗЕТНОЙ
ЛЕКСИКИ

KLEINES
RUSSISCH-DEUTSCHES
WÖRTERBUCH
DER ZEITUNGS-
LEXIK

W.A.Gandelman

KLEINES
RUSSISCH-DEUTSCHES
WÖRTERBUCH
DER ZEITUNGS-
LEXIK

(EIN FÜGUNGSWÖRTERBUCH)

Etwa 25 000 Wörter und Ausdrücke

VERLAG RUSSKIJ JAZYK
MOSKAU
1988

В. А. Гандельман

КРАТКИЙ РУССКО-НЕМЕЦКИЙ СЛОВАРЬ ГАЗЕТНОЙ ЛЕКСИКИ

(СЛОВАРЬ СЛОВОСОЧЕТАНИЙ)

Около 25 000 слов и выражений

МОСКВА
„РУССКИЙ ЯЗЫК"
1988

ББК 81.2Нем-4
 Г 19

Рецензент:
канд. ист. наук Ю. Л. Молчанов
Спецредакторы:
А. А. Токовинин, А. Мор, В. Фридрих

Гандельман В. А.

Г 19   Краткий русско-немецкий словарь газетной
лексики: (Словарь словосочетаний). — М.:
Рус. яз., 1988 — 335 с.
ISBN 5—200—00319—9

Словарь содержит около 25 000 слов и выражений
общественно-политического характера, встречающихся
в современной советской прессе. В словарь вошли по-
нятия из области политики, международных отношений,
экономики, права, истории.

Предназначается для широкого круга советских чи-
тателей, занимающихся немецким языком.

Может быть полезен для лиц, владеющих немецким
языком и изучающих русский язык.

Г $\frac{4602030000-329}{015(01)-88}$ 185—88   ББК 81.2Нем-4

ISBN 5—200—00319—9   © Издательство „Русский язык",
1988

ПРЕДИСЛОВИЕ

„Краткий русско-немецкий словарь газетной лексики" предназначается для переводчиков, преподавателей, журналистов. Он может оказаться полезным для широкого круга лиц, занимающихся немецким и русским языком и работающих с прессой и другими общественно-политическими материалами.

Словарь поможет в преодолении трудностей перевода и предупреждении переводческих ошибок. Нередко подобные ошибки и трудности возникают из-за того, что имеющиеся словари общего типа содержат сочетания слов лишь в их основных значениях, напр.: „присутствие" — „в присутствии кого-л." in Anwesenheit von j-m, в то время как газетный термин „присутствие" Präsenz только назван, сочетаемость его не дается. В нашем словаре приводится сочетаемость этого слова с 10 словами.

Словарь содержит около 1100 словарных статей, включающих 25 000 наиболее употребительных выражений языка прессы и общественно-политической литературы, как правило, отсутствующих в русско-немецких словарях, среди них:

а) сочетания слов, имеющие прямое немецкое соответствие;

б) речевые стереотипы, не имеющие прямого соответствия в немецком языке, но передающиеся характерными для немецкого языка средствами;

в) словарные единицы, обозначающие реалии и представляющие большие трудности при переводе.

Учитывая специфику газетной лексики, словарь отражает как советские реалии, так и реалии немецкоязычных стран и международной жизни.

Главным принципом отбора материала, положенным в основу данного словаря, является принцип высокой сочетаемости слов.

Следуя этому принципу, каждое включаемое в словарь слово рассматривалось не столько с точки зрения его частой употребительности и информативной ценности вообще, сколько с учетом высокого коэффициента его сочетаемости. Например, слово „альянс" употребляется довольно часто, но оно имеет относительно ограниченную сочетаемость, поэтому оно не вошло в словарь. По той же причине не включены в словарь и многие другие слова.

В тех случаях, когда для слов с ограниченной сочетаемостью существует синонимичное слово с большей сочетаемостью, оно, как правило, включалось в словарь. Таким синонимичным словом для слова „альянс" явилось слово „союз", имеющее высокий коэффициент сочетаемости, высокую частотность употребления и информативную ценность.

Поскольку в данном словаре в роли заглавного слова выступает не только существительное, но и прилагательное, принцип высокой сочетаемости дает возможность установить, какое слово в словосочетании — существительное или прилагательное — берется в качестве заглавного. Например, в словосочетании „непререкаемый авторитет" слово „авторитет" обладает большей сочетаемостью, оно и включено в словарь в качестве заглавного.

Другой пример. В словосочетании „антагонистические противоречия" оба слова имеют определенный коэффициент сочетаемости, но у „противоречия" он значительно выше, чем у „антагонистический". В таких случаях оба слова вошли в словарь, но словарная статья разрабатывается на слово с более высоким коэффициентом сочетаемости, а слово с меньшей сочетаемостью (в данном случае „антагонистический") имеет соответствующую ссылку — см. „противоречия", „класс" и т. д.

Настоящий словарь является кратким. Поэтому автор не ставил перед собой цель исчерпать всю сочетаемость слов в том объеме, как она представлена, в частности, в „Словаре сочетаемости слов русского языка" (под редакцией П. Н. Денисова и В. В. Морковкина). В словарь вошли наиболее употребительные словосочетания, представляющие трудности в употреблении и интерес с языковой точки зрения и отсутствующие в имеющихся в настоящее время словарях.

Совершенно очевидно, что без особых усилий можно было бы расширить рамки каждой статьи, но тогда словарь не получился бы кратким.

Автор будет искренне благодарен за все замечания, предложения и уточнения, присланные по адресу: 103012, Москва, Старопанский пер. 1/5, издательство „Русский язык".

В. Гандельман

О ПОЛЬЗОВАНИИ СЛОВАРЕМ

Все заглавные слова (в русской части) расположены в строго алфавитном порядке. Неизменяемая часть заглавного слова отделяется двумя параллельными линиями (‖). Внутри словарной статьи неизменяемая часть слова заменяется тильдой (~), напр.:

вин‖а́ ж Schuld f

возни́кнуть по ~е́ кого-л. durch j-s Schuld entstéhen; отрица́ть ~у́ die Schuld vernéinen.

Тильда используется также при замене заглавного слова внутри статьи, напр.:

па́спорт м Paß m

дипломати́ческий ~ Diplomátenpaß; заграни́чный ~ Áuslandspaß.

Знак ‖ в переводе указывает, что данный элемент употребляется как первая часть сложного слова.

Во всех русских и немецких словах показано ударение. В немецких словах, где ударение падает на гласный с умлаутом, знак ударения не ставится. В сложных немецких словах отмечено лишь главное ударение, приходящееся обычно на первый компонент сложного слова. При русских словах иностранного происхождения, произношение которых не соответствует основным правилам чтения, дается в прямых скобках фонетическая транскрипция, напр.:

бюдже́т м Budget [by'dʒe:] n, Etat [e'ta:] m.

В словаре в качестве заглавных слов выступают существительные и прилагательные, глаголы в отдельную словарную статью не выделяются, так как глагольные сочетания даются за знаком ∎ при существительном, с которым они употребляются.

При русских существительных указывается род с помощью сокращений м, с, ж, при немецких — m, n, f. Заглавное слово-существительное, употребляющееся во множественном числе, имеет соответственно помету мн. или pl (см. список сокращений).

7

При заглавном слове-существительном русские словосочетания и их немецкие соответствия следуют в статье, как правило, в трех условно разделяемых группах за знаками ○, ●, ■. При заглавном слове-прилагательном дается только группа со знаком ○.

Внутри каждой группы русские словосочетания располагаются в алфавитном порядке, служебные слова при этом не учитываются.

В группу со знаком ○ входят именные словосочетания типа прилагательное + существительное:

абсолю́тный приро́ст absolúte Zúnahme
взаи́мная договорённость béiderseitige Úbereinkunft
двойно́е гражда́нство dóppelte Stáatsangehörigkeit.

В группу со знаком ● включены именные словосочетания типа существительное + существительное:

бре́мя отве́тственности Last der Verántwortung
волна́ банкро́тств Pléitewelle
гла́сность прове́рки Öffentlichkeit éiner Prüfung.

В группе со знаком ■ находятся глагольные словосочетания типа глагол + существительное:

поколеба́ть чей-л. авторите́т j-s Autorität erschüttern
проявля́ть акти́вность Aktivität an den Tag légen.

В эту же группу включены субъектно-предикативные словосочетания типа:

аплодисме́нты не стиха́ли der Béifall wóllte sich nicht légen
бесе́да оживи́лась das Gespräch lébte wíeder auf.

Они следуют после инфинитивных словосочетаний.

В словаре использован ряд помет (см. условные сокращения).

ЛЕКСИКОГРАФИЧЕСКИЕ ИСТОЧНИКИ

Словарь русского языка: В 4 т. / АН СССР. Ин-т рус. яз.; Гл. ред. А. П. Евгеньева. 2-е изд., испр. и доп. М., 1981—1984. Т. 1—4.

Словарь сочетаемости слов русского языка / Под ред. П. Н. Денисова, В. В. Морковкина. 2-е изд., испр. М., 1983. 688 с.

Русско-немецкий словарь / Под ред. Е. И. Лепинг и др. 7-е изд., испр. и доп. М., 1979. 848 с.

Никонова О. Н., Цвиллинг М. Я. Русско-немецкий словарь. 7-е изд. испр. и доп. М., 1977. 760 с.

Немецко-русский фразеологический словарь / Сост. Бинович Л. Э., Гришин Н. Н.; Под ред. Малиге-Клаппенбах, К. Агриколы. 2-е изд., испр. и доп. М., 1975. 656 с.

Большой немецко-русский словарь: В 2 т. / Сост. Е. И. Лепинг и др.; Под рук. О. И. Москальской. М., 1969. Т. 1—2.

Немецко-русский синонимический словарь / Сост. И. В. Рахманов и др. М., 1983. 704 с.

Ökonomisches Wörterbuch. Russisch-Deutsch / Verf. von G. Möchel. 2. Aufl. Berlin, 1971. 690 S.

Der Duden in 10 Bd. Stilwörterbuch der deutschen Sprache / Hrsg. von G. Drosdowski u. a. 6. Aufl., völlig neu bearb. und erw. Mannheim / Wien / Zürich., 1970. Bd. 2. 846 S.

Der Grosse Duden in 10 Bd. Bedeutungswörterbuch der deutschen Sprache / Hrsg. von G. Drosdowski u. a. 6. Aufl. Mannheim / Wien / Zürich, 1970. Bd. 10. 815 S.

Wörterbuch der deutschen Gegenwartssprache: In 6 Bd. / Hrsg. von R. Klappenbach, W. Steinitz. 2. Aufl. Berlin, 1970—1978. Bd. 1—6.

Wahrig G. Deutsches Wörterbuch. Neu, völlig bearb. Berlin / München / Wien, 1980. 1483 S.

Haensch G. Wörterbuch der internationalen Beziehungen und der Politik. 2. Aufl., neu bearb. und erw. München, 1975. 782 S.

УСЛОВНЫЕ СОКРАЩЕНИЯ

Русские

б. ч. большей частью — meistens

воен. военное дело — Militärwesen

дип. дипломатия — Diplomatie

ж женский род — Femininum

ирон. в ироническом смысле — spöttisch

ист. история, историзм — historisch

ком. коммерческий термин — Handel

кто-л. кто-либо — (irgend-) jemand

лат. латинский (язык) — lateinisch

м мужской род — Maskulinum

мат. математика — Mathematik

мн. множественное число — Plural

напр. например — zum Beispiel

перен. в переносном значении — übertragen

прил. имя прилагательное — Adjektiv

разг. разговорное слово, выражение — umgangssprachlich

с средний род — Neutrum

см. смотри — siehe

сущ. имя существительное, субстантивированное прилагательное или причас-

тие — Substantiv, substantiviert

с.-х. сельское хозяйство — Landwirtschaft

тж. также — auch

филос. философия — Philosophie

фин. финансовое дело — Finanzwirtschaft

что-л. что-либо — (irgend-) etwas

эк. экономика — Ökonomie

юр. юридический термин — Jura

Немецкие

A Akkusativ — винительный падеж

D Dativ — дательный падеж

etw. etwas — что-л.

f Femininum — женский род

G Genitiv — родительный падеж

j-m jemandem — кому-л.

j-n jemanden — кого-л.

j-s jemandes — кого-л.

m Maskulinum — мужской род

n Neutrum — средний род

pl Plural — множественное число

sub substantiviert — субстантивированное прилагательное или причастие

z. B. zum Beispiel — например

A

абсолю́тн‖ый absolút ○ ~ое большинство́ absolúte Méhrheit; ~ая мона́рхия Alléinherrschaft *f*, absolúte Monarchíe; ~ое обнища́ние (рабо́чего кла́сса) absolúte Veréfendung (der Árbeiterklasse); ~ый приро́ст *эк.* absolúte Zúnahme: ~ая приба́вочная сто́имость *эк.* absolúter Méhrwert

аванга́рд *м* Vórhut *f*, Avantgarde [a'van-] *f* ○ боево́й ~ Kámpfvorhut; организо́ванный ~ (рабо́чего кла́сса) organisíerte Vórhut (der Árbeiterklasse); полити́ческий ~ polítische Vórhut; революцио́нный ~ revolutionäre Vórhut; созна́тельный ~ (рабо́чего кла́сса) bewúßte Vórhut (der Árbeiterklasse) ● ~ пролетариа́та Avantgarde [Vórhut] des Proletariáts ▪ находи́ться в ~e die Vórhut bílden; находи́ться в ~e борьбы́ in der Vórhut des Kámpfes stéhen; стать революцио́нным ~ом всего́ наро́да zur revolutionären Avantgarde [Vórhut] des gesámten Vólkes wérden

авантю́р‖а *ж* Abenteuer *n* ○ вое́нная ~a militärisches Abenteuer; вооружённая ~a bewáffnetes Abenteuer; крова́вая ~a blútiges Abenteuer; опа́сная ~a gefährliches [gefáhrvolles] Abenteuer; полити́ческая ~a polítisches Abenteuer; риско́ванная ~a gewágtes Abenteuer; сомни́тельная ~a bedénkliches [zwéifelhaftes] Abenteuer ● люби́тели вое́нных авантю́р Anhänger militärischer Abenteuer, militärische Abenteurer ▪ вовле́чь кого́-л. в ~y j-n in ein Abenteuer verwíckeln; пусти́ться в ~ы sich auf Abenteuer éinlassen

автоматиза́ц‖ия *ж* Automatisíerung *f* ○ ко́мплексная ~ия Kompléxautomatisierung, kompléxe Automatisíerung; по́лная ~ия Vóllautomatisierung, vólle Automatisíerung; части́чная ~ия Téilautomatisierung ● ~ия о́трасли промы́шленности Automatisíerung éines Industríezweiges; ~ия произво́дства Automatisíerung der Produktión; ~ия произво́дственных проце́ссов Automatisíerung der Produktiónsprozesse; ~ия управле́нческих рабо́т Automatisíerung der Verwáltungsarbeit; инжене́р по ~ии ein

11

Ingenieur [inže′nĭo:r] für Automatisierung; (социа́льные и экономи́ческие) после́дствия ~ии die (soziálen und wírtschaftlichen) Fólgen der Automatisierung

автоматизи́рованный *см.* ко́мплекс, систе́ма

автоно́мн||ый autonóm, sélbständig ○ ~ая о́бласть autónomes Gebíet; ~ый о́круг autonómer Bezírk; ~ые сове́тские социалисти́ческие респу́блики autonóme sozialístische Sowjétrepubliken

а́втор *м* Autor *m*, Verfásser *m* ○ знамени́тый ~ námhafter Autor; изве́стный ~ bekánnter Autor; люби́мый ~ beliebter Autor; мо́дный ~ vielgelesener Autor; популя́рный ~ gefrágter Autor; прогресси́вный ~ fórtschrittlicher Autor; совреме́нный ~ zéitgenössischer Autor; спосо́бный ~ begábter Autor ● ~ изобре́тения Autor éiner Erfíndung; ~ реце́нзии Autor éiner Rezensión; ~ рома́на Autor éines Románs ■ критикова́ть ~a éinen Autor kritisíeren [éiner Kritik unterwérfen]; ссыла́ться на ~а sich auf éinen Autor berúfen; упомяну́ть ~а éinen Autor erwähnen; цити́ровать ~а éinen Autor zitíeren

авторите́т *м* Autorität *f*, Ánsehen *n* ○ ду́тый ~ übertríebene Autorität; ли́чный ~ persönliche Autorität; междунаро́дный ~ internationáles Ánsehen, internationále Autorität; нау́чный ~ wíssenschaftliche Autorität; непререка́емый ~ unbestréitbare Autorität; общепри́знанный ~ állgemein ánerkannte Autorität; роди́тельский ~ élterliche Autorität ● ~ зако́на Autorität éines Gesétzes; ~ па́ртии Autorität [Ánsehen] éiner Partéi; ~ учёного Autorität éines Geléhrten ■ дать почу́вствовать свой ~ séine Autorität fühlen lássen; завоева́ть ~ (die) Autorität erwérben; име́ть ~ у кого́-л. (die) Autorität gegenüber j-m háben; испо́льзовать свой ~ séine Autorität éinsetzen; класть на ча́шу весо́в свой (междунаро́дный) ~ séin gánzes (internationáles) Gewícht in die Wáagschale wérfen; подде́рживать свой ~ séine Autorität áufrechterhalten; подня́ть свой ~ an Autorität gewínnen; подня́ть чей-л. ~ j-s Ánsehen hében; подорва́ть чей-л. ~ j-s Autorität untergráben; поколеба́ть чей-л. ~ j-s Autorität erschüttern; по́льзоваться (больши́м) ~ом у кого́-л. (gróße) Autorität bei j-m besítzen [geníeßen]; признава́ть чей-л. ~ j-s Autorität ánerkennen; потеря́ть ~ an Autorität éinbüßen, an Ánsehen verlíeren; сниска́ть заслу́женный ~ в ми́ре verdíentes Ánsehen in der Welt erwérben; сохраня́ть ~ die Autorität wáhren; укрепля́ть ~ die Autorität stärken; его́ ~ непро́чен séine Autorität ist brüchig; его́ ~ па́дает séine Autorität sinkt

аге́нт м 1. (*представитель*) Agént *m*, Vertréter *m* ○ биржево́й ~ Börsenvertreter; дипломати́ческий ~ diplomátischer Vertréter; комме́рческий ~ Hándelsvertreter; монопо́льный ~ Alléinvertreter; нало́говый ~ Stéuereinnehmer *m;* страхово́й ~ Versícherungsagent 2. (*сотрудник разведки*) Agént *m* ○ полити́ческий ~ politischer Agént ■ арестова́ть ~a éinen Agénten verháften; засыла́ть ~ов в каку́ю-л. страну́ Agénten in ein Land éinschleusen; обезвре́дить ~a éinen Agénten únschädlich máchen

аге́нтств‖о с Agentúr *f*, Vertrétung *f* ○ информацио́нное ~o Informatiónsagentur, Náchrichtenagentur; комме́рческое ~o Hándelsagentur, Hándelsvertretung; Междунаро́дное ~o по а́томной эне́ргии (МАГАТЭ) Internationále Atómenergie-Agentúr (IAEA); рекла́мное ~o Wérbeagentur; страхово́е ~o Versícherungsanstalt *f;* телегра́фное ~o Náchrichtenagentur, Présseagentur; Телегра́фное ~o Сове́тского Сою́за (ТАСС) Náchrichtenagentur TASS ● Австри́йское ~o печа́ти (АПА) Áustria Présse-Agentur (APA); ~o АДН (*ГДР*) Allgemeiner Déutscher Náchrichtendienst (ADN); ~o Ассошиэ́йтед Пресс (АП) (*США*) Agentúr Associated [əsoʃíe:tıt] Press (AP); ~o ДПА (*ФРГ*) Déutsche Présse-Agentur (DPA, dpa); ~o печа́ти Présseagentur; ~o печа́ти „Но́вости" (АПН) Présseagentur „Nówosti" (APN); ~o по а́вторским права́м Amt für Úrheberrechte; ~o Прогре́сс Пресс (ППА) (*ФРГ*) Progréss-Présse-Agentur (PPA); ~o Ре́йтер (*Великобритания*) Agentúr Réuter; ~o Франс Пресс (*Франция*) Agentúr France Presse [frãːs prɛs] (AFP); ~o ЮПИ (*США*) Agentúr United Press International [jʋˈnaɪ̯tɪd prɛs ɪntərˈnɛʃnəl] (UPI); сообще́ние ~a Préssemeldung *f*

аге́нтурн‖ый Agénten‖; ~ая де́ятельность Agéntentätigkeit *f;* ~ая сеть Agéntennetz *n;* ~ый центр Agéntenzentrale *f*

агитацио́нн‖ый Agitatións‖, Áufklärungs‖, agitatórisch ○ ~ая брига́да (агитбрига́да) Agitatiónsbrigade *f;* ~ая де́ятельность Agitatiónstätigkeit *f*, agitatórische Tätigkeit; ~ая кампа́ния (агиткампа́ния) Agitatiónseinsatz *m;* ~ый материа́л Agitatiónsmaterial *n;* ~ый плака́т (агитплака́т) Agitatiónsplakat *n;* ~ый похо́д (агитпохо́д) Agitatiónseinsatz *m;* ~ая рабо́та Agitatiónsarbeit *f*, Áufklärungsarbeit *f*

агита́ци‖я ж Agitation *f*, Wérbung *f* ○ ма́ссовая ~я Mássenagitation *f;* нагля́дная ~я Síchtagitation; предвы́борная ~я Wáhlagitation; революцио́нная ~я revolutionäre Agitation; широ́кая ~я bréite Agitatión ● ~я за каку́ю-л. па́ртию Wérbung für éine

Partéi; ~я прóтив договóра Agitatión gégen éinen Vertrág; cи́-ла ~и Agitatiónswirkung f; срéдство ~и Agitatiónsmittel n ■ вести́ ~ю die Wérbung [Agitatión] betréiben

агра́рн‖ый Agrár‖, agrárisch ○ ~ый вопро́с Agrárfrage f; ~ое движе́ние Agrárbewegung f; ~ый кри́зис Agrárkrise f; ~ая па́ртия Agrárpartei f; ~ое перенаселе́ние agrárische Übervólke-rung; ~ая поли́тика Agrárpolitik f; ~ая програ́мма Agrárpro-gramm n; ~ая револю́ция Agrárrevolution f; ~ая рефóрма Bóden-reform f; ~ая страна́ Agrárland n

агрема́н м дип. Agrément [agre'ma:] n ■ дать ~ das Agré-ment für j-n ertéilen [áusstellen]; запроси́ть ~ um das Agrément náchsuchen; получи́ть ~ das Agrément erhálten

агресси́вн‖ый Aggressións‖; aggressív ● ~ый акт aggressíver Akt, Aggressiónsakt m; ~ый вое́нный блок aggressíver Militär-block; ~ая война́ Aggressiónskrieg m, aggressíver Krieg; ~ый вы́-пад aggressíver Angriff; ~ые де́йствия aggressíve Hándlungen; ~ое заявле́ние Ángriffserklärung f; ~ые за́мыслы aggressíve Pläne [Absichten]; ~ые круги́ aggressíve Kréise; ~ый курс aggres-síver Kurs; ~ые наме́рения aggressíve Ábsichten pl; ~ый пакт aggressíver Pakt; ~ый план Aggressiónsplan m, aggressíver Plan; ~ая поли́тика Aggressiónspolitik f, aggressíve Politik; ~ый сою́з Aggressiónsbündnis n; ~ый тон aggressíver Ton; ~ый хара́ктер (напр. какой-л. речи) aggressíver Charákter; ~ые це́ли aggres-síve Zíele

агре́сси‖я ж Aggressión f ○ ва́рварская ~я barbárische Aggressión; вооружённая ~я bewáffnete Aggressión; идеологи́-ческая ~я ideológische Aggressión; кóсвенная ~я índirekte Aggres-sión; на́глая ~я únverschämte [fréche] Aggressión; непрекраща́ю-щаяся ~я ánhaltende Aggressión; неприкры́тая ~я óffene Aggres-sión; неспровоци́рованная ~я níchtprovozierte Aggressión; ~я, поощря́емая империалисти́ческими си́лами von imperialisti-schen Kräften geförderte Aggressión; продолжа́ющаяся ~я ánhal-tende Aggressión ● отраже́ние ~и Ábwehr éiner Aggressión; поли́-тика ~и Aggressiónspolitik f; предупрежде́ние ~и Verhütung [Vórbeugung] éiner Aggressión; прекраще́ние ~и Einstellung éiner Aggressión; сде́рживание ~и Eindämmung éiner Aggressión; си́лы ~и Kräfte der Aggressión; угрóза ~и Aggressiónsgefahr f ■ гото́вить ~ю éine Aggressión vórbereiten; запрети́ть ~ю éine Aggressión ächten; обузда́ть си́лы ~и die Kräfte der Aggressión zügeln; плани́ровать ~ю éine Aggressión plánen; предупрежда́ть

~ю éine Aggressión verhüten [vórbeugen], éiner Aggressión zuvór-
kommen; развязáть ~ю éine Aggressión entfésseln; служи́ть ору́-
дием ~и про́тив кого́-л. als ein Instrumént der Aggressión gégen
j-n díenen; совершáть ~ю éine Aggressión entfésseln; тре́бовать
немéдленного прекращéния ~и die únverzügliche Einstellung
éiner Aggressión fördern

агрéссор м Aggréssor m ○ нáглый ~ únverschämter Aggréssor;
потенциáльный ~ potentiéller Aggréssor ● поощрéние ~a Ermúti-
gung des Aggréssors; посо́бники ~a Hélfershelfer des Aggréssors;
прямо́е пособничество ~у dirékte Béihilfe für den Aggréssor;
ухо́д ~a со всех оккупи́рованных террито́рий Abzug des Aggréssors aus állen besétzten Gebíeten ■ взять ~a под защи́ту den
Aggréssor in Schutz néhmen; обуздáть ~a den Aggréssor zügeln;
призвáть ~a к отвéту den Aggréssor zur Verántwortung zíehen;
прикрывáть ~a den Aggréssor décken; ~ дéйствовал цини́чно и
нáгло der Aggréssor ging zýnisch und únverschämt vor; ~ распоя́-
сался der Aggréssor ging hémmungslos vor

агропромы́шленн||ый Agrár-Industríe// ○ ~ый ко́мплекс
Agrár-Industríe-Komplex m; ~oe объединéние Agrár-Industríe-
-Vereinigung f

администрати́вн||ый administratív, Administratións//, ver-
wáltungsmäßig ○ ~oe взыскáние administratíve Stráfe; ~oe де-
лéние verwáltungsmäßige Einteilung; ~ая до́лжность Verwáltungs-
funktion f; ~oe здáние Verwáltungsgebäude; ~ый надзо́р administratíve Kontrólle; ~ый о́рган Administratiónsbehörde f; ~ые рас-
хо́ды Verwáltungskosten pl

áдрес м 1. (надпись на почто́вом отправлéнии) Adrésse
f, Ánschrift f ○ домáшний ~ Privátanschrift [-v-], Privátadresse;
обрáтный ~ Ábsenderadresse; постоя́нный ~ ständige Adrésse;
почто́вый ~ Póstanschrift, Póstadresse; телегрáфный ~ Dráht-
anschrift, Telegrámmadresse; усло́вный ~ Déckadresse ■ дать
кому́-л. свой ~ j-m séine Adrésse mítteilen; назвáть кому́-л.
свой ~ j-m séine Adrésse nénnen; обрати́ться по ~у sich an die
ríchtige Adrésse wénden; остáвить кому́-л. свой ~ j-m séine
Adrésse hinterlássen; попáсть не по ~у an die fálsche Adrésse
geráten [kómmen] 2. (письменное приветствие) Grúßschreiben
n, Grúßadresse f ○ привéтственный ~ Glückwunschschreiben,
Grúßschreiben ■ зачитáть (привéтственный) ~ éine Grúßadresse
verlésen; приня́ть решéние послáть привéтственный ~ ein Grúßschreiben beschlíeßen

академи́ческий akadе́misch ○ ~ год Stúdienjahr *n;* ~ теа́тр akadе́misches Theáter; ~ хор akadе́mischer Chor [ko:r]

акаде́ми**я** *ж* Akademíe *f* ○ вое́нная ~**я** Militärakademíe; Вое́нная ~**я** бронета́нковых войск им. Р. Я. Малино́вского R.-Ja.-Malinо́wski-Militärakademíe der Pánzertruppen; Вое́нная ~я им. М. В. Фру́нзе M.-W.-Frúnse-Militärakademíe; Вое́нно-возду́шная ~я им. Ю. А. Гага́рина Ju.-A.-Gagárin-Militärakademíe der Lúftstreitkräfte; Вое́нно-инжене́рная ~я им. В. В. Ку́й-бышева W.-W.-Kúibyschew-Militärakademíe für Pioníerwesen; Вое́нно-морска́я медици́нская ~я Medizínische Akademíe der Séestreit-kräfte; Всесою́зная ~я вне́шней торго́вли Akademíe für Außen-handel der UdSSR; Всесою́зная ~я сельскохозя́йственных нау́к им. В. И. Ле́нина Akademíe der Lándwirtschaftswissenschaften der UdSSR W. I. Lе́nin; Го́рная ~я Bérgakademíe; Дипломати́-ческая ~я Diplomа́tenakademíe; Моско́вская сельскохозя́йствен-ная ~я им. К. А. Тимиря́зева Lándwirtschaftsakademíe K. A. Ti-mirjásew, Mо́skau ● Акаде́мия лесно́го хозя́йства Fórstakade-míe; Акаде́мия медици́нских нау́к Akademíe der medizínischen Wíssenschaften; акаде́мия нау́к Akademíe der Wíssenschaften; Акаде́мия обще́ственных нау́к Akademíe der Geséllschaftswissen-schaften; Акаде́мия педагоги́ческих нау́к Akademíe der pädagó-gischen Wíssenschaften; Акаде́мия строи́тельства и архитекту́ры Akademíe für Báuwesen und Architektúr; Акаде́мия худо́жеств Akademíe der Künste; действи́тельный член Акаде́мии нау́к о́rdentliches [wírkliches] Mítglied der Akademíe der Wíssenschaf-ten; член-корреспонде́нт Акаде́мии нау́к korrespondíerendes Mítglied der Akademíe der Wíssenschaften ■ око́нчить ~ю die Akademíe absolvíeren; поступи́ть в ~ю das Stúdium an éiner Akademíe áufnehmen; рабо́тать в ~и an éiner Akademíe árbei-ten; учи́ться в ~и an éiner Akademíe studíeren

акт *м* 1. *(действие)* Akt *m* ○ агресси́вный ~ aggressíver Akt, Aggressió́nsakt; диверсио́нный ~ Diversió́nsakt; недру́же-ственный ~ únfreundlicher Akt, únfreundliche Hándlung; одно-сторо́нний ~ éinseitiger Akt; ~, противоре́чащий но́рмам между-наро́дного пра́ва völkerrechtswidriger Akt; террористи́ческий ~ terrorístischer Akt, Terró́rakt, Terró́ranschlag *m;* форма́льный ~ formáler Akt; учреди́тельный ~ Gründungsakt ● ~ агре́ссии Aggressió́nsakt; ~ до́брой во́ли ein Akt des gúten Wíllens; ~ дру́жбы Fréundschaftsbezeigung *f;* ~ наси́лия Gewáltakt; ~ произво́ла Wíllkürakt, Akt der Wíllkür; ~ сабота́жа Sabotа́geakt

■ соверша́ть агресси́вные ~ы про́тив кого́-л. Aggressiónsakte gégen j-n verüben 2. (документ) Úrkunde f, Ákte f ○ Заключи́тельный ~ (Совещания по безопасности и сотрудничеству в Европе), Хе́льсинкский ~ die Schlußakte von Hélsinki; законода́тельный ~ Gesétzgebungsakt; обвини́тельный ~ Anklageschrift f; по́длинный ~ Originálurkunde; правово́й ~ Réchtsakt ● ~ о капитуля́ции Kapitulatiónsurkunde; выполне́ние положе́ний Заключи́тельного ~а`die Erfüllung der Bestímmungen der Schlußakte von Hélsinki; осуществле́ние Заключи́тельного ~а die Verwírklichung der Schlußakte von Hélsinki

акти́вност‖ь ж. Aktivität f, Geschäftigkeit f, Tätigkeit f ○ делова́я ~ь Geschäftstätigkeit, geschäftliche Tätigkeit; полити́ческая ~ь polítische Aktivität; произво́дственная ~ь Aktivität in der Produktion; тво́рческая ~ь schöpferische Aktivität; трудова́я ~ь Arbeitsaktivität, Arbeitselan m; экономи́ческая ~ь Wírtschaftstätigkeit; Wírtschaftsaktivität ● ~ь масс Mássenaktivität, Aktivität der Mássen; развёртывание обще́ственной ~и Entfáltung geséllschaftlicher Aktivität; разви́тие социа́льной ~и Entwícklung geséllschaftlicher Aktivität ■ подня́ть ~ь трудя́щихся масс die Aktivität der wérktätigen Mássen hében; проявля́ть ~ь Aktivität zéigen [an den Tag legen]; обще́ственная и трудова́я ~ь возросла́ die Aktivität im geséllschaftlichen Lében und in der Árbeit hat zúgenommen

акти́вн‖ый aktív, tätig ○ ~ая борьба́ aktíver Kampf; ~ запа́с слов aktíver Wórtschatz; ~ое избира́тельное пра́во aktíves Wáhlrecht; ~ая подде́ржка aktíve Unterstützung; ~ый рабо́тник tätiger [aktíver] Árbeiter; ~ый торго́вый бала́нс aktíve Hándelsbilanz; ~ый платёжный бала́нс aktíve Záhlungsbilanz; ~ое уча́стие aktíver [tätiger] Ánteil, aktíve Téilnahme [Beteíligung, Mítwirkung]

акционе́рн‖ый Áktien∥ ○ ~ое законода́тельство Áktiengesetzgebung f; ~ый капита́л Áktienkapital n; ~ое о́бщество Áktiengesellschaft f (AG)

а́кци‖я I ж. (действие) Aktión f ○ вое́нная ~я militärische Aktión; вражде́бная ~я féindselige Aktión; дипломати́ческая ~я diplomátische Aktión, diplomátisches Vórgehen; кру́пная ~я gróßangelegte Aktión; миролюби́вая ~я Fríedensaktion; мо́щная ~я máchtvolle Aktión; незамедли́тельная ~я sofórtige Aktión; полити́ческая ~я polítische Aktión; террористи́ческая ~я terrorístischer Ánschlag [Überfall]; совме́стная ~я geméinsame Aktión ■ нача́ть ~ю éine Aktión éinleiten [stárten]; плани́ровать

~ю éine Aktión plánen; предпринять разбойничью ~ю прóтив когó-л. éinen Gewáltstreich gégen j-n führen; прекратить ~ю éine Aktión éinstellen; прервáть ~ю éine Aktión ábbrechen; провести ~ю éine Aktión dúrchführen; руководить ~ей éine Aktión léiten

акция II ж *(ценная бумага)* Áktie *f* ○ врéменная ~ Ínterimsaktie; зарегистрированная ~ éingetragene Áktie; именнáя ~ Námensaktie; обыкновéнная ~ Stámmaktie, gewöhnliche Áktie; привилегирóванная ~ Vórzugsaktie, Vórrechtsaktie; учредительская ~ Gründeraktie ● на предъявителя Ínhaberaktie

альтернатив||**а** ж Alternatíve *f* ○ единственно разýмная ~а éinzig vernünftige Alternatíve ■ выдвинуть реáльную ~у какóму-л. решéнию für éine Lösung éine reále Alternatíve unterbréiten; не имéть ~ы kéine Alternatíve háben; оказáться пéред ~ой vor éiner Alternatíve stéhen; постáвить когó-л. пéред ~ой j-n vor die Alternatíve stéllen; предлагáть ~у éine Alternatíve bíeten [entgégenstellen]

амбиц||**ия** ж Ambitión *f* ○ великодержáвные ~и Großmachtambitionen *pl;* импéрские ~и Wéltherrschaftsstreben *n;* непомéрные политические ~и máßlose polítische Ambitiónen ■ добивáться осуществлéния своих ~й seine Ambitiónen beháupten

амнист||**ия** ж Amnestíe *f* ○ óбщая ~я állgemeine Amnestíe; частичная ~я Téilamnestie; ширóкая ~я bréite Amnestíe ● закóн об ~и Amnestíegesetz *n* ■ издáть закóн об ~и ein Amnestíegesetz erlássen; объявить ~ю éine Amnestíe verkünden; попáсть под ~ю únter die Amnestíe fállen; принять решéние об ~и éine Amnestíe beschlíeßen; в рáмках ~и было освобождено... человéк im Ráhmen der Amnestíe sind... Persónen fréigelassen wórden; положéния ~и распространяются на... человéк die Amnestíebestimmungen erstrécken sich auf... Persónen

антагонистический *см.* класс, противорéчие

антидемократический *см.* строй, силы

антиимпериалистический *см.* силы, фронт

антикоммуни||**зм** м Antikommunísmus *m* ○ злóбный ~ bösartiger Antikommunísmus; оголтéлый ~ zügelloser Antikommunísmus; огýльный ~ úndifferenzierter Antikommunísmus; примитивный ~ primitíver Antikommunísmus; разнýзданный ~ zügelloser Antikommunísmus ● под прикрытием ~a únter dem Déckmantel des Antikommunísmus ■ быть ослеплённым ~ом vom Anti-

kommun*í*smus verbl*é*ndet sein; выступа́ть про́тив ~a dem Antikommun*í*smus entg*é*gentreten; заража́ть кого́-л. ~ом j-n mit
dem Antikommun*í*smus infiz*í*eren

антипарти́йный *см.* гру́ппа

антифаши́стский *см.* фронт

аплодисме́нт∥*ы мн.* B*é*ifall *m*, Appl*á*us *m* ○ бу́рные ~ы
stürmischer [br*á*usender, t*ó*sender] B*é*ifall; восто́рженные ~ы
beg*é*isterter B*é*ifall; гро́мкие ~ы l*á*uter B*é*ifall; жи́дкие ~ы spär-
licher [schw*á*cher, k*á*rger] B*é*ifall [Appl*á*us]; заслу́женные ~ы
verd*í*enter B*é*ifall; несмолка́емые ~ы nicht *é*nden w*ó*llender
B*é*ifall; продолжи́тельные ~ы lang *á*nhaltender B*é*ifall ● бу́ря
~ов B*é*ifallssturm *m;* гром ~ов B*é*ifallsdonner *m* ■ встреча́ть
кого́-л. ~ами j-n mit B*é*ifall empf*á*ngen; встреча́ть что-л. ~ами
etw. mit B*é*ifall *á*ufnehmen; вы́звать ~ы B*é*ifall *á*uslösen; ~ы
не стиха́ли der B*é*ifall w*ó*llte sich nicht l*é*gen [w*ó*llte nicht *é*nden];
пу́блика не скупи́лась на ~ы das P*ú*blikum war sehr b*é*ifallsfreu-
dig

аппара́т *м* 1. (*прибор, механизм*) Gerät *n*, Appar*á*t *m*
○ копирова́льный ~ K*ó*piergerät; мно́жительный ~ Verv*í*elfäl-
tigungsapparat; слуховой ~ H*ö*rgerät; телефо́нный ~ F*é*rnsprech-
gerät, Telef*ó*napparat 2. (*совокупность работников, учрежде-
ний*) Appar*á*t *m* ○ администрати́вно-управле́нческий ~ L*é*itungs-
und Verw*á*ltungsapparat; администрати́вный ~ Verw*á*ltungsapparat; бюрократи́ческий ~ bürokr*á*tischer Appar*á*t; вое́нный ~
milit*ä*rischer Appar*á*t; госуда́рственный ~ St*á*atsapparat; парти́й-
ный ~ Part*é*iapparat; произво́дственный ~ Produkti*ó*nsapparat;
сла́женный ~ gut *é*ingespielter Appar*á*t; сове́тский ~ sowj*é*tischer
St*á*atsapparat; управле́нческий ~ L*é*itungsapparat; фина́нсовый
~ Fin*á*nzapparat; широко́ разветвлённый ~ w*é*itverzweigter
Appar*á*t ● наси́лия [принужде́ния] Zw*á*ngsapparat; ~ управ-
ле́ния Verw*á*ltungsapparat; (весь) ~ учрежде́ния g*á*nzer Appar*á*t
*é*iner Institut*ió*n ■ заде́йствовать весь ~ den g*á*nzen Appar*á*t in
Bew*é*gung s*é*tzen; сократи́ть администрати́вный ~ den Verw*á*l-
tungsapparat reduz*í*eren; администрати́вный ~ рабо́тает чётко
der Verw*á*ltungsapparat funktion*í*ert gut

аргуме́нт *м* Argum*é*nt *n*, Bew*é*is *m* ○ ве́ский ~ st*í*chhal-
tiges [schw*é*rwiegendes, gew*í*chtiges] Argum*é*nt; неопровержи́мый
~ *ú*nwiderlegbares Argum*é*nt; основно́й ~ H*á*uptargument;
остроу́мный ~ sch*á*rfsinniges Argum*é*nt; рази́тельный ~ tr*é*ffendes
Argum*é*nt; реша́ющий ~ entsch*é*idendes Argum*é*nt; суще́ственный

~ wésentliches Argumént; убеди́тельный ~ spréchender [schlágender] Bewéis ◼ выдвига́ть ~ы Arguménte áufstellen [vórbringen]; оставля́ть без внима́ния ~ы Arguménte únbeachtet lássen [in den Wind schlágen]; по́льзоваться ~ом von éinem Argumént Gebráuch máchen; приводи́ть ~ ein Argumént vórbringen [ins Feld führen]; приводи́ть наду́манные ~ы Schéinargumente vórbringen

аре́н‖а ж Aréna f, Scháuplatz m ○ истори́ческая ~a histórische Aréna; междунаро́дная ~a internationále Aréna; мирова́я ~a Wéltarena; полити́ческая ~a politische Aréna, politischer Scháuplatz ● ~a борьбы́ Kámpfarena, Scháuplatz des Kámpfes; ~a де́ятельности Tätigkeitsbereich m; ~a полити́ческой борьбы́ Aréna des politischen Kámpfes ◼ вы́йти на истори́ческую ~y den Scháuplatz der Geschichte betréten; домини́ровать на междунаро́дной ~e in der internationálen Aréna den Ton ángeben

аре́ст м Verháftung f, Arrést m ○ ма́ссовые ~ы Mássenverhaftungen pl; незако́нный ~ réchtswidrige Verháftung ● ~ иму́щества Beschlágnahme des Vermögens; волна́ ~ов Verháftungswelle f, прика́з об ~e Háftbefehl m; причи́на ~a Verháftungsgrund m ◼ быть под ~ом im Arrést sein, verháftet sein; взять под ~ verháften, in Haft néhmen; вы́дать о́рдер на ~ éinen Háftbefehl erlássen; освободи́ть из-под ~a aus der Haft entlássen; прибе́гнуть к ~y zur Verháftung schréiten

а́рми‖я ж Armée f, Heer n ○ де́йствующая ~я Féldarmee; hándelnde Armée; ко́нная ~я Réiterarmee; Кра́сная Армия ист. Róte Armée; наро́дная ~я Vólksarmee; Национа́льная наро́дная ~я (ГДР) Nationále Vólksarmee; наро́дно-освободи́тельная ~я Vólksbefreiungsarmee; оккупацио́нная ~я Besátzungsarmee; освободи́тельная ~я Befréiungsarmee; победоно́сная ~я síegreiche Armée; регуля́рная ~я Féldheer, reguläre Armée; Сове́тская Армия Sowjétarmee; та́нковая ~я Pánzerarmee; уда́рная ~я Stóßarmee ● ~я наёмников Söldnerarmee; ~я специали́стов Schar von Fáchleuten ◼ призыва́ться в ~ю zum Militärdienst éinrücken; служи́ть в ~и beim Militär [in der Armée] díenen

арсена́л м Arsenal n ● ~ы я́дерного ору́жия Kérnwaffenarsenale pl; дальне́йшее пополне́ние вое́нных ~ов wéitere Áufstockung der Kríegsarsenale; замора́живание ~ов я́дерного ору́жия Éinfrieren der Kérnwaffenbestände; нара́щивание я́дерных ~ов die Áufstockung der Kérnwaffenarsenale; сокраще́ние я́дерных ~ов Ábbau der Kérnwaffenarsenale ■ включи́ть что-л. в ~ средств вне́шней поли́тики etw. in das Arsenál der Aúßenpolitik áufnehmen; выступа́ть в по́льзу заморá́живания я́дерных ~ов für ein Éinfrieren der Kérnwaffenarsenale éintreten; останови́ть нарá́щивание я́дерных ~ов dem Áufstocken der Kérnwaffenarsenale Éinhalt gebíeten

ассамбле́я _ж_ Versámmlung _f_, Vóllversammlung; Fórum _n_ ○ Ассамбле́я обще́ственных сил за безопа́сность и сотру́дничество в Евро́пе (_Брюссель_) Fórum der Vertré́ter der Öffentlichkeit für Sícherheit und Zusámmenarbeit in Európa (Brüsseler Fórum); Генера́льная Ассамбле́я ООН ÚNO-Vóllversammlung, Vóllversammlung der ÚNO; законода́тельная ~ (_парламента_) gesétzgebende Versámmlung; Всеми́рная ~ молодёжи Wéltjugendversammlung _f_

ассигнова́ния _мн._ Zúwendung _f_, Bewílligung _f_, Zúweisung _f_ ○ госудá́рственные ~ Háushaltszuweisungen _pl_, stáatliche Zúwendungen; дополни́тельные ~ zúsätzliche Zúwendungen; о́бщие ~ sämtliche Zúwendungen ● ~ на социáльные ну́жды Áufwendungen für soziále Zwécke; запрóс на ~ Bewílligungsantrag _m_; комите́т по ~м (_в парламенте ФРГ_) Bewílligungsausschuß _m_ ■ протолкну́ть че́рез конгре́сс колоссá́льные вое́нные ~ ríesige militárische Bewílligungen durch den Kongré́ß dúrchpeitschen; сократи́ть финá́нсовые ~ finanzié́lle Zúwendungen kürzen

ассоциа́ция _ж_ Assoziatión _f_, Veréinigung _f_, Verbá́nd _m_ ○ Всеми́рная ~ по борьбе́ с гóлодом Wéltverband zur Hú́ngerbekämpfung; Междунарóдная ~ юри́стов-демокра́тов Internationále Veré́inigung Demokrátischer Jurísten; профессионá́льная ~ Berúfsverband; торгó́вая ~ Hándelsvereinigung, Hándelsverband ● Ассоциа́ция госудá́рств Юго-Восто́чной А́зии (АСЕАН) Veréinigung südostasiátischer Stáaten (ASEAN); Ассоциа́ция региона́льного сотру́дничества Ю́жной А́зии (СААРК) Südasiatische Veré́inigung für Regionále Zusámmenarbeit (SAARC); Ассоциа́ция европе́йских журнали́стов Veré́inigung europäischer Journalísten [ʒʊr-]; Ассоциа́ция междунарóдного прá́ва Veréinigung für Völkerrecht; ~ предпринимá́телей Unternéhmerverband; Ассоциа́ция сове́тских юри́стов Veré́inigung sowjé́tischer Jurísten; Ассоциа́ция содé́йствия ООН Veréinigung zur Förderung der ÚNO

атеисти́ческий _см._ пропага́нда

атланти́ск||ий Atlántik⫽, atlántisch ○ Атланти́ческий блок Atlántikblock _m_, Atlántischer Block; Атланти́ческий оке́ан der Atlántische Ózean; Атланти́ческий пакт Atlántikpakt *m;* ~ая поли́тика (*в интере́сах Североатланти́ческого па́кта*) proatlántische NÁTO-Politík; Атланти́ческий сою́з Atlántikunion *f,* Atlántische Unión; Атланти́ческая ха́ртия Atlántik-Charta [ˌkarta:] *f*

атмосфе́р‖а *ж* Atmosphäre *f,* Klíma *n* ○ благоприя́тная мора́льно-полити́ческая ~а günstige morálische und polítische Atmosphäre; делова́я ~а sáchliche Atmosphäre; дру́жественная ~а fréundschaftliche Atmosphäre; междунаро́дная ~а internationále Atmosphäre; напряжённая ~а gespánnte Atmosphäre; непринуждённая ~а úngezwungene Atmosphäre; произво́дственная ~а Betríebsklima; тво́рческая ~а schöpferische Atmosphäre ● ~а бра́тства Atmosphäre der Brüderlichkeit; ~а взаимопонима́ния Atmosphäre der gégenseitigen Verständigung; ~а доброжела́тельности Atmosphäre des Wóhlwollens; в ~е взаи́много дове́рия in éiner Atmosphäre des gégenseitigen Vertráuens; в ~е серде́чности in hérzlicher Atmosphäre; ~а делово́го сотру́дничества Atmosphäre der sáchlichen Zusámmenarbeit; ~а коллективи́зма и това́рищества Atmosphäre der Kollektivität und der Kamerádschaftlichkeit; ~а нагнета́ния вое́нного психо́за Atmosphäre des Schürens éiner Kríegspsychose; ~а нерво́зности Atmosphäre der Nervosität; ~а нетерпи́мости к чему́-л. Atmosphäre der Únduldsamkeit gégen etw.; ~а парти́йной принципиа́льности Atmosphäre partéilicher Prinzípienfestigkeit; ~а перегово́ров Verhándlungsklima, Gesprächsklima; ~а холо́дной войны́ Atmosphäre des kálten Kríeges ■ оздоровля́ть ~у *перен.* die Atmosphäre gesúnden [normalisíeren]; отравля́ть ~у *перен.* die Atmosphäre vergíften; создава́ть в ми́ре ~у дове́рия éine Atmosphäre des Vertráuens in der Welt scháffen; формирова́ть и укрепля́ть ~у уважи́тельного отноше́ния к труду́ éine Atmosphäre der Áchtung der Árbeit entwíckeln und féstigen; встре́ча прошла́ в дру́жественной ~е das Tréffen verlíef in éiner fréundschaftlichen Atmosphäre

а́томн‖ый Atóm‖, atomár ○ ~ая бо́мба Atómbombe *f;* ~ый век Atómzeitalter *n;* ~ый взрыв Atóm(waffen)explosion *f;* ~ая война́ Atómkrieg *m,* atomárer Krieg; ~ое вооруже́ние atomáre Áufrüstung; ~ая держа́ва Atómmacht *f;* ~ая дипломати́я Atómdiplomatie *f;* „а́томный клуб" (*госуда́рств, владе́ющих а́томным ору́жием*) „Atómklub" *m;* ~ый ледоко́л Atóm-Eisbrecher *m;* ~ое нападе́ние Atómüberfall *m;* ~ое ору́жие Atómwaffe *f,* atomáre Wáffe; ~ая подво́дная ло́дка Atóm-U-Boot *n;* ~ый реа́ктор Atómreaktor *m;* ~ый сго́вор Atómkomplott *n;* ~ая устано́вка Atómanlage *f;* ~ый шанта́ж atomáre Erpréssung; ~ая электроста́нция Atómkraftwerk *n;* ~ая эне́ргия Atómenergie *f*

атташе́ *м* Attaché [-ʃe:] *m* ○ вое́нно-возду́шный ~ Lúftwaffenattache (*ФРГ*); Attaché für Lúftstreitkräfte (*ГДР*); вое́нно-морско́й ~ Marineattaché; вое́нный ~ Militärattaché; торго́вый ~ Hándelsattaché ● ~ по вопро́сам культу́ры Kultúrattaché; ~ по вопро́сам нау́ки и те́хники Wíssenschaft*/*/ und Téchnikattaché; ~ по вопро́сам печа́ти (пресс-атташе́) Présseattaché; ~ по се́льскому хозя́йству Lándwirtschaftsattaché

ауди́енци*//***я** *ж* Audiénz *f* ○ ли́чная ~я Privátaudienz [-v-]; проща́льная ~я Ábschiedsaudienz; публи́чная ~я öffentliche Audiénz; та́йная ~я Gehéimaudienz ■ дать ~ю empfángen, éine Audiénz ertéilen; получи́ть ~ю empfángen wérden, éine Audiénz gewáhrt bekómmen; получи́ть ли́чную ~ю in Privátaudienz empfángen wérden; получи́ть осо́бую ~ю in Sónderaudienz empfángen wérden; проси́ть у кого́-л. ~и um éine Audiénz bei j-m bítten [náchsuchen]; sich zur Audiénz ánmelden

Б

ба́з*//***а** *ж* **1.** (*основа, основание*) Básis *f*, Grúndlage *f* ○ кормова́я ~а Fútterbasis; материа́льно-техни́ческая ~ materiéll-téchnische Básis; организацио́нная и юриди́ческая ~а (*напр. предприя́тия*) die organisatórischen und réchtlichen Grúndlagen (*z. B. eines Unternehmens*); полити́ческая ~а políitische Grúndlage; произво́дственная ~а Produktiónsbasis; социа́льная ~а soziále Básis; сырьева́я ~а Róhstoffbasis; то́пливно-энергети́ческая ~а (наро́дного хозя́йства) Brénnstoff- und Energiebasis (der Vólkswirtschaft); фина́нсовая ~а finanziélle Básis ■ подвести́ ~у подо что-л. etw. auf éine (féste) Grúndlage stéllen; подвести́ нау́чную ~у подо что-л. etw. wissenschaftlich untermáuern **2.** *воен.* Básis *f,* Stützpunkt *m* ○ вое́нная ~а Militärstützpunkt; вое́нно-возду́шная ~а Lúftstützpunkt; вое́нно-морска́я ~а Flóttenbasis, Flóttenstützpunkt; вое́нно-стратеги́ческая ~а militärstrategische Básis; вое́нные ~ы, разбро́санные по всему́ ми́ру über die gánze Welt verstréute Militärstützpunkte ● ликвида́ция раке́тных ~ Ábbau der Rakétenbasen; развёртывание [размеще́ние] но́вых вое́нных ~ wéitere Erríchtung [Stationíerung] néuer Militärstützpunkte; расшире́ние существу́ющих вое́нных ~ Áusbau bestéhender Militärstützpunkte; строи́тельство [созда́ние] но́вых вое́нных ~ Erríchtung néuer Militärstützpunkte ■ ликвиди́ровать вое́нные ~ы Militärstützpunkte beséitigen

бала́нс м 1. эк. Bilánz *f* ○ годово́й ~ Jáhresbilanz; заключи́тельный ~ Ábschlußbilanz; межотраслево́й ~ Verfléchtungsbilanz; платёжный ~ Záhlungsbilanz; торго́вый ~ Hándelsbilanz ● ~ наро́дного хозя́йства Vólkswirtschaftsbilanz ■ подводи́ть ~ Bilánz zíehen [ábschließen]; составля́ть ~ Bilánz áufstellen 2. (*равновесие*) Gléichgewicht *n* ● ~ сил Kräftegléichgewicht ■ измени́ть существу́ющий ~ сил в по́льзу кого́-л. das bestéhende Kräftegléichgewicht zugúnsten j-s verändern; нару́шить глоба́льный и региона́льный ~ сил das globále und regionále Kräftegléichgewicht zerstören

ба́нд||а ж Bánde *f* ○ вооружённая ~a bewáffnete Bánde; ~а авантю́ристов éine Bánde von Ábenteurern; ~ы наёмников Söldnerbanden *pl;* ~а поджига́телей войны́ éine Bánde von Kríegsbrandstiftern; ~а престу́пников Verbrécherbande; засы́лка в страну́ извне́ антиправи́тельственных ~ Éinschleusung in ein Land regíerungsfeindlicher Bánden ■ броса́ть ~ы наёмников про́тив како́й-л. страны́ Söldnerbanden gégen ein Land éinsetzen; вооружа́ть ~ы террори́стов die Terrórbanden mit Wáffen versórgen; задержа́ть ~у граби́телей éine Raúberbande féstnehmen; засыла́ть ~ы наёмников на чужу́ю террито́рию die Söldnerbanden in frémdes Territórium éinschleusen; обезвре́дить ~у éine Bánde únschädlich máchen; осуди́ть ~у éine Verbrécherbande áburteilen

банк м Bank *f* ○ акционе́рный ~ Áktienbank; валю́тный ~ Devísenbank; Всесою́зный ~ для финанси́рования капита́льных вложе́ний, Стройба́нк СССР Investitíonsbank der UdSSR, Bank für Báuwesen der UdSSR; госуда́рственный ~ Stáatsbank; иностра́нный ~ Áuslandsbank; Междунаро́дный ~ реконстру́кции и разви́тия Internationále Bank für Wíederaufbau und Entwícklung; наро́дный ~ Vólksbank; национа́льный ~ Natíonalbank; обме́нный [учётный] ~ Wéchselbank; Diskóntbank; ча́стный ~ Privátbank [-v-]; эмиссио́нный ~ Nótenbank ● Банк для вне́шней торго́вли Áußenhandelsbank; Банк междунаро́дных расчё тов Bank für internationálen Záhlungsausgleich; денационализáция ~ов Reprivatisíerung der Bánken; национализáция ~ов Verstáatlichung der Bánken ■ закры́ть свой счёт в ~e sein Kónto bei der Bank kündigen; име́ть счёт в ~e ein Bánkkonto háben; откры́ть счёт в ~e ein Bánkkonto [ein Kónto bei der Bank] eröffnen

банкро́тство *c* Bankrótt *m* ○ вну́треннее ~o ínnerer Bankrótt; госудáрственное ~o Stáatsbankrott; духо́вное ~o géistiger Bankrótt; зло́стное ~o betrügerischer Bankrótt; морáльное ~o síttlicher Bankrótt; полити́ческое ~o polítischer Bankrótt; финáнсовое ~o Finánzbankrott ● поли́тика, веду́щая к ~y Bankróttpolitik *f* ■ вызывáть чьё-л. ~o j-s Bankrótt herbéiführen; заяви́ть о своём ~e séinen Bankrótt ánmelden; находи́ться на грáни ~a dem Bankrótt náhe sein; объяви́ть ~o den Bankrótt erklären; признáть откры́то своё ~o séinen Bankrótt óffen zúgeben; скрывáть своё ~o séinen Bankrótt verschléiern; спасти́ кого́-л. от ~a j-n vor dem Bankrótt rétten

баррикáд‖а *ж* Barrikáde *f* ○ борьбá на ~ax Barrikádenkampf *m* ● воздвигáть ~ы Barrikáden báuen [erríchten]; находи́ться по ту сто́рону ~ы (*на стороне проти́вника*) auf der ánderen Séite der Barrikáde sein; поги́бнуть на ~ax auf den Barrikáden fállen; сражáться на ~ax auf den Barrikáden stéhen [kämpfen]; укры́ться за ~ой sich hínter éiner Barrikáde verschánzen; устрáивать ~ы на у́лицах Strá ßen verbarrikadíeren

барье́р *м* Barrière *f*, Schránke *f* ○ ве́домственные ~ы Ressórtschranken *pl;* рáсовый ~ Rássenschranke; тамо́женные ~ы Zóllschranken; торго́вый ~ Hándelsschranke, Hándelssperre *f;* языково́й ~ Spráchbarriere ■ опроки́нуть ~ы *перен.* die Schránken níederreißen; преодолевáть все ~ы alle Schránken durchbréchen; стáвить ~ы Schránken erríchten [áufrichten]

бди́тельность *ж* Wáchsamkeit *f* ○ революцио́нная ~ revolutionäre Wáchsamkeit ● проявля́ть ~ ein wáchsames Áuge auf etw. háben, wáchsam sein; сохраня́ть величáйшую ~ im höchsten Máße wáchsam bléiben, die höchste Wáchsamkeit an den Tag légen; сохраня́ть ~ к про́искам кого́-л. die Wáchsamkeit gegenüber den Úmtrieben j-s áufrechterhalten; усыпи́ть ~ люде́й die Wáchsamkeit der Ménschen éinschläfern

бе́дстви‖е *c* Únheil *n*, Katastróphe *f* ○ стихи́йное ~e Natúrkatastrophe; стрáшные ~я fürchtbares Únheil; тяжёлые ~я войны́ schwéres Unheil des Kríeges ● исто́чник ~й die Quélle des Únheils; райо́н ~я Nótstandsgebiet *n;* сигнáл ~я Nótsignal *n* ■ предви́деть ~e ein Únheil voráussehen; терпе́ть ~e sich in Not befínden; кому́-л. угрожа́ет ~e j-m droht Únheil

бе́жен∥ец *м* Flüchtling *m* ○ полити́ческие ~цы polítische Flüchtlinge ● вопро́с о ~цах Flüchtlingsfrage *f;* коло́нна ~цев Flüchtlingskolonne *f;* ла́герь ~цев Flüchtlingslager *n;* по́мощь ~цам Flüchtlingshilfe *f;* пото́к ~цев Flüchtlingsstrom *m;* пробле́ма ~цев Flüchtlingsproblem *n;* судьба́ ~цев Flüchtlingsschicksal

безогово́рочн∥ый bedíngungslos, vórbehaltlos ○ ~ая капитуля́ция bedíngungslose Kapitulatión; ~ый отка́з vórbehaltlose Ábsage; ~ое согла́сие bedíngungslose Zústimmung

безопа́сност∥ь *ж* Sícherheit *f* ○ вне́шняя ~ь äußere Sícherheit; вну́тренняя ~ь ínnere Sícherheit; всео́бщая ~ь állgemeine Sícherheit; коллекти́вная ~ь kollektíve Sícherheit; ли́чная ~ь persönliche Sícherheit; междунаро́дная ~ь internationále Sícherheit; обще́ственная ~ь öffentliche Sícherheit; ра́вная для всех госуда́рств надёжная ~ь éine für álle Stáaten gléiche stabíle Sícherheit ● ~ь госуда́рства Sícherheit des Stáates; ~ь на мо́ре Sícherheit zur See; гара́нтия ~и Sícherheitsgarantie *f;* обеспе́чение ~и всех наро́дов Gewährleistung der Sícherheit áller Völker; партнёрство в вопро́сах ~и Sícherheitspartnerschaft *f;* посяга́тельство на ~и die Anschläge auf die Sícherheit; при́нцип ра́вной ~и das Prinzíp der gléichen Sícherheit; слу́жба ~и Sícherheitsdienst *m;* Сове́т Безопа́сности ООН ÚNO-Sicherheitsrat *m* ■ забо́титься о свое́й ~и für séine Sícherheit Sórge trágen; обеспе́чить ~ь die Sícherheit gewährleisten; подрыва́ть ~ь die Sícherheit untergráben; подчиня́ть всё интере́сам ~и álles den Interéssen der Sícherheit unterórdnen; угрожа́ть ~и страны́ die Sícherheit des Lándes bedróhen; укрепля́ть свою́ ~ь за счёт други́х séine Sícherheit auf Kósten ánderer féstigen

безрабо́тиц∥а *ж* Árbeitslosigkeit *f* ○ вы́нужденная ~a únfreiwillige [erzwúngene] Árbeitslosigkeit; дли́тельная ~a Dáuerarbeitslosigkeit; ма́ссовая ~a Mássenarbeitslosigkeit; по́лная ~a Vóllarbeitslosigkeit; хрони́ческая ~a chrónische [kr-] Árbeitslosigkeit; части́чная ~a Téilarbeitslosigkeit, Kúrzarbeit *f* ● ~a среди́ лиц с вы́сшим образова́нием Akadémikerarbeitslosigkeit; ~a среди́ молодёжи Júgendarbeitslosigkeit; борьба́ с ~ей der Kampf gégen die Árbeitslosigkeit; волна́ ~ы Wélle der Árbeitslosigkeit; посо́бие по ~e Árbeitslosengeld *n;* Árbeitslosenunterstützung *f;* пробле́ма ~ы Árbeitslosenproblem *n;* рост ~ы Ánstieg der Árbeitslosigkeit; страхова́ние по ~e Árbeitslosenversicherung *f;* уменьше́ние ~ы

Rückgang der Árbeitslosigkeit; у́ровень ~ы Árbeitslosenquote *f*, Arbeitslosenrate *f* ■ быть обречённым на ~у zur Árbeitslosigkeit verdámmt sein; ~а принима́ет всё бо́лее широ́кие масшта́бы die Árbeitslosigkeit nimmt ímmer größere Ausmaße an

безрабо́тн‖ый *м* Árbeitslose *sub m;* Vóllarbeitslose (*по́лностью*); Kúrzarbeitslose (*части́чно*) ● а́рмия ~ых Árbeitslosenheer *n;* демонстра́ция ~ых Árbeitslosendemonstration *f*, Demonstratión der Árbeitslosen; о́чередь ~ых за беспла́тным пита́нием nach kóstenloser Verpflégung ánstehende Árbeitslose; социа́льное обеспе́чение ~ых Árbeitslosenfürsorge *f;* число́ ~ых Árbeitslosenzahl *f* ■ быть ~ым árbeitslos sein; стать ~ым árbeitslos wérden

бесе́д‖а *ж* Gespräch *n*, Unterrédung *f* ○ безрезульта́тная ~a ergébnisloses Gespräch; делова́я ~a dienstliches Gespräch; дру́жеская ~a fréundschaftliches Gespräch; плодотво́рная ~a frúchtbares [ergébnisreiches] Gespräch ● ~a в кругу́ друзе́й ein Gespräch im Fréundeskreis; ~a за кру́глым столо́м Rúndtischgespräch; ~a с гла́зу на глаз Gespräch únter vier Augen, Víeraugengespräch; ~a с избира́телями Wählergespräch ■ завяза́ть ~у с кем-л. mit j-m ins Gespräch kómmen; нача́ть ~у ein Gespräch beginnen [eröffnen]; прида́ть ~е ино́е направле́ние dem Gespräch éine Wéndung [éine ándere Ríchtung] gében; провести́ ~у éine Bespréchung dúrchführen [ábhalten]; ~a оживи́лась das Gespräch lébte wíeder auf; ~a продолжа́лась 2 часа́ die Unterrédung dáuerte 2 Stúnden; ~a протека́ла в ду́хе по́лного взаимопонима́ния die Unterrédung [das Gespräch] verlíef im Géiste völligen Éinvernehmens

беспоря́дк‖и *мн.* (*волне́ния*) Únruhen *pl* ○ ма́ссовые ~и Mássenunruhen; студе́нческие ~и Studéntenunruhen ● зачи́нщики ~ов Únruhestifter *pl;* оча́г ~ов Únruheherd *m* ■ вы́звать ~и Únruhen stíften; провоци́ровать ~и Únruhen errégen [hervórrufen]

библиоте́к‖а *ж* Bibliothék *f*, Bücheréi *f* ○ ве́домственная ~a Betríebsbibliothek; всесою́зная ~a Uniónsbibliothek; Госуда́рственная ~a СССР им. В. И. Ле́нина Stáatliche Lénin-Bibliothek; отраслева́я ~a wíssenschaftliche Fáchbibliothek; передвижна́я ~a Wánderbücherei; публи́чная ~a állgemeine [öffentliche] Bibliothék; специа́льная ~a Spezíalbibliothek ● ~a без вы́дачи книг на́ дом Präsenzbibliothek; Библиоте́ка иностра́нной литерату́ры Bibliothék für frémdsprachige Litera-

túr; ~а с вы́дачей книг на́ дом Áusleihbibliothek; ~а с откры́-
тым до́ступом к кни́гам Fréihandbibliothek; вре́мя рабо́ты
~и Öffnungszeiten der Bibliothék; посеща́емость ~и Nútzungs-
frequenz éiner Bibliothék; филиа́л ~и Zwéigbibliothek ■ открыва́ть ~у éine Bibliothék eröffnen; по́льзоваться услу́гами ~и die
Bibliothék besúchen; привлека́ть в ~у чита́телей Léser für die
Bibliothék gewínnen; ~а вре́менно закры́та die Bibliothék hat
vorübergehend geschlóssen; ~а насчи́тывает... томо́в die Bibliothék
zählt... Bände

би́знес м Geschäft n, Business [ʹbɪznɪs] n ○ большо́й ~ Big
Business; гря́зный ~ únsaubere Geschäfte; са́мый при́быльный
~ das einträglichste Geschäft; тёмный ~ dúnkle Geschäfte ■ де́лать ~ ein Geschäft tätigen

биле́т м Kárte f, Schein m, Áusweis m ○ ба́нковский ~ Bánknote f; во́инский ~ Wéhrdienstausweis (ГДР); Sóldbuch (ФРГ);
входно́й ~ Éintrittskarte; вы́игрышный ~ Gewínnlos n; комсомо́льский ~ Komsomólausweis; лотере́йный ~ Lotteríeschein,
Lotteríelos n; обра́тный ~ Rückfahrkarte, Retourkarte [ʹ-tu:-];
парти́йный ~ Partéibuch; проездно́й ~ 1) Fáhrkarte, Fáhrschein
2) (абонемент) Zéitkarte; Mónatskarte; профсою́зный ~ Gewérkschaftsausweis, Gewérkschaftsdokument n; студе́нческий
~ Studéntenausweis; чле́нский ~ Mítgliedskarte, Mítgliedsbuch;
экзаменацио́нный ~ Prüfungszettel m ■ заказа́ть ~ éine Kárte
bestéllen; предъявля́ть ~ éine Kárte vórweisen

би́рж||**а** ж Börse f ○ това́рная ~а Wárenbörse; фо́ндовая
~а Efféktenbörse; чёрная ~а schwárze Börse, Wínkelbörse ● ~а
труда́ Árbeitsamt n; игра́ на ~е Börsenspekulation f; коти́рующийся на ~е börsenfähig, börsengängig; слу́жащий ~и Börsendiener m; часы́ рабо́ты ~и Börsenzeit f ■ занима́ться спекуля́цией на ~е an der Börse spekulíeren; коти́роваться на ~е фин.
kotíert wérden; hoch im Kúrse stéhen (тж. перен.); покупа́ть
что-л. на ~е etw. an der Börse káufen; продава́ть что-л. на ~е
etw. an der Börse verkáufen; ~у лихора́дит die Börse fiebert;
на ~е цари́ла па́ника an der Börse hérrschte Pánikstimmung

биржев||**о́й** Börsen// ○ ~ые бума́ги Börsenpapiere pl; ~о́й
бюллете́нь Börsenbericht m, Börsenblatt n; ~о́й комите́т Börsenvorstand m; ~о́й курс Börsenkurs m; ~о́й ма́клер Börsenmakler m; ~а́я сде́лка Börsengeschäft n; ~о́й спекуля́нт Börsenschieber m, Börsenspekulant m; ~о́й уста́в [стату́т] Börsenordnung f

би́тв‖а ж Schlacht f ○ крова́вая ~a blútige Schlacht; реша́ющая ~a entschéidende Schlacht; Entschéidungsschlacht ● ~a за Москву́ Schlacht um Móskau; ~a на Во́лге Schlacht an der Wólga; ~a под Сталингра́дом Schlacht bei Stálingrad, Stálingrader Schlacht; по́ле ~ы Schláchtfeld n; успе́х ~ы Erfólg éiner Schlacht ■ вы́играть ~y éine Schlacht gewínnen; поки́нуть по́ле ~ы das Schláchtfeld räumen; он поги́б в ~e под Ку́рском er ist in Kúrsker Schlacht [in der Schlacht um Kursk] gefállen; ~a разгоре́лась éine Schlacht ist entbránnt

бла́г‖о c Wohl n ○ земны́е ~a írdisches Wohl; коллекти́вное ~o Geméinwohl, állgemeines Wóhlergehen; культу́рные ~a Kultúrgüter pl; ли́чное ~o persönliches Wóhlergehen; материа́льные ~a materiélle Güter; о́бщее ~o Geméinwohl; обще́ственное ~o állgemeines Wohl ● забо́та o ~e дете́й Sórge um das Wohl der Kínder; на ~o наро́да zum Wóhle des Vólkes; на ~o челове́чества für das Wohl der Ménschheit ■ испо́льзовать како́е-л. откры́тие на ~o люде́й éine Erfíndung zum Wóhle der Ménschen verwénden [nútzen]; труди́ться на ~o наро́да für das Wohl des Vólkes wírken

благоприя́тн‖ый günstig ○ ~ая возмо́жность günstige Gelégenheit; ~oe обстоя́тельство günstiger Úmstand; ~oe положе́ние günstige Láge; ~ая ситуа́ция günstige Situatión; ~ый слу́чай günstiger Fall; ~oe сужде́ние günstiges Úrteil; ~ые усло́вия günstige Bedíngungen ● ока́зывать ~oe влия́ние éinen günstigen Éinfluß áusüben; оста́вить ~oe впечатле́ние éinen günstigen Éindruck hinterlássen; представля́ть де́ло в ~ом све́те éine Sáche in ein günstiges Licht rücken

благосостоя́ни‖е c Wóhlstand m ○ материа́льное ~e materiéller Wóhlstand; обще́ственное ~e geséllschaftlicher Wóhlstand; расту́щее ~e наро́да wáchsender Wóhlstand des Vólkes ● постоя́нное повыше́ние материа́льного ~я ständige Hébung des materiéllen Wóhlstandes; постоя́нный рост ~я ständiges Wáchstum des Wóhlstandes ■ повыша́ть ~e den Wóhlstand erhöhen

блок м полит. Block m ○ агресси́вный ~ aggressíver Block; валю́тный ~ Währungsblock; вое́нно-полити́ческий ~ militär-polítischer Block; вое́нный ~ HÁTO NÁTO-Militärblock; Демократи́ческий ~ (ГДР) Demokrátischer Block; закры́тый ~ geschlóssener Block; Североатланти́ческий вое́нный ~ Nórdatlantischer Militärblock; экономи́ческий ~ Wírtschaftsblock ● ~ госуда́рств Stáatenblock; ~ коммуни́стов и беспарти́йных

Block der Kommunísten und Partéilosen; зóна [сфéра] дéйствия ~a Géltungsbereich éines Blóckes; полúтика ~ов Politík der Blöcke; сколáчивание агрессúвных воéнных ~ов Zusámmenzimmern aggressíver Militärblöcke; союзники по ~у HÁTO NÁTO-Verbündete; странá, не присоединúвшаяся к ~y blóckfreier Staat ■ вовлекáть в агрессúвный ~ in éinen aggressíven Block éinbeziehen; распространúть на другúе райóны мúра зóну дéйствия ~a den Aktiónsbereich des Blóckes auf ándere Regiónen der Welt áusdehnen; сколáчивать ~и Blöcke zusámmenzimmern

блокáд∥а ж Blockáde f ○ береговáя ~a Küstenblockade; воéнная ~a militärische Blockáde; голóдная ~a Húngerblockade; морскáя ~a Séeblockade, Séesperre f; политúческая ~a polítische Blockáde; торгóвая ~a Hándelsblockade; финáнсовая ~a Finánzblockade; экономúческая ~a Wírtschaftsblockade; эффектúвная ~a wírksame Blockáde ● в перúод ~ы während (der Zeit) der Blockáde, in der Zeit der Blockáde; объявлéние ~ы Verhängung éiner Blockáde; прорыв ~ы Dúrchbrechen [Bréchen] der Blockáde ■ ввестú ~y какóй-л. странь éine Blockáde über ein Land verhängen; навязáть экономúческую ~y éine Wírtschaftsblockade áufzwingen; объявúть ~y éine Blockáde verhängen; подвéргнуть ~е какýю-л. странý ein Land der Blockáde unterwérfen; прорвáть ~y die Blockáde bréchen; снять ~y die Blockáde áufheben

богáтств∥о с Réichtum m ○ духóвные ~a géistige Réichtümer pl; естéственные ~a Bódenschätze pl, Natúrschätze pl; леснúе ~a Wáldreichtum; материáльные ~a materiélle Réichtümer; национáльное ~o Natiónalreichtum; общéственное ~o geséllschaftlicher Réichtum ● бессмысленная растрáта богáтств die sínnlose Verschwéndung der Réichtümer ■ растрáчивать национáльные ~a на гóнку вооружéний die natiónalen Réichtümer für das Wéttrüsten vergéuden

боев∥óй Kampf∥, Geféchts∥ ○ ~áя актúвность Geféchtstätigkeit f; ~óe выступлéние Kámpfaktion f; ~áя готóвность Geféchtsbereitschaft f; ~óe дежýрство (ракет) Díensthabendes Systém; ~ые дéйствия Kámpfhandlungen pl; ~óй дух Kámpfgeist m; ~áя задáча Kámpfaufgabe f; ~óй клич Kámpfruf m; ~óй лóзунг Kámpfparole f; ~áя мощь Kámpfkraft f; Schlágkraft f; ~óe настроéние Kámpfstimmung f; ~áя обстанóвка Geféchtslage f; ~óй óпыт Kámpferfahrungen pl; ~áя подготóвка Geféchtsausbildung f; ~áя прогрáмма Kámpfprogramm n; ~áя сúла Kámpfkraft f; ~óe содрýжество Kámpfgemeinschaft f; ~óй союз

Ka´mpfbund *m;* ~а´я сплочённость Ka´mpfverbundenheit *f;* militärische Geschlóssenheit; ~ой това´рищ Ka´mpfgenosse *m* ■ находи´ться на ~о´м дежу´рстве (*о ракетах*) sich im Díensthabenden Systém befínden; снять с ~óго дежу´рства (*ракеты*) aus dem Díensthabenden Systém heráusnehmen

бойко´т *м* Boykótt [бэф-] *m* ○ торго´вый ~ Hándelsboykott; фина´нсовый ~ Finánzboykott; экономи´ческий ~ Wírtschaftsboykott ● объявле´ние ~a Boykótterklärung *f;* подстрека´тельство к ~y Boykótthetze *f;* угро´за ~ом Boykóttdrohung *f* ■ объяви´ть ~ какóй-л. странé den Boykótt über ein Land verhängen; объяви´ть ~ кому´-л., чему´-л. j-m, éiner Sáche den Boykótt ánsagen [erklären]; подверга´ть ~y boykottíeren; подстрека´ть к ~y zum Boykótt tréiben, den Boykótt schüren; призыва´ть к ~y zum Boykótt áufrufen; присоедини´ться к ~y sich dem Boykótt ánschließen; угрожа´ть ~ом кому´-л. j-m éinen Boykótt ándrohen

большинство´ *с* Méhrheit *f* ○ абсолю´тное ~ó absolúte Méhrheit; ве´рное прави´тельству ~ó regíerungstreue Méhrheit; молчали´вое ~ó schwéigende Méhrheit; незначи´тельное ~ó knáppe [geringe] Méhrheit; относи´тельное ~ó relatíve Méhrheit; парла´ментское ~ó parlamentárische Méhrheit; подавля´ющее ~ó überwältigende Méhrheit; послу´шное ~ó gefügige Méhrheit; преоблада´ющее ~ó überwíegende Méhrheit; про´чное ~ó stabíle Méhrheit; тре´буемое ~ó erfórderliche Méhrheit ● ~ó голосо´в Stímmenmehrheit; ~óм в 5 голосо´в mit éiner Méhrheit von 5 Stímmen; ли´дер ~á (*в парламенте*) Führer der Méhrheit; па´ртия ~á Méhrheitspartei *f;* прави´тельство ~á Méhrheitsregierung *f;* реше´ние ~á Méhrheitsbeschluß *m,* Méhrheitsentscheidung *f* ■ держа´ть на положе´нии рабо´в чёрное ~ó населе´ния (*ЮАР*) die schwárze Méhrheit der Bevölkerung als Sklávеn behándeln; избра´ть просты´м ~óм mit éinfacher Méhrheit wählen; получи´ть ~ó (*голосо́в*) die Méhrheit erlángen

боре´ц *м* Kämpfer *m* ○ бесстра´шный ~ únerschrockener Kämpfer; несгиба´емый ~ únbeugsamer Kämpfer; неутоми´мый ~ únermüdlicher Kämpfer; отва´жный ~ áufrechter Kämpfer; после´довательный ~ konsequénter Kämpfer; революцио´нный ~ revolutionärer Kämpfer; стра´стный ~ léidenschaftlicher Kämpfer ● ~ за демокра´тию и прогре´сс Kämpfer für Demokratíe und Fórtschritt; ~ за мир Kämpfer für den Fríeden, Fríedenskämpfer; ~ за свобо´ду Fréiheitskämpfer; ~ про´тив фаши´зма Kämpfer gégen den Faschísmus

борьб||**а́** ж Kampf m ○ бескомпроми́ссная ~а́ kompromißloser Kampf; внепарла́ментская ~а́ außerparlamentarischer Kampf; внутрипарти́йная ~а́ innerparteilicher Kampf; геро́йческая ~а́ héldenhafter Kampf; идеологи́ческая ~а́ ideológischer Kampf; кла́ссовая ~а Klássenkampf; ожесточённая ~а́ erbitterter Kampf; освободи́тельная ~а́ Befreiungskampf; о́страя ~а́ héftiger Kampf; подпо́льная ~а́ illegaler Kampf; революцио́нная ~а́ revolutionärer Kampf; упо́рная ~а́ hárter Kampf ● ~а́ за восьмичасово́й рабо́чий день Kampf um den Achtstundenarbeitstag; ~а́ за ка́чество (проду́кции) Ríngen um Qualität (der Produktión); ~а́ за мир Fríedenskampf, Kampf für den Frieden; ~а́ за незави́симость Kampf für Únabhängigkeit; ~а́ за повыше́ние за́работной пла́ты Lóhnkampf; ~а́ за преодоле́ние пережи́тков капитали́зма Kampf für die Überwíndung der Überreste des Kapitalísmus; ~а́ за свобо́ду Fréiheitskampf; ~а́ за существова́ние Kampf um Dásein, Kampf um die Existénz, Existénzkampf; ~а́ за умы́ люде́й Kampf um die Hírne der Ménschen; ~а́ за устране́ние вое́нной угро́зы Kampf um die Bánnung der Kríegsgefahr; ~а́ не на жизнь, а на́ смерть Kampf auf Lében und Tod; ~а́ про́тив го́нки вооруже́ний Kampf gégen das Wéttrüsten; ~а́ про́тив попы́ток идеологи́ческого возде́йствия Ábwehr ideológischer Störversuche; ~а́ с бесхозя́йственностью и расточи́тельством Kampf gégen únökonomisches [únrationelles] Wírtschaften und Verschwéndung; ~а́ с буржуа́зной идеоло́гией Kampf gégen die bürgerliche Ideologíe, Auseinándersetzung mit der bürgerlichen Ideologíe; ~а́ с волоки́той и бюрократи́змом Kampf gégen Ámtsschimmel und Bürokratísmus; ~а́ с наруши́телями дисципли́ны Kampf gégen Disziplínverletzer; ~а́ с престу́пностью Kampf gégen das Verbréchertum, die Bekämpfung der Kriminalität; ~а́ с проявле́ниями ме́стничества и ве́домственного подхо́да к де́лу Kampf gégen Lokálegoismus und Ressórtgeist; ~а́ с террори́змом Bekämpfung des Terrorísmus; закалённый в ~е́ kámpferprobt, kámpferfahren; исхо́д ~ы́ Ausgang des Kámpfes; обостре́ние кла́ссовой ~ы́ Verschärfung [Zúspitzung] des Klássenkampfes; сподви́жники по ~е́ Verbündete im Kampf ■ вести́ ~у́ с чем-л. etw. bekämpfen; включи́ться в ~у́ sich in den Kampf éinschalten [éinreihen]; возглавля́ть ~у́ an der Spitze des Kámpfes stéhen; вы́держать ~у́ den Kampf bestéhen; нача́ть ~у den Kampf áufnehmen; поднима́ться на ~у́ sich zum Kampf erhében; прекрати́ть ~у́ den Kampf áufgeben

брак м (*недоброкачественные изделия*) Áusschuß *m* ○ безуслóвный ~ völliger [totáler] Áusschuß; исправи́мый ~ zu behébender Mángel *m;* неисправи́мый ~ nicht zu behébender Mángel; произвóдственный ~ Produktiónsausschuß; части́чный ~ téilweiser Áusschuß ● ни́зкий процéнт ~a niédrige Áusschußquote ■ рабóтать без ~a óhne Áusschuß árbeiten; сни́зить процéнт ~a den Áusschuß sinken

брáтск∥ий Brúder∥, brüderlich ○ ~ое еди́нство brüderliche Éinheit; ~ая моги́ла Mássengrab *n;* ~ий нарóд Brúdervolk *n;* ~ая пáртия Brúderpartei *f;* ~ий приве́т brüderlicher Gruß; ~ие респýблики Schwésterrepubliken *pl;* ~ий сою́з Brúderbund *m;* ~ие стрáны Brúderländer *pl*

брéм∥я с Lást *f,* Bürde *f* ○ налóговое ~я Stéuerlast; тя́гостное ~я beschwérliche Bürde; тяжёлое ~я schwére Bürde ● ~я вое́нных расхóдов Rüstungslasten *pl;* ~я вóзраста Bürde des Álters; ~я забóт Sórgenlast; ~я отве́тственности Last der Verántwortung; под ~енем ули́к únter der Last der Bewéise ■ взвали́ть на когó-л. тяжёлое ~я j-m éine schwére Last áufladen [áufbürden]; не вы́нести ~ени чегó-л. únter éiner Last erlíegen; нести́ ~я вое́нных расхóдов Rüstungslasten trágen; сбрóсить ~я (с себя́) éine Last ábwerfen, éine Last von sich (*D*) ábwälzen

бригáд∥а ж Brigáde *f* ○ агитациóнная ~a Agitatiónsbrigade; же́нская ~a Fráuenbrigade; интернационáльная ~a Ínterbrigade; комсомóльско-молодёжная ~a Júgendbrigade; учени́ческая ~a Léhrlingsbrigade ● ~a коммунисти́ческого трудá Brigáde der kommunístischen Árbeit; ~a отли́чного кáчества Brigáde der áusgezeichneten Qualität; ~a передовóго трудá Brigáde der hervórragenden Léistung; ~a социалисти́ческого трудá (*ГДР*) Brigáde der sozialístischen Árbeit; соревновáние ме́жду ~ами Brigádewettbewerb

бýдущ∥ee с Zúkunft *f* ○ в ближáйшем ~ем in nächster Zúkunft; лýчшее ~ee béssere Zúkunft; ми́рное ~ee fríedliche Zúkunft; неопределённое ~ee únsichere [úngewisse] Zúkunft; прекрáсное ~ee schöne Zúkunft ● борьбá за све́тлое ~ee der Kampf für éine líchte Zúkunft; неуве́ренность в ~ем Zúkunftsungewißheit *f;* обеспече́ние ми́рного ~его die Sícherung éiner fríedlichen Zúkunft; с тóчки зре́ния настоя́щего и ~его aus héutiger und künftiger Sicht ■ жить ~им (*надеждами*) ganz in der Zúkunft lében; мечтáть о ~ем von der Zúkunft träumen; постáвить на кáрту своё ~ee séine Zúkunft aufs Spiel sétzen; пред-

33

угáдывать ~ee in der Zúkunft lésen; рабóтать для ~его für die Zúkunft árbeiten; с оптимúзмом смотрéть в ~ee optimístisch in die Zúkunft blícken; ~ee за нáми die Zúkunft gehört uns [ist únser]; ~ee принадлежúт молодёжи die Zúkunft gehört der Júgend; нас ждёт счастлúвое ~ee wir géhen éiner glücklichen Zúkunft entgégen; наш нарóд увéренно смóтрит в ~ee únser Volk blickt únverzagt in die Zúkunft; у негó большóе [блестя́щее] ~ee er hat éine gróße [glänzende] Zúkunft; э́то плáны на ~ee das sind Pläne für die Zúkunft

буржуазú∥я ж Bourgeoisíe [burʒŏa-] f, Bürgertum n ○ крýпная ~я Grόßbourgeoisíe, Grόßbürgertum; мéлкая ~я Kléinbourgeoisíe, Kléinbürgertum; мировáя ~я Wéltbürgertum; нарождáющаяся ~я entstéhende [áufkommende] Bourgeoisíe; национáльная ~я nationále Bourgeoisíe; промы́шленная ~я industriélle Bourgeoisíe ● борьбá пролетариáта прóтив ~и Kampf des Proletariáts gégen die Bourgeoisíe; госпóдство ~и Hérrschaft der Bourgeoisíe; подъём и развúтие ~и в XIX вéке Áufstieg und Entwícklung der Bourgeoisíe im 19. Jahrhúndert ■ принадлежáть к ~и der Bourgeoisíe ángehören

буржуáзн∥ый bürgerlich ○ ~ое госудáрство bürgerlicher Staat; ~ая демокрáтия bürgerliche Demokratíe; ~ая идеолóгия bürgerliche Ideologíe; ~ое мировоззрéние bürgerliche Wéltanschauung; ~ые пáртии bürgerliche Partéien; ~ый политúческий дéятель bürgerlicher Politíker; ~ый предрассýдок bürgerliches Vórurteil; ~ое учéние bürgerliche Léhre; ~ый учёный bürgerlicher Wíssenschaftler; ~ая филосóфия bürgerliche Philosophíe

бытов∥óй Lébens∥; Álltags∥; Díenstleistungs∥ ○ ~óй вопрóс Álltagsfrage f; ~áя жúвопись bíldliche Dárstellung des Álltagslebens; ~óе обслýживание Díenstleistung f; ~ые прибóры Háushaltsgeräte pl; ~óй ромáн Soziálroman m; ~áя тéма Álltagsthema n; ~óй уклáд Lébensweise f; ~ые услóвия Lébensbedingungen pl; ~óе явлéние Álltagserscheinung f, Erschéinung des Álltags, éine állgemein verbréitete Erschéinung ● предприя́тия ~óго обслýживания Díenstleistungsbetriebe pl

бюджéт м Háushalt m, Budget [by'dʒe:] n, Etat [e'ta:] m ○ воéнный ~ Rüstungsetat, Militäretat, Militärbudget; госудáрственный ~ Stáatshaushalt; национáльный ~ Nationalbudget; рекóрдно высóкий воéнный ~ Rekórd-Rüstungsetat ● ~ врéмени Zéitbudget; ~ на социáльные нýжды Soziálhaushalt; ~ семьú Famílienhaushalt; проéкт ~a Háushaltsentwurf; сокращéние военного ~a Reduzierung des Militärbudgets; увеличение военного ~a Erhöhung des Militärbudgets, Aufstockung des Rüstungsbudgets ■ наращивать военный ~ Rüstungsbudget vergrößern; одобрить ~ das Budget bewilligen; отклонить увеличение военного ~a die Erhöhung des Militärbudgets ablehnen; представить ~ на рассмотрение парламенту dem Parlament das Budget vorlegen; придать государственному ~у силу закона dem Staatshaushalt Gesetzeskraft verleihen; увеличивать ~ на... den Etat um... aufstocken [erhöhen]; утверждать ~ den Haushalt verabschieden; ~ отличается дефицитом das Budget weist ein Defizit auf; государственный ~ предусматривает доходы и расходы в сумме... der Staatshaushalt sieht Einnahmen und Ausgaben in Höhe von... vor

бюллетень м (*избирательный листок*) Stimmzettel *m* ○ действительный ~ gültiger Stimmzettel; недействительный ~ ungültiger Stimmzettel; незаполненный ~ leerer Stimmzettel ■ опустить ~ в урну den Stimmzettel in die Urne einwerfen

бюро с Büro *n*, Stelle *f* ○ конструкторское ~ Konstruktionsbüro; консультационное ~ Beratungsstelle; патентное ~ Patentamt *n;* посредническое ~ Vermittlungsbüro; постоянное ~ ständiges Büro; проектное ~ Projektierungsbüro; справочное ~ Auskunftsbüro ● Бюро Всемирного Совета Мира Büro des Weltfriedensrates; Бюро международного молодёжного туризма „Спутник" Internationales Jugendreisebüro „Sputnik"; ~ добрых услуг Dienstleistungsbüro; Büro für gute Dienste (*юридическая помощь, ГДР*); ~ жалоб Beschwerdestelle; ~ находок Fundbüro; ~ по трудоустройству Vermittlungsbüro; ~ путешествий Réisebüro

B

валют||а ж Währung *f*, Valuta [-v-] *f*, Devisen [-v-] *pl* ○ бумажная ~a Papierwährung; ведущая ~a Leitwährung; золотая ~a Goldwährung; иностранная ~a Valuta, Auslandswährung, Devisen; клиринговая ~a Clearingwährung ['kli:riŋ-], Verrechnungswährung; (свободно) конвертируемая ~a (frei) konvertierbare [-v-] Währung; национальная ~a nationale Währung, Landeswährung; необратимая ~a nicht konvertierbare Währung; нетвёрдая [неусто́йчивая] ~a we̒iche [i̒nstabile, u̒nbeständige] Währung; обесце́ненная ~a entwe̒rtete Währung; обрати́мая ~a frei konverti̒erbare Währung; оте́чественная ~a La̒ndeswährung; расчётная ~a Verre̒chnungswährung; резе́рвная ~a Rese̒rvewährung [-v-]; свобо́дная ~a fre̒ie Währung, fre̒ie Devi̒sen; твёрдая ~a ha̒rte [fe̒ste, stabi̒le] Währung; усто́йчивая ~a stabi̒le Währung; части́чно обрати́мая ~a beschränkt konverti̒erbare Währung, te̒ilkonvertierbare Währung ● обме́н ~ы Ei̒ntausch [U̒mtausch] von Devi̒sen ■ плати́ть в твёрдой ~e in (frei) konverti̒erbarer [ha̒rter] Währung za̒hlen

валю́тн‖ый Währungs‖, Valu̒ta‖ [v-], Devi̒sen‖ [-v-] ○ ~ый блок Währungsblock *m;* ~ый де́мпинг Valu̒ta-Dumping [-dampiŋ] *n;* ~ая едини́ца Währungseinheit *f;* ~ая зо́на Währungsgebiet *n;* ~ая конфере́нция Währungskonferenz *f;* ~ый кри́зис Währungskrise *f;* ~ый курс Währungskurs *m;* ~ые махина́ции Währungsmachenschaften *pl;* ~ые ограниче́ния Devi̒senbeschränkungen *pl;* ~ые опера́ции Währungsgeschäfte *pl;* ~ый парите́т Währungsparität *f;* ~ая поли́тика Währungspolitik *f;* ~ые поступле́ния Valu̒taerlös *m;* ~ый резе́рв Währungsreserve [-v-] *f;* ~ая рефо́рма Währungsreform *f;* ~ая систе́ма Währungssystem *n;* ~ое соглаше́ние Währungsabkommen *n;* ~ые спекуля́ции Währungsspekulationen *pl;* Междунаро́дный ~ый фонд Internationa̒ler Währungsfonds [-fɔ̃]

ва́хта *ж* Schicht *f,* Wa̒che *f* ○ трудова́я ~ Produktio̒nsaufgebot *n;* трудова́я ~ в честь съе́зда па́ртии Aufgebot zu E̒hren des Parte̒itages; уда́рная трудова́я ~ Ho̒chleistungsschicht, So̒nderschicht ● ~ ми́ра Fri̒edenswacht *f,* Fri̒edensaufgebot *n,* Fri̒edensschicht

ве́домство *с* Amt *n,* Behörde *f* ○ вое́нное ~ Milita̒rbehörde; гражда́нское ~ Zivi̒lbehörde [-v-]; суде́бное ~ Geri̒chtsbehörde; тамо́женное ~ Zo̒llamt; Ве́домство федера́льного ка́нцлера (*ФРГ*) Bu̒ndeskanzleramt; фина́нсовое ~ Fina̒nzamt

ве́то *с* Veto [′ve:-] *n* ○ суспензи́вное ~ suspensi̒ves [-sp-] Ve̒to ● пра́во ~ Ve̒torecht *n;* пра́во ~ в Сове́те Безопа́сности ООН Ve̒torecht im U̒NO-Sicherheitsrat ■ налага́ть ~ на како́е-л. реше́ние ein Ve̒to ge̒gen e̒ine Entsche̒idung e̒inlegen; отказа́ться от наложе́ния ~ auf ein Ve̒to verzi̒chten; снять ~ ein Ve̒to zurückziehen

ве́х‖а *ж* Me̒ilenstein *m,* Ma̒rkstein *m* ○ кру́пная ~a в разви́тии мирово́го революцио́нного проце́сса bede̒utender Me̒ilenstein in der Entwícklung des revolutionären Wéltprozesses; я́ркая ~a marká́nter Éinschnitt ■ намеча́ть но́вые ~и на пути́ в коммунисти́ческое бу́дущее néue Má́rksteine auf dem Weg in die kommunístische Zú́kunft sétzen; э́то откры́тие ста́ло ~ой в разви́тии те́хники díese Entdé́ckung ist zu éinem Méilenstein in der Entwícklung der Té́chnik gewó́rden

взаи́мн‖ый gé́genseitig, bé́iderseitig ○ ~ая безопа́сность gé́genseitige Sí́cherheit; ~ая вы́года gé́genseitiger Vó́rteil; ~ое дове́рие gé́genseitiges Vertráuen; ~ая договорённость bé́iderseitige Überé́inkunft; ~ые обяза́тельства gé́genseitige Verpflí́chtungen *pl;* ~ая подде́ржка gé́genseitige Unterstǘtzung; ~ая по́мощь gé́genseitige Hí́lfe, gé́genseitiger Bé́istand; ~ые поста́вки това́ров gé́genseitige Wá́renlieferungen *pl;* ~ая сде́ржанность в отноше́ниях die gé́genseitige Zurǘckhaltung in den Bezíehungen; ~ое согла́сие bé́iderseitiges Éinverständnis; ~ое уваже́ние gé́genseitige Achtung

взаимоде́йстви‖е *c* Wé́chselwirkung *f,* Zusá́mmenwirken *n* ○ разносторо́ннее ~е ví́elseitiges [wé́itgefächertes] Zusá́mmenwirken; те́сное ~е бра́тских па́ртий é́nges Zusá́mmenwirken der Brú́derparteien; широ́кое и многообра́зное ~е umfá́ssendes und ví́elfältiges Zusá́mmenwirken ● ~е ме́жду ба́зисом и надстро́йкой Wé́chselwirkung von Bá́sis und Überbau; ~е ме́жду нау́кой и те́хникой Wé́chselwirkung zwíschen Wissenschaft und Té́chnik; ~е ме́жду челове́ком и окружа́ющей средо́й Wé́chselwirkung zwíschen Mensch und Ú́mwelt; ~е сил Krä́ftespiel *n;* о́пыт ~я двух стран die Erfá́hrungen im Zusá́mmenwirken zwé́ier Länder ■ находи́ться в постоя́нном ~и in ständigem Wé́chselspiel sté́hen; подрыва́ть ~е das Zusá́mmenwirken unterminíeren; ме́жду содержа́нием и фо́рмой существу́ет ~е zwíschen Í́nhalt und Form besté́ht éine Wé́chselwirkung

взгляд м (*мне́ние, убежде́ние*) Á́nsicht *f,* Á́uffassung *f,* Á́nschauung *f;* Mé́inung *f* ○ отста́лые ~ы rú́ckständige Á́nschauung; ошибо́чный ~ fá́lsche Á́nsicht; передовы́е ~ы fó́rtschrittliche Á́nsichten, fó́rtschrittliche Á́uffassung; полити́ческие ~ы polí́tische Á́nsichten, polití́sche Á́nschauung; устаре́вшие ~ы verá́ltete Á́nsichten; филосо́фские ~ы philosó́phische Á́nsichten; ~ы на жизнь Lé́bensauffassung; еди́нство ~ов Éinheit der Á́uffassungen; совпаде́ние ~ов по основны́м вопро́сам die Mé́inungsübereinstimmung zu den Grú́ndfragen; формирова́ние ~ов Herá́usbildung der Á́nschauungen ■ изложи́ть свои́ ~ы séine Á́nsichten vórtragen [dárlegen]; изменить свои ~ы séine Ánsichten ändern; иметь неправильные ~ы verkéhrte [fálsche] Ánsichten háben; не разделять подобных ~ов dérartige Ánsichten nicht téilen; пересмотреть свои ~ы séine Ánsicht überprüfen; подтвердить полное единство ~ов die völlige Übereinstimmung der Ánsichten bestätigen; придерживаться какого-л. ~a éine Ánsicht vertréten, éiner Ánsicht sein; придерживаться разных ~ов в отношении чего-л. unterschíedliche Áuffassung von etw. (*D*) háben, unterschíedlicher Méinung über etw. (*A*) sein; развить всесторонне и творчески чьи-л. ~ы j-s Ánsichten schöpferisch und állseitig wéiterentwickeln; расходиться во ~ах на что-л. verschíedener Ánsicht über etw. (*A*) sein

взнос м Béitrag *m* ○ вступительный ~ Éintrittsbeitrag; денежный ~ Géldbeitrag; единовременный ~ éinmaliger Béitrag; ежегодный ~ Jáhresbeitrag; минимальный ~ Míndestbeitrag; обязательный ~ Pflíchtbeitrag; паевой ~ Ánteilbeitrag; *с-х.* Inventárbeitrag; страховой ~ Versícherungsprämie *f*; членский ~ Mítgliedsbeitrag ● ~ в рассрочку rátenweise Záhlung, Rátenzahlung; неуплата членских ~ов Níchtzahlung der Mítgliedsbeiträge ■ делать ~ den Béitrag entríchten

взыскание с 1. (*наказание*) Stráfe *f* ○ административное ~ Órdnungsstrafe, Verwáltungsstrafe; денежное ~ Géldstrafe, Géldbuße *f*; дисциплинарное ~ Disziplinárstrafe; партийное ~ Partéistrafe ● наложить на кого-л. ~ éine Stráfe gégen j-n verhängen; отменить ~ éine Stráfe áufheben; снять ~ éine Stráfe löschen 2. (*взимание*) Béitreibung *f*, Éinziehung *f* ○ принудительное ~ zwángsweise Béitreibung ● ~ налогов Stéuereinziehung *f*; ~ штрафа Éinziehung éiner Géldstrafe

вид м Art *f*, Form *f* ● ~ деятельности Berúfsbild *n*; ~ договора Art des Vertráges; Vertrágsart, Vertrágsform; ~ы изделий Erzéugnisarten *pl*; ~ кредита Kredítform; ~ы обучения Ausbildungsformen *pl*; ~ работы Árbeitsart, Árbeitstyp *m*; ~ транспорта Verkéhrsmittel *n*; ~ энергии Energíeform; ~ на жительство Áufenthaltserlaubnis *f*, Áufenthaltsgenehmigung *f*; в ~е доказательства als Bewéis; в письменном ~е schriftlich, in Schríftform

виза ж Vísum [v-] *n*, Síchtvermerk *m* ○ въездная ~a Éinreisevisum, Éinreisesichtvermerk; выездная ~a Áusreisevisum, Áusreisesichtvermerk; дипломатическая ~a Diplómatenvisum; коллективная ~a Sámmelvisum; постоянная ~a Dáuervisum; служебная ~a Díenstvisum; транзитная ~a Dúrchreisevisum,

Transítvisum; туристская ~a Tourístenvisum [tu:-] ● выдача ~ы Vísumerteilung *f;* продле́ние ~ы Vísumverlängerung *f* ■ запра́шивать ~y um ein Vísum náchsuchen; отка́зывать в ~e das Vísum verwéigern; хода́тайствовать о выдаче ~ы ein Vísum beántragen; срок ~ы истёк das Vísum ist ábgelaufen

визи́т *м* Besúch *m* ○ госуда́рственный ~ Stáatsbesuch; дру́жественный ~ Fréundschaftsbesuch; неда́вний ~ kürzlicher Besúch; неофициа́льный ~ ínoffizieller Besúch; отве́тный ~ Gégenbesuch; официа́льный ~ offiziéller Besúch; предстоя́щий ~ bevórstehender Besúch; рабо́чий ~ Árbeitsbesuch; успе́шный ~ ergébnisreicher [erfólgreicher] Besúch ● ~ ве́жливости Höflichkeitsbesuch; ~ для выраже́ния соболе́знования Kondolénzbesuch; ~ дру́жбы Fréundschaftsbesuch; ито́ги ~a die Ergébnisse des Besúches ■ заверши́ть ~ éinen Besúch beénden; нанести́ ~ кому́-л. j-m éinen Besúch ábstatten; объяви́ть о своём ~e séinen Besúch ánkündigen; отмени́ть свой ~ séinen Besúch ábsagen; прибы́ть с ~ом в страну́ zu éinem Besúch in éinem Land éintreffen

вина́ *ж* Schuld *f,* Verschúlden *n* ○ неумы́шленная *(непреднаме́ренная)* ~á únbeabsichtigtes Verschúlden; умы́шленная ~á vórsätzliches Verschúlden ● по ~é кого́-л. durch j-s Verschúlden; смягча́ющие ~ý обстоя́тельства die Schuld míldernde Úmstände; сознаю́щий свою́ ~ý schúldbewußt ■ взять на себя́ тяжёлую ~ý éine schwére Schuld auf sich láden [néhmen]; вменя́ть что-л. в ~y кому́-л. j-m etw. als Schuld ánrechnen; возни́кнуть по ~é кого́-л. durch j-s Schuld entstéhen; загла́дить пре́жнюю ~ý éine Schuld wiedergútmachen; отрица́ть ~ý die Schuld vernéinen; поста́вить что-л. в ~ý кому́-л. j-m etw. zur Last légen; признава́ть ~ý die Schuld zúgeben; свали́ть ~ý на кого́-л. die Schuld [Verántwortung] auf j-n ábwälzen, j-m die Schuld zúschieben; чу́вствовать свою́ ~ý sich schúldig fühlen

вклад *м перен.* Béitrag *m* ○ акти́вный ~ aktíver Béitrag; большо́й ли́чный ~ hóhes persönliches Engagement [ãgaʒə'mã:]; ва́жный ~ wíchtiger Béitrag; выдаю́щийся ~ в де́ло ми́ра hervórragender Béitrag für den Fríeden; значи́тельный ~ во что-л. bedéutender Béitrag zu etw.; конструкти́вный ~ konstruktíver Béitrag; це́нный ~ wértvoller Béitrag ● ~ в де́ло сохране́ния ми́ра Béitrag zur Erháltung des Friedens ■ внести́ скро́мный ~ в реше́ние како́й-л. пробле́мы éinen beschéidenen Béitrag zur Lösung éines Probléms léisten; вноси́ть всё бо́лее весо́мый

~ во что-л. éinen stétig wáchsenden Béitrag zu etw. (*D*) léisten; сделать весо́мый ~ в нау́ку éinen gewíchtigen Béitrag zur Entwícklung der Wíssenschaft léisten

владе́ни|**е** *c* Besítz *m* ○ ве́чное ~е éwiger Besítz; вре́менное ~е zéitweiliger Besítz; зако́нное ~е réchtmäßiger [beréchtigter] Besítz; колониа́льные ~я koloniále Besítzungen; незако́нное ~е únrechtmäßiger [únberechtigter] Besítz; пожи́зненное ~е Besítz auf Lébenszeit; совме́стное ~е geméinsamer Besítz, Mítbesitz ■ вступи́ть во ~е чем-л. den Besítz ántreten; лиша́ть ~я den Besítz entzíehen; передава́ть во ~е in Besítz übergében; переходи́ть во ~е in Besítz übergehen; потеря́ть ~е um den Besítz kómmen, den Besítz verlíeren

власт|**ь** *ж* Macht *f*, Gewált *f* ○ безразде́льная ~ь úngeteilte [absolúte] Macht, верхо́вная ~ь óberste Macht, höchste Gewált; госуда́рственная ~ь Stáatsmacht, Stáatsgewalt; законода́тельная ~ь Legislatíve [-v-] *f*, gesétzgebende Gewált; исполни́тельная ~ь Exekutíve [-v-] *f*, vollzíehende Gewált; надгосуда́рственная ~ь súpranationale [überstaatliche] Gewált; наро́дная ~ь Vólksmacht; оккупацио́нные ~и (*органы*) Besátzungsbehörden *pl*; рабо́че-крестья́нская ~ь Árbeiter-und-Báuern-Macht; сове́тская ~ь Sowjétmacht; центра́льная ~ь Zentrálgewalt ● ~ь на места́х örtliche Máchtorgane; взя́тие ~и Máchtübernahme *f*; завоева́ние полити́ческой ~и Erríngung der polítischen Macht; захва́т ~и Máchtergreifung *f*; злоупотребле́ние ~ью Máchtübergriff *m*; концентра́ция ~и Máchtballung *f*, Máchtkonzentration *f*; о́рган ~и Máchtorgan *n*; ору́дие ~и Máchtinstrument *n*; отстране́ние от ~и Máchtenthebung *f*; переда́ча ~и Übergabe der Macht; притяза́ние на ~ь Máchtanspruch *m*; прихо́д к ~и Máchtantritt *m*; разделе́ние ~и Téilung der Gewálten, Gewáltenteilung *f*; установле́ние ~и рабо́чего кла́сса Erríchtung der Macht der Árbeiterklasse ■ боро́ться за ~ь um die Macht kämpfen; взять ~ь die Macht übernéhmen; захвати́ть ~ь die Macht ergréifen; находи́ться у ~и an der Macht [am Rúder] sein; остава́ться у ~и an der Macht bléiben; осуществля́ть ~ь die Macht áusüben; претендова́ть на ~ь den Máchtanspruch erhében; прийти́ к ~и zur Macht gelángen

вмеша́тельств|**о** *c* Éinmischung *f*, Intervention [-v-] *f* ○ вое́нное ~о militärische Éinmischung; вооружённое ~о bewáffnete Éinmischung; гру́бое ~о gróbe Éinmischung; иностра́нное ~о frémde Éinmischung [Intervention]; коллекти́вное ~о kollektíve Éinmischung [Intervention]; необходи́мое ~о nótwendige Éinmischung; непреднаме́ренное ~о únbeabsichtigte Éinmischung; неприкры́тое ~о óffene [únverhohlene, únverhüllte] Éinmischung; прямо́е ~о dirékte Éinmischung; та́йное ~о verdéckte Éinmischung ● ~о в дела́ профсою́зов Éingriff in die Gewérkschaftsange-legenheiten; ~о во вну́тренние дела́ незави́симых госуда́рств Éinmischung in die ínneren Ángelegenheiten únabhängiger Státen; ~о извне́ Éinmischung von áußen; отка́з от ~а Verzícht auf Éinmischung; попы́тка ~а Éinmischungsversuch *m* ■ возде́рживаться от ~а sich jéglicher Éinmischung entháltn; отклони́ть ~о die Éinmischung áblehnen [zurückweisen]; положи́ть коне́ц ~у извне́ der Éinmischung von áußen ein Énde sétzen

внедре́ние *c* Éinführung *f*, Dúrchsetzung *f* ● ~ достиже́ний нау́ки в произво́дство die Überleitung wíssenschaftlicher Errún-genschaften in die Produktión; ~ изобрете́ния Éinführung éiner Erfíndung; ~ нове́йшей те́хники Éinführung der néuesten Téchnik; ~ ново́го Éinführung des Néuen; ~ передово́го о́пыта Áuswertung fórtschrittlicher Erfáhrungen; ~ хозрасчётных нача́л Dúrchsetzung der Prinzípien der wírtschaftlichen Réchnungsführung

внешнеторго́вый Áußenhandels/ ○ ~ый банк Áußenhan-delsbank *f*; ~ые отноше́ния Áußenhandelsbeziehungen *pl*; ~ая поли́тика Áußenhandelspolitik *f*; ~ая сде́лка Áußenhandelsge-schäft *n*; ~ое сотру́дничество Zusámmenarbeit im Áußenhandel

вне́шний Áußen/, Auslands/ ○ ~ие долги́ Áuslandsschulden *pl*; ~яя поли́тика Áußenpolitik *f*; ~ий ры́нок Áußenmarkt *m*; ~ие сноше́ния áuswärtige Beziehungen; ~яя торго́вля Áußenhandel *m*

внима́ние *c* Áufmerksamkeit *f* ○ безразде́льное ~е únge-teilte Áufmerksamkeit; недоста́точное ~е mángelnde Áufmerk-samkeit; повы́шенное ~е gestéigerte Áufmerksamkeit; находи́ть-ся в це́нтре ~я im Brénnpunkt der Áufmerksamkeit stéhen; обра-ти́ть осо́бое ~е на что-л. sein Háuptaugenmerk auf etw. (*A*) ríchten; отвлека́ть ~е от кого́-л. die Áufmerksamkeit von j-m áblenken; по́льзоваться ~ем Beáchtung fínden; привлека́ть чьё-л. ~е j-s Áufmerksamkeit errégen [wécken]; прикова́ть чьё-л. ~е, j-s Áufmerksamkeit fésseln; сосредото́чить ~е на чём-л. die Áuf-merksamkeit auf etw. (*A*) konzentríeren; удво́ить ~е séine Áuf-merksamkeit verdóppeln; уделя́ть неосла́бное ~е únverminderte Áufmerksamkeit schénken; ~е всех люде́й прико́вано к чему́-л. die Áufmerksamkeit áller Ménschen gilt etw. (*D*)

вое́нный Kriegs/, Militär/, militärisch ○ ~ая авантю́ра

militärisches Ábenteuer; ~ый атташе́ Militärattaché [ˌʃeː] *m;*
~ая ба́за Militärstützpunkt *m;* ~ый блок Militärblock *m;* ~ая бло-
ка́да Kríegsblockade *f;* ~ый бюдже́т Militärhaushalt *m;* ~ое вме-
ша́тельство militärisches Éingreifen; ~ые де́йствия Kámpfhandlungen *pl;* ~ая держа́ва Militärmacht *f;* ~ый дикта́тор Militär-
diktator *m;* ~ые зака́зы Rüstungsaufträge *pl;* ~ый зако́н Militär-
gesetz *n;* ~ая истери́я Kríegshysterie *f;* ~ая кли́ка Militärclique
[ˌkliːkə] *f;* ~ая коали́ция Militärkoalition *f;* ~ая ми́ссия Mili-
tärmission *f;* ~ая необходи́мость militärische Nótwendigkeit;
~ый объе́кт militärisches Objékt; ~ый пакт Militärpakt *m;* ~ое
положе́ние Kríegszustand *m;* ~ый потенциа́л Militärpotential *n;*
~ое прави́тельство Militärregierung *f;* ~ый престу́пник Kríegs-
verbrecher *m;* ~ое прису́тствие militärische Präsénz; ~ая прово-
ка́ция Kríegsprovokation *f;* ~ый путч Militärputsch *m;* ~ое равно-
ве́сие militärisches Gléichgewicht; ~ые расхо́ды Rüstungsausgaben *pl;* ~ое сопе́рничество militärische Rivalität [-v-]; ~ый
сою́з Militärbündnis *n;* ~ый суд Militärgericht *n*, Kríegsgericht

возмо́жност‖ь *ж* Möglichkeit *f*, Gelégenheit *f* ○ благоприя́т-
ные ~и günstige Möglichkeiten; далеко́ не исче́рпанные ~и (*напр.
прогресса общества*) bei wéitem nicht áusgeschöpfte Möglichkeiten (*z. B. des Fortschritts der Gesellschaft*); непредви́денные ~и
úngeahnte Möglichkeiten; реа́льная ~ь reále Möglichkeit; упу́-
щенные ~и verpáßte Möglichkeiten; фина́нсовые ~и finanziélle
Möglichkeiten; экономи́ческие ~и страны́ wírtschaftliche Möglichkeiten éines Lándes ● ~ь испо́льзования Nútzungsmöglichkeit;
~ь предотвраще́ния войны́ Möglichkeit zur Ábwendung éines
Kríeges; ~ь примене́ния Anwendungsmöglichkeit ■ име́ть ~ь
die Möglichkeit háben; лиша́ть кого́-л. ~и j-m die Möglichkeit
néhmen; предоста́вить ~ь die Möglichkeit gében; упусти́ть ~ь
éine Gelégenheit versäumen

вознагражде́ни‖е *с* Vergütung *f*, Honorár *n* ○ а́вторское
~е Autórenhonorar; де́нежное ~е Géldvergütung; периоди́ческое
~е régelmäßig wiederkehrende Vergütung; премиа́льное ~е Prämie
f ● ~е за вы́слугу лет Tréueprämie; ~е за сверхуро́чную рабо́ту
Überstundenvergütung; ~е за труд Árbeitsentgelt *n*, Árbeitsver-
gütung; ~е нату́рой Vergütung in natúra, Naturálvergütung; ~ по
ито́гам го́да Jáhresendprämie

войн‖а́ *ж* Krieg *m* ○ а́томная ~а́ Atómkrieg; бактериологи́-
ческая ~а́ bakteriológischer Krieg; бессмы́сленная ~а́ sínnloser
Krieg; братоуби́йственная ~а́ Brúderkrieg; быстроте́чная ~а́

schnéller Krieg; Вели́кая Оте́чественная ~а́ Grőßer Váterländischer Krieg; глоба́льная ~а́ globáler Krieg; граби́тельские во́йны Ráubkriege pl; гражда́нская ~а́ Bürgerkrieg; жесто́кая ~а́ gráusamer Krieg; затяжна́я ~а́ lángandauernder Krieg; захва́тническая ~а́ Eróberungskrieg; звёздные во́йны Stérnenkriege pl; империалисти́ческая ~а́ imperialístischer Krieg; истреби́тельная ~а́ Verníchtungskrieg; кровопроли́тная ~а́ blútiger Krieg; лока́льная ~а́ lokáler Krieg; мирова́я ~а́ Wéltkrieg; молниено́сная ~а́ Blítzkrieg; морска́я ~а́ Séekrieg; национа́льно-освободи́тельная ~а́ nationáler Beréiungskrieg; необъя́вленная ~а́ únerklärter Krieg; оборони́тельная ~а́ Vertéidigungskrieg; ограни́ченная ~а́ begrénzter Krieg; ограни́ченная я́дерная ~а́ begrénzter Kérnwaffenkrieg; партиза́нская ~а́ Partisánenkrieg; позицио́нная ~а́ Stéllungskrieg, Grábenkrieg; превенти́вная ~а́ Präventívkrieg; радиологи́ческая ~а́ radiológischer Krieg; революцио́нная ~а́ revolutionärer Krieg; са́мая крова́вая и разруши́тельная ~а́ blútigster und zerstörerischster Krieg; справедли́вая ~а́ geréchter Krieg; тота́льная ~а́ totáler Krieg; холо́дная ~а́ ká́lter Krieg ● ~а́ на исто́ще́ние Zermürbungskrieg, Ermáttungskrieg; бе́дствия ~ы́ Léiden des Kríeges; веде́ние я́дерной ~ы́ Führung éines nukleáren Kríeges; вы́ход из ~ы́ Áustritt aus dem Kríege; на гра́ни ~ы́ am Ránde des Kríeges; оконча́ние ~ы́ Ábschluß [Beéndigung] éines Kríeges; недопуще́ние я́дерной ~ы́ Verhínderung éines Kérnwaffenkrieges; плацда́рм для подгото́вки но́вой ~ы́ Áufmarschgebiet für die Vórbereitung éines néuen Kríeges, Vórfeld für éinen néuen Krieg; поджига́тели ~ы́ Kríegsbrandstifter pl, Kríegstreiber pl, Kríegshetzer pl, Kríegseinpeitscher pl; предотвраще́ние я́дерной ~ы́ Ábwendung [Verhütung] éines Kérnwaffenkrieges; прекраще́ние ~ы́ Éinstellung éines Kríeges; развя́зывание больши́х и ма́лых войн Entfésselung grő́ßer und kléiner Kríege; рито́рика времён холо́дной ~ы́ Vokabulár des ká́lten Kríeges; состоя́ние ~ы́ Kríegszustand m; сре́дства веде́ния ~ы́ Mittel der Kríegsführung; тя́готы ~ы́ Lásten des Kríeges ■ вве́ргнуть страну́ в ~у́ ein Land in éinen Krieg stürzen; вести́ ~у́ den Krieg führen; вести́ ~у́ чужи́ми рука́ми éinen Stéllvertreterkrieg führen; вступи́ть в ~у́ in den Krieg éintreten; в я́дерной ~е́ победи́ть невозмо́жно es ist unmöglich, in éinem Kérnwaffenkrieg die Óberhand zu gewínnen; ликвиди́ровать оча́г ~ы́ éinen Kríegsherd beséitigen; объявля́ть ~у́ den Krieg erklären; объяви́ть я́дерную ~у́ преступле́нием про́тив наро́дов den Kérnwaffenkrieg zum Verbréchen gégen die Völker

43

erklären; решительно осуждать ядерную ~у den Kérnwaffenkrieg entschieden verurteilen; предотвратить ~у den Krieg verhindern; предотвратить сползание человечества к ядерной ~é das Ábgleiten der Ménschheit in éinen Kérnwaffenkrieg verhindern; прекращать состояние ~ы den Kríegszustand beénden; развязать ~у éinen Krieg entfésseln; устранить опасность ~ы die Gefáhr éines Kríeges bánnen; уходить на ~у in den Krieg zíehen

войска *мн.* Trúppen *pl*, Stréitkräfte *pl* ○ оккупационные ~ Besátzungstruppen; правительственные ~ Regíerungstruppen; ракетные ~ Rakétentruppen; регулярные ~ reguläre Trúppen ● ~ ООН по поддержанию мира ÚNO-Fríedenstruppe *f*; немедленный и полный вывод войск únverzüglicher und vóllständiger Rückzug der Trúppen; ограниченный контингент войск begrénztes Trúppenkontingent; размещение войск Trúppenstationierung *f*; разъединение войск Trúppenentflechtung *f*, Auseinánderrücken der Trúppen; скопление войск Trúppenbereitstellung *f*; сокращение войск Trúppenreduzierung *f*; численность войск Trúppenstärke *f* ■ выводить ~ Trúppen ábziehen; перебрасывать ~ Trúppen überführen; размещать ~ Trúppen stationíeren

волна *ж* Wélle *f*, Wóge *f* ○ ~ арестов Verháftungswelle; ~ банкротств Pléitewelle; ~ гонки вооружений die Wélle des Wéttrüstens; ~ дороговизны Téuerungswelle; ~ забастовок Stréikwelle; мощная ~ международной солидарности máchtvolle Wélle der internationálen Solidarität; ~ насилия Wélle der Gewált; ~ преследований Wélle von Verfólgungen; ~ протеста Protéstwelle; ~ сочувствия Wélle [Wóge] des Mítgefühls; ~ увольнений Entlássungswelle; ~ холода Kältewelle ● ~ террористических актов прокатилась по стране éine Wélle von Terrórakten überróllte das Land, das Land wúrde mit éiner Wélle des Terrorísmus überzógen

воля *ж* Wílle *m* ○ непоколебимая ~я únerschütterlicher Wílle; непреклонная ~я únbeugsamer Wílle; сильная ~я stárker Wílle; слабая ~я schwácher Wílle; твёрдая ~я hárter [féster] Wílle ● ~я к достижению чего-л. (*напр. справедливого соглашения*) Wílle zur Herbéiführung (*z. B. eines gerechten Abkommens*); ~ею народов durch den Wíllen der Völker; вопреки ~е большинства населения entgégen dem Wíllen der Méhrheit der Bevölkerung; люди доброй ~и Ménschen gúten Wíllens; при наличии доброй ~и bei gútem Wíllen; против ~и кого-л. wíder j-s Wíllen ■ действовать в духе доброй ~и im Géiste gúten Wíllens wírken;

44

диктова́ть свою́ ~ю séinen (éigenen) Wíllen áufzwingen; отвеча́ть ~е широ́ких слоёв населе́ния dem Wíllen bréiter Bevölkerungsschichten entspréchen; парализова́ть ~ю наро́дов den Wíllen der Völker lähmen; подчини́ть что-л. свое́й ~e etw. séinem Wíllen únterordnen; прояви́ть непрекло́нную ~ю к побе́де únbeugsamen Síegeswillen zéigen [an den Tag légen]; прояви́ть до́брую ~ю gúten Wíllen bekúnden; счита́ться с ~ей наро́да den Wíllen des Vólkes respektíeren

вооруже́ни||**е** *c* Rüstung *f,* Wáffe *f* ○ а́томное ~e atomáre Rüstung; косми́ческие ~я Wéltraumrüstungen *pl,* Wéltraumwaffen *pl,* wéltraumgestützte Wáffen; обы́чные ~я konventionélle [hérkömmliche] Wáffen; стратеги́ческие ~я назе́много, морско́го и возду́шного бази́рования land//, see// und lúftgestützte stratégische Wáffen; стратеги́ческое ~e stratégische Rüstung; я́дерное ~e Kérnwaffen *pl,* nukleáre Rüstung ● бре́мя ~й Rüstungslasten *pl;* ввод в боево́й соста́в ~й Indíenststellung néuer Wáffen; го́нка ~й Wéttrüsten *n;* замора́живание я́дерных ~й Éinfrieren nukleárer Rüstungen; изъя́тие из ~й Verschróttung [Verníchtung] der Rüstungen; Áusschluß aus den Rüstungen; ликвида́ция всех я́дерных ~й Beséitigung áller nukleáren Wáffen; нара́щивание ~й Hóchrüstung, Áufrüstung, Forcíeren [-s-] der Rüstung; ограниче́ние я́дерных ~й Begrénzung der Kérnwaffen; произво́дство но́вых ~й Produktión néuer Wáffen; разрабо́тка но́вых ~й Entwícklung néuer Wáffen; сокраще́ние ~й Rüstungsreduzierung *f;* суще́ственное сокраще́ние обы́чных ~й substantiélle Reduzíerung der konventionéllen Rüstungen; у́ровень ~й Rüstungsniveau [-vo:] *n,* Stand der Rüstungen; форси́рованное нара́щивание ~й forcíertes [-s-] Áufrüsten; э́кспорт ~й Rüstungsexport *m;* контро́ль над ~ями Rüstungskontrolle *f;* расхо́ды на ~e Rüstungsausgaben *pl* ■ заморо́зить все име́ющиеся я́дерные ~я в коли́чественном и ка́чественном отноше́ниях das gesámte Kérnwaffenpotential in quantitatíver und qualitatíver Hínsicht éinfrieren; заморо́зить стратеги́ческие ~я на ны́нешнем у́ровне die stratégischen Rüstungen auf dem dérzeitigen Stand éinfrieren; ликвиди́ровать я́дерные ~я die Kérnwaffenrüstung beséitigen; нака́пливать ~я Wáffen ánhäufen; ограни́чить ка́чественную модерниза́цию ~й die qualitatíve [-v-] Modernisíerung der Wáffen begrénzen; свёртывать я́дерные ~я die Kérnwaffen ábbauen; создава́ть но́вый класс ~й éine néue Klásse von Wáffen scháffen; сократи́ть стратеги́ческие наступа́тельные ~я США и СССР на 50% die straté-

gischen Offensívwaffen der UdSSR und der USA um 50% reduzíeren

вооружённ|ый bewáffnet, militärisch ○ ~ое вмеша́тельст-
во bewáffnete [militärische] Éinmischung; ~ое восста́ние bewáffneter Áufstand; ~ый конфли́кт bewáffneter Konflíkt; ~ое
нападе́ние bewáffneter Überfall; ~ый нейтралите́т bewáffnete
Neutralität; ~ые си́лы Stréitkräfte *pl*, bewáffnete Kräfte; ~ое
столкнове́ние bewáffnete Auseinándersetzung

вопро́с м Fráge *f* ○ альтернати́вный ~ Entschéidungsfrage,
Alternatívfrage; больно́й ~ brénnende Fráge; встре́чный ~ Gégenfrage; жгу́чий ~ совреме́нности brénnende Fráge der Gégenwart; жи́зненно ва́жный ~ lébenswichtige Fráge, Lébensfrage;
ключево́й ~ Schlússelfrage; национа́льный ~ natiónale Fráge; не-
решённый ~ úngelöste Fráge; основно́й ~ Grúndfrage; принци-
пиа́льный ~ grúndsätzliche Fráge; спо́рный ~ Stréitfrage, strít-
tiges Ploblém; щекотли́вый ~ héikle Fráge ● постано́вка ~а
Frágestellung *f*; ~ о дове́рии (*правительству*) Vertráuensfrage;
~ жи́зни и сме́рти éine Fráge von Lében und Tod; ~ „кто—кого́?"
die Fráge „wer—wen?"; ~ы, интересу́ющие о́бе сто́роны béide
Séiten interessíerende Frágen; ~ы общегосуда́рственного значе́-
ния Frágen von gesámtstaatlicher Bedéutung ■ верну́ться к ~у
auf éine Fráge zurückkommen; задава́ться ~ом sich (*D*) die Fráge
stéllen; напра́шивается ~ es drängt sich die Fráge auf; не уходи́ть
от о́стрых ~ов den brénnendsten Frágen nicht aus dem Wége
géhen; оста́вить ~ откры́тым die Fráge óffen lássen; останови́ть-
ся подро́бнее на ~е auf éine Fráge näher éingehen; подня́ть ~
éine Fráge áufwerfen; по́лностью обойти́ ~ éine Fráge völlig
übergéhen; поста́вить ~ éine Fráge stéllen [áufrollen, ánschnei-
den]; поста́вить ~ ребро́м die Fráge scharf stéllen; реша́ть спо́р-
ные ~ы за столо́м перегово́ров strittige Frágen am Verhánd-
lungstisch lösen; ста́вить ~ со всей острото́й die Fráge mit áller
Schärfe áufwerfen; э́ти ~ы выдвига́ются на пе́рвый план díese
Frágen rücken in den Vórdergrund; э́ти ~ы тре́буют реше́ния
díese Frágen hárren íhrer Lösung

воспита́ни|е *с* Erzíehung *f* ○ внешко́льное ~е áußerschulische
Erzíehung; вое́нно-патриоти́ческое ~е Wéhrerziehung; гражда́н-
ское ~е stáatsbürgerliche Erzíehung; дошко́льное ~е Vórschuler-
ziehung, vórschulische Erzíehung; иде́йно-нра́вственное ~е mora-
lisch-ideológische Erzíehung; иде́йно-полити́ческое ~е polítisch-
ideológische Erzíehung; интернациона́льное ~е Erzíehung zum In-

ternationalísmus; коммунистическое ~e kommunístische Erziehung; политическое ~e масс polítische Erziehung der Mássen; трудовое ~e Erziehung zur Árbeit, Erziehung im Árbeitsprozeß; физическое ~e Körpererziehung; эстетическое ~e ästhétische Erziehung; ● ~e в духе мира Friedenserziehung; ~e в коллективе Erziehung im Kollektív; ~e в семье Erziehung im Élternhaus; ~e кадров Káderschulung f, Kádererziehung; ~e коммунистического сознания die Erziehung zum kommunístischen Bewußtsein; метод ~я Erziehungsmethode f; методика ~я Erziehungsmethodik f; наука о ~и Erziehungswissenschaft f; система ~я Erziehungssystem n; средство ~я Erziehungsmittel n; цель ~я Erziehungsziel n ■ дать кому-л. хорошее ~e j-m éine gúte Erziehung gében; заниматься чьим-л. ~ем sich mit j-s Erziehung beschäftigen; получить хорошее ~e éine gúte Erziehung genießen [bekómmen]

восстановление c Wiederhérstellung f, Wiederáufbau m ○ послевоенное ~ народного хозяйства Wiederáufbau der Vólkswirtschaft nach dem Kríege ● ~ в должности Wiederéinsetzung in die frühere Díenststellung; ~ в партии Wiederáufnahme in die Partéi; ~ в правах Wiederhérstellung der Rechte; ~ гражданства Wiederverleihung der Stáatsbürgerschaft; ~ на работе Wiederéinstellung f; ~ прежнего состояния Wiederhérstellung des früheren Zústandes

враг м Feind m, Gégner m ○ жестокий ~ erbítterter Feind; заклятый ~ geschwórener Feind; злейший ~ Érzfeind; идейный ~ ideológischer Gégner [Feind]; классовый ~ Klássenfeind; смертельный ~ Tódfeind ● борьба с ~ом Kampf gégen den Feind; победа над ~ом der Sieg über den Feind ■ наживать себе ~ов sich (D) Féinde máchen; разгромить ~а den Feind zerschlágen

вражд||а ж Haß m, Féindschaft f ○ национальная ~á nationáler Háder, Völkerhaß; племенная ~á Stámmesfeindschaft; расовая ~á Rássenhaß; религиозная ~á religiöse Féindschaft ■ возбудить ~ý Féindschaft säen, Zank stíften; жить с кем-л. в постоянной ~é mit j-m in Háder lében; питать ~ý к кому-л. Féindschaft gégen j-n hégen

вред м Scháden m ○ имущественный ~ юр. Vermögensschaden; моральный ~ юр. morálischer Scháden; случайно причинённый ~ Zúfallsschaden ● ~, причинённый лицу юр. Persónenschaden ■ быть кому-л. во ~ j-m zum Náchteil geréichen; действовать во ~ zum Scháden hándeln; наносить ~ Scháden ánrichten [stíften]; причинить кому-л. ~ j-m Scháden zúfügen

времен||ый provisórisch [-v-], zéitweilig ○ ~ые меры provisó-

rische Máßnahmen; ~ая нетрудоспосо́бность zéitweilige Árbeitsun-
fähigkeit; Вре́менный Пове́ренный в дела́х Geschäftsträger ad
ínterim; ~ое прави́тельство provisórische Regíerung; ~ый рабо́тник
Áushilfskraft f; ~ое распоряже́ние zéitweilige Verfügung; ~ое ре-
ше́ние provisórische Lösung; Zwíschenlösung f; ~ое соглаше́ние
zéitweiliges Ábkommen; ~ые тру́дности zéitweilige Schwíerigkeiten; ~ое явле́ние zéitbedingte Erschéinung

вре́мя с Zeit f ○ ближа́йшее ~ nächste Zeit; былы́е времена́
vergángene Zéiten; календа́рное ~ kalе́ndermäßig berе́chnete Zе́it-
spanne; ме́стное ~ Órtszeit; нерабо́чее ~ árbeitsfreie Zeit; обе́ден-
ное ~ Míttagszeit; отрабо́танное ~ geárbeitete Árbeitszeit; рабо́чее
~ Árbeitszeit; сверхуро́чное ~ Überstunden pl; свобо́дное ~ Fréizeit ● ~ заседа́ния Termín éiner Sítzung; ~ командиро́вки Dáuer
éiner Díenstreise; ~ о́тдыха Fréizeit, Erhólungszeit; ~ прибы́тия
Ánkunftszeit; ~ просто́я Stíllstandszeit (оборудования); Stánd-
zeit (транспорта); веле́ние вре́мени Gebót der Zeit ■ вы́играть
~ Zeit gewínnen; назнача́ть ~ для чего-л. die Zeit [den Zéitraum]
für etw. bestímmen; обеспе́чить кому́-л. вы́игрыш во вре́мени
j-m Zeit gewínnen lássen; ~ напо́лнено интере́сными собы́тиями
die Zeit ist mit interessánten Eréignissen áusgefüllt

всеми́рн‖ый Welt// ○ Всеми́рный конгре́сс миролюби́вых
сил Wéltkongreß der Fríedenskräfte; Всеми́рная конфере́нция по
разоруже́нию Wéltabrüstungskonferenz f; ~ая литерату́ра Wélt-
literatur f; Всеми́рный Сове́т Ми́ра Wéltfriedensrat m; Всеми́рная
федера́ция демократи́ческой молодёжи Wéltbund der demokrátischen Júgend; Всеми́рная федера́ция профсою́зов Wéltgewerk-
schaftsbund m; Всеми́рный фестива́ль молодёжи и студе́нтов
Wéltfestspiele der Júgend und Studénten; ~ый фо́рум Wéltforum
n; ~ая [вселе́нская] це́рковь Wéltkirche f; ~ая я́рмарка internationále Mésse, Wéltmesse f, Wélthandelsplatz m

всенаро́дн‖ый állgemein, Volks// ○ ~ое голосова́ние Vólksabstimmung f; ~ое движе́ние в защи́ту ми́ра Vólksbewegung zur
Vertéidigung des Fríedens; ~ое де́ло Sáche des gánzen Vólkes; ~ое
достоя́ниеVólkseigentum n, állgemeines Gut; ~ая кампа́ния Vólks-
aktion f; ~ое обсужде́ние Vólksaussprache f; ~ое одобре́ние Bílligung des gánzen Vólkes; ~ый опро́с Vólksbefragung f; ~ое торже-
ство́ állgemeines Vólksfest

всео́бщ‖ий állgemein ○ ~ее бла́го állgemeines Wohl; ~ее воз-
муще́ние állgemeine Empörung; ~ая во́инская пови́нность állgemeine Wéhrpflicht; ~ие вы́боры állgemeine Wáhlen; ~ая забасто́в-

ка Generálstreik *m;* всеобщее избирательное право állgemeines Wáhlrecht; ~ий интерес állgemeines Interésse; ~ая история Wéltgeschichte *f;* ~ее образование Állgemeinbildung *f;* ~ее одобрение állgemeine Zústimmung; ~ая перепись населения állgemeine Vólkszählung; ~ее и полное разоружение állgemeine und vóllständige Ábrüstung

встреч||**а** *ж* Tréffen *n,* Begégnung *f* ○ достойная ~а (*напр. съезда*) éine würdige Vórbereitung (*z. B. des Parteitages*); дружеская ~a Fréundschaftstreffen; Мадридская ~а по безопасности и сотрудничеству в Европе Madríder Tréffen über Sícherheit und Zusámmenarbeit in Európa; недавние ~и kürzliche Tréffen [Begégnungen]; подготовительная ~а Vórbereitungstreffen; рабочая консультативная ~a konsultatíves Árbeitstreffen ● ~а в верхах Gípfeltreffen; ~а на высшем уровне Tréffen auf höchster Ébene; ~a молодёжи мира Wéltjugendtreffen *n;* ~а руководителей неприсоединившихся государств Gípfel der Níchtpaktgebundenen; ~а руководящих деятелей Tréffen der führenden Repräsentánten ■ организовать ~y ein Tréffen veránstalten; провести ~y ein Tréffen dúrchführen; участвовать во ~e sich an éinem Tréffen betéiligen; ~а имеет широкий представительный характер das Tréffen hat éine beáchtliche Repräsentánz; ~а прошла в атмосфере дружбы das Tréffen verlíef in fréundschaftlicher Atmospháre

встречн||**ый** Gégen|| ○ ~ый довод Gégenargument *n;* ~ое заявление Gégenerklärung *f;* ~ый план Gégenplan *m;* ~ое предложение Gégenantrag *m;* ~ый проект Gégenentwurf *m;* ~ое требование Gégenforderung *f*

выбор||**ы** *мн* Wahl *f,* Wáhlen *pl* ○ всеобщие ~ы állgemeine Wáhlen; дополнительные ~ы Náchwahlen; досрочные ~ы vórgezogene [vórzeitige] Wáhlen; земельные ~ы (*в ФРГ*) Lándtagswahlen; косвенные ~ы índirekte Wáhlen; муниципальные ~ы Geméindewahlen, Kommunálwahlen; очередные ~ы órdentliche Wáhlen; очередные парламентские ~ы túrnusmäßige Parlaméntswahlen; предварительные ~ы Vórwahlen; президентские ~ы Präsidéntschaftswahl(en); прямые ~ы únmittelbare [dirékte] Wáhl(en); равные ~ы gléiche Wáhlen; свободные демократические ~ы fréie demokrátische Wáhlen ● ~ы в местные органы (*власти*) Kommunálwahlen, Wáhlen zu den örtlichen Vólksvertretungen; ~ы при открытом голосовании óffene Wáhl(en); ~ы при тайном голосовании gehéime Wáhl(en); ~ы руководящих органов съезда Konstituíerung des Partéitages; ~ы центральных органов партии (на съе́зде) Wahl der léitenden Orgáne der Partéi (durch den Partéitag); зако́н о ~ах Wáhlgesetz *n;* исхо́д ~ов Wáhlergebnis *n,* der Áusgang der Wáhlen; манипуля́ции в хо́де ~ов Wáhlmanöver *pl;* на ~ах bei den Wáhlen; назначе́ние ~ов die Áusschreibung der Wáhlen; пораже́ние на ~ах Wáhlniederlage *f;* поря́док проведе́ния ~ов Wáhlordnung *f;* проведе́ние ~ов die Dúrchführung der Wáhlen; процеду́ра ~ов Wáhlakt *m;* фальсифика́ция результа́тов ~ов Wáhlfälschung *f;* фарс ~ов Wáhlfarce [-sə] *f;* ход ~ов Verláuf der Wáhlen ■ встреча́ть ~ы но́выми достиже́ниями в труде́ mit néuen Erfólgen in der Árbeit zu den Wáhlen géhen; идти́ на ~ы zur Wahl géhen; назна́чить ~ы на 15 ма́рта die Wáhlen für den 15. März ánsetzen; потерпе́ть неуда́чу на ~ах die Wáhlen verlíeren; призна́ть ~ы недействи́тельными die Wáhl(en) für null und níchtig [für úngültig] erklären; приступи́ть к ~ам zur Wahl schréiten; провести́ ~ы die Wáhlen ábhalten; устана́вливать срок [день] ~ов на 15 ма́рта den 15. März als Termín für die Wáhlen féstlegen; фальсифици́ровать результа́ты ~ов das Wáhlergebnis fälschen

вы́вод *м (заключе́ние)* Schluß *m,* Schlúßfolgerung *f* ○ ва́жный ~ wíchtige Schlúßfolgerung; гла́вный ~ Háuptschlußfolgerung; логи́ческий ~ lógische Fólge; ло́жный ~ Trúgschluß; наду́манный ~ die Schlúßfolgerung ist an den Háaren herbéigezogen; неве́рный ~ fálscher Schluß; непра́вильный ~ Trúgschluß; оконча́тельный ~ éndgültige Schlúßfolgerung; о́бщий ~ állgemeine Schlúßfolgerung; организацио́нные ~ы organisatórische Máßnahmen; после́довательный ~ konsequénte Schlúßfolgerung; сме́лый ~ kühner Schluß ● ~ы докла́да Zusámmenfassung éines Beríchtes ■ де́лать поспе́шные ~ы vóreilige Schlüsse zíehen; прийти́ к ~у zum Schluß gelángen [kómmen]; прийти́ к практи́ческим ~ам zu práktischen Schlúßfolgerungen gelángen; сде́лать из чего́-л. пра́вильный ~ aus etw. die ríchtige Schlúßfolgerung zíehen; сде́лать ~ы die Konsequénzen zíehen; торопи́ться с ~ами übereilte Schlúßfolgerungen zíehen

выполне́ни⎮**е** *c* Erfüllung *f,* Áusführung *f* ○ досро́чное ~е зака́зов vórfristige Erfüllung von Áufträgen; своевре́менное ~е произво́дственного пла́на termíngerechte Erfüllung des Produktiónsplanes ● ~е догово́ра Realisíerung éines Vertráges; ~е до́лга Pflíchterfüllung; ~е зада́чи Áusführung [Erfüllung] éiner Áufgabe; ~е зака́зов Áuftragserfüllung, Erlédigung von Áufträgen; ~е норм Nórmerfüllung; ~е обяза́тельств Erfüllung der Verpflíchtungen; ~е пла́на Plánerfüllung; ~е рабо́ты Árbeitsausführung

вы́ставк‖а *ж* Ausstellung *f* ○ всесою́зная ~а Unionsausstellung; ежего́дная ~а jährliche Ausstellung; передвижна́я ~а Wanderausstellung; постоя́нно де́йствующая ~а Dáuerausstellung; специализи́рованная ~а Fáchausstellung; юбиле́йная ~а Jubiläumsausstellung ● ~а плака́та Plakátausstellung; организа́тор ~и Veránstalter der Ausstellung; осмо́тр ~и Besichtigung der Ausstellung; откры́тие ~и die Eröffnung der Ausstellung; помеще́ние ~и Ausstellungsraum *m;* проведе́ние ~и Dúrchführung der Ausstellung; уча́стие в ~е Betéiligung an der Ausstellung; уча́стник ~и Aussteller *m* ■ откры́ть ~у éine Ausstellung eröffnen; оформля́ть ~у éine Ausstellung gestálten; побыва́ть на ~е die Ausstellung besúchen; размеща́ть ~у éine Ausstellung unterbríngen; ~а вы́звала большо́й интере́с die Ausstellung fand gróßes Interésse; на ~е большо́й наплы́в посети́телей die Ausstellung fíndet viel Zúspruch

выступле́ни‖е *с* Auftreten *n,* Réde *f,* Aktion *f* ○ ма́ссовые антивое́нные ~я die Mássenaktionen gégen den Krieg; мо́щные ~я про́тив косми́ческого ору́жия máchtvolle Aktiónen gégen Wéltraumwaffen; публи́чное ~е öffentliche Réde ● ~е масс Mássenkundgebung *f;* ~я проте́ста Protéstaktionen *pl;* ~я в защи́ту ми́ра Friedensaktivitäten *pl;* ~е в печа́ти Veröffentlichung in der Présse; ~е в пре́ниях Diskussiónsbeitrag *m;* ~е по ра́дио Auftreten im Rúndfunk; ~е по телеви́дению Auftreten im Férnsehen ■ гото́виться к ~ю sich auf den Auftritt vórbereiten

вы́сш‖ий Hoch‖, höher, höchst ○ ~ий долг vórnehmste Pflicht; ~ий зако́н oberstes Gesétz; ~ая инста́нция höchste Instánz; ~ее ка́чество béste Qualität; ~ая ме́ра наказа́ния *юр.* Tódesstrafe *f;* ~ее образова́ние Hóchschulbildung *f;* ~ий о́рган госуда́рственной вла́сти höchstes Orgán der Stáatsmacht; Вы́сшая парти́йная шко́ла Partéihochschule *f;* ~ее уче́бное заведе́ние Hochschule *f;* ~ая цель ein höherer Zweck, höchstes Ziel, Hauptanliegen *n;* ~ие це́нности höhere Wérte

Г

газе́т‖а *ж* Zéitung *f* ○ арме́йская ~а Arméezeitung; вече́рняя ~а Abendzeitung; ежедне́вная ~а Tágeszeitung; заводска́я ~а Betríebszeitung; литерату́рная ~а Literatúrzeitung; ме́стная ~а Lokálzeitung; молодёжная ~а Júgendzeitung; парти́йная ~а

Partéizeitung; прави́тельственная ~a Regíerungszeitung; прогрес-
си́вная ~a fórtschrittliche Zéitung; реакцио́нная ~a reaktionäre
Zéitung; стенна́я ~a Wándzeitung; у́тренняя ~a Mórgenzeitung;
учи́тельская ~a Léhrerzeitung; центра́льная ~a zentrále Zéitung
● ~a, име́ющая са́мый большо́й тира́ж áuflagenstärkste Zéitung;
подпи́счик ~ы Zéitungsabonnent m; приложе́ние к ~e Zéitungs-
beilage f ■ дать объявле́ние в ~у éine Anzeige in die Zéitung
sétzen; издава́ть ~y éine Zéitung heráusgeben; опубликова́ть что-л.
в ~e etw. in der Zéitung veröffentlichen; основа́ть ~y éine Zéitung
gründen; подпи́сываться на ~y éine Zéitung abonníeren [bestéllen,
bezíehen]; получа́ть ~y éine Zéitung erhálten; разноси́ть ~ы Zéitungen áustragen; сотру́дничать в ~e an éiner Zéitung mítarbeiten;
~a выхо́дит ежедне́вно die Zéitung erschéint täglich; ~a выхо́дит
раз в неде́лю на 16 страни́цах die Zéitung erschéint wöchentlich
séchzehnseitig; ~a переста́ла выходи́ть [закры́лась] die Zéitung
hat ihr Erschéinen éingestellt; ~a увели́чила свой тира́ж die Zéitung hat íhre Áuflage erhöht; э́то изве́стие обошло́ все ~ы díese
Náchricht ist durch álle Zéitungen gegángen

гаранти́рован||ый garantíert ○ ~ый ежего́дный о́тпуск
garantíerter Jáhresurlaub; ~ая рабо́чая неде́ля garantíerte Arbeits-
woche ● ~ый ми́нимум за́работной пла́ты garantíerter Míndestlohn

гара́нти||я ж Garantíe f, Gewähr f ○ дополни́тельная ~я
Zúsatzgarantie; по́лная ~я vólle Garantíe ● ~я безопа́сности Sícherheitsgarantie; ~я ми́ра Fríedensgarantie; междунаро́дные
~и ми́рного урегули́рования internationále Garantíen für éine
Fríedensregelung; без ~и óhne Gewähr; поли́тика ~й Garantíepoli-
tik f; приня́тие междунаро́дных ~й Ánnahme internationáler Garantíen; разрабо́тка междунаро́дных ~й Ausarbeitung internationáler Garantíen ■ взять на себя́ ~и в чём-л. Garantíen für etw. (A)
übernéhmen; соглаше́ние даёт ~ию чего́-л. das Ábkommen bíetet
die Gewähr für...

гва́рдия ж Gárde f ○ короле́вская ~ königliche Gárde; Кра́с-
ная ~ ист. Róte Gárde; молода́я ~ júnge Gárde; национа́льная ~
Nationálgarde; ста́рая ~ álte Gárde

генера́льн||ый Generál// ○ Генера́льная Ассамбле́я ООН
ÚNO-Vóllversammlung, Vóllversammlung der ÚNO; ~ый дире́ктор
ЮНЕ́СКО Generáldirekter der UNÉSCO; Генера́льный ко́нсул
Generálkonsul m; ~oe ко́нсульство Generálkonsulat n; ~ая ли́ния
па́ртии Generállinie [Grúndorientierung] der Partéi; ~ый план

Generálplan *m;* ~ая репети́ция Generálprobe *f;* Генера́льный секрета́рь ЦК КПСС Generálsekretär des ZK der KPdSU; ~ый секрета́рь ООН Generálsekretär der UNO; ~ое сраже́ние Háuptschlacht *f;* Генера́льный штаб Generálstab *m*

герб м Wáppen *n* ○ госуда́рственный ~ Stáatswappen; семе́йный ~ Famílienwappen ● ~ го́рода Stádtwappen; деви́з ~á Wáppenspruch *m;* изображе́ние на ~é Wáppenbild *n* ■ у го́рода есть свой ~ die Stadt führt ein Wáppen

геро́изм м Heroísmus *m,* Héldentum *n* ○ и́стинный ~ échtes Héldentum; ма́ссовый ~ Mássenheroismus; трудово́й ~ Arbeitsheroismus, Héldentum in der Árbeit ■ прояви́ть ~ den Héldenmut bewéisen [an den Tag légen]

геро́й м Held *m* ○ безымя́нные ~и ná menslose Hélden; легенда́рный ~й legendärer Held; наро́дный ~й Vólksheld; настоя́щий ~й wáhrer Held; национа́льный ~й Natiónalheld; отва́жный ~й tápferer Held; отрица́тельный ~й negátive Gestált; па́вшие ~и gefállene Hélden; положи́тельный ~й positíver Held; просла́вленный ~й berühmter [geféierter] Held ● ~й войны́ Kríegsheld; ~и движе́ния Сопротивле́ния Hélden der Wíderstandsbewegung; ~и освободи́тельной борьбы́ Hélden des Befréiungskrieges; ~и револю́ции Hélden der Revolutión [-v-]; Геро́й Сове́тского Сою́за Held der Sowjétunion; Геро́й Социалисти́ческого Труда́ *(СССР)* Held der Soziálistischen Árbeit; Геро́й Труда́ *(ГДР)* Held der Árbeit; го́род-~й Héldenstadt *f;* день па́мяти ~ев Héldengedenktag *m;* сказа́ние о ~ях Héldensage *f* ■ быть ~ем дня der Held des Táges sein; пасть сме́ртью ~я den Héldentod stérben; чтить па́мять ~ев die Hélden éhren

глава́ ж Haupt *n,* Chef [ʃɛf] *m* ● ~á Бе́лого до́ма Chef [Léiter] des Wéißen Háuses; ~á госуда́рства Stáatschef, Stáatsoberhaupt; гла́вы госуда́рств и прави́тельств Stáats- und Regíerungschefs; ~á делега́ции Delegatiónsleiter *m;* ~á католи́ческой це́ркви Óberhaupt der kathólischen Kírche; ~á прави́тельства Regíerungschef; ~á семьи́ Famílienoberhaupt ■ объяви́ть себя́ ~о́й госуда́рства sich zum Óberhaupt des Stáates erklären

гла́вн||ый Háupt//; Chef// [ʃɛf], Óber// ○ ~ый вопро́с Háuptfrage *f;* ~ый вопро́с, поста́вленный на обсужде́ние Háuptberatungsgegenstand *m;* ~ая зада́ча Háuptaufgabe *f;* ~ый исто́чник Háuptquelle *f;* ~ый ито́г Háuptergebnis *n;* ~ые комите́ты ООН Háuptausschüsse der UNO; ~ый констру́ктор Chéfkonstrukteur [-tø:r] *m;* ~ое направле́ние Háuptrichtung *f;* ~ое ору́жие Háupt-

53

waffe *f;* ~ая отве́тственность Ha̋uptverantwortung *f;* ~ая о́трасль промы́шленности Ha̋uptindustriezweig *m;* ~ое преиму́щество Ha̋uptvorteil *m;* ~ый приз Ha̋uptpreis *m;* ~ый при́знак Ha̋upt- merkmal *n;* ~ая причи́на Ha̋uptgrund *m;* ~ая пробле́ма Ha̋upt- problem *n;* ~ая проду́кция Ha̋upterzeugnisse *pl;* ~ое собы́тие дня Ha̋uptereignis des Ta̋ges; ~ый сою́зник Ha̋uptverbündete *m;* ~ое управле́ние Ha̋uptverwaltung *f;* ~ая цель Ha̋uptziel *n*

гла́сность‖ь *ж* Őffenheit *f,* Publizität *f,* Őffentlichkeit *f,* Trans- paré́nz *f* ● ~ь бюдже́та die Publizität des Budgets [by̆'dʒe:s]; ~ь прове́рки Őffentlichkeit éiner Prüfung; ~ь рабо́ты Сове́тов Tätig- keit der Sowjéts vor den Augen der Őffentlichkeit; ~ь в рабо́те парти́йных и сове́тских учрежде́ний Őffentlichkeit der Árbeit der Parté́i- und Stáatsorgane; ~ь суда́ Őffentlichkeit des Gerichtsver- fahrens; борьба́ за ~ь Kampf für Őffenheit; недоста́ток ~и Mángel an Őffenheit; обстано́вка ~и Atmosphäre der Őffenheit; преиму́- щества ~и Vőrzüge der Őffenheit; при́нцип ~и Őffentlichkeitsprin- zip *n* ▪ гаранти́ровать ~ь Publizität garantíeren; развива́ть ~ь die Őffenheit wéiterentwickeln; ощуща́ть благотво́рное возде́й- ствие ~и die positíve Wírkung der Publizität spüren; подде́рживать ~ь die Őffenheit fördern; преда́ть ~и öffentlich bekánntmachen; стать достоя́нием ~и an die Őffentlichkeit gelángen; углубля́ть да́льше проце́сс ~и den Prozéß der Őffenheit wéiter vertíefen; утвержда́ть ~ь на всех у́ровнях о́бщества die Őffenheit auf állen Ébenen der Geséllschaft dúrchsetzen; ~ь набира́ет си́лу [утвержд- да́ется] во всех областя́х die Őffenheit faßt auf állen Gebíeten Fuß; ~ь охва́тывает все сфе́ры жи́зни die Őffenheit erstréckt sich auf álle Lébensbereiche; ~ь стано́вится но́рмой жи́зни о́бще- ства die Publizität wird zur Norm des geséllschaftlichen Lébens

глоба́льн‖ый Globál‖, globál ○ ~ая война́ globáler Krieg; ~ый обзо́р globáler Überblick; ~ое реше́ние globále Lösung; ~ое согла- ше́ние Globálabkommen *n;* ~ая страте́гия Globálstrategie *f* ● в ~ом масшта́бе im globálen Máßstab

глубо́к‖ий tief, tíefgreifend ○ ~ий ана́лиз tíefgehende [tíef- greifende] Analý́se; ~ая благода́рность tíefempfundener Dank; ~ое впечатле́ние tíefer Éindruck; ~ое дове́рие tíefes Vertráuen; ~ие зна́ния profúndes [tíefgründiges] Wissen; ~ие измене́ния tíef- greifende Veränderungen; ~ое изуче́ние gründliche [éingehende] Erfórschung; ~ое нау́чное иссле́дование tíefgründige wissenschaft- liche Untersúchung; ~ий экономи́ческий кри́зис tíefgreifende Wírtschaftskrise; ~ое недово́льство tíefe Únzufriedenheit; ~ое презре́ние ти́ефе Verachtung; ~ие преобразова́ния tiefgreifende Umgestaltung; ~ое противоре́чие krasser Widerspruch [Gegensatz]; ~ое соболе́знование tiefempfundenes Mitleid; ~ое содержа́ние fundierter Inhalt; ~ое убежде́ние tiefwurzelnde Überzeugung

гнёт м Joch n, Unterdrückung f ○ двойно́й ~ zweifache Unterdrückung; жесто́кий ~ bitteres Joch; колониа́льный ~ koloniales Joch, Kolonialjoch; нало́говый ~ Steuerlast f, Steuerdruck m; социа́льный ~ soziale Unterdrückung; тирани́ческий ~ tyrannisches Joch; тяжёлый ~ schweres Joch; феода́льный ~ feudales Joch, Feudaljoch ● ~ империали́зма das Joch des Imperialismus; ~ эксплуата́ции das Joch der Ausbeutung ■ вы́рваться из-под ~a das Joch abschütteln; находи́ться под ~ом unterjocht werden; освободи́ть наро́д от ~a das Volk vom Joch befreien; разби́ть це́пи ~a die Ketten der Unterdrückung zerschlagen [zerbrechen]; страда́ть от двойно́го ~a unter doppelter Unterdrückung leiden

год м Jahr n ○ бюдже́тный ~ Haushaltsjahr; засу́шливый ~ Trockenjahr; календа́рный ~ Kalenderjahr; кру́глый ~ ganzes [rundes, volles] Jahr; Междунаро́дный ~ же́нщин Internationales Jahr der Frau; Междунаро́дный ~ ми́ра Internationales Jahr des Friedens, Internationales Friedensjahr; напряжённый ~ angespanntes Jahr; неурожа́йный ~ ertragsarmes [mageres] Jahr; Но́вый ~ Neujahr; отчётный ~ Berichtsjahr; счастли́вый [уда́чный] ~ glückliches [gesegnetes] Jahr; теку́щий ~ laufendes Jahr; урожа́йный ~ ertragreiches [fettes] Jahr; уче́бный ~ (в вузе, техникуме) Studienjahr; уче́бный ~ (в сети партийного просвещения) Parteilehrjahr; уче́бный ~ (в школе) Schuljahr; фина́нсовый ~ Haushaltsjahr, Finanzjahr; юбиле́йный ~ Jubiläumsjahr ● ~ изготовле́ния (товара) Herstellungsjahr; ~ изда́ния Erscheinungsjahr; ~ы лише́ний Jahre der Entbehrungen; ~, напо́лненный трудовы́ми дела́ми arbeitsreiches Jahr; ~ы, проше́дшие под зна́ком разря́дки Jahre, die im Zeichen der Entspannung standen; в суро́вые ~ы in harten Jahren; ~ы успе́хов Jahre der Erfolge; коне́ц (хозя́йственного) ~a Jahresabschluß m ■ вступа́ть в како́й-л. ~ an der Schwelle des Jahres... stehen; заверши́ть сельскохозя́йственный ~ das Landwirtschaftsjahr abschließen; э́ти ~ы отме́чены бу́рным разви́тием нау́ки и те́хники diese Jahre sind von einer stürmischen Entwicklung von Wissenschaft und Technik geprägt

годовщи́н|а ж Jahrestag m ○ деся́тая ~a der zehnte Jahrestag ● ~a освобожде́ния Jahrestag der Befreiung; ~a основа́ния чего-л. die Wiederkehr des Gründungstages (z. B. einer Organisa-

tion); ~а побе́ды der Jáhrestag des Síeges; ~а пребыва́ния у вла́-
сти Jáhrestag des Máchtantritts; ~а револю́ции Jáhrestag der Revolutión; ~а сме́рти Tódestag *m;* ~а со дня рожде́ния Gebúrtstag
m ■ отмеча́ть ~у den Jáhrestag begéhen [féiern]; че́рез полго́да
наступи́т ~a... in éinem hálben Jahr jährt sich der Tag, als...

го́лод м Húnger *m,* Húngersnot *f* ○ нестерпи́мый ~ úner-
träglicher Húnger; си́льный ~ gróßer [stárker] Húnger ■ начался́ ~
éine Húngersnot brach aus; неурожа́й вы́звал ~ die Mißernte
führte zur Húngersnot; цари́л ~ es hérrschte éine Húngersnot;
испы́тывать ~ Húnger háben; мори́ть ~oм áushungern, húngern
lássen; страда́ть от ~a Húnger léiden; умере́ть от ~a an [vor] Húnger stérben; утоли́ть ~ den Húnger stíllen [befríedigen]; чу́вство-
вать ~ Húnger verspüren [fühlen]

голо́дн‖ый Húnger‖, húngrig ○ ~ый бунт Húngerrevolte [-v-]
f; ~ый год Húngerjahr *n;* ~ая жизнь Húngerleben *n;* ~ый паёк
Húngerration *f;* ~ый похо́д (*безрабо́тных*) Húngermarsch *m;* ~ая
смерть Húngertod *m;* ~ое существова́ние Húngerdasein *n* ■ быть
~ым húngrig sein; умере́ть ~ой сме́ртью vor Húnger stérben

го́лос м Stímme *f* ○ здра́вые ~á vernünftige Stímmen; недей-
стви́тельные ~á úngültige Stímmen; раздражённый ~ geréizte
Stímme; реша́ющий ~ beschlíeßende [entschéidende] Stímme; ро́б-
кий ~ schüchterne [zághafte] Stímme; совеща́тельный ~ berátende
Stímme; споко́йный ~ rúhige Stímme; уве́ренный ~ síchere [féste]
Stímme ● ~á избира́телей Wählerstimmen *pl,* Stímmen der Wähler;
подавля́ющее число́ ~óв überwältigende Stímmenmehrheit; под-
счёт ~óв Stímmenauszählung *f;* поте́ря ~óв Stímmenverlust *m;*
пра́во ~a Stímmrecht *n;* ра́венство ~óв Stímmengleichheit *f;* уве-
личе́ние числа́ полу́ченных ~óв Stímmengewinn *m* ■ выска́зы-
ваться в по́лный ~ за что-л. sich laut und déutlich für etw. áussprechen; заяви́ть во весь ~ laut und vernéhmlich erklären; име́ть
пра́во ~a stímmberechtigt sein; не име́ть пра́ва ~a kein Stímmrecht háben; обрести́ пра́во ~a das Recht erwérben, die Stímme zu
erhében; охо́титься за ~áми auf Stímmenfang géhen; петь с чужо́-
го ~a kéine éigene Méinung háben; пода́ть ~ за кого́-л., за что-л.
séine Stímme für j-n, für etw. ábgeben; поднима́ть свой ~ за что-л.
[про́тив чего́-л.] séine Stímme für etw. [gégen etw.] erhében; под-
нима́ть ~ проте́ста Protést erhében; прислу́шиваться к ~у ра́зу-
ма der Stímme der Vernúnft Gehör schénken; собра́ть сто́лько-то
~óв sóundsoviel Stímmen erhálten; утвержда́ть что-л. в оди́н ~
etw. éinmütig beháupten; его́ ~ реша́ет auf séine Stímme kommt

es an; предложе́ние бы́ло при́нято пятна́дцатью ~а́ми der Vórschlag wúrde mit 15 Stímmen ángenommen

голосова́ни‖**е** *с* Abstimmung *f* ○ откры́тое ~e óffene Ábstimmung; поимённое ~e námentliche Ábstimmung; та́йное ~e gehéime Ábstimmung ● бюллете́нь ~я Stímmzettel *m*, Ábstimmungszet-
tel; исхо́д ~я Áusgang der Ábstimmung; помеще́ние для ~я
Wáhllokal *n;* протоко́л ~я Protokóll der Ábstimmung; процеду́ра
~я Ábstimmungsverfahren *n;* результа́т ~я Ábstimmungsergebnis
n; ~e без обсужде́ния debáttenlose Ábstimmung; ~e подня́тием
рук Ábstimmung durch Hándzeichen; ~e по статья́м (*законопро-
екта*) Ábstimmung nach Artikeln; ~e путём выраже́ния всео́бще-
го одобре́ния Ábstimmung durch Zúruf [durch Akklamatión]; ~e
спи́ском Ábstimmung nach Lísten ■ воздержа́ться при ~и sich der
Stímme enthálten; заверша́ть ~e Ábstimmung schlíeßen; объяви́ть
результа́т ~я das Ábstimmungsergebnis verkünden; поста́вить на
~e zur Ábstimmung bríngen; приступи́ть к ~ю zur Ábstimmung
schréiten; предложе́ние бы́ло поста́влено на ~e der Ántrag kam
[gelángte] zur Ábstimmung

го́нк‖**а** (*вооруже́ний*) *ж* Wéttrüsten *n* ○ безу́держная ~а́
вооруже́ний hémmungsloses Wéttrüsten; безу́держная ~а всех
ви́дов стратеги́ческих вооруже́ний zügelloses Wéttrüsten bei állen
Árten stratégischer Waffen; замаскиро́ванная ~а вооруже́ний ver-
schléiertes Wéttrüsten; лихора́дочная ~а вооруже́ний fíeberhaftes
Wéttrüsten; неконтроли́руемая ~а вооруже́ний únkontrolliertes
Wéttrüsten; уси́ленная ~а вооруже́ний forcíertes [-s-] Wéttrüsten
● взви́нчивание ~и вооруже́ний Eskalatión [Forcíerung] des Wét-
rüstens; вито́к ~и вооруже́ний (néue) Stúfe [Rúnde] des Wéttrüstens; вы́ход ~и вооруже́ний в косми́ческое простра́нство die
Áusweitung [das Áusdehnen] des Wéttrüstens auf den Wéltraum;
„махови́к" ~и вооруже́ний Rüstungskarussell *n;* недопуще́ние
~и вооруже́ний в косми́ческом простра́нстве Verhínderung des
nukleáren Wéttrüstens im Wéltraum; обузда́ние ~и вооруже́ний
Éindämmung [Zügelung] des Wéttrüstens; подстёгивание ~и во-
оруже́ний das Ánheizen [die Ánkurbelung] des Wéttrüstens; под-
стрека́тели ~и вооруже́ний Éinpeitscher des Wéttrüstens; поли́-
тика ~и вооруже́ний Hóchrüstungspolitik *f;* прекраще́ние ~и во-
оруже́ний Éinstellung des Wéttrüstens; развёртывание но́вого
витка́ ~и вооруже́ний Éinleitung éiner néuen Rúnde des Wét-
rüstens; развя́зывание ~и вооруже́ний Entfésselung des Wéttrüstens; свёртывание ~и вооруже́ний Ábbau des Wéttrüstens ■ бес-

смысленно растрачивать материальные ресурсы на ~у вооружений materielle Ressourcen [-sʊrsən] sinnlos für das Wettrüsten vergeuden; ввергать страну в новый беспрецедентный этап ~и вооружений das Land in eine neue beispiellose Runde des Wettrüstens treiben; взвинчивать ~у вооружений die Rüstungsspirale nach oben treiben, das Wettrüsten forcieren [hochschrauben]; выступать против ~и вооружений dem Wettrüsten entgegentreten; навязывать кому-л. ~у вооружений j-n zum Wettrüsten zwingen; навязывать миру новый тур ~и вооружений der Welt eine neue Runde des Wettrüstens aufzwingen; навязывать противнику изнурительную ~у вооружений den Gegner totrüsten; нагнетать ~у вооружений das Wettrüsten ankurbeln; направить ~у вооружений по нисходящей спирали die Spirale des Wettrüstens zurückdrehen; начать новый этап ~и (ракетных) вооружений eine neue Etappe des Wettrüstens (bei Raketen) einleiten; не допустить ~у вооружений в космосе das Wettrüsten im Weltraum verhindern; остановить ~у вооружений das Wettrüsten aufhalten [stoppen], dem Wettrüsten Einhalt gebieten; переносить ~у ядерных вооружений в новые сферы das nukleare Wettrüsten in neue Bereiche hineintragen; повернуть вспять ~у вооружений das Rüstungskarussell zurückdrehen; подстёгивать ~у вооружений das Wettrüsten anheizen; прекратить ~у вооружений das Wettrüsten beenden; развернуть ~у вооружений das Wettrüsten entfalten; развязать невиданную ~у вооружений ein nie dagewesenes Wettrüsten entfesseln; разоблачать политику ~и вооружений die Hochrüstungspolitik anprangern; распространять ~у вооружений на космос das Wettrüsten auf den Weltraum ausdehnen; сдерживать ~у вооружений das Wettrüsten stoppen [bremsen]; ~а вооружений переходит в опасную фазу das Wettrüsten erreicht eine gefährliche Phase; ~а вооружений поглощает интеллектуальные и материальные богатства das Wettrüsten mißbraucht geistige Potenzen und verschlingt materielle Mittel; ~е вооружений должен быть положен конец dem Wettrüsten muß ein Ende gesetzt werden; спираль ~и вооружений идёт вверх [раскручивается] die Rüstungsspirale wird weiter nach oben getrieben

гордость ж Stolz m ○ естественная ~ natürlicher Stolz; законная ~ berechtigter Stolz; материнская ~ mütterlicher Stolz, Mutterstolz; национальная ~ Nationalstolz; отцовская ~ väterlicher Stolz; профессиональная ~ Berufsstolz; семейная ~ Familienstolz ● ~ победителя Siegerstolz; Stolz des Sieges ■ ~ наполняла его сердце Stolz schwéllte séine Brust; сломить чью-л. ~ j-s Stolz béugen [bréchen]

город м Stadt ƒ ○ быстро растущий ~ rasch wáchsende Stadt; главный ~ Háuptstadt, Metropóle ƒ; портовый ~ Háfenstadt; промышленный ~ Industríestadt; университетский ~ Universitätsstadt ● ~-герой Héldenstadt; ~-побратим Pártnerstadt; ~ с миллионным населением Milliónenstadt; ~-спутник Satellítenstadt; квартал ~a Stádtviertel *n;* центр ~a Stádtmitte ƒ, Stádtzentrum *n* ■ восстанавливать разрушенные ~a die zerstörten Städte wiederáufbauen; жить в черте ~a im Wéichbild der Stadt wóhnen; осматривать ~ éine Stadt besíchtigen; основать ~ éine Stadt gründen; ~ расположен на Волге die Stadt liegt an der Wólga

городск∥ой städtisch, Stadt∥ ○ ~ие власти städtische Behörden; ~ая жизнь städtisches Lében; ~ой квартал Stádtviertel *n;* ~ой комитет *(СЕПГ)* Stádtleitung ƒ; ~ой комитет партии Stádtparteikomitee *n;* ~ое население Stádtbevölkerung ƒ; ~ие нравы städtische Sítten; ~ое самоуправление Stádtverwaltung ƒ; ~ой Совет народных депутатов der Stádtsowjet der Vólksdeputierten; ~ое хозяйство Stádtwirtschaft ƒ

горьк∥ий bítter ○ ~ая необходимость bíttere Nótwendigkeit; ~ая нужда die bítterste Not; ~ий опыт bíttere Erfáhrung; ~ие слёзы bíttere Tränen; ~ий упрёк bítterer Vórwurf ■ сказать кому-л. ~ую правду j-m die bíttere Wáhrheit ságen

господств∥о *c* Hérrschaft ƒ ○ безраздельное ~о úngeteilte Hérrschaft; единоличное ~о Alléinherrschaft; иностранное ~о Frémdherrschaft; исключительное ~о Alléinherrschaft; монопольное ~о Monopólherrschaft; политическое ~о polítische Hérrschaft ● ~о монополий Hérrschaft der Monopóle; завоевание мирового ~а Eróberung der Wéltherrschaft; закрепление ~а Féstigung der Hérrschaft; ликвидация ~а Entmáchtung ƒ; планы мирового ~а Wéltherrschaftspläne *pl;* претензии на мировое ~о Ánsprüche auf Wéltherrschaft, Wéltherrschaftsansprüche; сфера политического ~а Máchtbereich *m* ■ навязать своё ~о séine Hérrschaft áufzwingen; обеспечить ~о sich (*D*) die Hérrschaft síchern; потерять ~о die Hérrschaft verlíeren; распространить ~о die Hérrschaft áusdehnen; свергнуть ~о die Hérrschaft stürzen; удерживать что-л. в сфере своего ~а etw. in séinem Hérrschaftsbereich hálten

государственн∥ый Stáats∥, stáatlich ○ ~ый аппарат Stáatsapparat *m;* ~ый банк Stáatsbank ƒ; ~ый бюджет Stáatshaushalt *m;* ~ая власть Stáatsmacht ƒ, Stáatsgewalt ƒ; ~ый герб Stáatswappen

n; ~ый гимн Nationálhymne *f;* ~ое де́ло Státsangelegenheit *f;*
~ый де́ятель Stáatsmann *m,* Stáatsfunktionär *m;* ~ая директи́ва
státliche Direktíve; ~ый догово́р Stáatsvertrag *m;* ~ый долг
Stáatsschuld *f;* ~ые дохо́ды Stáatseinnahmen *pl;* ~ые загото́вки
státliche Áufkommen, stáatliche Erfássung [Bescháffung] (*von D*);
~ый заём Stáatsanleihe *f;* ~ый знак (*эмблема*) Hóheitszeichen
n; ~ая изме́на Hóchverrat *m;* ~ый изме́нник Hóchverräter *m;* ~ый
контро́ль státliche Kontrólle, Stáatsaufsicht *f;* ~ая му́дрость
státsmännische Wéisheit; ~ые о́рганы Stáatsorgane *pl;* ~ый пе-
реворо́т Stáatsstreich *m;* ~ая печа́ть Stáatssiegel *n;* ~ое пра́во
Stáatsrecht *n;* ~ый секрета́рь (*США*) Stáatssekretär *m,* Áußenmi-
nister *m;* ~ый слу́жащий Stáatsbeamte *m;* ~ая слу́жба Stáatsdienst
m; ~ая со́бственность Stáatseigentum *n;* ~ое социа́льное страхо-
ва́ние státliche Soziálversicherung; ~ые сре́дства stáatliche
[öffentliche] Míttel; ~ое строи́тельство Stáatsaufbau *m;* ~ый
строй Stáatsordnung *f;* ~ый суверените́т Stáatshoheit *f,* Souveränität [suva-] des Státes; ~ая та́йна Stáatsgeheimnis *n;* ~ый тра́ур
Stáatstrauer *f;* ~ое управле́ние stáatliche Léitung [Verwáltung];
~ое учрежде́ние stáatliche Institutión [Éinrichtung, Díenststelle];
~ый флаг Stáatsflagge *f,* Nationálflagge; ~ый язы́к Stáatssprache *f,*
Ámtsprache *f*

государство∥о *c* Staat *m,* Land *n* ○ авторита́рное ~о Óbrig-
keitsstaat; больши́е и ма́лые ~а gróße und kléine Stáaten; буржу-
а́зно-демократи́ческое ~о bürgerlich-demokrátischer Staat; бу́фер-
ное ~о Púfferstaat; деспоти́ческое ~о despótischer Staat; еди́ное
~о éinheitlicher Staat; зави́симое ~о ábhängiger Staat; империа-
листи́ческое ~о imperialístischer Staat; колониа́льное ~о Kolo-
niálstaat; материко́вые ~а Hínterlandsstaaten *pl;* миролюби́вое
~о Fríedenstaat, fríedliebender Staat; многонациона́льное ~о
múltinationaler Staat, Nationalitätenstaat; наро́дное ~о Vólksstaat; наро́дно-демократи́ческое ~о vólksdemokratischer Staat;
невою́ющее ~о níchtkriegführender Staat; нейтра́льное ~о neutrá-
ler Staat; непосре́дственно заинтересо́ванные ~а únmittelbar
interessíerte Stáaten; непри́знанное ~о nichtánerkannter Staat;
неприсоедини́вшиеся ~а níchtpaktgebundene [páktfreie] Stáaten;
несоциалисти́ческие ~а níchtsozialistische Stáaten; несуверённое
~о ábhängiger Staat; неуча́ствующие ~а níchtteilnehmende Stáaten; общенаро́дное ~о Staat des gánzen Vólkes, Vólksstaat; „око-
лоя́дерные", „поро́говые" ~а nukleáre Schwéllenländer, *pl;* осво-
боди́вшиеся ~а nationál befréite Stáaten; островно́е ~о Ínselstaat;

по́длинно миролюби́вое ~o wáhrhaft friedliebender Staat; поли-
це́йское ~o Polizéistaat; прибре́жные ~a Anliegerstaaten *pl*, Kü-
stenstaaten; прифронтовы́е ~a Fróntstaaten; самостоя́тельное ~o
sélbständiger Staat; Сове́тское ~o Sowjétstaat; социалисти́ческое
~o sozialístischer Staat; сою́зное ~o Unio´nsstaat; суверенное ~o
souveräner [suvə-] [u´nabhängiger] Staat; тоталита́рное ~o totalitä-
rer Staat; федерати́вное ~o Búndesstaat, föderativer Staat ● ~a
бассе́йна Инди́йского океа́на Anliegerstaaten der Índikregion; ~o
,,благоде́нствия" Wohlfahrtsstaat; ~a, избра́вшие путь социали-
сти́ческого разви́тия Stáaten, die den Weg der sozialístischen Entwícklung gewählt háben; ~a, име́ющие вое́нное значе́ние militärisch
bedéutsame Stáaten; ~o назначе́ния (*дипломати́ческого пред-
ста́вителя*) Erne´nnungsstaat; ~o национа́льной демокра́тии Staat
der nationálen Demokratie; ~a, не владе́ющие я́дерным ору́жием
nichtkernwaffenbesitzende Stáaten, Nichtkernwaffenstaaten *pl*; ~a,
не име́ющие вы́хода к мо́рю Binnenstaaten *pl;* ~a-основа́тели
ООН Gründerstaaten der ÚNO; ~o но́вого ти́па Staat néuen Typs;
~o-опеку́н Tréuhänderstaat; ~o-посре́дник Vermíttlerstaat; ~o-
-правопрее́мник Náchfolgestaat; ~o пребыва́ния (*дипломати́че-
ского представи́теля*) Áufenthaltsstaat; ~a, представ́ленные в
ООН in der ÚNO vertrétene Stáaten; ~o рабо́чих и крестья́н
Staat der Árbeiter und Báuern; ~a социалисти́ческой ориента́ции
die Stáaten mit sozialístischer Orientíerung; ~a социалисти́ческого
содру́жества Stáaten der sozialístischen Geme´inschaft; ~a с раз-
ли́чным обще́ственным стро́ем Stáaten mit únterschiedlicher
Geséllschaftsordnung; ~a с разли́чными обще́ственными систе́-
мами Stáaten únterschiedlicher Gesellschaftssysteme; ~o трудя́-
щихся Staat der Wérktätigen; ~a — уча́стники Совеща́ния по без-
опа́сности и сотру́дничеству в Евро́пе KSZE-Stáaten [kaεsεt'e:-];
~a — чле́ны НА́ТО NÁTO-Mitgliedsstaaten *pl;* возникнове́ние ~a
die Entstéhung des Stáates; отмира́ние ~a Ábsterben des Stáates;
отноше́ния ме́жду ~ами zwischenstaatliche Beziéhungen; преодо-
ле́ние недове́рия ме́жду ~ами Überwindung des Mißtrauens
zwíschen den Stáaten; руководи́тели ~a Stáatsführung *f;* сою́з
госуда́рств Stáatenbund *m* ■ ~o возни́кло и утверди́лось der
Staat entstánd und behaúptete sich; подорва́ть ~o экономи́чески
den Staat wírtschaftlich ruiníeren; покуша́ться на це́лостность
~a Anschläge auf die Integrität e´ines Stáates verüben; попира́ть не-
зави́симость госуда́рств die Únabhängigkeit von Stáaten mit
Fǘßen tréten; признава́ть ~o éinen Staat ánerkennen; противопо-

ставля́ть одни́ ~а други́м die Stáaten in Konfrontatión gegeneinánder bríngen; разобща́ть ~а die Stáaten entzwéien; управля́ть
~ом éinen Staat léiten

гото́вность ж Bereitschaft f ● ~к взаимопонима́нию Ver-
ständigungsbereitschaft; ~ к защи́те ро́дины Beréitschaft zur Vertéidigung der Héimat; ~ к самопоже́ртвованию Aufopferungsbe-
reitschaft; ~ вести́ перегово́ры Verhándlungsbereitschaft; ~ жить
в ми́ре Friedensbereitschaft; ~ идти́ на усту́пки Beréitschaft zu
Konzessiónen; ~ оказа́ть по́мощь Hílfsbereitschaft; ~ поже́ртво-
вать чем-л. Opferbereitschaft; ~ пойти́ на компроми́сс Kompro-
mißbereitschaft ■ вы́разить свою́ ~ séine Beréitschaft erklären,
sich beréit erklären

граждан||**и́н** м Bürger m ○ полити́чески зре́лые гра́ждане
politisch réife Bürger; созна́тельные гра́ждане bewúßte Bürger
● ~и́н Сове́тского Сою́за Bürger der Sowjétunion, Sowjétbürger;
дискримина́ция гра́ждан Diskriminíerung der Bürger; слéжка за
гра́жданами Bespítzelung der Bürger

гражда́нск||**ий** bürgerlich, stáatsbürgerlich, zivíl [-v-], Bürger//,
Zivíl// ○ ~ая авиа́ция Zivílluftschiffahrt f; ~ий брак Zivílehe f;
~ая война́ Bürgerkrieg m; ~ий долг Bürgerpflicht f, stáatsbürger-
liche [zivílbürgerliche] Pflicht; Гражда́нский ко́декс bürgerliches
Gesétzbuch; ~ое лицо́ Zivílperson f; ~ое му́жество Zivílcourage
[-ku͵ra:ʒə] f; ~ое населе́ние Zivílbevölkerung f; ~ая оборо́на
Zivílverteidigung f; ~ое пра́во юр. Zivílrecht n; ~ая промышлен-
ность zivíle Industríe; ~ие свобо́ды bürgerliche Fréiheiten; ~ая
служба Zivíldienst m; ~ое учрежде́ние Zivílbehörde f

гражда́нств||**о** с Stáatsbürgerschaft f, Stáatsangehörigkeit f
○ двойно́е ~о dóppelte Stáatsangehörigkeit; еди́ное сою́зное ~о
СССР éinheitliche Stáatsbürgerschaft der UdSSR; мно́жественное
~о méhrere Stáatsangehörigkeiten; неизве́стное ~о únbekannte
Stáatsangehörigkeit; неустано́вленное ~о nicht féstgestellte Stáatsbürgerschaft ● вы́бор ~а Wahl der Staatsangehörigkeit; выбы́тие из
~а Áusscheiden aus der Stáatsbürgerschaft, Áustritt aus der Stáatsangehörigkeit; ли́ца без ~а Persónen óhne Stáatsbürgerschaft;
лише́ние ~а Áusbürgerung f, Entzúg der Stáatsbürgerschaft; от-
ка́з от ~а Níederlegung der Stáatsbürgerschaft; права́ ~а Bürger-
rechte pl; приня́тие ~а Éinbürgerung f; приобрете́ние ~а Er-
wérb der Stáatsbürgerschaft; утра́та ~а Verlúst der Stáatsbürgerschaft ■ восстанови́ть ~о wiedereinbürgern; лиша́ть кого́-л. ~а
j-m die Stáatsbürgerschaft áberkennen; j-m die Stáatsangehörigkeit

entziehen; переменить ~о die Staatsangehörigkeit wechseln; признать ~о die Staatsbürgerschaft anerkennen; предоставлять кому-л. j-m die Staatsbürgerschaft verleihen; принять ~о die Staatsbürgerschaft annehmen; приобрести ~о die Staatsbürgerschaft erwerben, eingebürgert werden; уважать ~о (какого-л. государства) die Staatsbürgerschaft (eines Staates) respektieren; утратить ~о die Staatsangehörigkeit verlieren

грамот||**а** ж Urkunde f, Schreiben n ○ верительная ~а дип. Beglaubigungsschreiben; отзывная ~а дип. Abberufungsschreiben, Abberufungsurkunde; почётная ~а Ehrenurkunde; ратификационная ~а Ratifikationsurkunde ■ сдать на хранение ратификационную ~у eine Ratifikationsurkunde hinterlegen

грани||**ца** ж Grenze f ○ государственная ~а Staatsgrenze; исторически сложившиеся ~ы historisch entstandene Grenzen, historische Grenzen; политические ~ы politische Grenzen; таможенная ~а Zollgrenze ● ~а мира Friedensgrenze; ~а страны Landesgrenze; ~ы, сложившиеся после второй мировой войны Grenzen, die sich nach dem zweiten Weltkrieg herausgebildet haben; делимитация ~ы Delimitation einer Grenze; демаркация государственной ~ы Festlegung des Verlaufs der Staatsgrenze, Demarkation einer Grenze; закрытие ~ы die Schließung der Grenze; нарушение ~ы Grenzverletzung f; нерушимость границ die Unverletzlichkeit der Grenzen; охрана границ Grenzsicherung f; пересмотр границ die Revision [-v-] der Grenzen; переход ~ы Grenzüberschreitung f; поездка за ~у Auslandsreise f ■ закреплять нерушимость (послевоенных) европейских границ die Unverletzlichkeit der europäischen Nachkriegsgrenzen verankern; закрыть ~у die Grenze sperren; исправлять ~у die Grenze berichtigen [korrigieren]; нарушать ~у die Grenze verletzen; определять ~у die Grenze festlegen [festsetzen]; открыть ~у die Grenze öffnen; охранять ~ы die Grenzen bewachen [sichern]; перекраивать ~ы die Grenzen ändern [ummodeln]; переходить ~у die Grenze überschreiten; признавать ~ы Grenzen anerkennen; пропускать через ~у кого-л. что-л. j-n, etw. die Grenze passieren lassen; ставить снова под вопрос ~ы в Европе die Grenzen in Europa wieder in Frage stellen; уважать ~ы die Grenzen respektieren; уважать нерушимость границ die Unverletzlichkeit der Grenzen respektieren; уехать за ~у ins Ausland fahren; укреплять ~у die Grenze befestigen

гру́б||**ый** grob ○ ~ая дискриминация grobe Diskriminierung; ~ая ложь grobe Lüge; ~ое нарушение дисциплины grobe Disziplínverletzung; ~ая неосторо́жность grobe Fáhrlässigkeit; ~ый обма́н gró́ber Betrúg; ~ая оши́бка gró́ber Féhler; ~ое попра́ние прав éine gró́be Verlétzung der Réchte; ~ая провока́ция gró́be Provokatión; ~ый расчёт (*предвари́тельный*) Vóranschlag *m*, Überschlag *m*

гру́ппа ж Grúppe *f* ○ антипарти́йная ~ partéifeindliche Grúppe; возрастна́я ~ Áltersgruppe; депута́тская ~ Ábgeordnetengruppe; иссле́довательская ~ Fórschungsgruppe; контрреволюцио́нная ~ kónterrevolutionäre Grúppe; прогресси́вная ~ fórtschrittliche Grúppe; рабо́чая ~ Árbeitsgruppe, Árbeitskreis *m;* реакцио́нная ~ reaktionäre Grúppe; редакцио́нная ~ по разрабо́тке прое́кта redaktionélle Grúppe zur Erárbeitung éines Entwúrfes; социа́льная ~ soziále Grúppe ● ~ инвали́дности Invaliditätsgruppe; ~ продлённого дня Gánztagsgruppe, Hórtgruppe; ~ соде́йствия чему́-л. fréiwillige Hélfer (*z. B. einer Bewegung*)

группиро́вк‖а ж Gruppíerung *f* ○ антипарти́йная ~a partéifeindliche Gruppíerung; вое́нная ~a Militärgruppierung; за́мкнутая вое́нная ~a geschlóssene militärische Gruppíerung; кра́йне ле́вая [пра́вая] ~a línksextremistische [réchtsextremistische] Gruppíerung; противостоя́щие вое́нные ~и einánder gegenüberstehende militärische Gruppíerungen; экономи́ческая ~a Wírtschaftsgruppierung ● ~a госуда́рств Stáatengruppierung

гря́зн‖ый schmútzig, únsauber ○ ~ая война́ schmútziger Krieg; ~ая (бульва́рная) газе́тка Schmútzblatt *n;* ~ое де́ло hä́ßliche [geméine] Sáche; ~ая исто́рия hä́ßliche [únsaubere] Geschíchte; ~ые мы́сли schmútzige Gedánken; ~ые наме́рения únsaubere Ábsichten; ~ый про́мысел *перен.* únsauberes Gewérbe ■ занима́ться ~ыми дела́ми schmútzige Geschäfte betréiben; испо́льзовать ~ые ме́тоды únsaubere Methóden ánwenden

гумани́зм м Humanísmus *m* ○ буржуа́зный ~ bürgerlicher Humanísmus; демократи́ческий ~ demokrátischer Humanísmus; и́стинный ~ wáhrer Humanísmus; настоя́щий ~ échter Humanísmus; реа́льный ~ reáler Humanísmus; социалисти́ческий ~ sozialístischer Humanísmus ● идеа́лы ~a Ideále des Humanísmus, humanístische Ideále; иде́и ~a Idéen des Humanísmus ■ воспи́тывать молодёжь в ду́хе ~a die Júgend im Géiste des Humanísmus erzíehen

гума́нн‖ый ménschlich, humán ○ ~ое обраще́ние ménschliche Behándlung; ~ая по́мощь humáne Hílfe; ~ое распоряже́ние humáne Ánordnung; ~ый хара́ктер чего́-л. ménschlicher Charákter

Д

давлен‖ие *с* Druck *m* ○ невыноси́мое ~ие unerträglicher Druck; си́льное ~ие stärker Druck ● ~ие извне́ Druck von außen; под ~ием вне́шних сил unter äußerem Druck, unter Druck von außen; под ~ием обстоя́тельств unter dem Druck der Verhältnisse; сре́дство ~ия Druckmittel *n* ■ ока́зывать ~ие на кого́-л. j-n unter Druck setzen; уступи́ть под ~ием обще́ственного мне́ния dem Druck der öffentlichen Meinung nachgeben

да́вность *ж юр.* Verjährung *f* ● ~ь уголо́вного пресле́дования Verjährung der Strafverfolgung; возраже́ние о ~и Einwände gégen die Verjährung; Verjährungseinrede *f;* истече́ние сро́ка ~и Verstreichen [Erlöschen] der Verjährungsfrist; нача́ло сро́ка ~и Verjährungsbeginn *m;* невозмо́жность осуществле́ния пра́ва за ~ью Verjährung eines Anspruchs; погаше́ние и́ска за ~ью Verjährung einer Klage; пра́во ~и Verjährungsrecht *n;* приостановле́ние тече́ния сро́ка ~и Verjährungshemmung *f;* срок ~и Verjährungsfrist *f* ■ подлежа́ть сро́ку ~и einer Verjährung unterliegen; прерва́ть тече́ние сро́ка ~и die Verjährung unterbréchen; приостанови́ть тече́ние сро́ка ~и die Verjährung hemmen; продли́ть срок ~и die Verjährungsfrist verlängern

да́нн‖ые *мн.* Angaben *pl,* Daten *pl,* Material *n.* ○ дополни́тельные ~ые ergänzende Angaben; исхо́дные ~ые Ausgangsmaterial, Ausgangswerte *pl;* исче́рпывающие ~ые erschöpfende Angaben; непо́лные ~ые unvollständige Angaben; основны́е ~ые Hauptdaten; отчётные ~ые Berichtsangaben; сре́дние ~ые по стране́ Landesdurchschnitt *m;* статисти́ческие ~ые statistische Daten [Angaben, Erhebungen]; техни́ческие ~ые technische Daten; факти́ческие ~ые Tatsachenmaterial, tatsächliche Angaben; цифровы́е ~ые Zahlenmaterial, Zahlenangaben ● ~ые, изло́женные в докла́де im Vórtrag dárgelegte Angaben; по ~ым ООН nach Angaben der UNO; по официа́льным ~ым ámtlichen Angaben zufólge; по после́дним ~ым néuesten Angaben nach; обрабо́тка ~ых Datenverarbeitung *f* ■ подтасо́вывать ~ые die Daten willkürlich zusammenstellen; получи́ть ~ые Angaben [Daten] erhalten; приводи́ть ~ые Daten anführen

движе́ни‖е *с* Bewegung *f* ○ антивое́нное ~е Antikriegsbewegung, ántimilitaristische Bewegung; антиимпериалисти́ческое ~е antiimperialistische Bewegung; антираке́тное ~е Antiraketenbewe-

gung; антия́дерное ~е ántinukleare Bewégung, Antikérnwaffenbe-
wegung; же́нское ~е Fráuenbewegung; забасто́вочное ~е Stréik-
bewegung; междунаро́дное ~е „Врачи́ ми́ра за предотвраще́ние
я́дерной войны́" (организа́ция) Internationále Bewégung „Ärzte
zur Verhütung éines Nukleárkrieges", Internationále Veréinigung
„Ärzte für die Verhínderung éines Kérnwaffenkrieges"; междуна-
ро́дное коммунисти́ческое ~е internationále kommunístische Bewégung; мирово́е коммунисти́ческое ~е kommunístische Wéltbe-
wegung; молодёжное ~е Júgendbewegung; наро́дно-освободи́тель-
ное ~е Vólksbefreiungsbewegung; национа́льно-освободи́тельное ~е
Vólksbefreiungsbewegung; национа́льно-освободи́тельное ~е
nationále Befréiungsbewegung; общенаро́дное ~е Vólksbewegung,
Bewégung des gánzen Vólkes; повста́нческое ~е Áufstandsbewe-
gung; поступа́тельное ~е на́шего о́бщества Voránschreiten únserer Geséllschaft; профсою́зное ~е Gewérkschaftsbewegung; рабо́-
чее ~е Árbeiterbewegung; революцио́нное ~е revolutionäre Bewégung; спорти́вное ~е Spórtbewegung; ши́рящееся ~е immer
bréiter wérdende Bewégung ● ~е активи́стов [нова́торов произ-
во́дства] Aktivístenbewegung; ~е в защи́ту гражда́нских прав
Bürgerrechtsbewegung; ~е за высо́кое ка́чество (проду́кции)
Qualitätsbewegung; Движе́ние неприсоедине́ния Bewégung der
Níchtpaktgebundenheit [Níchtpaktgebundenen] ~е „Национа́ль-
ной стро́йки" (ГДР) Nationáles Áufbauwerk; ~е нова́торов
Néuererbewegung; ~е проте́ста Protéstbewegung; ~е проте́ста
про́тив я́дерного ору́жия Protéstbewegung gégen Kérnwaffen;
~е про́тив апартеи́да Antiapártheid-Bewegung [-heit]; ~е Сопро-
тивле́ния ист. Wíderstandsbewegung; Resistance [rezis'tā:s] Дви-
же́ние сторо́нников ми́ра Fríedensbewegung; подъём антивое́н-
ного ~я Torpedíerung der Antikríegsbewegung; подъём ма́ссового
антивое́нного ~я Áufschwung der Mássenbewegung gégen den
Krieg; широта́ разма́ха антивое́нного ~я Bréite [gró ße Dimensió-
nen] der Antikríegsbewegung ■ включи́ться акти́вно в ~е за... sich
aktív in die Bewégung für... éinschalten [éinreihen]; находи́ться во
главе́ ~я an der Spítze éiner Bewégung stéhen; находи́ться в пе́р-
вых ряда́х ~я in der vórdersten Réihe éiner Bewégung stéhen; по-
топи́ть в крови́ ~е éine Bewégung im Blut ertränken; присоеди-
ни́ться к како́му-л. ~ю sich éiner Bewégung ánschließen; ~е
офо́рмилось организацио́нно die Bewégung hat organisatórisch
Gestált genómmen

двойно́й dóppelt, Dóppel// ○ ~а́я бухгалте́рия dóppelte

Buchführung; ~óй вопро́с Dóppelfrage f; ~óе гражда́нство dóppelte Stáatsangehörigkeit; ~ой за́работок dóppelter Lohn; ~áя игра́ Dóppelspiel n; ~óе и́мя Dóppelname m; ~óе налогообложе́ние Dóppelbesteuerung f; ~óе нулево́е реше́ние dóppelte Null-Lösung; ~óе подчине́ние dóppelte Unterórdnung [Unterstéllung]; ~óе реше́ние НА́ТО NÁTO-Dóppelbeschluß m; ~óй тари́ф Dóppeltarif m ● в ~óм разме́ре in dóppeltem Ausmáß; войска́ ~óго бази́рования dóppelbasierte Trúppen ■ вести́ ~ую жизнь ein Dóppelleben führen

дворе́ц м Palást m ○ Зи́мний ~ Wínterpalais [-ˌlɛ:] m; короле́вский ~ königlicher Palást ● Дворе́ц культу́ры Kultúrpalast; Дворе́ц культу́ры и нау́ки (Варшава) Palást der Kultúr und Wíssenschaft; Дворе́ц на́ций (Женева) Palais [-lɛ:] der Natiónen; Дворе́ц пионе́ров Pioníerpalast; Дворе́ц респу́блики (Берлин) Palást der Repúblik; Дворе́ц спо́рта Spórtpalast; Кремлёвский Дворе́ц съе́здов (Москва) Kongréßpalast des Kremls

де́йстви||е с Há́ndlung f, Aktión f, Aktivität f, Há́ndeln n ○ беспристра́стные ~я únparteiische [únvoreingenommene] Há́ndlungen; ва́рварские ~я barbárische Há́ndlungen; внешнеполити́ческие ~я áußenpolitische Aktivitäten [Aktiónen]; вражде́бные ~я féindselige Aktivitäten; инициати́вные ~я initiatívreiches Há́ndeln; неправоме́рные ~я réchtswidrige Há́ndlungen; односторо́ннее ~е éinseitige Há́ndlung; открове́нно интервенциони́стские ~я únverhohlen interventionístische Aktiónen; пира́тские ~я Piraterie f, Fréibeuterei f; подрывны́е ~я subversive Há́ndlungen; поспе́шные ~я überéilte Aktiónen; престу́пные ~я verbrécherische [stráfbare] Há́ndlungen; противозако́нные ~я gesétzwidrige Há́ndlungen; сепара́тные ~я separáte Há́ndlungen [Aktiónen]; совме́стные ~я geméinsame Aktivität(en) [Aktiónen]; уси́ленные ~я verstärkte Aktivitäten; целеустремлённые ~я zielgerichtetes Há́ndeln ● еди́нство ~й Aktiónseinheit f; комите́т ~я Aktiónsausschuß m; координа́ция внешнеполити́ческих ~й Koordiníerung der áußenpolitischen Aktiónen; програ́мма ~й Aktiónsprogramm n; ра́диус ~я Aktiónsradius m; руково́дство к ~ю Anléitung zum Há́ndeln; свобо́да ~й Há́ndlungsfreiheit f ■ воздержа́ться от ~й sich der Há́ndlungen enthálten, von Há́ndlungen ábsehen [Ábstand héhmen]; втяну́ть кого́-л. в каки́е-л. ~я j-n in írgendwelche Aktiónen hinéinziehen; запреща́ть ~я Há́ndlungen verbieten [unterságen]; начина́ть вое́нные ~я под каки́м-л. предло́гом Ká́mpfhandlungen únter írgendeinem Vórwand beginnen; определи́ть дальне́йшие согласóванные ~я wéitere koordiníerte Aktiónen féstlegen; осуждáть чьи-л. ~я j-s Hándlungen verúrteilen; подкрепля́ть свои заверéния реáльными ~ями séine Betéuerungen durch reále Táten untermáuern; предостáвить комý-л. пóлную свобóду ~й j-m vólle Hándlungsfreiheit lássen; предпринимáть ~я, напрáвленные на что-л. Hándlungen begéhen, die auf etw. *(A)* geríchtet sind; прекратѝть ужé ведýщиеся воéнные ~я die beréits im Gánge befíndlichen Kámpfhandlungen éinstellen; пресекáть любы́е ~я jégliche Hándlungen unterbínden

деклара́ци‖я *ж* Deklratión *f*, Erklärung *f* ○ Всеóбщая ~я прав человéка Állgemeine Deklaratión der Ménschenrechte; заключи́тельная ~я Schlúßdeklaration; прави́тельственная ~я Regíerungserklärung; прострáнные ~и wéitschweifige Erklärungen; тамóженная ~я Zólldeklaration, Zóllerklärung ● Деклара́ция о предоставлéнии незави́симости колониáльным стрáнам и нарóдам Deklaratión über die Gewährung der Unabhängigkeit an koloniále Länder und Völker; Деклара́ция прав нарóдов Росси́и *ист.* Deklaratión der Réchte der Völker Rúßlands; Делѝйская ~я о при́нципах свобóдного от я́дерного орýжия и ненаси́льственного ми́ра Deklaratión von Délhi über die Prinzípien éiner Welt óhne Kérnwaffen und Gewált

делега́ци‖я *ж* Delegatión *f*, Ábordnung *f* ○ парлáментская ~я Parlaméntsdelegation; парти́йная ~я Partéidelegation; парти́йно-госудáрственная ~я Partéi/ und Stáatsdelegation; парти́йно-прави́тельственная ~я Partéi/ und Regíerungsdelegation; полномóчная ~я bevóllmächtigte Delegatión; прави́тельственная ~я Regíerungsdelegation; представи́тельная ~я repräsentative Delegatión; профсою́зная ~я Gewérkschaftsdelegation; студéнческая ~я Studéntendelegation; торгóвая ~я Hándelsdelegation ● ~я Верхóвного Совéта СССР Delegatión des Óbersten Sowjéts der UdSSR; ~я во главé с... Delegatión únter Léitung von...; ~я Нарóдной палáты *(ГДР)* Vólkskammerdelegation; ~я рабóчих Árbeiterdelegation; главá ~и Delegatiónsleiter *m;* обмéн ~ями Delegatiónsaustausch *m;* руководи́тель ~и Delegatiónsleiter *m;* член ~и Delegatiónsmitglied *n,* Delegatiónsangehörige *m* ■ возглавля́ть ~ю éine Delegatión léiten; входи́ть в состáв ~и éiner Delegatión ángehören; направля́ть ~ю éine Delegatión entsénden; приве́тствовать ~ю éine Delegatión begrüßen; принимáть ~ю éine Delegatión empfángen; составля́ть ~ю éine Delegatión zusámmenstellen; ~я ознакóмилась с... die Ábordnung máchte sich mit... bekа́nnt; ~я состои́т из 5 челове́к die Ábordnung bestéht aus 5 Mítgliedern; ~ю возглавля́ет изве́стный учёный die Ábordnung wird von éinem bekánnten Wíssenschaftler geléitet, die Delegatión steht únter Léitung éines bekánnten Wíssenschaftlers

де́л‖о *c* Angelegenheit *f*, Sáche *f*, Tat *f* ○ ва́жное ~о wíchtige Ángelegenheit; всенаро́дное ~о Angelegenheit des gánzen Vólkes; госуда́рственные ~а́ stáatliche Angelegenheiten; делика́тное ~о delikáte Angelegenheit; обще́ственные ~а́ geséllschaftliche Angelegenheiten; сло́жное ~о komplizíerte Angelegenheit; сро́чное ~о dríngende Angelegenheit; теку́щие ~а́ láufende Angelegenheiten ● ~о ми́ра Sáche des Fríedens; ~о социалисти́ческого строи́тельства sozialístisches Áufbauwerk; Вре́менный Пове́ренный в ~а́х Geschäftsträger ad ínterim; Министе́рство иностра́нных дел Ministérium für Áuswärtige Ángelegenheiten; невмеша́тельство во вну́тренние ~а́ Níchteinmischung in die ínneren Angelegenheiten ■ вести́ ~о к чему́-л. auf etw. (*A*) hínwirken; вме́шиваться в чужи́е ~а́ sich in frémde Angelegenheiten éinmischen; возбужда́ть ~о *юр.* ein Verfáhren éinleiten; вы́яснить ~о éine Angelegenheit klären; доказа́ть ~ом и́скренность свои́х заявле́ний die Áufrichtigkeit séiner Bekénntnisse durch Táten bewéisen; доказа́ть своё миролю́бие ~ами séine Friedensliebe durch Táten bewéisen; обсуди́ть ~о éine Angelegenheit bespréchen; подтверди́ть что-л. реа́льными ~ами etw. durch reále Táten bekräftigen; посвяти́ть всю жизнь вели́кому ~у sein gánzes Lében éiner gróßen Sáche wéihen [wídmen]; предста́вить ~о так, бу́дто... die Dínge so hínstellen, als...; реша́ть сами́м свои́ вну́тренние и вне́шние ~а́ über séine ínneren und äußeren Angelegenheiten selbst bestímmen; сдви́нуть ~о с мёртвой то́чки den tóten Punkt in éiner Angelegenheit überwínden; сде́лать до́брое ~о éine gúte Tat vollbríngen; стать всенаро́дным ~ом, zur Angelegenheit des gánzen Vólkes wérden; ула́дить ~о éine Angelegenheit erlédigen; ~о социали́зма победи́т die Sáche des Sozialísmus wird síegen; за на́ми ~о не ста́нет an uns soll es nicht líegen

делов‖о́й Geschäfts‖, sáchlich ○ ~а́я акти́вность Geschäftsaktivität *f*; ~ы́е бума́ги Geschäftspapiere *pl*; ~ы́е интере́сы Geschäftsinteressen *pl*; ~а́я квалифика́ция fáchliche Qualifikatión; ~ы́е круги́ Geschäftskreise *pl*; ~ы́е лю́ди Geschäftsleute *pl*; ~о́й мир Geschäftswelt *f*; ~о́й настро́й sáchliche Éinstellung; ~ы́е перего́воры Geschäftsverhandlungen *pl*; sáchliche [sáchbezogene] Verhándlungen; ~о́й подхо́д sáchliche Behándlung; ~о́й разгово́р sáchliches Gespräch; ~ые свя́зи Geschäftsverbindungen *pl;* ~а́я сде́лка Geschäftsabschluß *m;* ~о́й стиль sáchlicher Stil; ~о́й челове́к Geschäftsmann *m;* sáchlicher Mensch

демократиза́ци‖я *ж* Demokratisíerung *f* ○ всесторо́нняя ~я жи́зни állseitige Demokratisíerung des Lébens; широ́кая ~я bréite [umfássende] Demokratisíerung ● ~я о́бщества Demokratisíerung der Geséllschaft; борьба́ за ~ю Kampf um Demokratisíerung

демократи́ческ‖ий demokrátisch ○ ~ое движе́ние demokrátische Bewégung; ~ий де́ятель demokrátische Persönlichkeit; ~ая зако́нность demokrátische Gesétzlichkeit; ~ие институ́ты demokrátische Einrichtungen; ~ая конститу́ция demokrátische Verfássung; ~ие преобразова́ния demokrátische Úmgestaltungen; ~ие рефо́рмы demokrátische Refórmen; ~ие си́лы demokrátische Kräfte; ~ий социали́зм demokrátischer Soziálismus; ~ое строи́тельство demokrátischer Aufbau; ~ий строй demokrátische Ordnung; ~ие тради́ции demokrátische Traditiónen; ~ие тре́бования demokrátische Fórderungen; ~ий централи́зм demokrátischer Zentralísmus

демокра́ти‖я *ж* Demokratíe *f* ○ буржуа́зная ~я bürgerliche Demokratíe; внутрипарти́йная ~я ínnerparteiliche Demokratíe; внутрипрофсою́зная ~я ínnergewerkschaftliche Demokratíe; наро́дная ~я Vólksdemokratie; по́длинная ~я wáhre Demokratíe; показна́я ~я Schéindemokratie; пролета́рская ~я proletárische Demokratíe; социалисти́ческая ~я soziálistische Demokratíe ● ~я в де́йствии Demokratíe in Aktión; ~я за́падного образца́ éine Demokratíe wéstlicher Prägung; блюсти́тель ~и Hüter der Demokratíe; боре́ц за ~ю Stréiter für die Demokratíe; образе́ц ~и Modéll der Demokratíe; разви́тие социалисти́ческой ~и Wéiterentwicklung der soziálistischen Demokratíe; свёртывание ~и Ábbau der Demokratíe, Entdemokratisíerung *f* ■ вта́птывать в грязь ~ю die Demokratíe in den Schmutz tréten; развива́ть ~ю die Demokratíe wéiterentwickeln; соверше́нствовать ~ю die Demokratíe vervóllkommnen

демонстра́ци‖я *ж* Demonstratión *f* ○ антивое́нная ~я Antikríegsdemonstration; вдохновля́ющая ~я еди́нства и сплочённости die begéisternde Demonstratión der Éinheit und Geschlóssenheit; внуши́тельная [впечатля́ющая] ~я éindrucksvolle Demonstratión; грандио́зная ~я überwältigende Demonstratión; ма́ссовая ~я Mássendemonstration; мо́щная ~я máchtvolle Demonstratión; первома́йская ~я Máidemonstration ● ~я дру́жбы Fréundschaftsdemonstration; ~я за мир Demonstration für den Frieden; Friedensdemonstration; ~я протеста Protestdemonstration; ~я против войны Demonstration gegen den Krieg, Antikriegsdemonstration; ~я силы Kraftmeierei f; свобода ~й Demonstrationsfreiheit f вылиться в ~ю (о собрании и т. п.) zu einer Demonstration werden, sich zu einer Demonstration gestalten; организовать ~ю eine Demonstration veranstalten; призывать население принять участие в ~и die Bevölkerung zu einer Demonstration aufrufen; разгонять ~ю (силой) eine Demonstration (mit Gewalt) auflösen [auseinandertreiben]; собираться на ~ю zu einer Demonstration zusammenkommen, sich zu einer Demonstration versammeln; участвовать в ~и sich an einer Demonstration beteiligen

день м Tag m ○ восьмичасовой рабочий ~ Achtstundentag; исторический ~ historischer Tag; Международный ~ мира Weltfriedenstag; Международный женский ~ Internationaler Frauentag; неполный рабочий ~ gekürzter Arbeitstag, Kurzarbeitstag; памятный ~ denkwürdiger Tag; полный рабочий ~ voller Arbeitstag; праздничный ~ Festtag, Feiertag; рабочий ~ Arbeitstag; торжественный ~ feierlicher Tag, Festtag; чёрные дни schwarze Tage ● ~ выборов Wahltag; День Конституции СССР Tag der Verfassung der UdSSR; ~ открытых дверей Tag der offenen Tür; День Победы Tag des Sieges; День учителя Tag des Lehrers ◼ отмечать какой-л. ~ einen denkwürdigen Tag begehen [feiern]

деньги мн Geld n, Gelder pl ○ бумажные ~ Papiergeld; заработанные ~ verdientes Geld; мелкие ~ Kleingeld; металлические ~ Hartgeld; наличные ~ Bargeld; необеспеченные (товарным покрытием) ~ ungedecktes Geld; обесцененные ~ entwertetes Geld; подъёмные ~ Umzugskosten pl; полноценные ~ vollwertiges Geld; проездные ~ Fahrgeld, Reisekosten; суточные ~ Tagegeld; трудовые ~ Arbeitsgeld, erarbeitetes [durch Arbeit erworbenes] Geld; фальшивые ~ Falschgeld ● на предвыборные нужды Wahlkampfgelder; избыток денег Geldüberhang m; накопление денег Geldakkumulation f; обесценение денег Geldentwertung f; обмен денег Geldumtausch m; повышение стоимости денег Geldaufwertung f; размен денег Geldwechsel m; эмиссия денег Geldemission f ◼ быть при деньгах bei Kasse sein; занять ~ Geld leihen; копить [экономить] ~ Geld sparen; менять ~ Geld wechseln; получить ~ под отчёт Vorschuß erhalten

депутат м Abgeordnete sub m, Deputierte sub m ○ рабочий ~ Arbeiterdeputierte ● ~ бундестага (ФРГ) Bundestagsabgeordnete;

депута́т Верхо́вного Сове́та СССР Deputierte [Abgeordnete] des Obersten Sowjets der UdSSR; ~ Наро́дной пала́ты (*ГДР*) Volkskammerabgeordnete; ~ парла́мента Parlamentsabgeordnete; вы́боры ~ов Abgeordnetenwahl *f;* де́нежное содержа́ние ~а Abgeordnetendiäten *pl;* кандида́т в ~ы Wahlkandidat *m,* Deputiertenkandidat; Nachfolgekandidat (*избираемый на случай выбытия основного депутата, ГДР*); манда́т ~а Abgeordnetenmandat *n;* неприкоснове́нность ~ов Immunität der Deputierten; обя́занности ~ов Pflichten der Abgeordneten; о́тзыв ~а die Abberufung eines Abgeordneten; пала́та ~ов Deputiertenkammer *f,* Abgeordnetenhaus *n;* пра́во о́тзыва ~а Abberufungsrecht *n;* привилегиро́ванное положе́ние ~ов privilegierte Stellung für Abgeordnete; собра́ние ~ов Deputiertenversammlung *f;* Сове́ты ~ов трудя́щихся *ист.* Sowjets der Deputierten der Werktätigen; Сове́ты наро́дных ~ов Sowjets der Volksdeputierten ■ вы́ставить [вы́двинуть] кого́-л. кандида́том в ~ы j-n als Abgeordneten aufstellen [nominieren]; дава́ть нака́зы ~ам den Deputierten Wähleraufträge geben

депута́тск‖ий Abgeordneten‖ ○ ~ая гру́ппа Abgeordnetengruppe *f;* ~ий зал VIP-Raum ['viːaiˈpiː-] *m,* Sonderraum *m;* ~ий запро́с Anfrage eines Abgeordneten; ~ий манда́т Abgeordnetenmandat *n;* ~ая неприкоснове́нность Abgeordnetenimmunität *f;* ~ие обя́занности Pflichten eines Abgeordneten; ~ое удостовере́ние Deputiertenausweis *m,* Deputiertenkarte *f*

держа́в‖а *ж* Macht *f* ○ а́томная ~а Atommacht; вели́кие ~ы Großmächte *pl;* вою́ющая ~а kriegführende Macht; дру́жественная ~а befreundete Macht; за́падные ~ы Westmächte *pl;* индустриа́льная ~а Industriemacht; иностра́нная ~а ausländische [fremde] Macht; колониа́льная ~а Kolonialmacht; ма́лые ~ы kleinere Mächte; мирова́я ~а Weltmacht; морска́я ~а Seemacht; оккупацио́нная ~а Besatzungsmacht; раке́тно-я́дерная ~а Raketen- und Kernwaffenmacht; Сове́тская ~а Sowjetmacht; сою́зные ~ы alliierte [verbündete] Mächte, Bündnismächte *pl;* я́дерная ~а Nuklearmacht; я́дерные ~ы Kernwaffenstaaten *pl* ● ~ы-победи́тельницы Siegermächte *pl* ■ стать домини́рующей вое́нной ~ой ми́ра zur dominierenden Militärmacht der Welt werden

де́ятел‖ь *м* Funktionär *m,* Persönlichkeit *f* ○ ви́дный ~ь prominente Persönlichkeit; влия́тельный полити́ческий ~ь maßgeblicher Politiker; выдаю́щийся ~ь па́ртии и госуда́рства hervorragender Partei- und Staatsfunktionär; высокопоста́вленные

72

правительственные ~и hóchgestellte Vertréter der Regierung; здравомыслящие политические ~и vernünftig denkende Politiker; крупный политический ~ bedeutender Politiker; общественный ~ъ Persönlichkeit des öffentlichen Lébens; общественные и политические ~и Persönlichkeiten aus Gesellschaft und Politik; ответственные государственные ~и verantwortungsbewußte Staatsmänner; партийный ~ъ Pertéifunktionär; профсоюзный ~ъ Gewérkschaftsfunktionär; руководящие ~и führende Repräsentánten; руководящий ~ъ Spitzenfunktionär ● ~и искусств Künstler *pl*, Kúnstschaffende *pl;* ~и культуры Kultúrschaffende *pl*

дéятельностⅡь *ж* Tätigkeit *f*, Aktivitäten *pl* ○ активная [целеустремлённая] ~ъ в пользу мира aktíves [zielstrebiges] Wírken für den Fríeden; антигосударственная ~ъ gégen den Staat gerichtete Aktivitäten, staatsgefährdende Tätigkeit; идеологическая ~ъ ideológische Tätigkeit; индивидуальная трудовая ~ individuélle Erwérbstätigkeit; информационно-пропагандистская ~ъ Informations/ und Propagándatätigkeit; мáссово-политическая ~ъ пáртии mássenpolitische Tätigkeit der Partéi; международная ~ъ internationále Tätigkeit; научная и преподавательская ~ъ Fórschungs/ und Léhrtätigkeit; общественная ~ъ öffentliche [geséllschaftliche] Tätigkeit; подстрекательская ~ъ áufwieglerische Tätigkeit [Aktivitäten]; престýпная [подрывнáя] ~ъ verbrécherische [subversive] [-v-] Wühltätigkeit; производственная ~ъ Produktiónstätigkeit; профессионáльная ~ъ berúfliche Tätigkeit; профсоюзная ~ъ gewérkschaftliche Tätigkeit; раскóльническая ~ъ Spáltertätigkeit; революциóнная ~ъ revolutionäre Tätigkeit; революциóнно-преобразýющая ~ъ revolutionär-úmgestaltende Tätigkeit; руководящая, направляющая и организýющая ~ъ КПСС führende, ríchtungsweisende und organisíerende Tätigkeit der KPdSU; служéбная ~ъ dienstliche Tätigkeit; твóрческая ~ъ масс schöpferische Tätigkeit der Mássen; трудовáя ~ъ Erwérbstätigkeit; Árbeitstätigkeit ● ~ъ на слýжбе нарóда Tätigkeit im Díenste des Vólkes; взаимное сокращéние воéнной ~и gégenseitige Reduzíerung militärischer Aktivitäten; неуклóнное совершéнствование ~и stétige Vervóllkommnung der Tätigkeit; ограничéние и послéдующее сокращéние воéнной ~и Begrénzung und náchfolgende Reduzíerung der militärischen Aktivitäten; сфéра ~и Tätigkeitsbereich *m* ■ вести подрывнýю ~ъ subversíve Tätigkeit betréiben; занимáться политической ~ю sich mit Politik befássen; испóльзовать подрывнýю ~ъ в отношéнии другúх госудáрств subversíve Tätigkeit als Wáffe gégen ándere Stáaten éinsetzen; развить кипучую ~ь éine éifrige Tätigkeit entfálten; строить всю свою ~ь на основе чего-л. séine gesámte Tätigkeit auf der Grúndlage (*G*) áufbauen; усилить ~ь die Tätigkeit aktivíeren [verstärken]; егó ~ь проникнута дýхом отвéтственности séine Tätigkeit ist von Verántwortungsbewußtsein getrágen; пáртия строит свою теоретическую ~ь на основе... die Partéi gestáltet íhre theorétische Tätigkeit auf der Grúndlage...

диалéктика ж Dialéktik *f* ○ идеалистическая ~ idealístische Dialéktik; материалистическая ~ materialístische Dialéktik; объективная ~ objektíve Dialéktik; субъективная ~ subjektíve Dialéktik ● ~a прирóды Dialéktik der Natúr

диалекти́ческ|ий dialéktisch; ○ ~ий материализм dialéktischer Materialísmus; ~ий мéтод dialéktische Methóde; ~ий подхóд dialéktische Methóde; dialéktisches Prinzíp; ~ое противорéчие dialéktischer Wíderspruch

диалóг м Dialóg *m* ○ активный ~ на всех ýровнях aktíver Dialóg auf állen Ébenen; конструктивный ~ konstruktíver Dialóg; политический ~ polítischer Dialóg ● ~ по вопрóсам разоружéния Ábrüstungsdialog; готóвность к ~y die Beréitschaft zum Dialóg; откáз от конструктивного ~a Ábsage an éinen konstruktíven Dialóg; поддержáние и углублéние политического ~a die Aúfrechterhaltung und Vertíefung des polítischen Dialógs; прекращéние политического ~a Ábbruch des polítischen Dialógs; продолжéние политического ~a Fórtsetzung des polítischen Dialógs; стремлéние к широкому ~y Bemühungen um éinen bréiten Dialóg, Strében nach bréitem Dialóg ■ возобновить ~ den Dialóg wiederáufnehmen; выступáть за политический ~ мéжду Востóком и Зáпадом für den polítischen Dialóg zwíschen Ost und West éintreten; заявлять о своéй готóвности к ~y séine Dialógbereitschaft erklären [bekúnden]; избегáть ~a éinem Dialóg áusweichen; подтвердить готóвность к ~y die Beréitschaft zum Dialóg bekräftigen; продолжáть политический ~ мéжду госудáрствами den polítischen Dialóg zwíschen den Stáaten fórtsetzen; сорвáть ~ den Dialóg spréngen

диве́рси|я ж Divérsion [-v-] *f* ○ беспрецедéнтная ~я béispiellose Divérsion; идеологическая ~я ideológische Divérsion, ideológisches Éindringen; престýпная ~я verbrécherische Divérsion ■ проводить ~и Divérsionen führen

диктáт м Diktát *n* ○ экономи́ческий и полити́ческий ~ wírtschaftliches und polítisches Diktát ● политика ~a Politík des Diktáts; ужесточéние ~a Verschärfung des Diktáts ■ навязывать свой ~ суверенным государствам souveränen [suvə-] Staaten sein Diktat aufzwingen; освободиться от оков ~a sich von Diktatzwängen freimachen; отвергать чей-л. ~ j-s Diktat zurückweisen; подчинить кого-л. своему ~y j-n unter sein Diktat bringen; подчиниться ~y sich dem Diktat fügen; следовать ~y sich nach dem Diktat richten

диктатур‖**a** ж Diktatur f ○ военная ~a Militärdiktatur; военно-бюрократическая ~a militärisch-bürokratische Diktatur; ненавистная ~a verhaßte Diktatur ● ~a пролетариата die Diktatur des Proletariats; свержение военной ~ы Sturz der Militärdiktatur ■ жить при ~e unter einer Diktatur leben; свергнуть ~y eine Diktatur brechen; смести фашистскую ~y die faschistische Diktatur hinwegfegen; установить ~y eine Diktatur errichten; устранить ~y eine Diktatur beseitigen

дипломат м Diplomat m ○ высокопоставленный ~ höher Diplomat; искусный ~ gewandter Diplomat; профессиональный ~ Berufsdiplomat; самый высокий по званию ~ rangältester Diplomat; самый опытный ~ dienstältester Diplomat ● ~ старой школы Diplomat alter Schule; высылка ~a Ausweisung eines Diplomaten; замена ~a Ablösung eines Diplomaten ■ выдворить ~a из страны einen Diplomaten des Landes verweisen; объявить ~a персоной нон грата einen Diplomaten zur Person non grata erklären

дипломатическ‖**ий** Diplomaten‖, diplomatisch ○ ~ий агент diplomatischer Agent; ~ие беседы diplomatische Gespräche; ~ая виза Diplomatenvisum n; ~ий иммунитет diplomatische Immunität; ~ие каналы diplomatische Kanäle; ~ая карьера diplomatische Laufbahn; ~ие контакты diplomatische Kontakte; ~ий корпус diplomatisches Korps [ko:r]; Diplomatenkorps n; ~ие круги diplomatische Kreise; ~ий курьер diplomatischer Kurier; ~ая миссия diplomatische Mission; ~ий наблюдатель diplomatischer Beobachter; ~ая неприкосновенность diplomatische Immunität; ~ая нота diplomatische Note; ~ое общение diplomatischer Verkehr; ~ие отношения diplomatische Beziehungen; ~ий паспорт Diplomatenpaß m; ~ие переговоры diplomatische Verhandlungen; ~ая переписка diplomatische Korrespondenz; ~ий персонал diplomatisches Personal; ~ая почта diplomatische Post, Diplomatenpost f; ~ая практика diplomatische Praxis; ~ий представитель diplomatischer Vertreter; ~ое представительство diplomatische Vertretung; ~ий приём Diplomatenempfang m; ~ое признание diplomatische Anerkennung; ~ий протокол diplomatisches Protokoll; ~ий ранг diplomatischer Rang; ~ая слу́жба diplomátischer Dienst; ~ий ста́тус diplomátischer Státus; ~ий этике́т diplomátische Etikétte; ~ий язы́к Diplomátensprache *f*; ~им путём auf diplomátischem Wége

дипломáтия *ж* Diplomatíe *f* ○ а́томная ~ Atómdiplomatie; вое́нная ~ Kríegsdiplomatie; до́лларовая ~ Dóllardiplomatie; откры́тая ~ óffene Diplomatíe; та́йная ~ Gehéimdiplomatie; челно́чная ~ Péndeldiplomatie ● ~„большо́й дуби́нки" Knüppeldiplomatie, Diplomatíe des grо́ßen Knüppels; ~ выкру́чивания рук Diplomatíe der Erpréssung; ~ кононе́рок Kanónenbootdiplomatie; ~ ма́лых шаго́в Schrítt-für-Schrítt-Diplomatíe; ~ улы́бок Diplomatíe des Lächelns

дискримина́ция *ж* Diskriminíerung *f* ○ гру́бая ~я gróbe Diskriminíerung; полити́ческая ~я polítische Diskriminíerung; ра́совая ~я Rássendiskriminierung; экономи́ческая ~я wírtschaftliche Diskriminíerung ● ~я в о́бласти образова́ния Benáchteiligung in der Bíldung; ~я в опла́те труда́ Diskriminíerung [Benáchteiligung] in der Entlóhnung; ~я цен Préisdiskriminierung; ликвида́ция ~и die Ábschaffung der Diskriminíerung; поли́тика ~и Diskriminíerungspolitik *f*

дискусси́я *ж* Diskussión *f* ○ абстра́ктная ~я abstrákte Diskussión; бесконе́чная ~я éndlose Diskussión; беспло́дная ~я frúchtlose Diskussión; беспредме́тная ~я gégenstandlose Diskussión; нау́чная ~я wíssenschaftliche Diskussión; обстоя́тельная ~я éingehende Diskussión; общеполити́ческая ~я (*OOH*) Generáldebatte *f*; оживлённая ~я lébhafte Diskussión; откры́тая ~я fréimütige Diskussión, Pódiumsgespräch *n*; парти́йная ~я Partéidiskussion; парте́йliche Diskussión; полити́ческая ~я polítische Diskussión; проблéмная ~я Problémdiskussion; тво́рческая ~я schöpferische Diskussión; широ́кая ~я áusgiebige Diskussión ● ~я по вопро́сам... Diskussión um die Frágen...; выступлéние в хо́де ~и Diskussiónsbeitrag *m*; тéма ~и Diskussiónsthema *n*; учáстник ~и Diskussiónsteilnehmer *m* ■ вы́звать ~ю éine Diskussión hervórrufen; закáнчивать ~ю die Diskussión ábschließen; открывáть ~ю die Diskussión eröffnen; прервáть ~ю die Diskussión unterbréchen; разверну́ть ~ю éine Diskussión in Gang bríngen, éine Diskussión entfésseln; стать предмéтом ~и zur Diskussión kómmen

диспропо́рция *ж* Disproportión *f* ○ серьёзные ~и schwérwiegende Disproportiónen; части́чная ~я Téildisproportion ● ~я в эконо́мике Disproportiónen in der Wírtschaft ■ ликвиди́ровать

~и Disproportiónen überwínden; смягчи́ть ~и Disproportiónen ábbauen

дисципли́н‖а ж Disziplín f ○ во́инская ~a militärische Disziplín; госуда́рственная ~a Státsdisziplin; догово́рная ~a Ver-
trágsdisziplin; парти́йная ~a Partéidisziplin; пла́новая ~a Plán-
disziplin; произво́дственная ~a Produktiónsdisziplin; сла́бая ~a
mángelhafte Disziplín; созна́тельная ~a bewúßte Disziplín; стро́гая
~a strénge Disziplín; трудова́я ~a Árbeitsdisziplin; фина́нсовая ~a
Finánzdisziplin ● наруше́ние ~ы Disziplínverstoß m ■ наруша́ть
~y die Disziplín verlétzen; поддержи́вать ~y Disziplín hálten; под-
рыва́ть ~y die Disziplín untergráben; следи́ть за ~ой auf Disziplín
áchten; соблюда́ть ~y Disziplín wáhren [hálten]; соблюда́ть ~y
труда́ die Árbeitsdisziplin éinhalten; укрепля́ть ~y die Disziplín
féstigen

дове́ри‖е с Vertráuen n ○ безграни́чное ~e grénzenloses Vertráuen; обою́дное ~e gégenseitiges Vertráuen; по́лное ~e vólles
Vertráuen ● ~e трудя́щихся к па́ртии и госуда́рству Vertráuen
der Wérktätigen zu Partéi und Staat; вопро́с о ~и Vertráuensfrage f;
во́тум ~я Vertráuensvotum n; созда́ние атмосфе́ры ~я Scháffung
éiner Atmosphäre des Vertráuens; созда́ние ~я Scháffung von Vertráuen; уменьше́ние ~я Mínderung des Vertráuens ■ вы́разить ~e
Vertráuen áussprechen; завоева́ть ~e Vertráuen erwérben; лиша́ть
кого́-л. ~я j-m das Vertráuen entzíehen; оправда́ть ~e das Vertráuen rechtfértigen; пита́ть ~e Vertráuen entgégenbringen [schén-
ken]; повыша́ть у́ровень ~я ме́жду госуда́рствами das Vertráu-
ensniveau [-‚vo:] zwíschen den Stáaten hében; поколеба́ть ~e das
Vertráuen erschüttern; по́льзоваться ~ем Vertráuen geníeßen; поте-
ря́ть ~e das Vertráuen éinbüßen; прони́кнуться ~ем к кому́-л.
zu j-m Vertráuen fássen; созда́ть кли́мат ~я в отноше́ниях ме́жду
госуда́рствами ein Klíma des Vertráuens in den Beziéhungen zwíschen den Stáaten scháffen; укрепля́ть ~e das Vertráuen stärken

до́вод м Argumént n, Bewéismaterial n, Bewéis m ○ ве́ский ~
gewíchtiges [bewéiskräftiges] Argumént; избáтые ~ы ábgedroschene Arguménte; неоспори́мый ~ únwiderlegbares Argumént; основ-
но́й ~ Háuptargument; убеди́тельный ~ tríftiges [éinleuchtendes]
Argumént ● ~ы „за" и „про́тив" das Für und Wíder; ~ про́тив
Gégenargument ■ изложи́ть свои́ ~ы séine Bewéismittel vórlegen;
опрове́ргнуть ~ы die Bewéise entkräften; оспа́ривать ~ы Arguménte ánfechten; приводи́ть ве́ские ~ы überzéugende Bewéise
ánführen; приводи́ть изби́тые ~ы в подде́ржку чего́-л. strapa-

zíerte Arguménte für etw. ánführen; призна́ть ~ы Bewéise [Arguménte] ánerkennen

догово́р м Vertrág *m* ○ бессро́чный ~ fristloser [únbefristeter] Vertrág; вы́годный ~ günstiger Vertrág; гаранти́йный ~ Garantievertrag; двусторо́нний ~ zwéiseitiger Vertrág; де́йствующий ~ gültiger Vertrág; долгосро́чный ~ lángfristiger Vertrág; коллекти́вный ~ Kollektívvertrag; междунаро́дный ~ internatioáler Vertrág; ми́рный ~ Fríedensvertrag; неравнопра́вный ~ úngleicher Vertrág, réchtsungleicher Vertrág; откры́тый (для присоедине́ния) ~ (für den Béitritt) óffener Vertrág; противоре́чащий ~у vertrágswidrig; равнопра́вный ~ der auf Gléichberechtigung berúhende Vertrág; Североатланти́ческий ~ Nórdatlantikvertrag ● Догово́р об ограниче́нии стратеги́ческих вооруже́ний (ОСВ) Vertrág zur Begrénzung stratégischer Rüstungen (SALT-Vertrág); Догово́р о взаи́мном непримене́нии вое́нной си́лы и поддержа́нии отноше́ний ми́ра Vertrág über den gégenseitigen Verzícht auf Ánwendung militärischer Gewált und über die Áufrechterhaltung friedlicher Beziehungen; Догово́р о взаи́мном непримене́нии вое́нной си́лы и поддержа́нии отноше́ний ми́ра ме́жду уча́стниками Варша́вского Догово́ра и уча́стниками Североатланти́ческого догово́ра (*предложе́ние госуда́рств – чле́нов Варша́вского догово́ра, 1983 г.*) Vertrág über den gégenseitigen Verzícht auf die Ánwendung militärischer Gewált und die Áufrechterhaltung friedlicher Beziehungen zwíschen den Téilnehmerstaaten des Wárschauer Vertráges und der NATO; Догово́р о дру́жбе, сотру́дничестве и взаи́мной по́мощи Vertrág über Fréundschaft, Zusámmenarbeit und gégenseitigen Béistand; Догово́р о запреще́нии испыта́ний я́дерного ору́жия в атмосфе́ре, в косми́ческом простра́нстве и под водо́й Vertrág über das Verbót der Kérnwaffenversuche in der Atmosphäre, im kósmischen Raum und únter Wásser; Догово́р о запреще́нии испыта́ний я́дерного ору́жия в трёх сре́дах Vertrág über das Verbót der Kérnwaffenversuche in den drei Médien; Догово́р о запреще́нии примене́ния си́лы в косми́ческом простра́нстве и из ко́смоса в отноше́нии земли́ (*предложе́ние СССР, 1983 г.*) Vertrág über das Verbót der Gewáltanwendung im Wéltraum und aus dem Wéltraum gégen die Érde; Догово́р о запреще́нии размеще́ния на дне море́й и океа́нов и в его́ не́драх я́дерного ору́жия и други́х ви́дов ору́жия ма́ссового уничтоже́ния Vertrág über das Verbót der Stationíerung von Kérnwaffen und ánderen Mássenvernichtungswaffen auf dem Bóden der Méere und

Ózeane und in déren Úntergrund (Méeresbodenvertrag); ~ о нейтралитéте Neutralitätsvertrag; ~ о неприменéнии сúлы Gewáltverzichtsvertrag; Договóр о нераспространéнии ядерного орýжия Vertrág über die Níchtweiterverbreitung von Kérnwaffen; Договóр об ограничéнии подзéмных испытáний ядерного орýжия Vertrág über die Éinschränkung der únterirdischen Kérnwaffenversuche; Договóр об ограничéнии систéм противоракéтной оборóны (Договóр по ПРО) Vertrág über die Begrénzung der Rakétenabwehrsysteme (ABM-Vertrág); Договóр о запрещéнии ракéт срéдней и méньшей дáльности (Договóр по РСМД) Vertrág über die Beséitigung von Rakéten míttlerer und kürzerer Réichweite (INF-Vertrág); Договóр об оснóвах отношéний (между ГДР и ФРГ) Vertrág über die Grúnlagen der Beziéhungen (Grúndlagenvertrag); Договóр о подзéмных ядерных взрывах в мúрных цéлях Vertrág über die únterirdischen Kérnexplosionen zu friedlichen Zwécken; ~ о постáвках Líefervertrag; ~ о правовóй пóмощи Réchtshilfevertrag; Договóр о прúнципах деятельности госудáрств по исслéдованию и испóльзованию космúческого прострáнства, включáя Лунý и другúе небéсные телá Vertrág über die Prinzípien für die Tätigkeit der Stáaten bei der Erfórschung und Nútzung des Wéltraums éinschließlich des Móndes und ánderer Hímmelskörper (Kósmosvertrag); ~ о торгóвле и мореплáвании Hándels- und Schíffahrtsvertrag; ~ы и соглашéния, закрепúвшие результáты вторóй мировóй войны Verträge und Ábkommen, die die Ergébnisse des zwéiten Wéltkrieges veránkert háben; возобновлéние ~а Ernéuerung éines Vertráges; в сúлу ~а kraft des Vertráges; заключúтельная часть ~а Schlúßbestimmungen des Vertráges; истечéние срóка ~а Erlöschen des Vertráges; нарушéние ~а Vertrágsbruch m; опубликовáние ~а Veröffentlichung des Vertráges; отсрóчка дéйствия ~а Suspendíerung [-sp-] des Vertráges; пересмóтр ~а Revisíon des Vertráges; положéния ~а Vertrágsbestimmungen; порядок продлéния ~а das Verfáhren zur Verlängerung éines Vertráges; расторжéние ~а Kündigung éines Vertráges; сердцевúна ~а Hérzstück éines Vertráges; систéма европéйских ~ов europäisches Vertrágswerk; стрóгое соблюдéние ~ов stríkte Éinhaltung der Verträge; толковáние ~а Áuslegung éines Vertráges; услóвие ~a Vertrágsbedingung f ■ возобновúть ~ éinen Vertrág ernéuern; выполнять положéния ~a die Bestímmungen des Vertráges erfüllen [éinhalten]; денонсúровать ~ éinen Vertrág kündigen; заключúть ~ éinen Vertrág (áb)schließen; нарýшить ~ éinen

Vertrág bréchen; отказываться от подписанных ~ов sich von unterzéichneten Verträgen lóssagen; отложить ратификацию ~a die Ratifizíerung éines Vertráges áussetzen [zurückstellen]; парафировать ~ éinen Vertrág paraphíeren; подписать ~ éinen Vertrág unterzéichnen; продлевать действие ~a den Vertrág verlängern [prolongíeren]; разработать ~ в кратчайшие сроки in kürzester Frist éinen Vertrág erárbeiten; распространить действие ~ов на какой-л. регион die Gültigkeit der Verträge auf éine Región áusdehnen; расторгнуть ~ éinen Vertrág kündigen; регистрировать ~ éinen Vertrág registríeren; соблюдать ~ éinen Vertrág éinhalten; сорвать ~ éinen Vertrág torpedíeren; ~ вступает в силу der Vertrág tritt in Kraft; ~ открыт для подписания der Vertrág ist [steht] zur Unterzéichnung óffen; ~ открыт для присоединения к нему других государств мира der Vertrág steht ánderen Stáaten der Welt zum Béitritt óffen

договорённость ж Veréinbarung f, Überéinkunft f ○ весóмые ~и gewíchtige Überéinkünfte; взаимоприемлемая ~ь gégenseitig ánnehmbare [akzéptable] Veréinbarung; достигнутые ~и по углублéнию сотрудничества getróffene Féstlegungen zur Vertíefung der Zusámmenarbeit; многосторóнняя ~ь múltilaterale Veréinbarung; предварительная ~ь vórläufige Überéinkunft; секрéтные ~и Gehéimabsprachen pl; справедливая ~ь geréchtes Überéinkommen; чéстная ~ь éhrliche Überéinkunft; широкие ~и wéitreichende Veréinbarungen ● ~ь на уровне министров Ministervereinbarung; лóмка ранее достигнутых ~ей Unterminíerung früher erzíelter Veréinbarungen ■ выработать ~ь на переговóрах éine Veréinbarung bei den Verhándlungen áusarbeiten; девальвировать действующие ~и die géltenden Veréinbarungen entwérten; добиваться ~ей настóйчиво и терпеливо behárrlich und gedúldig Veréinbarungen ánstreben; достичь практической ~и práktische Veréinbarung erréichen; игноровать имéющиеся ~и bestéhende Überéinkünfte ignoríeren; идти на ~ь о чём-л. zu éiner Veréinbarung über etw. (A) beréit sein; нарушать ~ь éine Veréinbarung verlétzen; облегчить ~ь о чём-л. éine Veréinbarung über etw. (A) erléichtern; пойти на ~и Veréinbarungen éingehen; придéрживаться ~и sich an die Veréinbarung hálten; прямо противорéчить ~ям in diréktem Gégensatz zu den Veréinbarungen stéhen; соблюдать ~ь éine Veréinbarung éinhalten; сорвать ~ь éine Veréinbarung verhíndern; ускóрить достижéние ~ей die Herbéiführung von Veréinbarungen beschléunigen; ~ь должна охватывать все госуда́рства die Veréinbarung muß álle Stáaten úmfassen; ~и но́сят бессро́чный хара́ктер die Veréinbarungen sind únbefristet

догово́рн‖ый Vertrágs‖, vertráglich ○ ~ые долги́ Vertrágsschulden *pl;* ~ые льго́ты vertrágliche Vergünstigungen; ~ые но́рмы Vertrágsnormen *pl;* ~ые обяза́тельства vertrágliche Verpflíchtungen; ~ые отноше́ния Vertrágsbeziehungen *pl;* ~ые права́ vertrágliche Réchte; ~ая пра́ктика Vertrágspraxis *f;* ~ая са́нкция Vertrágssanktion *f;* ~ая цена́ Vertrágspreis *m;* на ~ых нача́лах auf vertráglicher Grúndlage

доказа́тельств‖о *с* Bewéis *m,* Bewéismaterial *n* ○ веще́ственное ~о са́chliches Bewéismaterial; документа́льное ~о dokumentárischer Bewéis; достове́рное ~о zúverlässiger Bewéis; ко́свенное ~о índirekter Bewéis; неопровержи́мые ~а unwiderlégbare Bewéise; обвини́тельное ~о belástender Bewéis; оправда́тельное ~о entlástender Bewéis; очеви́дное ~о óffenkundiger Bewéis; пи́сьменное ~о schríftlicher Bewéis; прямо́е ~о dirékter Bewéis; убеди́тельное ~о überzéugender Bewéis; у́стное ~о mündlicher Bewéis; форма́льное ~о formélles Bewéismaterial ● ~о налицо́ Bewéis prima facie [´fa:tsie:] ■ приводи́ть ~а Bewéise ánführen; тре́бовать ~а Bewéise verlángen [ánfordern]

докла́д *м* Vortrág *m,* Berícht *m* ○ вступи́тельный ~ Einführungsvortrag, Eröffnungsvortrag; нау́чный ~ wíssenschaftlicher Vórtrag; отчётный ~ Réchenschaftsbericht ● пре́ния по ~у Diskussión zum Vórtrag; пре́ния по отчётному ~у Diskussión zum Réchenschaftsbericht; се́рия ~ов Vórtragsreihe *f;* те́ма ~а Vórtragsstoff *m* ■ гото́вить ~ éinen Vórtrag vórbereiten; де́лать ~ éinen Vórtrag hálten; заслу́шать ~ éinen Berícht entgégennehmen; прослу́шать ~ о чём-л., о ком-л. éinen Vórtrag über etw., über j-n hören

доктри́н‖а *ж* Doktrín *f,* Léhre *f* ○ милитари́стская ~а Militärdoktrin; мировоззре́нческая ~а wéltanschauliche Doktrín; оборони́тельная ~а Vertéidigungsdoktrin ● ~а ограни́ченной я́дерной войны́ Doktrín éines begrénzten Kérnwaffenkrieges ■ выдвига́ть ~у éine Doktrín áufstellen; защища́ть ~у éine Doktrín vertéidigen; плоди́ть одну́ ~у за друго́й éine Doktrín nach der ánderen hervórbringen

докуме́нт *м* Dokumént *n* ○ ито́говый ~ ábschließendes Dokumént, Abschlußdokument; оправда́тельный ~ Belég *m;* парти́йный ~ Partéidokument; подде́льный ~ gefälschtes Dokumént; по́длинный ~ Originálurkunde *f;* програ́ммный ~ programmátisches Dokumént; секре́тный ~ Verschlúßsache *f;* содержа́тельный

ДОЛГ

и сбалансированный заключительный ~ substantielles und ausgewogenes Schlußdokument; сопроводительный ~ Begleitschein *m*, Begleitbrief *m;* судебные ~ы Gerichtsakte *f;* уязвимый [сомнительный] ~ anfechtbares Dokument ● ~ огромного политического значения Dokument von immenser politischer Bedeutung; ~ы, скреплённые подписями государств Dokumente, die durch die Unterschriften der Staaten besiegelt wurden; обмен ~ов Umtausch der Dokumente; принятие ~a Annahme des Dokuments ■ датировать ~ы die Dokumente datieren; изучать ~ы die Dokumente studieren; обмениваться ~ами Dokumente austauschen; поставить свои подписи под ~ом seine Unterschriften unter das Dokument setzen; просматривать ~ы die Dokumente sichten; уничтожать ~ы Dokumente vernichten

долг *м* Pflicht *f*, Verpflichtung *f*, Verantwortung *f* ○ воинский ~ militärische Pflicht; Soldatenpflicht; гражданский ~ Bürgerpflicht; интернациональный ~ internationalistische Pflicht; непогашенный ~ ausstehende Schuld; общественный ~ gesellschaftliche Pflicht [Verpflichtung]; священный ~ heilige Pflicht; служебный ~ dienstliche Verpflichtung ● исполнение интернационального ~a Erfüllung der internationalistischen Pflicht ■ выполнять свой интернациональный ~ seine internationalistische Verantwortung erfüllen; исполнять свой ~ перед кем-л. seiner Pflicht j-m gegenüber nachkommen, seine Pflicht erfüllen; нарушить свой ~ seine Pflicht verletzen; поступать вопреки чувству ~a der Pflicht [dem Pflichtgefühl] zuwiderhandeln, nicht pflichtbewußt handeln; рассматривать что-л. как свой ~ etw. als seine Pflicht ansehen; сознавать свой ~ sich (*D*) seiner Pflicht bewußt sein; считать что-л. своим ~ом sich (*D*) etw. zur Pflicht machen

долгосрочн|ый langfristig; ○ ~ый договор langfristiger Vertrag; ~ые кредиты langfristige Kredite; ~ое торговое соглашение langfristiges Handelsabkommen

должност|ь *ж* Funktion *f*, Stellung *f*, Amt *n* ○ выборная ~ь Wahlfunktion; государственная ~ь staatliche Funktion, Staatsamt; занимаемая ~ь bekleidete Stellung; совмещаемая ~ь mehrfache Funktion; упразднённая ~ь abgeschaffter Posten; штатная ~ь Planstelle *f*, hauptamtliche Funktion ● визит при вступлении в ~ь Antrittsbesuch *m;* восстановление в ~и Wiedereinstellung im Amt, Wiedereinsetzung in die Funktion; вступление в ~ь Amtsantritt *m;* отстранение от ~и Amtsentlassung *f;* речь по случаю вступления в ~ь Antrittsrede *f;* срок исполнения

82

~и Ámtsperiode *f*, Ámtsdauer *f* ■ восстанови́ть в ~и in die Funktion wiederéinsetzen; вступи́ть в ~ь ein Amt ántreten; занима́ть ~ь éine Stéllung [ein Amt] bekléiden; лиши́ть ~и éiner Funktión enthében; назна́чить на ~ь in éine Funktión einsetzen [berúfen]; отказа́ться от предло́женной ~и ein Amt [éine Funktión] áblehnen; освободи́ть от ~и von éiner Funktión entbínden; повыша́ть в ~и in éine höhere Díenststellung éinsetzen; понижа́ть в ~и in der Díenststellung herábsetzen; снима́ть кого́-л. с ~и j-n von séinem Pósten ábsetzen [áblösen]; состоя́ть в ~и éine Funktión áusüben; отстрани́ть от ~и éiner Funktión enthében

дополни́тельн**ый** Zúsatz**//**, zúsätzlich ○ ~ые льго́ты zúsätzliche Vórrechte [Vergünstigungen]; ~ая ме́ра наказа́ния Zúsatzstrafe *f;* ~ая пла́та Zúschlagzahlung *f;* ~ое предложе́ние (*к прое́кту резолю́ции*) Zúsatzantrag *m;* ~ый протоко́л Zúsatzprotokoll *n;* ~ый пункт (*догово́ра*) Zúsatzklausel *f;* ~ое соглаше́ние Zúsatzabkommen *n;* ~ое сообще́ние Zúsatzbericht *m*

достиже́ни**е** *с* Léistung *f*, Errúngenschaft *f* ○ выдаю́щееся ~e Spítzenleistung, Béstleistung; выдаю́щиеся трудовы́е ~я hervórragende Árbeitsleistungen; истори́ческие ~я geschíchtliche Léistungen; нау́чные ~я wíssenschaftliche Léistungen; нова́торское ~e báhnbrechende Léistung; передовы́е нау́чно-техни́ческие ~я Spítzenleistungen in Wíssenschaft und Téchnik; сла́бое ~e schwáche Léistung; спорти́вные ~я spórtliche Léistungen; тво́рческое ~e schöpferische Léistung ● внедре́ние нау́чно-техни́ческих ~й в произво́дство Dúrchsetzung [Überleitung] wíssenschaftlich-téchnischer Ergébnisse in die Produktión ■ обеспе́чить защи́ту свои́х революцио́нных ~й den Schutz der revolutionä-ren Errúngenschaften gewáhrleisten; оце́нивать по-настоя́щему ~я die Errúngenschaften gebührend würdigen; повыша́ть свои́ ~я séine Léistungen erhöhen; стреми́ться к но́вым ~ям nach néuen [höheren] Léistungen strében

достоя́ни**е** *с* Gut *n*, Éigentum *n*, Vermögen *n* ○ бесце́нное ~e naró́da únschätzbares Gut des Vólkes; всенаро́дное ~e Geméingut des Vólkes, Vólkseigentum; ли́чное ~e persönliches Éigentum; общенаро́дное ~e Vólksvermögen; обще́ственное ~e öffentliches Vermögen ■ сде́лать нау́ку ~ем масс die Wíssenschaft den Mássen náhebringen; сде́лать что-л. ~ем обще́ственности éiner Sáche (*D*) öffentlichen Áusdruck verléihen; стать о́бщим ~ем Állgemeinbesitz wérden

дохо́д *м* Éinkommen *n*, Gewínn *m* ○ валово́й ~ Brúttoein-

kommen; высо́кие ~ы hóhes Éinkommen; годово́й ~ Jáhresein-
kommen; годово́й национа́льный ~ jährliches Nationáleinkommen; госуда́рственные ~ы Státseinkünfte *pl*, Éinnahmen des
Státes; минима́льные ~ы Minimáleinkommen; не облага́емый
нало́гом ~ stéuerfreies Éinkommen; нетрудовы́е ~ы ní̇chterar-
beitetes Éinkommen, ní̇chterarbeitete Éinkünfte; ни́зкие ~ы ní̇edri-
ges Éinkommen; облага́емый нало́гом ~ stéuerpflichtiges Éinkommen; постоя́нный ~ féstes Éinkommen; реа́льные ~ы Reáleinkommen; сре́дние ~ы Dúrchschnittseinkommen; твёрдые ~ы féstes
Éinkommen; трудовы́е ~ы erárbeitetes Éinkommen; уме́ренные
~ы mä́ßiges Éinkommen; чи́стый ~ Réineinkommen, Néttoein-
kommen ● ~ы на ду́шу населе́ния Prokópfeinkommen, Éinkommen pro Kopf der Bevölkerung; ~ от нало́гов Stéueraufkommen
n, Stéuereinnahmen *pl;* ~ы от побо́чной де́ятельности nébenbe-
rufliche Éinkünfte; исто́чник ~ов Éinkommensquelle *f;* приро́ст
национа́льного ~а Zúwachs des Nationáleinkommens ■ извлека́ть
~ Gewínn erzíelen [heráusholen]; повы́сить свой ~ы sein Éinkommen stéigern; приноси́ть ~ Gewínn (éin)bríngen; реа́льные ~ы
увели́чились почти́ в полтора́ ра́за das Reáleinkommen ist um
fast 50 Prozént gestíegen; национа́льный ~ многокра́тно воз-
ро́с das Nationáleinkommen ist um ein Víelfaches gestíegen

дру́жб‖а *ж* Fréundschaft *f* ○ бескоры́стная ~a úneigennützige
Fréundschaft; бра́тская ~a brüderliche Fréundschaft; и́стинная
~a wáhre Fréundschaft; неруши́мая ~a únverbrüchliche Fréundschaft ● ~a ме́жду наро́дами Fréundschaft zwíschen den Völkern;
Völkerfreundschaft; в ду́хе серде́чной ~ы im Géiste hérzlicher
Fréundschaft; в знак ~ы als Zéichen der Fréundschaft; визи́т
~ы Fréundschaftsbesuch *m;* всеме́рное упроче́ние ~ы állseitige
Féstigung der Fréundschaft; догово́р о ~e Fréundschaftsvertrag;
ме́сячник ~ы Mónat der Fréundschaft; многообра́зные проявле́-
ния ~ы víelfältige Bekúndungen der Fréundschaft; неруши́мые
у́зы ~ы únverbrüchliche Fréundschaftsbande ■ завяза́ть с кем-л.
~y éine Fréundschaft mit j-m ánknüpfen; подде́рживать с кем-л.
~y éine Fréundschaft mit j-m unterhálten; порва́ть с кем-л. ~y
j-m die Fréundschaft kündigen

дух *м* Geist *m* ○ боево́й ~ а́рмии Kámpfgeist der Armée
● ~ ми́рного сосуществова́ния Geist der fríedlichen Koexisténz;
~ ве́ка Geist des Jahrhúnderts; в ~e взаимопонима́ния и
бра́тского сотру́дничества im Géiste der Verständigung und der
brüderlichen Zusámmenarbeit; в ~e добрососе́дства im gútnach-

barlichen Géiste; в ~e дру́жбы и взаимопонима́ния im Géiste der Fréundschaft und der Verständigung; в ~e маркси́зма im Sínne [Géiste] des Marxísmus ■ воспи́тывать трудя́щихся в ~e интернационали́зма die Wérktätigen im Géiste des Internationalísmus erzíehen; отвеча́ть ~у ле́нинских заве́тов dem Géist des Vermächtnisses Lénins entspréchen; э́то несовмести́мо с ~ом и бу́квой Уста́ва ООН dies ist mit Geist und Búchstaben der ÚNO-Charta [ˌkarta] únvereinbar

E

едини́ца ж Éinheit f ○ автоно́мная ~ autonóme Éinheit; администрати́вная ~ Verwáltungseinheit; administratíve Éinheit; администрати́вно-территориа́льная ~ territoriále Verwáltungseinheit; валю́тная ~ Währungseinheit; де́нежная ~ Géldeinheit; основна́я произво́дственная ~ Produktiónsgrundeinheit; полити́ческая ~ polítische Éinheit; расчётная ~ Verréchnungseinheit; хозя́йственная ~ Wírtschaftseinheit; шта́тная ~ Plánstelle f ● ~ това́ра Wáreneinheit; ~ труда́ эк. Éinheit áufgewandte(r) Arbeit, Zéiteinheit

единоду́шн‖ый éinmütig, éinhellig ○ ~ое мне́ние éinmütige Áuffassung; ~ое одобре́ние éinmütige Billigung, úngeteilte [éinhellige] Zústimmung; ~ое приня́тие чего́-л. éinmütige Ánnahme (G); ~ое реше́ние éinmütiger Beschlúß; ~ое сопротивле́ние éinmütiger [geschlóssener] Wíderstand ■ выступа́ть ~о geschlóssen vórgehen; ~о заяви́ть о чём-л. etw. éinmütig erklären; ~о одо́брить что-л. etw. éinmütig billigen; ~о реши́ть что-л. etw. éinmütig beschlíeßen; печа́ть ~о констати́ровала, что... die Présse stéllte éinmütig fest, daß...

еди́нств‖о с Éinheit f ○ идеологи́ческое ~о ideológische Éinheit; моноли́тное ~о únerschütterliche Éinheit; мора́льно-полити́ческое ~о сове́тского наро́да polítisch-morálische Éinheit des Sowjétvolkes; непоколеби́мое ~о па́ртии и наро́да únerschütterliche Éinheit von Partéi und Volk; социа́льно-полити́ческое и иде́йное ~о polítisch-soziále und ideológische Éinheit; территориа́льное ~о territoriále Éinheit ○ ~о взгля́дов Éinheit der Ansichten, Geméinsamkeit der Áuffassungen; ~о де́йствий Éinheit des Hándelns; ~о де́йствий рабо́чего кла́сса Aktiónseinheit der Árbeiterklasse; ~о противополо́жностей *филос.* Éinheit der Gégensätze; ~о рабо́чего движе́ния Éinheit der Árbeiterbewegung; ~ сло́ва и де́ла Éinheit von Wort und Tat; сохране́ние ~a die Bewáhrung der Éinheit ■ восстана́вливать ~о die Éinheit wiederhérstellen; подрыва́ть ~о die Éinheit untergráben; подтверди́ть ~о взгля́дов die Éinheit der Ánsichten bekräftigen; разруша́ть ~о die Éinheit zerstören; стреми́ться к ~у nach Éinheit strében; ~о закаля́лось и кре́пло die Éinheit wúrde wéiter gestärkt

еди́н‖ый Éinheits‖, éinheitlich ○ ~ое госуда́рство Éinheitsstaat *m*, éinheitlicher Staat; ~ый ко́мплекс éinheitlicher Kompléx; ~ый курс (*валю́ты*) Éinheitskurs *m*; ~ое мне́ние éinheitliche Méinung [Áuffassung]; ~ый нало́г Éinheitssteuer *f*; ~ый план éinheitlicher Plan; ~ая пла́та Éinheitsgebühr *f*; ~ый спи́сок Éinheitsliste *f*; ~ая тари́фная ста́вка éinheitliche Tarífquote; ~ая фо́рма Éinheitsform *f*; ~ый фронт Éinheitsfront *f*; ~ая цена́ éinheitlicher Preis, Éinheitspreis *m* ■ прийти́ к ~ому мне́нию zu éiner éinheitlichen Áuffassung kómmen; устана́вливать ~ую ли́нию (поведе́ния) éine éinheitliche Línie féstlegen

ежего́дн‖ый Jáhres‖ ○ ~ый взнос (*де́нежный*) Jáhresbeitrag *m*; ~ый конгре́сс Jáhreskongreß *m*; ~ый о́тпуск Jáhresurlaub *m*; ~ый отчёт Jáhresbericht *m*

есте́ственн‖ый Natúr‖, natürlich ○ ~ые бога́тства Natúrreichtümer *pl*, Natúrschätze *pl*; ~ые нау́ки Natúrwissenschaften *pl*; ~ым о́бразом auf natürliche Wéise; ~ые усло́вия Natúrbedingungen *pl*; ~ый ход веще́й der natürliche Lauf der Dínge ■ умере́ть ~ой сме́ртью éines natürlichen Tódes stérben

Ж

жа́лоб‖а ж Beschwérde *f*, Kláge *f* ○ кассацио́нная ~а *юр.* Berúfung *f*; конституцио́нная ~а *юр.* Verfássungsbeschwerde, Verfássungsklage; ча́стная ~а (*кото́рая должна́ подава́ться неме́дленно*) *юр.* sofórtige Beschwérde ● бюро́ ~ Beschwérdestelle *f*; кни́га ~ Beschwérdebuch *n* ■ вы́слушать чью-л. ~у sich (*D*) j-s Beschwérde ánhören; изложи́ть кому́-л. свою́ ~у j-m séine Beschwérde vórtragen; не приня́ть ~у к рассмотре́нию éine Beschwérde ábweisen; пода́ть ~у éine Beschwérde éinlegen, éine Kláge éin-

reichen; рассмотре́ть ~у über eine Beschwérde entschéiden; удов-
летвори́ть ~у einer Beschwérde [Kláge] státtgeben; на него́ по-
ступи́ла ~a eine Beschwérde ging über ihn ein

жа́рк║**ий** heiß, héftig ○ ~ий спор héftiger Streit; ~ое сраже́-
ние héiße Schlacht

жгу́ч║**ий** brénnend, heiß, glühend ○ ~ая боль héftiger
[brénnender] Schmerz; ~ие вопро́сы brénnende Frágen; ~ая
не́нависть glühender Haß; ~ие пробле́мы akúte Problème

жела́ни║**е** c Wunsch m ○ невыполни́мое ~e únerfüllbarer
Wunsch; непреодоли́мое ~e únüberwindlicher Wunsch; са́мое
сокрове́нное ~e der séhnlichste Wunsch ● по со́бственному ~ю
auf éigenen Wunsch ■ горе́ть ~ем von éinem Wunsch erfüllt
[beséelt] sein; име́ть ~e éinen Wunsch hégen; подчини́ться чьим-л.
~ям sich j-s Wünschen fügen; удовлетвори́ть ~e éinem Wunsch
státtgeben; его́ ~e испо́лнилось sein Wunsch ging in Erfüllung

жёлт║**ый** gelb; ~ая пре́сса (падкая на сенсации), gélbe
Présse (prizipienlose, sensationslüsterne Presse); ~ые профсою́зы
gélbe Gewérkschaften

же́ртв║**а** ж Ópfer n ○ беззащи́тная ~a wéhrloses Ópfer; неви́н-
ная ~a Ópferlamm n; челове́ческие ~ы Ménschenopfer pl ● ~a
агре́ссии Ópfer der Aggressión; ~ы войны́ die Ópfer des Krieges,
Kriegsopfer pl; ~ы наводне́ния Hóchwasseropfer pl; ~a несча́ст-
ного слу́чая Ópfer éines Únfalls; ~ы стихи́йного бе́дствия
Ópfer der Natúrkatastrophe; ~a у́личной катастро́фы Verkéhrs-
ópfer; ~ы фаши́зма Ópfer des Faschismus ■ быть гото́вым на
~ы ра́ди кого́-л., чего́-л. j-m, éiner Sáche zuliebe zu Ópfern beréit
sein; приноси́ть ~у кому́-л., чему́-л. j-m, éiner Sáche ein Ópfer
bringen; стать ~ой несча́стного слу́чая éinem Unfall zum Ópfer
fállen; име́ется мно́го жертв viele Ópfer sind zu beklágen

жест м Géste f ○ дру́жеский ~ fréundschaftliche Géste;
краси́вый ~ перен. schöne Géste; отрица́тельный ~ ábwehrende
Géste; показно́й ~ gespíelte [vórgetäuschte] Géste; утверди́тель-
ный ~ zústimmende Géste; широ́кий ~ wéitausholende [gróße]
Géste ●~ ве́жливости höfliche Géste; язы́к ~ов Gebärdensprache
f ■ подкрепля́ть свои́ слова́ энерги́чными ~ами séine Wórte
durch héftige Gésten unterstréichen

жесто́к║**ий** hart, gráusam ○ ~ое наказа́ние hárte Stráfe;
~ое наси́лие gráusame Gewált; ~ая необходи́мость bíttere [hárte]
Nótwendigkeit; ~ое обраще́ние (с кем-л.) gráusame Behándlung (G); ~ое порабоще́ние gráusame Unterdrückung; ~ая распра́-

ва gráusame Ábrechnung; ~ое сопротивлéние erbítterter Wíder-stand; ~ая судьбá hártes Los; ~ое убийство gráusamer Mord

жив‖óй Lébend*l*, lébend, lébhaft ○ ~óй вес Lébendgewicht *n*; ~óе воображéние rége Phantasíe; ~áя óчередь Réihe *f*, Mén-schenschlange *f*; ~óй товáр lébende Wáre; ~óй ум lébhafter Geist; ~óй язы́к lébende Spráche

животновóдств‖о *с* Víehzucht *f*, Tíerzucht *f*, Víehwirtschaft *f* ○ интенсивное ~о intensíve Víehzucht; кочевóе ~о Nomá-denviehhaltung *f*; мéлкое ~о Kléintierzucht, Kléinviehhaltung; обществéнное продуктивное ~о vergeséllschaftete Nútzviehhal-tung; отгóнное ~о Wánderweidewirtschaft *f*; экстенсивное ~о extensíve Víehzucht ●продуктивность ~a Léistung der Víeh-wirtschaft; продýкты ~a tierische Erzéugnisse ■ занимáться ~ом Víehzucht tréiben

жи́зненн‖ый Lébens*l*, lébenswichtig ○ ~ый вопрóс lébens-wichtige Fráge; ~ые интерéсы Lébensinteressen *pl*; ~ая необходи́-мость Lébensnotwendigkeit *f*; ~ый óпыт Lébenserfahrung *f*; ~ая оснóва Existénzgrundlage *f*; ~ые потрéбности Lébensbedürfnisse *pl*, lébenswichtige Bedürfnisse; ~ое прáвило Lébensprinzip *n*; ~ое прострáнство Lébensraum *m*; ~ый путь Lébensweg *m*; ~ый уклáд Lébenshaltung *f*; ~ая философия Lébensphilosophie *f*; ~ая энéргия Lébenskraft *f*

жизн‖ь *ж* Lében *n* ○ внутрипартийная ~ь ínnenparteiliches Lében, Partéileben; духóвная ~ь géistiges Lében; зажи́точная ~ь réiches Lében, Lében in Wóhlstand; культýрная ~ь kulturélles [kultúrvolles] Lében; обществéнная ~ь geséllschaftliches [öffentliches] Lében; повседнéвная ~ь Álltagsleben; полнокрóв-ная ми́рная ~ь нарóда das pulsierende fríedliche Lében des Vólkes; совмéстная ~ь Zusámmenleben; трудовáя ~ь árbeitsreiches Lében; Berúfsleben; хозя́йственная ~ь страны́ Wírtschaftsleben [wírtschaftliches Lében] des Lándes ●антиобщéственный óбраз ~и asoziáler Lébenswandel; любóвь к ~и Líebe zum Lében; óбраз ~и Lébensweise *f*, Lébensart *f*; смысл ~и Sinn des Lébens; созидá-тели нóвой ~и Erbáuer éines néuen Lébens; социалисти́ческий уклáд ~и sozialístische Lébensweise; срéдства к ~и Existénzmit-tel *pl*; стóимость ~и Lébenshaltungskosten *pl*; страховáние ~и Lébensversicherung *f*; услóвия ~и Lébensbedingungen *pl* ■ зарабá-тывать на ~ь den Lébensunterhalt verdíenen; отдавáть ~ь за когó-л., за что-л. für j-n, für etw. sein Lében híngeben; ~ь в кóрне измени́лась к лýчшему das Lében hat sich von Grund auf zum Gúten gewéndet

жили́щн‖ый Wóhnungs‖, Wohn‖ ○ ~ый вопро́с Wóhnungs-
frage f; ~ая коми́ссия Wóhnungskommission f; ~ая но́рма Wóhn-
raumnorm f; ~ый отде́л Wóhnungsamt n; ~ое пра́во Wóhnrecht
n, Míetrecht n; ~ое строи́тельство Wóhnungsbau m; ~ое управ-
ле́ние Wóhnungsverwaltung f; ~ые усло́вия Wóhnverhältnisse pl
● програ́мма ~ого строи́тельства Wóhnungsbauprogramm n

жре́б‖ий m Los n ○ го́рький ~ий bítteres Los; несчастли́вый
~ий únglückliches Los; счастли́вый ~ий glückliches Los ■ бро́сить
~ий das Los wérfen; избира́ть по ~ию nach dem Los bestímmen;
предоставля́ть ~ию реши́ть что-л. über etw. (A) das Los entschéiden lássen, durch das Los entschéiden; тяну́ть ~ий das Los zíehen;
~ий пал на него́ das Los fiel auf ihn

журна́л m Zéitschrift f ○ ежеме́сячный ~ Mónatsheft n,
Mónatsschrift f; еженеде́льный ~ Wóchenschrift f, Wóchenzeit-
schrift; иллюстри́рованный ~ Illustríerte f, Magazín n; литерату́р-
но-худо́жественный ~ Zéitschrift für Literatúr und Kunst; ма́с-
совый ~ Mássenzeitschrift; молодёжный ~ Júgendzeitschrift,
Zéitschrift für die Júgend; нау́чно-популя́рный ~ populärwissenschaftliche Zéitschrift; нау́чный ~ wissenschaftliche Zéitschrift;
обзо́рный ~ Übersichtszeitschrift; обще́ственно-полити́ческий ~
geséllschaftspolitische Zéitschrift; рекла́мный ~ Wérbezeitschrift;
реферати́вный ~ Referáteblatt n; специа́льный ~ Fáchzeitschrift
● ~ мод Módezeitschrift, Módeheft n; подпи́ска на ~ы Zéit-
schriftenabonnement [-nəmaŋ] n; приложе́ние к ~у Zéit-
schriftenbeilage f; тира́ж ~а Áuflagenhöhe éiner Zéitschrift ■
выпи́сывать ~ éine Zéitschrift abonníeren; издава́ть ~ éine Zéitschrift heráusgeben; получа́ть ~ éine Zéitschrift bezíehen
[zúgestellt bekómmen]; ~ выхо́дит оди́н раз в два ме́сяца
die Zéitschrift erschéint álle zwei Mónate

жюри́ c Jury [ʒӯтіː] f ○ стро́гое ~ strénge Jury ● реше́ние
~ Juryentscheidung f, das Urteil der Jury; член ~ Júror m ■ ~ при-
суди́ло молодо́му пиани́сту пе́рвую пре́мию die Jury erkánnte
dem júngen Pianísten den érsten Preis zu; ~ собрало́сь die Jury
trat zusámmen

З

забасто́в‖ка ж Streik m, Áusstand m ○ всео́бщая ~ка Generálstreik; голо́дная ~ка Húngerstreik; италья́нская ~ка ver-

kéhrter [italiénischer] Streik; кратковрéменная ~ка kúrzfristiger Streik, Kúrzstreik; мáссовая ~ка Mássenstreik; одноднéвная ~ка éintägiger Streik; политическая ~ка politischer Streik; сидя́чая ~ка Sítzstreik; стихийная ~ка spontáner Streik; части́чная ~ка Téilstreik; экономи́ческая ~ка Lóhnstreik ● ~ка протéста Protéststreik, Wárnstreik; ~ка солидáрности Solidaritätsstreik; волнá ~ок Stréikwelle f; запрещéние ~ок Stréikverbot n; началó ~ки Stréikausbruch m; объявлéние ~ки die Áusrufung éines Streiks; прáво на проведéние ~ок Stréikrecht n; прекращéние ~ки Stréikabbruch m; решéние начáть ~ку Stréikbeschluß m; срыв ~ки Stréikbruch m ■ начáть ~ку in den Streik [in den Áusstand] tréten; объяви́ть ~ку éinen Streik áusrufen; отмени́ть ~ку den Streik ábblasen; подави́ть ~ку den Streik mit Gewált níederwerfen, den Streik bréchen [níederschlagen]; прекрати́ть ~ку den Streik éinstellen [beénden]

заведéние с Ánstalt f, Éinrichtung f ○ вы́сшее учéбное ~ Hóchschule f; лечéбное ~ Héilstätte f; срéднее специáльное учéбное ~ Fáchschule f; учéбное ~ Léhranstalt, Bíldungseinrichtung

завéт м Vermächtnis n ● ~ы Лéнина Lénins Vermächtnis ■ выполня́ть ~ы отцóв das Vermächtnis der Väter erfüllen; отвечáть дýху лéнинских ~ов dem Geist des Vermächtnisses Lénins entspréchen; чтить ~ы антифаши́стов das Vermächtnis der Antifaschísten bewáhren; ~ выполня́ется das Vermächtnis wird erfüllt

завещáни‖е с Testamént n ○ вóинское ~е Militärtestament; морскóе ~е Séetestament; недействи́тельное ~е úngültiges Testamént; нотариáльное ~е notariélles Testamént; пи́сьменное ~е schríftliches Testamént; публи́чное ~е öffentliches Testamént; собственнорýчное ~е éigenhändiges Testamént ● выполнéние ~я Testaméntsvollstreckung f; свобóда ~я Testíerfreiheit f ■ опротестóвывать ~е ein Testamént ánfechten; остáвить ~е ein Testamént hinterlássen; остáвить по ~ю vermáchen, testamentárisch vererben; сдéлать ~е ein Testamént máchen

зави́симост‖ь ж Abhängigkeit f ○ вассáльная ~ь Vassalität f; взаи́мная ~ь gégenseitige Abhängigkeit; колониáльная ~ь koloniále Abhängigkeit; крепостнáя ~ь Léibeigenschaft f; ли́чная ~ь persönliche Abhängigkeit; материáльная ~ь materiélle Abhängigkeit; прямáя ~ь únmittelbare [dirékte] Abhängigkeit; служéбная ~ь díenstliche Abhängigkeit ●в ~и от обстоя́тельств je nach den Verhältnissen, entspréchend den Úmständen; чýвство ~и Abhängigkeitsgefühl n ■ находи́ться в ~и от когó-л. ábhängen;

ábhängig sein von (*D*); попа́сть в ~ь in Ábhängigkeit geráten; ста́вить в ~ь ábhängig máchen

завоева́ни‖е *с* Errúngenschaft *f* ○ культу́рные ~я kulturélle Errúngenschaften; социа́льные ~я soziále Errúngenschaften ● ~я Октября́ die Errúngenschaften der Októberrevolution; ~я рабо́чего кла́сса die Errúngenschaften der Árbeiterklasse; ~я социали́зма die Errúngenschaften des Sozialísmus ■ отстоя́ть свои́ ~я séine Errúngenschaften vertéidigen; черни́ть истори́ческие ~я die histórischen Errúngenschaften verúnglimpfen

за́говор *м* Komplótt *n*, Verschwörung *f* ○ антисоциалисти́ческий ~ antisoziálistisches Komplótt ■ быть с кем-л. в ~е mit j-m im Komplótt sein [stéhen]; быть заме́шанным в ~е про́тив кого́-л., чего́-л. in ein Komplótt gégen j-n, gégen etw. verwíckelt sein; гото́вить ~ ein Komplótt vórbereiten; замышля́ть ~ ein Komplótt ánzetteln [schmíeden]; организова́ть [подгото́вить] ~ éine Verschwörung organisíeren [ánzetteln]; раскры́ть ~ ein Komplótt [éine Verschwörung] áufdecken

загото́в‖ка *ж* Erfássung *f*, Bescháffung *f*, Beréitstellung *f* ○ госуда́рственные ~и stáatliche Erfássung [Bescháffung] ● ~ка кормо́в Fútterbereitstellung; ~ка продово́льствия Lébensmittelbeschaffung; ~ка сельскохозя́йственных проду́ктов Erfássung lándwirtschaftlicher Erzéugnisse; ~ка сырья́ Róhstoffbeschaffung, Róhstofferfassung; ~ка това́ров Wárenbereitstellung; ~ка хле́ба Getréidebeschaffung, Getréideerfassung; обяза́тельства по ~кам Ábliefererungspflicht *f;* план ~ок Erfássungsplan *m*

заграни́чн‖ый Áuslands‖, áusländisch ○ ~ые акти́вы [авуа́ры] Áuslandsguthaben *pl;* ~ый па́спорт Áuslandspaß *m;* ~ая пое́здка Áuslandsreise *f;* ~ые това́ры áusländische Wáren; ~ое турне́ Áuslandstournee [-turne:] *f* ■ рабо́тать на ~ом сырье́ áusländische Róhstoffe verárbeiten

зада́ни‖е *с* Áufgabe *f*, Áuflage *f*, Áuftrag *m* ○ годово́е ~е Jáhresplan *m*, Jáhressoll *n;* директи́вное ~е stáatliche Plánauflage; иссле́довательское ~е Fórschungsauftrag *m;* напряжённые пла́новые ~я ánspruchsvolle Plánaufgaben [Plánziele]; проё́ктное ~е Vórprojekt *n;* произво́дственное ~е Produktiónsauflage; Fértigungsaufgabe ●~я пятиле́тнего пла́на Plánzahlen [Áuflagen] des Fünfjáhrplanes ■ дать ~е éinen Áuftrag gében; éine Áufgabe stéllen, éine Áuflage ertéilen; не справля́ться с пла́новыми ~ями mit den Plánauflagen nicht fértig wérden, die Plánaufgaben nicht bewältigen; получа́ть ~е éine Áuflage erhálten; превзойти́ [перевы́полнить] пла́новое ~e die Plánziele überbíeten; устана́вливать повы́шенные ~я höhere Áufgaben féstlegen

зада́ч||**а** *ж* Áufgabe *f* ○ второстепе́нная ~a zwéitrangige Áufgabe; гла́вная ~a Schwérpunktaufgabe; насу́щная ~a lébenswichtige [aktuélle] Áufgabe; общесою́зные народнохозя́йственные ~и gesámtstaatliche Áufgaben der Vólkswirtschaft; основна́я ~a Háuptaufgabe; отве́тственная ~a verántwortliche [ánspruchsvolle] Áufgabe; очередна́я ~a nächste Áufgabe; первостепе́нная ~a érstrangige Áufgabe; почётная ~a éhrenvolle Áufgabe; специа́льная ~a Sónderaufgabe; сро́чная ~a dríngende Áufgabe; узлова́я [первоочередна́я] ~a Schwérpunktaufgabe ● ~a пойсти́не истори́ческого значе́ния die Áufgabe von wáhrhaft histórischer Bedéutung; ~и коммунисти́ческого созида́ния die Áufgaben des kommunístischen Áufbaus; ~и, поста́вленные съе́здом па́ртии die vom Partéitag féstgelegten Áufgaben ■ измеря́ть что-л. масшта́бами но́вых зада́ч etw. an Dimensiónen der néuen Áufgaben méssen; наме́тить ~и Áufgaben umréißen; разреши́ть [вы́полнить] ~y éine Áufgabe lösen [erfüllen]; рассма́тривать ~и в те́сной увя́зке с чем-л. die Áufgaben in énger Verbíndung mit etw. séhen; реша́ть но́вые ~и без раска́чки néue Áufgaben óhne lánges Hin und Her in Ángriff néhmen; реша́ть созида́тельные ~и schöpferische Áufgaben lösen; спра́виться с ~ей éine Áufgabe bewältigen [méistern]; спра́виться с расту́щими ~ами die wáchsenden Áufgaben méistern; ста́вить себе́ ~y sich (*D*) éine Áufgabe stéllen; наро́ду э́ти ~и под си́лу das Volk ist díesen Áufgaben gewáchsen

заём *м* Ánleihe *f* ○ беспроце́нтный ~ zínslose Ánleihe; вне́шний ~ Áußenanleihe; вну́тренний ~ Ínlandsanleihe; вое́нный ~ Rüstungsanleihe; вы́игрышный ~ Prämienanleihe; госуда́рственный ~ Stáatsanleihe, stáatliche [öffentliche] Ánleihe; долгосро́чный ~ lángfristige Ánleihe; иностра́нный ~ Áußenanleihe; краткосро́чный ~ kurzfristige Ánleihe; погаша́емый ~ Tílgungsanleihe; принуди́тельный ~ Zwángsanleihe ● вы́плата по за́йму Ánleihezahlung *f*; вы́пуск за́йма Áuflegung éiner Ánleihe; долг [задо́лженность] по за́йму Ánleiheschuld *f*; облига́ция за́йма Ánleiheschein *m*; подпи́ска на ~ Ánleihezeichnung *f* ■ вы́пустить ~ éine Ánleihe áuflegen [áusschreiben]; объяви́ть подпи́ску на ~ éine Ánleihe zur Zéichnung áuflegen; подписа́ться на ~ éine Ánleihe zéichnen; предоставля́ть ~ éine Ánleihe gewähren; размеща́ть ~ éine Ánleihe realisíeren

заинтересо́ванност∥ь ж Interessíertheit f, Interésse n ○ показна́я ~ь zur Schau gestélltes Interésse ●~ь в хоро́ших отноше́ниях с кем-л. Interésse an gúten Beziehungen mit j-m; при́нцип материа́льной ~и Prinzíp der materiéllen Interessíertheit ■ проя́ви́ть ~ь в реше́нии чего́-л. Interésse an der Lösung (G) zéigen; следи́ть за чем-л. с большо́й ~ью etw. mit gróßer Interessíertheit verfólgen

зака́з м Áuftrag m, Bestéllung f ○ вое́нные ~ы Rüstungsaufträge pl; дополни́тельный ~ Náchauftrag, Zúsatzauftrag; произво́дственный ~ Produktiónsauftrag; сро́чный ~ dríngender Áuftrag, Éilauftrag ●~ы на су́мму... Áufträge in Höhe von...; ~ на э́кспорт Expórtauftrag; подтвержде́ние ~а Áuftragsbestätigung f; поступле́ние ~ов Áuftragseingänge pl ■ аннули́ровать ~ den Áuftrag annulíeren; дава́ть ~ы Áufträge ertéilen; вы́полнить ~ éinen Áuftrag erlédigen; отказа́ться от ~а éinen Áuftrag storníeren [áblehnen]; отмени́ть ~ éinen Áuftrag zurückziehen; получи́ть ~ éinen Áuftrag erhálten [bekómmen]; приня́ть ~ éinen Áuftrag übernéhmen; размеща́ть ~ы Bestéllungen ertéilen, Áufträge unterbríngen; сде́лать ~ фи́рме éiner Fírma den Áuftrag ertéilen

заключе́ни∥е с 1. (вы́вод) Schluß m ○ логи́ческое ~е lógische Schlußfolgerung, lógischer Schluß; неве́рное ~е fálsche Schlußfolgerung, fálscher Schluß; пра́вильное ~е ríchtige Schlußfolgerung, ríchtiger Schluß ●по ~ю кого́-л. auf j-s Beschlúß ■ прийти́ к ~ю zum Schluß gelángen; сде́лать ~е éinen Schluß ziehen; сде́лать ло́жное ~е zu éinem Trúgschluß gelángen, éinen fálschen Schluß ziehen 2. (соглаше́ния и т. п.) Ábschluß m ● ~е догово́ра Vertrágsabschluß; ~е ми́ра Friedensschluß; ~е сде́лки Geschäftsabschluß

заключи́тельн∥ый Schluß∥, Ábschluß∥ ○ ~ая бесе́да Schlußaussprache f, Ábschlußgespräch n; ~ый докла́д Schlußbericht m, Ábschlußbericht m; ~ый докуме́нт Schlußdokument n, Ábschlußdokument; ~ое заседа́ние Schlußsitzung f, Ábschlußsitzung f; ~ое коммюнике́ Schlußkommuniqué [mynike:] n, Ábschlußkommunique; ~ое мероприя́тие Ábschlußveranstaltung f; ~ые перегово́ры ábschließende Verhándlungen; ~ый протоко́л Ábschlußprotokoll n; ~ая речь Schlußrede f, Schlußansprache f; ~ое сло́во Schlußwort n; ~ое совеща́ние Ábschlußberatung f; ~ая сце́на Schlußszene f; ~ый эта́п Schlußphase f

зако́н м Gesétz n ○ вы́сший ~ óberstes Gesétz; де́йствующий ~ géltendes Gesétz; основно́й экономи́ческий ~ социали́зма ökonómisches Gründgesetz des Sozialísmus; **чрезвыча́йный** ~ Áusnahmegesetz; Nótstandsgesetz ● **Зако́н о госуда́рственном предприя́тии** Gesétz über den stáatlichen Betrieb; **Зако́н о защи́те ми́ра** das Gesétz zum Schútze des Fríedens; ~ **об индивидуа́льной трудово́й де́ятельности** Gesétz über die individuélle Erwérbstätigkeit; **Зако́н о коопера́ции** Gesétz über das Genóssenschaftswesen; ~, **име́ющий обра́тную си́лу** rückwirkendes Gesétz; ~ **о предоставле́нии чрезвыча́йных полномо́чий прави́тельству** (*ФРГ*) Ermächtigungsgesetz; **Зако́н о трудовы́х коллекти́вах** Gesétz über die Árbeitskollektive; **ко́декс** ~**ов о труде́** Árbeitsgesetzbuch *n;* **наруше́ние** ~**a** Gesétzesverstoß *m,* Gesétzesübertretung *f;* **позна́ние объекти́вных** ~**ов обще́ственного разви́тия** Erkénntnis der objektíven Gesétze der geséllschaftlichen Entwicklung; **ра́венство гра́ждан пе́ред** ~**ом** Gleichheit der Bürger vor dem Gesétz; **свод** ~**ов** Gesétzessammlung *f;* **си́ла** ~**a** Gesétzeskraft *f;* **то́чное и единообра́зное исполне́ние** ~**ов** genáue und éinheitliche Dúrchführung der Gesétze ■ **име́ть си́лу** ~**a** die Gesétzeskraft háben [besitzen]; **наруша́ть** ~ gégen ein Gesétz verstóßen, ein Gesétz übertréten, ein Gesétz verlétzen [überschréiten]; **неукло́нно выполня́ть** ~ das Gesétz strikt éinhalten; **обнаро́довать** [опублико́ва́ть] ~ ein Gesétz bekánntmachen; **отменя́ть** ~ ein Gesétz áufheben; **отступи́ть от** ~**a** vom Gesétz ábweichen; **приня́ть** ~ ein Gesétz verábschieden; **распространи́ть де́йствие** ~**a на** den Géltungsbereich éines Gesétzes áusdehnen; **соблюда́ть** ~**ы** die Gesétze befólgen; **соблюда́ть сове́тские** ~**ы** die sowjétischen Gesétze éinhalten; **толкова́ть** ~**ы** Gesétze áuslegen

зако́нность *ж* Gesétzlichkeit *f* ○ **революцио́нная** ~**ь** revolutionäre Gesétzlichkeit; **социалисти́ческая** ~**ь** sozialístische Gesétzlichkeit ● **наруше́ние** ~**и** Verlétzung der Gesétzlichkeit, Verstóß gégen die Gesétzlichkeit; **соблюде́ние междунаро́дной** ~**и** Einhaltung der internationálen Gesétzlichkeit ■ **внедря́ть** ~**ь** die Gesétzlichkeit éinführen; **укрепля́ть** ~**ь** die Gesétzlichkeit féstigen

зако́нный legití́m, réchtmäßig, gesétzlich ○ ~**ый владе́лец** réchtmäßiger Besítzer; ~**ая го́рдость** beréchtigter Stolz; ~**ые интере́сы** legitíme Interéssen; ~**ое ме́сто** legití́mer Platz; ~**ый насле́дник** gesétzlicher Erbe; ~**ое основа́ние** gesétzliche Gründlage; ~**ое прави́тельство** réchtmäßige Regíerung; ~**ое пра́во** legití́mes Recht; ~**ый представи́тель** gesétzlicher Vertréter; legití́mer Vertréter; ~**ые притяза́ния** réchtmäßige [beréchtigte] Ánsprüche;

~ая си́ла Réchtskraft *f*, Gesétzeskraft *f*; ~ое тре́бование legití-mer Ánspruch ■ приобрета́ть ~ую си́лу die Réchtskraft erlángen

законода́тельный gesétzgebend, Gesétzgebungs// ○ ~ый акт Gesétzgebungsakt *m*, gesétzgebender Akt; ~ая власть gesétz-gebende Macht; ~ая коми́ссия Gesétzgebungskommission *f*; ~ое собра́ние gesétzgebende Versámmlung

законода́тельство *с* Gesétzgebung *f* ○ антирабо́чее ~о árbeiterfeindliche Gesétzgebung; гражда́нское ~о Zivílgesetz-gebung [-v-]; де́йствующее ~о géltende Gesétze; общесою́зное ~о Uniónsgesetzgebung, Gesétzgebung der UdSSR; пате́нтное ~о Paténtgesetzgebung; республика́нское ~о Repúbliksgesetz-gebung; сове́тское ~о sowjétische Gesétzgebung; социа́льное ~о Soziálgesetzgebung; трудово́е ~о Árbeitsgesetzgebung; чрез-выча́йное ~о Nótstandsgesetzgebung ● ~о об охра́не труда́ Árbeitsschutzgesetzgebung ■ внести́ измене́ния в де́йствую-щее ~о bestéhende Gesétze ábändern

закономе́рность *ж* Gesétzmäßigkeit *f* ○ о́бщие ~и социа-листи́ческого строи́тельства állgemeingültige Gesétze des sozia-lístischen Áufbaus; объекти́вная ~ь objektíve Gesétzmäßigkeit; статисти́ческая ~ь statístische Gesétzmäßigkeit ● ана́лиз ~ей Analýse der Gesétzmäßigkeiten ■ откры́ть о́бщие ~и die állge-meinen Gesétzmäßigkeiten áufdecken; применя́ть о́бщие ~и к конкре́тным усло́виям die állgemeingültigen Gesétzmäßigkeiten auf die konkréten Bedíngungen ánwenden

закры́тый geschlóssen ○ ~ое [та́йное] голосова́ние ge-schlóssene [gehéime] Ábstimmung; ~ое заседа́ние geschlóssene Sítzung; ~ый просмо́тр фи́льма geschlóssene Fílmvorführung; ~ое разбира́тельство geschlóssene Verhándlung; ~ое собра́ние ge-schlóssene Zusámmenkunft; ~ый спекта́кль geschlóssene Vórstel-lung; ~ое уче́бное заведе́ние geschlóssene Léhranstalt; при ~ых дверя́х hínter verschlóssenen Türen

закули́сный verbórgen, gehéim, héimlich ○ ~ая возня́ verbórgenes Tréiben; ~ая кри́тика verbórgene Kritík; ~ый сго́-вор Kúhhandel *m*; ~ые сде́лки gehéime Geschäfte; ~ая сторона́ де́ла verbórgene] Séite éiner Ángelegenheit; ~ая сторо-на́ собы́тий Hintergründe der Eréignisse ■ вести́ ~ые перегово́ры héimlich verhándeln

зало́г *м* Únterpfand *n* ○ гла́вный ~ ми́рного бу́дущего челове́чества wíchtigstes Únterpfand für die friedliche Zúkunft der Ménschheit; надёжный ~ дальне́йших успе́хов zúverlässiges

Únterpfand für wéitere Erfólge ● ~ ми́ра Únterpfand [Gewähr] des Fríedens; ~ побе́ды Únterpfand des Síeges ■ служи́ть ~ом чего́-л. Gewähr für etw. bíeten [gében]

замеча́ниllе *c* Bemérkung *f* ○ деловы́е ~я sáchliche Bemérkungen; ирони́ческое ~e irónische Bemérkung; крити́ческие ~я krítische Bemérkungen; ме́ткое ~e tréffende Bemérkung; о́бщие ~я állgemeine Bemérkungen; о́строе ~e spítze Bemérkung; стро́гое ~e strénger Verwéis; суще́ственное ~e wésentliche Bemérkung; то́нкое ~e féine Bemérkung ● ~я по протоко́лу заседа́ния Bemérkungen zum Sítzungsprotokoll ■ вы́сказать ~e éine Äußerung máchen, etw. äußern; прислу́шаться к ~ям кого́-л. j-s Bemérkungen Gehör schénken; сде́лать ~e éine Bemérkung máchen

замора́живаниllе *c* Éinfrieren *n* ○ взаи́мное и контроли́руемое ~e а́томных вооруже́ний gégenseitiges und kontrollíerbares Éinfrieren der Ató́mwaffen ● ~e арсена́лов я́дерного ору́жия Éinfrieren der Kérnwaffenbestände [Kérnwaffenarsenale] ; ~e в коли́чественном и ка́чественном отноше́нии арсена́лов я́дерных вооруже́ний quantitatíves und qualitatíves Éinfrieren der Kérnwaffenarsenale [der Arsenále nukleárer Rüstungen] ; ~e за́работной пла́ты Éinfrieren der Löhne

за́нятосllь *ж* Beschäftigung *f* ○ двойна́я ~ь Dóppelbeschäftigung; непо́лная ~ь Kúrzarbeit *f*, Téilbeschäftigung; ни́зкая ~ь níedriger Beschäftigungsgrad; по́лная ~ь Vóllbeschäftigung; постоя́нная ~ь ständige Beschäftigung; части́чная ~ь Téilbeschäftigung ● сниже́ние ~и Beschäftigungsrückgang *m*; сте́пень ~и Beschäftigungsgrad *m*

запа́с *м* Vórrat *m*, Bestánd *m*, Resérve *f* ○ де́нежный ~ Géldvorrat; золото́й ~ Góldbestand, Góldvorräte *pl*; неприкоснове́нный ~ éiserner Bestánd; су́точный ~ Tágesvorrat; това́рный ~ Wárenbestand ● ~ продово́льствия Lébensmittelvorrat; ~ про́чности Sícherheitsgrad *m*, Sícherheitsfaktor *m*; ~ы сырья́ Róhstoffvorräte *pl*; ~ то́плива Brénnstoffvorrat; ~ эне́ргии Energíevorrat; накопле́ние ~ов ору́жия Akkumulatión von Wáffenvorräten ■ де́лать ~ы Vórräte ánschaffen [ánlegen] ; име́ть что-л. в ~е im Vórrat [in Resérve] háben; исчерпа́ть ~ den Vórrat erschöpfen [áufbrauchen] ; нака́пливать ~ы ору́жия Wáffenvorräte ánhäufen

запре́т *м* Verbót *n* ○ стро́гий ~ strénges [strícktes] Verbót ● ~ на опубликова́ние сообще́ний Náchrichtensperre *f*; ~ на профессию (*ФРГ*) Berúfsverbot; жéртва ~a на профéссию Berúfsverbotsopfer *n*; прáктика ~ов на профéссию Berúfsverbotspraxis *f* ■ дéйствовать вопрекú ~y gégen ein Verbót hándeln; налагáть ~ на что-л. ein Verbót erlássen [áuferlegen], ein Verbót über etw. (*A*) verhängen; подвергáться ~y на профéссию mit Berúfsverbot belégt sein; снять ~ ein Verbót áufheben; э́то подлежúт ~y das unterliegt éinem Verbót

запрещéние *c* Verbót *n*, Áchtung *f* ○ пóлное ~ generélles Verbót; пóлное и всеóбщее ~ испытáний я́дерного орýжия vóllständiges und állgemeines Verbót der Kérnwaffenversuche; частúчное ~ испытáний я́дерного орýжия partiélles Verbót [Téilverbot] der Kérnwaffenversuche ● ~ áтомного орýжия Áchtung der Atómwaffen; ~ какóй-л. пáртии Verbót éiner Partéi; ~ нейтрóнного орýжия Verbót der Neutrónenwaffen; ~ пропагáнды войны́ Verbót der Kríegspropaganda; ~ размещéния в космúческом прострáнстве орýжия любóго рóда Verbót der Stationíerung jéglicher Wáffenarten im Kósmos; ~ размещéния я́дерного орýжия в кóсмосе Verbót der Stationíerung der Kérnwaffen im Wéltall; ~ разрабóтки и произвóдства нóвых вúдов орýжия мáссового уничтожéния и нóвых систéм такóго орýжия Verbót der Entwícklung und Produktión néuer Árten von Mássenvernichtungswaffen und néuer Systéme sólcher Wáffen; ~ разрабóтки, произвóдства и накоплéния запáсов химúческого орýжия Verbót der Entwícklung, Herstellung und Lágerung chémischer Wáffen; ~ стáчечной борьбы́ Streíkverbot

запрóс∥ы *мн.* (*потребности*) Bedürfnisse *pl*, Bedárf *m*, Ánsprüche *pl* ○ духóвные ~ы géistige Bedürfnisse; культýрные ~ы kulturélle Bedürfnisse; лúчные ~ы людéй persönliche Bedürfnisse der Ménschen ● ~ы населéния Bedárfswünsche der Bevölkerung; ~ы покупáтелей Käuferwünsche *pl*; изучéние ~ов Bedárfsforschung *f*; соотвéтствующий ~ам (*напр. о снабжéнии*) bedarfsgerecht

зáработ∥ок *м* Verdíenst *m*, Lohn *m* ○ высóкий ~ок hóher Verdíenst; дневнóй ~ок Tágeslohn; дополнúтельный ~ок Méhrverdienst; мéсячный ~ок Mónatslohn; небольшóй ~ок gerínger Verdíenst; побóчный ~ок Nébenverdienst; случáйный ~ок Gelégenheitsverdienst; срéдний ~ок Dúrchschnittsverdienst ● истóчник ~ка Verdíenstquelle *f*; уменьшéние ~ка (*напр. в связú с простóем, болéзнью*) Verdíenstausfall *m* ■ отдавáть часть своегó ~ка éinen Teil séines Verdíenstes ábgeben; откла́дывать часть

~ка éinen Teil séines Verdíenstes zurücklegen; уйти́ на ~ки auf Árbeitsuche géhen

зарпла́т‖а *ж* Lohn *m* ○ высо́кая ~a hóher Lohn; жа́лкая ~a kärglicher Lohn; ни́зкая ~a níedriger Lohn; номина́льная ~a Nomínallohn; основна́я ~a Grúndlohn; повременна́я ~a Zéitlohn; реа́льная ~a Reállohn; скро́мная ~a beschéidener Lohn; сре́дняя ~a Dúrchschnittslohn ● борьба́ за повыше́ние ~ы Kampf für höhere Löhne; день вы́дачи ~ы Lóhntag *m;* замора́живание ~ы Lóhnstopp *m,* Éinfrieren der Löhne; повыше́ние ~ы Lóhnerhöhung *f;* сниже́ние ~ы Lóhnsenkung *f;* с сохране́нием ~ы óhne Lóhneinbuße; тре́бование повыше́ния ~ы Lóhnforderung *f;* удержа́ние ~ы Éinbehaltung des Lóhnes ▪ повыша́ть ~y den Lohn erhöhen; получа́ть ~y entlóhnt [áusbezahlt] wérden; снижа́ть ~y den Lohn sénken; ~a па́дает die Löhne fállen; ~a повыша́ется die Löhne erhöhen sich [stéigen] ; ~a растёт die Löhne stéigen

заседа́ни‖е *c* Sítzung *f,* Tágung *f* ○ бу́рное ~e stürmische Sítzung; вече́рнее ~e Náchmittagssitzung; внеочередно́е ~e áußerordentliche Sítzung; заключи́тельное ~e Ábschlußsitzung, Schlúßsitzung; закры́тое ~e geschlóssene [gehéime, intérne] Sítzung; неофициа́льное ~e ínoffizielle Sítzung; ночно́е ~e Ábendsitzung; откры́тое ~e öffentliche Sítzung; официа́льное ~e offizíelle [ámtliche] Sítzung; очередно́е ~e órdentliche Sítzung; очередно́е ~e комите́та túrnusmäßige Tágung des Áusschusses; плена́рное ~e Plenársitzung; подготови́тельное ~e vórbereitende Sítzung; после́днее ~e jüngste Tágung; рабо́чее ~e Árbeitstagung; специа́льное ~e Сове́та Безопа́сности ООН Sóndertagung des UNO-Sícherheitsrates; сро́чное ~e Drínglichkeitssitzung; торже́ственное ~e Féstsitzung; у́треннее ~e Vórmittagssitzung; учреди́тельное ~e Gründungssitzung, konstituíerende Sítzung; э́кстренное ~e Sóndersitzung ● ~e прави́тельства Sítzung der Regíerung; ме́сто проведе́ния ~я Tágungsstätte *f;* Tágungsort *m;* протоко́л ~я Sítzungsprotokoll *n,* Sítzungsbericht *m* ▪ вести́ ~e die Sítzung léiten; закры́ть ~e die Sítzung schlíeßen; меша́ть проведе́нию ~я die Sítzung stören; назна́чить ~e die Sítzung ánberaumen [ánsetzen, féstsetzen] ; откры́ть ~e die Sítzung eröffnen; перенести́ ~e die Sítzung vertágen; прерва́ть ~e die Sítzung ábbrechen [unterbréchen] ; проводи́ть ~e éine Sítzung ábhalten; собра́ться на ~e zu éiner Sítzung zusámmentreten

заслу́г‖а *ж* Verdíenst *n* ○ основна́я ~a Háuptverdienst;

серьёзная ~a wíchtiges Verdíenst; трудовы́е ~и Verdíenste in der Arbeit ● меда́ль за ~и (*ГДР*) Verdienstmedaille [-daljə] *f* ■ име́ть больши́е ~и пе́ред Ро́диной grōße Verdíenste um die Héimat háben; награжда́ть кого́-л. по заслу́гам j-n nach séinen Verdíensten belóhnen; обраща́ться с кем-л. по заслу́гам j-n nach séinen Verdíensten behándeln; преувели́чивать чьи-л. заслу́ги j-s Verdíenste überbetonen; преуменьша́ть чьи-л. заслу́ги j-s Verdíenste herábsetzen; ста́вить себе́ что-л. в заслу́гу sich (*D*) etw. als Verdíenst ánrechnen; реша́ющая ~a принадлежи́т кому́-л. das entschéidende Verdíenst gebührt j-m; у него́ больши́е ~и в э́той о́бласти er hat grōße Verdíenste auf díesem Gebíet

заслу́женн‖ый verdíent, verdíenstvoll ○ ~ый авторите́т verdíenstvolle Autorität; ~ый активи́ст (*ГДР*) Verdíenter Aktivíst; ~ый наро́дный врач (*ГДР*) Verdíentér Arzt des Vólkes; ~ый горня́к ГДР Verdíenter Bérgmann der DDR; ~ый де́ятель иску́сств (*СССР*) Verdíenter Künstler; ~ый де́ятель нау́ки (*СССР*) Verdíenter Wíssenschaftler; ~ый ма́стер спо́рта Verdíenter Méister des Sports; ~ая побе́да verdíenter Sieg; ~ый наро́дный учи́тель (*ГДР*) Verdíenter Léhrer des Vólkes; ~ый челове́к verdíenter Mann ■ по́льзоваться ~ым успе́хом verdíenten Erfólg háben

затра́т‖а *ж* Kósten *pl,* Áufwand *m,* Áusgabe *f* ○ годовы́е ~ы Jáhreskosten *pl,* Jáhresausgaben *pl;* де́нежные ~ы finanzíelle Áufwendungen; дополни́тельные ~ы Nébenkosten *pl;* материа́льные ~ы Materiálkosten *pl;* непроизводи́тельные ~ы únproduktiver Áufwand [Verbráuch], únproduktive Áusgaben, Únkosten *pl;* обще́ственно необходи́мая ~a труда́ geséllschaftlich nótwendiger Árbeitsaufwand; пла́новые ~ы plánmäßiger Áufwand; прямы́е ~ы diŕekte Kósten ●~ы капита́ла Kapitálaufwand; ~ы на произво́дство Produktiónsaufwand, Produktiónskosten *pl;* ~ы на социа́льные мероприя́тия Soziálausgaben *pl;* ~a рабо́чего вре́мени Árbeitszeitaufwand

захва́тническ‖ий Annexións‖ ○ ~ая война́ Annexiónskrieg *m;* ~ие пла́ны Annexiónspläne *pl;* ~ая поли́тика Annexiónspolitik *f*

защи́т‖а *ж* Vertéidigung *f,* Ábwehr *f,* Schútz *m* ○ противоа́томная, противобактериологи́ческая и противохими́ческая ~a ABC-Ábwehr *f* ●~a демократи́ческих прав трудя́щихся Vertéidigung der demokrátischen Réchte der Wérktätigen; ~a культу́рных це́нностей Schútz der kulturéllen Wérte; ~a ми́ра

99

Vertéidigung des Fríedens; ~а национа́льных меньши́нств Schutz der nationálen Mínderheiten; ~а оте́чества Váterlandsverteidigung *f*, Schutz des Váterlandes; ~а Ро́дины от посяга́тельств империали́зма die Vertéidigung der Héimat gégen die Ánschläge des Imperialísmus; ~а свобо́ды и незави́симости Vertéidigung der Fréiheit und Únabhängigkeit; ~а социа́льных завоева́ний Vertéidigung der soziálen Errúngenschaften; ~а существу́ющего стро́я Vertéidigung der existíerenden Órdnung; для ~ы от... zum Schutz gégen (*A*); под ~ой únter dem Schutz; пра́во на ~y Recht auf Vertéidigung ■ взять кого́-л. под (свою́) ~y j-m Schutz bíeten [gewähren], j-n in (séinen) Schutz néhmen; прибега́ть к чьей-л. ~e sich in j-s Schutz begében

заявле́ни||e *c* Erklärung *f* ○ демонстрати́вные ~я о наме́рении что-л. де́лать demonstratív verkündete Ábsicht; односторо́ннее ~e éinseitige Erklärung; официа́льное ~e offizíelle Erklärung; пи́сьменное ~e schríftliche Erklärung; програ́ммное ~e programmátische Erklärung; публи́чные ~я öffentliche Erklärungen; совме́стное ~e geméinsame Erklärung; у́стное ~e mündliche Erklärung ~e для печа́ти Erklärung vor der Présse; Presseerklärung; ~e для поступле́ния в вуз Stúdienbewerbung *f*; ~e о вы́ходе (*из организа́ции*) Áustrittserklärung; ~e прави́тельства Regíerungserklärung; ~e проте́ста Protésterhebung *f*, Protésterklärung; ~e с выраже́нием солида́рности Solidaritätserklärung; ~e ТАСС TASS-Erklärung ■ выступа́ть с простра́нным ~em éine úmfangreiche Erklärung ábgeben; де́лать одно́ ~e за други́м am láufenden Band Erklärungen ábgeben; опубликова́ть ~e éine Erklärung veröffentlichen; в осно́ву ~я поста́влено жела́ние обе́их сторо́н im Vórdergrund der Erklärung steht der Wunsch von béiden Séiten

зва́ни||e *c* Grad *m*, Títel *m* ○ во́инское ~e Rang *m*, militärischer Díenstgrad; почётное ~e Éhrentitel; учёное ~e wissenschaftlicher Grad ● ~e Геро́я Сове́тского Сою́за Títel „Held der Sowjétunion"; ~e Геро́я Социалисти́ческого Труда́ Títel „Held der sozialístischen Árbeit"; ~e профе́ссора Professórentitel; ~e уда́рника коммунисти́ческого труда́ Títel „Aktivíst der kommunístischen Árbeit"; присвое́ние ~я Títelverleihung *f* ■ завоева́ть ~e брига́ды коммунисти́ческого труда́ den Títel „Brigáde der kommunístischen Árbeit" erríngen; име́ть ~e éinen Títel führen [trágen, háben]; лиши́ть ~я éinen Títel áberkennen; носи́ть ~e éinen Títel trágen; получи́ть ~e éinen Títel [Rang] erhálten; присвóить кому́-л. ~e j-m éinen Títel [Rang] verléihen

земл‖я́ ж Érde f, Land n, Grund und Bóden ○ госуда́рственная ~я́ Stáatsland; ниче́йная ~я́ Níemandsland; обраба́тываемые зе́мли lándwirtschaftliche Nútzfläche; обще́ственная ~я im öffentlichen Éigentum stéhender Grund und Bóden; родна́я ~я́ Héimatland; цели́нные зе́мли Néulandgebiete pl ● зе́мли о́бщего по́льзования Grund und Bóden in állgemeiner Nútzung; ~я́, закреплённая за колхо́зом éinem Kolchós zúgeteiltes Land; освое́ние но́вых земе́ль Erschlíeßung von Néuland ■ надели́ть ~ёй Land zúteilen, Grúndstücke zúweisen; обраба́тывать зе́млю Land bebáuen [bestéllen]

знак м Zéichen n, Ábzeichen n, Márke f ○ де́нежный ~ Bánknote f; кни́жный ~ Búchzeichen; почётный ~ Éhrenzeichen; това́рный ~ Wárenzeichen; усло́вный ~ veréinbartes Zéichen; фабри́чный ~ Fabríkmarke; фи́рменный ~ Fírmenzeichen ● ~ госуда́рственной принадле́жности (напр. самолета) Hóheitszeichen; ~ ка́чества Gütezeichen; ~ Кра́сного Креста́ Ábzeichen des Róten Kréuzes; ~ отли́чия Áuszeichnung f, Éhrenzeichen; ~ разли́чия Díenstabzeichen, Díenstgradabzeichen; в ~ дру́жбы zum [als] Zéichen der Fréundschaft ■ награжда́ть почётным ~ом mit dem Éhrenzeichen áuszeichnen

знам‖я с Fáhne f, Bánner n ○ боево́е ~я Kámpfbanner; кра́сное ~я róte Fáhne, rótes Bánner; переходя́щее ~я Wánderfahne ● ~я ми́ра Fríedensbanner; ~я побе́ды Síegesfahne; ~я прогре́сса Bánner des Fórtschrittes; о́рден „Зна́мя труда́" (ГДР) Órden „Bánner der Árbeit"; о́рден „Зна́мя Трудово́го Кра́сного Зна́мени Órden „Rótes Árbeitsbanner"; с развева́ющимися зна́мёнами mit wéhenden Fáhnen ■ боро́ться под ~енем únter éinem Bánner kämpfen; водрузи́ть ~я éine Fáhne áufpflanzen [híssen]; вручи́ть переходя́щее ~я die Wánderfahne überréichen; встать под знамёна zu den Fáhnen éilen; вы́весить ~я die Fáhne hináushängen; высоко́ держа́ть ~я die Fáhne der Fréiheit hóchhalten; награди́ть брига́ду ~енем die Brigáde mit éiner Fáhne áuszeichnen; поднима́ть ~я борьбы́ die Fáhne des Kámpfes erhében; приспусти́ть знамёна die Fáhnen auf Hálbmast sétzen [híssen]; присуди́ть брига́де переходя́щее ~я éiner Brigáde die Wánderfahne verléihen; разверну́ть ~я ein Bánner entfálten [entróllen]; склони́ть знамёна die Fáhnen sénken

зна́н‖ие с Wíssen n, Kénntnis f ○ недоста́точные ~я mángelhafte Kénntnisse; о́бщие ~я Állgemeinwissen; пове́рхностные ~я óberflächliche Kénntnisse; про́чные ~я geféstigtes Wíssen; разносторо́нние ~я víelseitiges Wíssen; специа́льные ~я fáchliches Wíssen, Fáchwissen; форма́льные ~я formáles Wíssen ● о́бщество по распростране́нию нау́чных ~й Geséllschaft zur Verbréitung wíssenschaftlicher Kénntnisse; примене́ние ~й и на́выков Ánwendung der Kénntnisse und Fértigkeiten ■ облада́ть ~ями Kénntnisse besítzen; освежа́ть свои́ ~я séine Kénntnisse áuffrischen; передава́ть ~я Kénntnisse vermítteln; приобрета́ть ~я Kénntnisse erwérben, sich (D) Kénntnisse áneignen; располага́ть ~ями über Kénntnisse verfügen; растра́чивать по́пусту свои́ ~я séine Kénntnisse vergéuden; расширя́ть свои́ ~я séine Kénntnisse erwéitern; стреми́ться [тяну́ться] к ~ям nach Kénntnissen strében; углубля́ть свои́ ~я séine Kénntnisse vertíefen;

значе́ни‖е с Bedéutung f ○ народнохозя́йственное ~e vólkswirtschaftliche Bedéutung ■ име́ть ме́стное ~e von lokáler Bedéutung sein; име́ть мирово́е ~e von Wéltbedeutung sein; име́ть непреходя́щее ~e von únvergänglicher [fórtbestehender, dáuernder] Bedéutung sein; придава́ть ~e чему́-л. éiner Sáche Bedéutung béimessen; приобрета́ть ~e an Bedéutung gewínnen; приобрета́ть всё бо́льшее ~e éine ímmer größere Bedéutung erlángen; утра́тить своё ~e séine Bedéutung éinbüßen, an Bedéutung verlíeren; э́то име́ет большо́е [реша́ющее, осо́бое, всеми́рно-истори́ческое] ~e das ist von gróßer [entschéidender, besónderer, wéltgeschichtlicher] Bedéutung [Trágweite]; э́то не име́ет ~я das ist óhne Bedéutung

значи́тельн‖ый bedéutend, beträchtlich, beáchtlich ○ ~oe большинство́ голосо́в überwíegende Stímmenmehrheit; ~ые достиже́ния beträchtliche Erfólge; ~ый дохо́д ánsehnliches Éinkommen; ~oe собы́тие bedéutendes Eréignis; ~oe улучше́ние beáchtliche Verbésserung; ~ый факт bedéutsame Tátsache; ~ые фина́нсовые расхо́ды beträchtliche finanzíelle Áusgaben; в ~ой сте́пени in bedéutendem Máße ■ ~o продви́нуться вперёд éinen beáchtlichen Schritt voránkommen

зо́н‖а ж Zóne f, Gebíet n ○ безáтомная ~ atómwaffenfreie Zóne; безъя́дерная ~a kérnwaffenfreie Zóne; демилитаризо́ванная ~a entmilitarisíerte Zóne; до́лларовая ~a эк. Dóllarzone; запре́тная ~a Spérrgebiet, verbótene Zóne; междунаро́дная ~a internationále Zóne; нейтра́льная ~a neutrále Zóne; оккупацио́нная ~a Besátzungszone; пограни́чная ~a Grénzzone, Grénzgebiet; специа́льная морска́я ~a Séezone; сте́рлинговая ~a эк. Stérlingzone ● ~а безопа́сности Sícherheitszone; ~а влия́ния Éinfluß-zone, Éinflußbereich *m;* ~а конфли́ктов и столкнове́ний Zóne von Konflíkten und Zusámmenstößen; ~а мер дове́рия Gél-tungsbereich der vertráuensbildenden Máßnahmen; ~а ми́ра Frie-denszone; ~а разъедине́ния войск Zóne der Trúppenentflechtung; ~а, свобо́дная от а́томного ору́жия atómwaffenfreie Zóne; ~а, свобо́дная от я́дерного ору́жия kérnwaffenfreie Zóne; ~а свобо́дной торго́вли Fréihandelszone; созда́ние ~ы, свобо́дной от я́дерного ору́жия по́ля бо́я Scháffung éiner von atomáren Geféchtsfeldwaffen fréien Zóne ■ объявля́ть це́лые регио́ны „зо́нами жи́зненных интере́сов" gánze Regiónen zu „Zónen vitáler Interéssen" erklären; спосо́бствовать созда́нию безъя́дер-ных зон die Bíldung kérnwaffenfreier Zónen fördern; уважа́ть ста́тус безъя́дерной ~ы den Státus éiner kérnwaffenfreien Zóne áchten

И

и́г‖о *c* Joch *n,* Hérrschaft *f* ○ колониа́льное и полуколо-ниа́льное ~о koloniáles und hálbkoloniales Joch; тата́рское ~о Tatárenherrschaft *f;* феода́льное ~о Feudáljoch, Feudálherrschaft ●~о колониали́зма Koloniáljoch; ~о тирани́и tyránnisches Joch; под ~ом im Joch, únter dem Joch ■ изныва́ть [стона́ть] под ~ом únter éinem Joch stöhnen; освободи́ться от колониа́льно-го ~а sich vom koloniálen Joch befréien; сбро́сить ~о das Joch ábschütteln

игр‖а́ *ж* Spiel *n* ○ аза́ртная ~а́ Glücksspiel, Hasárdspiel; биржева́я ~а́ Börsenspekulation *f;* делова́я ~а́ эк. Spiel zur Dárstellung wírtschaftlicher Zusámmenhänge, Betríebsspiel, Unter-néhmensspiel; закули́сная ~а́ verbórgenes Tréiben, Spiel hínter den Kulíssen; Олимпи́йские ~ы Olýmpische Spíele; полити́че-ская ~а́ politísche Intrígen ●~а́ на чужи́х разногла́сиях Áusnut-zung von Wídersprüchen zwíschen ánderen ■ вести́ большу́ю ~у ein hóhes Spiel spíelen; вести́ двойну́ю ~у ein dóppeltes Spiel spíelen; вступа́ть в ~у́ ein Spiel áufnehmen; зате́ять опа́сную ~у́ ein gefährliches Spiel spíelen; раскры́ть чью-л. ~у́ j-s Ränkespiel enthüllen [áufdecken] иде́йн‖ый ideológisch, ideéll, Idéen/ ○ ~ое бога́тство Idéenreichtum *m;* ~ые взгля́ды ideológische Auffassungen; ~ое влия́ние идеéller [ideológischer] Éinfluß, ideélle [ideológische] Beéinflussung; ~ое воспита́ние ideológische Erzíehung; ~ая зака́лка ideológische Stählung; ~ая зре́лость ideológische Réife; ~ый конфли́кт ideológischer Konflíkt, ideológische Auseinándersetzung; ~ое насле́дие Idéengut *n;* ~ый наста́вник молодёжи ideológischer Méntor der Júgend; ~ое ору́жие ideológisches Rüstzeug, ideólogische Wáffe; ~ая осно́ва ideélle Grúndlage; ~ый проти́вник ideológischer Gégner; ~ое содержа́ние Idéengehalt *m,* Idéengut *n;* ~ый у́ровень ideológisches Niveau [-vo:]

идеологи́ческ‖ий ideológisch ○ ~ая борьба́ ideológischer Kampf; ~ая диве́рсия ideológische Diversión; ~ая диску́ссия ideológische Auseinándersetzung; ~ий фронт ideológische Front

идеоло́ги‖я *ж* Ideologíe *f* ○ вражде́бная ~я féindliche Ideologíe; кла́ссовая ~я Klássenideologíe; нау́чная ~я wíssenschaftliche Ideologíe; но́вая ~я néue Ideologíe; опа́сная ~я gefährliche Ideologíe; передова́я ~я fórtschrittliche Ideologíe; пролета́рская ~я proletárische Ideologíe; ра́совая ~я Rássenideologíe; реакцио́нная ~я reaktionäre Ideologíe; социалисти́ческая ~я sozialístische Ideologíe; ста́рая ~я álte Ideologíe; человеконенави́стническая ~я ménschenfeindliche Ideologíe ● ~я наро́дных масс Ideologíe der Vólksmassen; в о́бласти ~и auf ideológischem Gebíet; кла́ссовый хара́ктер ~и Klássencharakter der Ideologíe; ■ отверга́ть буржуа́зную ~ю die bürgerliche Ideologíe zurückweisen; отста́ивать коммунисти́ческую ~ю die kommunístische Ideologíe vertéidigen; представля́ть каку́ю-л. ~ю éine Ideologíe vertréten

иде́‖я *ж* Idée *f* ○ благоро́дная ~я édle Idée; гума́нные ~и humáne Idéen; конструкти́вная ~я konstruktíve Idée; ле́нинские ~и Léninsche Idéen; передовы́е ~и fórtschrittliche Idéen; преобразу́ющая ~я úmwälzende Idée; реакцио́нные ~и reaktionäre Idéen; совреме́нные ~и modérne Idéen; социалисти́ческие ~и sozialístische Idéen ● ~и свобо́ды, ми́ра, демокра́тии Idéen der Fréiheit, des Fríedens, der Demokratíe; ~и социали́зма и коммуни́зма Idéen des Sozialísmus und des Kommunísmus; ~и эпо́хи Idéen der Zeit; беззаве́тная пре́данность ~ям маркси́зма-лени-ни́зма úneingeschränkte [vórbehaltlose] Tréue zu den Idéen des Marxísmus-Leninísmus; живо́е воплоще́ние ~й lebéndige Verwírklichung der Idéen; мир ~й *(духо́вный мир)* Idéenwelt *f;* притяга́тельная си́ла ле́нинских ~й Anzíehungskraft der Léninschen

Idéen ■ боро́ться за ~ю éine Idée verféchten, für éine Idée kämpfen [éintreten]; же́ртвовать собо́й ра́ди ~и sich für éine Idée ópfern; компромети́ровать каку́ю-л. ~ю éine Idée kompromittíeren; отказа́ться от ~и éine Idée áufgeben; подхвати́ть ~ю éine Idée áufgreifen; приде́рживаться како́й-л. ~и an éiner Idée fésthalten; ~и овладева́ют ма́ссами die Idéen ergréifen die Mássen; ~и стано́вятся материа́льной си́лой die Idéen wérden zur materiéllen Gewált

изб¨и¨ра́тел¨ь м Wähler *m* ○ молоды́е ~и Júngwähler *pl* ● ~и, голосу́ющие впервы́е Érstwähler *pl;* большинство́ ~ей Méhrheit der Wähler; встре́чи ~ей с кандида́тами Wähleraussprachen *pl;* голоса́ ~ей Wählerstimmen *pl;* нака́зы ~ей Wähleraufträge *pl;* спи́сок ~ей Wählerliste *f* ■ выступа́ть пе́ред ~ями vor die Wähler tréten, vor den Wählern spréchen

изб¨и¨ра́тел¨ьный Wähl¨ ○ ~ый бюллете́нь Stímmzettel *m;* ~ая кампа́ния Wáhlkampagne [panjə] *f;* ~ая кво́та Wáhlquote *f;* ~ая коми́ссия Wáhlkommission *f,* Wáhlausschuß *m;* ~ый о́круг Wáhlkreis *m;* ~ое пра́во Wáhlrecht *n;* ~ый пункт Wáhllokal *n;* ~ая систе́ма Wáhlsystem *n;* ~ая у́рна Wáhlurne *f;* ~ый уча́сток Wáhlbezirk *m;* ~ый ценз Wáhlzensus *m*

избы́т¨ок м Überschuß *m,* Überfluß *m* ● ~ок капита́ла Kapitálüberschuß *m;* ~ок това́ров Wárenüberfluß ■ име́ть что-л. в ~ке Überfluß an etw. (*D*) háben; име́ться в ~ке in Überfluß vorhánden sein; у него́ ~ок эне́ргии er hat ein Übermaß an Energíe

изве́сти¨е с Náchricht *f* ○ печа́льное ~e tráurige Náchricht; после́дние ~я néueste [létzte] Náchrichten; ра́достное ~e fréudige Náchricht; сенсацио́нное ~e Sensatiónsnachricht, sensationélle Náchricht; сро́чное ~e éilige Náchricht ● ~e о побе́де Síegesnachricht; ~e о сме́рти Tódesnachricht; ~я по ра́дио Náchrichtensendung *f,* Náchrichten *pl* ■ передава́ть ~e éine Náchricht überbríngen [übermítteln]; получа́ть ~e éine Náchricht erhálten; э́то ~e то́лько что поступи́ло díese Náchricht ist soében gekómmen [éingegangen]

изда́ни¨е с Ausgabe *f,* Drúckschrift *f,* Schrift *f,* Blatt *n;* Áuflage *f,* Publikatión *f* ○ газе́тное ~e Zéitungsausgabe; информацио́нное ~e Informatiónsblatt; испра́вленное и допо́лненное ~e verbésserte und erwéiterte Áuflage; карма́нное ~e Táschenausgabe; ма́ссовое ~e Mássenausgabe; миниатю́рное ~e Miniatúrausgabe; многото́мное ~e méhrbändige Áusgabe; нау́чное ~e wíssenschaftliche Publikatión; неперио́дическое ~e níchtperiodische Áusgabe; но́вое ~e Néuauflage; одното́мное ~e einbändige Áusgabe; оригина́льное

~e Originálausgabe; официáльное ~e ámtliche Drúckschrift, Ámtsblatt; пéрвое ~e Érstauflage; периоди́ческое ~e periódische Áusgabe; посмéртное ~e postúme Áusgabe; рáзовое ~e Éinzelausgabe; реклáмное ~e Wérbeschrift; сери́йное ~e Réihenausgabe; спрáвочное ~e Náchschlagewerk *n;* учéбное ~e die Áusgabe für den Únterricht; фи́рменное ~e Fírmen(zeit)schrift ■ год ~я Erschéinungsjahr *n*

издáтельств‖о *c* Verlág *m* ○ ведýщее ~о führender Verlág: воéнное ~о Militärverlag; госудáрственное ~о Stáatsverlag, stáatlicher Verlág; кни́жное ~о Búchverlag; мéстное ~о lokáler [örtlicher] Verlág; наýчное ~о wíssenschaftlicher Verlág; парти́йное ~о Partéiverlag; республикáнское ~о Repúbliksverlag ● ~о дéтской литератýры Kínderbuchverlag; ~о литератýры по искýсству Kúnstverlag; ~о наýчно-популя́рной литератýры Verlág für populärwissenschaftliche Literatúr; ~о специáльной литератýры Fáchbuchverlag; ~о учéбной литератýры Léhrbuchverlag, Schúlbuchverlag; ~о худóжественной литератýры Verlág für schöngeistige Literatúr, Belletrístikverlag; дирéктор ~а Verlágsdirektor *m;* прóфиль ~а Verlágsprofil *n;* руководи́тель ~а Verlágsleiter *m*

издевáтельство *c* Verhöhnung *f* ● ~ над здрáвым смы́слом Verhöhnung des gesúnden Ménschenverstandes; ~ над национáльными чýвствами Verhöhnung der nationálen Gefühle; ~ над правáми нарóда Verhöhnung der Réchte des Vólkes

издéржки *мн.* Kósten *pl,* Únkosten *pl,* Spésen *pl* ○ материáльные ~ Materiálkosten; постоя́нные ~ fíxe Kósten; путевы́е ~ Réisekosten, Réisespesen; сверхплáновые ~ Méhrkosten; судéбные ~ Geríchtskosten; тамóженные ~ Zóllgebühren *pl;* торгóвые ~ Hándels(un)kosten; транзи́тные ~ Transítkosten; управлéнческие ~ Verwáltungsgebühren; эксплуатациóнные ~ Betríebskosten ● ~ обращéния Zirkulatiónskosten; ~ произвóдства Produktiónskosten; возмещéние издéржек Kóstenerstattung *f,* Spésenvergütung *f* ■ нести́ ~ die Kósten trágen

изме́н‖а *ж* Verrát *m* ○ госудáрственная ~а Stáatsverrat, Hóchverrat; пóдлая ~a geméiner Verrát; позóрная ~a schändlicher Verrát ● ~a дóлгу Pflíchtverletzung *f;* ~a идеáлам Ábkehr von Ideálen; ~a рабóчему клáссу Verrát an der Árbeiterklasse; ~a рóдине Váterlandsverrat ■ обвини́ть когó-л. в ~e j-n des Verrátes beschúldigen; покарáть когó-л. зá ~у j-n wégen Verráts bestráfen; совершáть ~у Verrát üben [begéhen]

измене́ни‖е *c* Änderung *f*, Veränderung *f*, Wéchsel *m* ○ ка́чественные **~я** qualitatíve Veränderungen; коли́чественные **~я** quantitatíve Veränderungen; коренны́е [глубо́кие] **~я** tíefgreifende Veränderungen; территориа́льное **●e** territoriále Veränderung **●** **~я** в програ́мме Prográmmänderungen *pl;* **~я** в соста́ве прави́тельства Veränderungen in der Zusámmensetzung der Regíerung; **~е** гражда́нства Wéchsel der Stáatsbürgerschaft; **~е** зако́на Gesétzesänderung; **~е** к лу́чшему Änderung zum Bésseren; **~е** конъюнкту́ры Konjunktúränderung; **~е** ку́рса (*валю́ты*) Kúrsänderung; **~е** обвине́ния Änderung der Ánklage; **~е** пла́на Plánänderung; **~е** поли́тики Wándel in der Politík [im polítischen Kurs]; **~е** суде́бного пригово́ра Úrteils(ab)änderung; **~е** уста́ва Sátzungsänderung; Statútenänderung; **~е** цен Préisveränderung **■** подве́ргнуть что-л. **~ю** etw. éiner Veränderung unterzíehen; претерпе́ть **~е** éine Abänderung erfáhren, ábgeändert wérden; произвести́ **~е** éine Änderung tréffen [vórnehmen]

иллюзи‖я *ж* Illusión *f* ○ несбы́точные **~и** vergébliche Illusiónen; опа́сные **~и** gefährliche Illusiónen; па́губные **~и** schädliche Illusiónen; утра́ченные **~и** verlórene Illusión **●** **~и** ю́ности Illusiónen der Júgendzeit; поли́тика **~й** Politík der Illusiónen **■** пита́ть **~и** Illusiónen hégen; предава́ться **~ям** sich Illusiónen híngeben; разби́ть [рассе́ять] **~и** чьи-л. **~** in j-n aus állen Illusiónen réißen; разве́ять **~и** Illusiónen zerstören; стро́ить (себе́) **~и** насчёт чего́-л. sich (*D*) von etw. Illusiónen máchen; убаю́кивать себя́ **~ями** sich in Illusiónen wíegen

империали́зм *м* Imperialísmus *m* ○ америка́нский **~** amerikánischer Imperialísmus, USA-Imperialísmus [u:es'a:-]; европе́йский **~** európäischer Imperialísmus; загнива́ющий **~** verfáulender Imperialísmus; мирово́й **~** Wéltimperialísmus; совреме́нный **~** héutiger [gégenwärtiger] Imperialísmus **●** агресси́вность **~a** Aggressivität des Imperialísmus; агресси́вные устремле́ния **~a** aggressíve Bestrébungen des Imperialísmus; борьба́ про́тив **~a** Kampf gégen den Imperialísmus; бесчелове́чная су́щность **~a** únmenschliches Wésen des Imperialísmus; госпо́дство **~a** Hérrschaft des Imperialísmus; идеоло́гия **~a** Ideologíe des Imperialísmus; кри́зис **~a** Kríse des Imperialísmus; посо́бники **~a** Hándlanger des Imperialísmus; посяга́тельства **~a** Ánschläge des Imperialísmus; размежева́ние с **~ом** Ábgrenzung vom Imperialísmus **■** выступа́ть про́тив **~a** gégen den Imperialísmus áuftreten; жить под гнётом **~a** únter dem Joch des Imperialísmus lében; сбро

107

сить це́пи ~a die Kétten des Imperiali̇smus ábschütteln [ábwerfen]
империалисти́ческий *см.* война́

и́мпорт *м* Impórt *m,* Éinfuhr *f* ○ доба́вочный ~ zúsätzliche
Éinfuhr; прямо́й ~ dire̊kte Éinfuhr; Dirékteinfuhr ● ~ из ГДР
Impórt aus der DDR; ~ капита́лов Kapitálimport; ~ на лы́го́тных
усло́виях begünstigte Éinfuhr; ~ сельскохозя́йственных проду́к-
тов Agrárimport, Agráreinfuhr, Impórt lándwirtschaftlicher
Erzéugnisse; ~ сырья́ Rо́hstoffeinfuhr; ~ това́ров Wáreneinfuhr;
~ у́гля [руды́] Impórt von Kо́hle [Erz]; до́ля [уде́льный вес] ~а
Impórtanteil *m;* потре́бность в ~е Impórtbedarf *m;* предме́т ~а
Impórtartikel *m;* соотноше́ние ~а и э́кспорта Verhältnis von
Impórt und Expórt; статья́ ~а Impórtartikel *m;* увеличе́ние ~а
Stéigen [Zúnahme] des Impórts; уменьше́ние ~a Sínken [Ábnahme]
des Impórts ■ ограни́чивать ~ den Impórt beschränken; прекра-
ти́ть ~ den Impórt spérren; спосо́бствовать увеличе́нию ~а den
Impórt fördern; форси́ровать ~ den Impórt ánkurbeln

и́мпортн‖ый Impórt‖, Éinfuhr‖ ○ ~ое изде́лие Impórterzeug-
nis *n;* ~ая кво́та Éinfuhrquote *f;* ~ая лице́нзия Impórtlizenz
f; ~ые ограниче́ния Impórtbeschränkung *f;* ~ая по́шлина Éinfuhr-
zoll *m;* ~ая сде́лка Impórtgeschäft *n;* ~ые това́ры Impórtwaren
pl; ~ая торго́вля Impórthandel *m*

и́мпульс *м* Impúls *m* ■ прида́ть но́вый энерги́чный ~ разря́д-
ке der Entspánnung éinen néuen kräftigen Impúls verléihen [gében];
э́ти инициати́вы прида́дут си́льный ~ разря́дке von díesen
Initiatíven wird ein stárker Impúls für die Entspánnung áusgehen

иму́щество *с* Vermögen *n,* Éigentum *n,* Gut *n* ○ госуда́рствен-
ное ~ Stáatseigentum; дви́жимое ~ bewégliches Gut; казённое
~ stáatliches Vermögen; ли́чное ~ persönliches Éigentum; насле́д-
ственное ~ Náchlaß *m;* недви́жимое ~ Immobílien *pl;* обобщест-
влённое ~ vergeséllschaftetes Vermögen; обще́ственное ~
geséllschaftliches Éigentum; совме́стное ~ geméinsames Vermögen;
ча́стное ~ Privatbesitz [-v-] *m*

и́мя *с* Náme *m* ○ до́брое ~ gúter Ruf; сла́вное ~ rúhmreicher
[rúhmvoller] Náme; че́стное ~ éhrlicher Náme ○ во ~ ми́ра im
Námen des Fríedens; во ~ нау́ки im Námen der Wíssenschaft;
и́менем зако́на im Námen des Gesétzes; и́менем наро́да im Námen
des Vólkes; от своего́ и́мени im éigenen Námen; заявле́ние на
~ дире́ктора Antrag an den Diréktor; присвое́ние и́мени Námen-
gebung *f;* шко́ла и́мени Пу́шкина Púschkinschule *f* ■ жить под
чужи́м и́менем únter fálschem Námen lében; называ́ть ве́щи

108

свои́ми имена́ми die Dínge beim Námen nénnen; поста́вить своё ~ под обраще́нием séinen Námen únter den Appéll sétzen; приобрести́ ~ Berühmtheit erlángen

и́ндекс *м* Índex *m*, Kénnziffer *f* ○ почто́вый ~ Póstleitzahl *f* ● ~ затра́т труда́ Arbeits(aufwands)index; ~ покупа́тельной спосо́бности населе́ния Káufkraftindex; ~ ро́зничных цен Éinzelhandelspreisindex; ~ сто́имости [у́ровня] жи́зни Préisindex der Lébenshaltung, Lébenshaltungskostenindex; ~ цен Préisindex; ~ До́у-Джо́нса Dow‖Jones-Index [daʋ-'dʒəunz-]

индивидуа́лы‖ый individuéll [-v-], Éinzel‖ ○ ~ый (де́нежный) взнос Einzelbeitrag *m;* ~ое воспита́ние individuélle Erzíehung; ~ый догово́р Einzelvertrag *m;* ~ое жили́щное строи́тельство individuéller Wóhnungsbau; ~ое обуче́ние Éinzelunterricht *m;* ~ое обяза́тельство Sélbstverpflichtung *f,* Éinzelverpflichtung *f;* ~ый подхо́д individuélle Behándlung; ~ое приуса́дебное хозя́йство individuélle Háuswirtschaft; ~ое соревнова́ние Éinzelwettbewerb *m;* ~ые спосо́бности individuélle Fähigkeiten; ~ая черта́ individuéller Zug

индустриа́льн‖ый Industríe‖, industriéll ○ ~ый вуз Industríehochschule *f;* ~ая держа́ва Industríemacht *f;* ~ая о́бласть Industríegebiet *n;* ~ый райо́н Industríebezirk *m;* ~ая страна́ Industríeland *n;* ~ое строи́тельство Industríebau *m;* ~ый те́хникум Industríefachschule *f;* ~ый центр Industríezentrum *n* ■ испо́льзовать ~ые ме́тоды industriélle Methóden ánwenden

индустри́я *ж* Industríe *f* ○ лёгкая ~ Léichtindustrie; маши́нная ~ Maschínenindustrie, maschinélle Industríe; строи́тельная ~ Báuindustrie; тяжёлая ~ Schwérindustrie

инициати́в‖а *ж* Initiatíve [-v-] *f* ○ внешнеполити́ческие ~ы áußenpolitische Initiatíven; законода́тельная ~а Gesétzesinitiative; констру́кти́вные ~ы konstruktíve Initiatíven; ми́рные ~ы Fríedensinitiativen *pl;* нова́торская ~а Néuererinitiative; предпринима́тельская ~а Unternéhmerinitiative; предсъе́здовская ~а Partéitagsinitiative; стратеги́ческая оборо́нная ~ *(СОИ)* stratégische Vertéidigungsinitiative (SDI) ['ɛß'dɛ'ai]; ча́стная ~а Privátinitiative [-v-]; направля́ющая [ориенти́рующая] ~а wégweisende Initiatíve; ● по ~е auf Initiatíve; развёртывание хозя́йственной ~ы Entfáltung der wírtschaftlichen Initiatíve; разви́тие тво́рческой ~ы масс Entwícklung der schöpferischen Initiatíve der Mássen ■ взять ~у в свои́ ру́ки die Initiatíve ergréifen [übernéhmen]; выдвига́ть широ́кие и эффекти́вные ~ы bréite und wírksame Initiatíven unterbréiten; обладáть ~ой die Initiatíve háben; отнестúсь со всем внимáнием к нóвой ~e der néuen Initiatíve álle Áufmerksamkeit zutéil wérden lássen; поддéрживать ~y die Initiatíve fördern; поддéрживать любы́е ~ы jégliche Initiatíven unterstützen; проявля́ть ~y die Initiatíve ergréifen [zéigen]; развивáть ~y Initiatíven entwíckeln; сковывать мéстную ~y die örtliche Initiatíve unterdrücken; удéрживать ~y в международных делáх in den internationálen Ángelegenheiten die Initiatíve behálten; ~ы нахóдят широ́кую поддéржку die Initiatíven fínden bréite Unterstützung; нáша пáртия вы́ступила с нóвыми ~ами von únserer Partéi gíngen néue Initiatíven aus

иностранн‖ый áusländisch, Áuslands‖, fremd ○ ~ые войскá frémde Trúppen; ~ые грáждане Ausländer pl, frémde Stáatsbürger; ~ый долг Áuslandsschuld f; ~ый заём Áuslandsanleihe f; ~ая интервéнция áusländische Intervention [-v-]; ~ый капитáл áusländisches Kapitál, Áuslandskapital n; ~ый кредúт Áuslandskredit m; ~ые круги́ Áuslandskreise pl; ~ый отдéл Áuslandsabteilung f, Áuslandsamt n; ~ая печáть Áuslandspresse f; ~ая пóмощь Áuslandshilfe f; ~ый тури́зм Áuslandstourismus [-tu-] m

институ́т м Institút n, Éinrichtung f, Hóchschule f ○ всесою́зный ~ Unió́nsinstitut; головнóй проéктный ~ führender Projektíerungsbetrieb m, Léiteinrichtung für Projektíerung; заóчный ~ Institút für Férnstudium; литературный ~ Literatúrhochschule; научно-исслéдовательский ~ Fórschungsinstitut; отраслевóй ~ Industríezweiginstitut; педагоги́ческий ~ pädagógisches Institút; pädagógische Hóchschule; правовóй ~ Réchtsinstitut, réchtliche Éinrichtung; театрáльный ~ Theáterhochschule ● ~ изучéния обществéнного мнéния Méinungsforschungsinstitut; ~ повышéния квалификáции Institút für Wéiterbildung; Институ́т стратеги́ческих исслéдований в Лóндоне Institút für stratégische Stúdien in Lóndon; Стокгóльмский международный ~ по изучéнию проблéм ми́ра Internationáles Fríedensforschungsinstitut in Stóckholm ■ организовáть ~ ein Institút éinrichten; поступи́ть в ~ an éiner Hóchschule immatrikulíert wérden; учи́ться в ~e an éiner Hóchschule studíeren

интегрáци‖я ж Integratión f ○ воéнная ~я militärische Integratión; капиталисти́ческая ~я kapitalístische Integratión; научно-техни́ческая ~я wissenschaftlich-téchnische Integratión; полити́ческая ~я polítische Integratión; социалисти́ческая ~я sozialístische Integratión; ● ~я Евро́пы europäische Integratión, Integratión Európas; полúтика ~и Integratiónspolitik; углублéние социалистúческой экономúческой ~и Vertíefung der soziálistischen ökonómischen Integratión ■ углублятъ экономúческую ~ю die ökonómische Integratión vertíefen; ~я набирáет тéмпы die Integratión wird beschléunigt

интенсификáци‖я *ж* Intensivíerung [-v-] *f* ○ всемéрная [широкая] ~я umfássende Intensivíerung ● ~я общéственного произвóдства Intensivíerung der geséllschaftlichén Produktión; ~я сéльского хозяйства Intensivíerung der Lándwirtschaft; план ~и Intensivíerungskonzeption *f*

интервью *с* Interview [-'vju:] *n* ○ специáльное ~ Exclusívinterview ● ~ газéте Zéitungsinterview; ~ газéте „Прáвда" Interview für „Práwda"; ~ для печáти Présseinterview; ~ по рáдио Rúndfunkinterview; ~ по телевúдению Férnsehinterview ■ брать ~ у когó-л. j-n interviewen [-'vju:ən]; вестú ~ с кем-л. ein Interview mit j-m führen; дать комý-л. ~ j-m ein Interview gewähren; просúть когó-л. дать ~ j-n um ein Interview bítten; газéта напечáтала [опубликовáла] ~ die Zéitung drúckte [veröffentlichte] das Interview; рáдио передаёт ~ своегó корреспондéнта der Rúndfunk séndet ein Interview séines Korrespondénten

интерéс *м* Interésse *n* ○ взаúмный ~ gégenseitiges Interésse; всемúрный ~ wéltweites Interésse; государственные ~ы die Interéssen des Stáates; деловые ~ы Geschäftsinteressen *pl;* законный ~ gesétzliches [legitímes] Interésse; захвáтнические ~ы räuberische Interéssen; клáссовые ~ы Klásseninteressen *pl;* крóвные ~ы úreigenste Interéssen; лúчные ~ы persönliche Interéssen; народнохозяйственные ~ы vólkswirtschaftliches Interésse; насýщные ~ы нарóдов grúndlegende Interéssen der Völker; общенарóдные ~ы gesámtnationale Interéssen; общéственный ~ geséllschaftliches [öffentliches] Interésse; повышенный ~ erhöhtes Interésse; публúчный ~ öffentliches Interésse ● ~ы безопáсности Sícherheitsinteressen *pl;* едúнство ~ов Interéssenübereinstimmung *f;* круг ~ов Interéssenkreis *m;* óбласть ~ов Interéssengebiet *n;* óбщность ~ов Interéssengemeinschaft *f;* óбщность ~ов и цéлей борьбы рабóчего клáсса Interéssen- und Kámpfgemeinschaft der Árbeiterklasse; отсýтствие ~а Désinteresse *n;* представúтель ~ов Interéssenvertreter *m;* противополóжность ~ов Interéssengegensatz *m;* сбалансúрованность ~ов Interéssenausgleich *m;* соблюдéние общегосудáрственных ~ов Wáhrung der gesámtstaatlichen Interéssen; с учётом коренных ~ов нарóда únter Berücksichtigung der grundlegenden Interéssen des Vólkes; ущемлéние социáльных ~ов soziále Benáchteiligungen, Beschnéidung soziáler Interéssen ■ защищáть ~ы нарóда die Interéssen des Vólkes vertéidigen; отвечáть ~ам всех совéтских людéй im Interésse áller Sowjétbürger liegen; предавáть ~ы нарóда die Interéssen des Vólkes verráten; представлять взаимный ~ von béiderseitigem Interésse sein; пренебрегáть ~ами нарóдов die Interéssen der Völker mißáchten; приносить в жéртву чьи-л. ~ы j-s Interéssen préisgeben; противопоставлять ~ы одних стран ~ам других die Interéssen bestimmter Länder dénen ánderer entgégenstellen; служить ~ам нарóда den Interéssen des Vólkes dienen; соблюдáть чьи-л. ~ы j-s Interéssen wáhrnehmen; учитывать закóнные ~ы всех госудáрств die legitimen Interéssen áller Stáaten berücksichtigen; ущемлять чьи-л. ~ы j-s Interéssen beéinträchtigen; ~ы óбщества стоят превыше всегó die Interéssen der Geséllschaft stéhen óbenan

интернационализм м Internationalismus *m* ○ послéдовательный ~ konsequénter Internationalismus; пролетáрский ~ proletárischer Internationalismus; социалистический ~ sozialistischer Internationalismus ● воспитáние в дýхе ~a Erziéhung zum Internationalismus ■ дéйствовать в дýхе пролетáрского ~a im Géiste des proletárischen Internationalismus hándeln; пройти пóдлинную шкóлу социалистического ~a éine échte Schúle des sozialistischen Internationalismus durchláufen

интернационáльн‖ый international, internationalistisch ○ ~ое воспитáние молодёжи die Erziéhung der Júgend im Sinne des Internationalismus; ~ый долг internationalistische Pflicht; ~ая солидáрность трудящихся internationále Solidarität der Werktätigen

информациóнн‖ый Informatiŏns‖ ○ ~ое агéнтство Informatiŏnsagentur *f*, Náchrichtenagentur; ~ый бюллетéнь Informatiŏnsblatt *n;* ~ая дéятельность Informatiŏnstätigkeit *f;* ~ый запрóс Recherchéauftrag [reʃerʃə-] *m;* ~ый канáл Informatiŏnskanal *m;* общегосудáрственная ~ая систéма gesámtstaatliches Informatiŏnssystem; ~ый óрган Informatiŏnseinrichtung *f;* ~ый отдéл Informatiŏnsabteilung *f;* отраслевáя ~ая систéма Informatiŏnssystem der Industriézweige; ~ая сеть Informatiŏnsnetz *n;* ~ая слýжба Informatiŏnsdienst *m;* ~ое сообщéние Informatiŏnsbericht *m;* ~ый фонд Informatiŏnsfonds [-fɔŋ] *m;* ~ый центр Informatiŏnszéntrum *n*

информа́ци‖**я** *ж* Informatión *f* ○ газе́тная ~я Zéitungsinfor-mation; достове́рная ~я überzéugende Informatión; ло́жная ~я fálsche Informatión; односторо́нняя ~я éinseitige Informatión; правди́вая ~я sáubere [wáhrheitsgetreue] Informatión; секре́т-ная ~я vertráuliche [gehéime, intérne] Informatión; ску́дная ~я spärliche Informatión; содержа́тельная ~я ínhaltsreiche In-formatión ● запреще́ние переда́чи ~и Náchrichtensperre *f;* исто́ч-ник ~и Informatiónsquelle *f;* обме́н ~ей Informatiónsaustausch *m;* объём ~и Informatiónsumfang *m;* переда́ча ~и Náchrich-tenübermittlung *f;* потре́бность в ~и Informatiónsbedarf *m,* Infor-matiónsbedürfnis *n;* распростране́ние правди́вой [че́стной] ~и Verbréitung wáhrheitsgetreuer Informatión(en); сре́дства ~и Informatiónsmittel *pl;* сре́дства ма́ссовой ~и Mássenmedien *pl;* тео́рия ~и Informatiónstheorie *f* ■ дава́ть ~ю Informatiónen gében [ertéilen]; обме́ниваться ~ей Informatiónen áustauschen; передава́ть ~ю по ра́дио [телеви́дению] éine Informatión über Rúndfunk [Férnsehen] vermítteln [dúrchgeben]; получа́ть ~ю из газе́т aus den Zéitungen informíert wérden; распространя́ть ~ю о чём-л. éine Informatión verbréiten (über *A*); собира́ть ~ю Informatiónen éinziehen [sámmeln]

исключи́тельн‖**ый** áußerordentlich, Áusnahme‖ ○ ~ый за-ко́н (*чрезвычайный*) Áusnahmegesetz *n;* ~ые полномо́чия áußerordentliche Vóllmachten; ~ое положе́ние (*привилегирован-ное*) Áusnahmestellung *f;* ~ое положе́ние (*чрезвычайное*) Áusnahmezustand *m;* ~ое пра́во áusschließliches [absolútes] Recht; ~ый слу́чай Áusnahmefall *m;* ~ые спосо́бности áußerge-wöhnliche Fähigkeiten; ~ое явле́ние Áusnahmeerscheinung *f* ● де́ло ~ой ва́жности Sáche von äußerster Wíchtigkeit; собы́тие ~ого значе́ния Eréignis von áußerordentlicher Bedéutung

иску́сств‖**о** *с* Kunst *f* ○ бале́тное ~о Balléttkunst; вока́ль-ное ~о Gesángskunst; изобрази́тельное ~о dárstellende Kunst; изя́щные ~а schöne Künste; исполни́тельское ~о Interpretatións-kunst; мирово́е театра́льное ~о Wélttheater *n;* монумента́ль-но-декорати́вное ~о monumentále báugebundene Kunst; наро́д-ное ~о Vólkskunst; оформи́тельское ~о dekorative Kunst, Kunst der Áusgestaltung; прикладно́е ~о ángewandte Kunst; режис-сёрское ~о Regíekunst [reží:-]; хореографи́ческое ~о Tánzkunst; цирково́е ~о zirzénsische Kunst, Artístik *f* ● ~о ма́лых форм Kléinkunst; ~о эстра́ды Unterháltungskunst; де́ятель ~а Kúnst-schaffende *m;* исто́рия ~а Kúnstgeschichte *f;* па́мятники ~а Kúnstdenkmäler *pl* ■ владе́ть ~ом пе́ния die Kunst des Gesángs beherrschen; разбира́ться в ~e sich in der Kunst áuskennen, Kúnstkenner sein

исполни́тель‖ый Exekutív‖, Vollzúgs‖ ○ вы́сший ~ый о́рган höchste Exekutíve [-və]; ~ая власть Exekutíve *f*, Vollzúgsorgan *n;* ~ый комите́т Exekutívkomitee *n;* ~ый лист Vollstréckungsurkunde *f;* ~ые о́рганы Vollzúgsorgane *pl*, vollzíehende Behörden

испо́льзование *c* Nútzung *f*, Ánwendung *f*, Éinsatz *m*, Áusnutzung *f* ● ~ косми́ческого простра́нства исключи́тельно в ми́рных це́лях Nútzung des Wéltraums zu áusschließlich fríedlichen Zwécken; ~ косми́ческого простра́нства на бла́го челове́чества Nútzung des Wéltraums für das Wohl der Ménschheit; ~ ко́смоса в вое́нных це́лях Mißbrauch des Wéltraums zu militärischen Zwécken; ~ материа́льных и мора́льных сти́мулов Nútzung materiéller und morálischer Stímuli; ~ мирово́го океа́на Nútzung der Wéltmeere; ~ нау́чно-техни́ческого прогре́сса Méisterung des wíssenschaftlich-téchnischen Fórtschritts; ~ о́пыта Áuswertung der Erfáhrungen; ~ при́были Gewínnverwendung *f;* (рациона́льное) ~ производи́тельных сил (rationélle) Nútzung der Produktívkräfte; ~ рабо́чего дня Árbeitszeitnutzung; ~ рабо́чей си́лы Éinsatz der Árbeitskräfte; ~ си́лы Gewáltanwendung; ~ сырья́ Róhstoffeinsatz, Róhstoffverwendung, Róhstoffausnutzung; ми́рное ~ я́дерной эне́ргии die fríedliche Nútzung der Kérnenergie

иссле́довани‖е *c* Fórschung *f*, Fórschungsarbeit *f*, Untersúchung *f* ○ всесторо́ннее ~e állseitige Untersúchung [Fórschung]; глубо́кие нова́торские ~я tíefschürfende [báhnbrechende] Fórschungen; косми́ческие ~я Wéltraumforschung; масшта́бное ко́мплексное ~e Gróßforschung; междисциплина́рные ~я interdisziplinäre Fórschungen; нау́чно-техни́ческое ~e wíssenschaftlich-téchnische Fórschungsarbeit; поиско́вое ~e Erkúndungsforschung; прикладно́е ~e ángewandte Fórschung; социа́льное ~e Soziálforschung; сравни́тельное ~e Vergléichsforschung; фундамента́льное ~e Grúndlagenforschung ● ~e на хоздогово́рных нача́лах Vertrágsforschung; о́бласть ~я Fórschungsgebiet *n;* объе́кт ~й Fórschungsobjekt *n;* результа́ты ~я Ergébnisse éiner Fórschung, Fórschungsergebnisse *pl;* цель ~я Ziel éiner Fórschung, Fórschungsziel *n* ■ вести́ ~e éine Untersúchung dúrchführen, Fórschung betréiben, fórschen

иссле́довательск‖ий Fórschungs‖ ○~ий институ́т Fórschungsinstitut *n;* ~ая лаборато́рия Fórschungslaboratorium *n;* ~ий ме́-

тод Fórschungsmethode *f;* ~ая рабóта Fórschungsarbeit *f;* ~ий
совéт Fórschungsrat *m;* ~ая стáнция Fórschungsstation *f;* ~ое
сýдно Fórschungsschiff *n;* ~ие учреждéния Fórschungseinrich-
tungen *pl;* ~ий центр Fórschungszentrum *n*

истери‖я *ж* Hysteríe *f*, Psychóse *f* ○ воéнная ~я Kríegspsychose, Kríegshysterie; мáссовая ~я Mássenhysterie; военно-
ская ~я Kríegspsychose ◼ искýсственно раздувáть антикомму-
нистическую ~ю die antikommunístische Hysteríe künstlich
ánheizen [schüren]; поднимáть антисовéтскую ~ю antisowjétische
Hysteríe erzéugen; подогревáть когó-л. милитаристской ~ей
j-n durch éine Kríegspsychose ánheizen

истин‖а *ж* Wáhrheit *f* ○ áзбучная [прописнáя] ~а Bínsen-
wahrheit, Bínsenweisheit *f*, Geméinplatz *m;* гóлая ~а náckte
[úngeschminkte] Wáhrheit; материáльная ~а materiélle Wáhrheit;
наýчная ~а wíssenschaftliche Wáhrheit; непрелóжная ~а únwider-
legbare Wáhrheit; общеизвéстная ~а állbekannte Wáhrheit; объективная ~а objektíve Wáhrheit; относительная ~а relatíve Wáhrheit
◼ бескомпромиссный пóиск ~ы kompromíßlose Wáhrheitssuche
◼ открыть ~у hínter die Wáhrheit kómmen; признавáть ~у die
Wáhrheit gestéhen; установить ~у die Wáhrheit féststellen

историческ‖ий histórisch, geschíchtlich ○ ~ая дáта histórisches Dátum; ~ое достижéние geschíchtliche [histórische] Léistung; ~ая закономéрность histórische Gesétzmäßigkeit; ~ая
заслýга geschíchtliches [histórisches] Verdíenst; ~ий материализм
histórischer Materialísmus; ~ая наýка Geschíchtswissenschaft *f;*
~ая необходимость histórische Nótwendigkeit; ~ая несправедли-
вость histórische Úngerechtigkeit; ~ое описáние histórische Dárstel-
lung(en); ~ая побéда histórischer Sieg; ~ий прогрéсс histórischer
Fórtschritt; ~ое развитие histórische Entwícklung; ~ое событие
geschíchtliches Eréignis; ~ий факт geschíchtliche Tátsache; ~ий
час histórische Stúnde ● факт ~ого значéния ein Fakt von histórischer Trágweite ◼ имéть ~ое значéние geschíchtliche [histórische]
Bedéutung háben; провести ~ую параллéль éine geschíchtliche
[histórische] Paralléle zíehen

истори‖я *ж* Geschíchte *f* ○ воéнная ~я Kríegsgeschichte;
неприятная ~я péinliche Geschíchte ● ~я граждáнской войны
Geschíchte des Bürgerkrieges; ~я искýсств Kúnstgeschichte;
~я КПСС Geschíchte der KPdSU; ~я нóвого врéмени Geschíchte
der Néuzeit; ~я рабóчего движéния Geschíchte der Árbeiterbewegung; искажéние ~и Geschíchtsklitterung *f;* материалисти-

ческое понима́ние ~и materialistische Geschichtsauffassung; пери́од ~и Abschnitt der Geschíchte, histórischer Zéitabschnitt; фальсифика́торы ~и Geschíchtsfälscher *pl;* ход мирово́й ~и der Lauf der Wéltgeschichte ■ войти́ в ~ю in die Geschichte éingehen; истолко́вывать ~ю по-сво́ему die Geschíchte auf séine Wéise interpretíeren; оказа́ться на сва́лке ~и auf dem Müllhaufen der Geschíchte lánden; откры́ть но́вую главу́ в ~и ein néues Kapítel in der Geschíchte áufschlagen; отойти́ в о́бласть ~и der Geschíchte ángehören; geschíchtlich [histórisch] sein; поверну́ть ход ~и вспять den Gang der Geschíchte úmkehren, das Rad der Geschíchte zurückdrehen

исхо́д *м см.* борьба́, вы́боры

ито́г *м* Ergébnis *n,* Bilánz *f* ○ весо́мые ~и gewíchtige Erfólge; годово́й ~ Jáhresbilanz; коне́чный ~ Éndergebnis; о́бщий ~ Gesámtbilanz; предвари́тельный ~ vórläufiges Ergébnis ● ~и перегово́ров Ergébnisse der Verhándlungen, Verhándlungsergebnisse *pl;* ~и пятиле́тки die Ergébnisse des Fünfjáhrplanes; ~ рабо́ты Árbeitsergebnis; в ~e im Éndergebnis; подведе́ние ~ов Zusámmenfassung [Áuswertung] der Ergébnisse ■ подводи́ть ~ Bilánz [das Fázit] zíehen; стреми́ться к пересмо́тру ~ов второ́й мирово́й войны́ auf éine Revisión der Ergébnisse des zwéiten Wéltkrieges aus sein

ито́говый *см.* докуме́нт

К

кабине́т *м* (*правительство*) Kabinétt *n* ○ тенево́й ~ Schátenkabinett ● кри́зис ~а Kabinéttskrise *f;* отста́вка ~а Rücktritt des Kabinétts; паде́ние ~а Sturz des Kabinétts; реше́ние ~а Kabinéttsbeschluß *m;* сме́на ~а Regíerungsumbesetzung *f;* Revirement [revirə'ma:] des Kabinétts; формирова́ние ~а Kabinéttsbildung *f;* член ~а Kabinéttsmitglied *n*

ка́дры *мн.* Káder *pl* ○ молоды́е ~ы Náchwuchskader; молоды́е нау́чные ~ы wíssenschaftlicher Náchwuchs; нау́чные ~ы Wíssenschaftler *pl;* национа́льные ~ы nationále Káder; передовы́е ~ы Spítzenkader; перспекти́вные ~ы entwícklungsfähige Káder; преподава́тельские ~ы Léhrkräfte *pl;* руководя́щие ~ы léitende Káder, Léitungskräfte *pl,* Léitungskader; техни́ческие ~ы téchnische Káder ● ~ы вы́сшей шко́лы Hóchschulkader; ~ы па́ртии и госуда́рства Partéi- und Stáatskader; ~ы специали́стов Fáchkräfte *pl;* ~ы сре́днего звена́ míttlere Káder; закрепле́ние ~ов *(на предприятии)* Bíldung éines fésten Stámmes von Árbeitskräften; Bíldung éines fésten Káderstammes, Sícherung von Stámmpersonal; иде́йно-полити́ческая зре́лость ~ов polítisch-ideológische Réife der Káder; нехва́тка ~ов Kádermangel *m;* обеспе́чение ~ами áusreichende Versórgung mit Árbeitskräften; отде́л ~ов Káderabteilung *f;* подбо́р ~ов Áuslese der Káder, Káderauswahl *f;* подгото́вка ~ов Káderschulung *f;* Káderentwicklung *f;* подгото́вка и расстано́вка ~ов Áusbildung und Éinsatz der Káder; подгото́вка ~ов квалифици́рованных рабо́чих Heránbildung von Fáchkräften, Fácharbeiterausbildung *f;* потре́бность в ~ах Káderbedarf *m;* рабо́та с ~ами Káderarbeit *f;* расстано́вка ~ов Vertéilung der Káder, Éinsatz der Káder, Kádereinsatz *m;* центр подгото́вки и переподгото́вки ~ов Káderaus-und-weiterbildungszentrum *n* ■ подде́рживать молоды́е ~ы júnge Káder fördern; пра́вильно расста́вить ~ы die Káder ríchtig éinsetzen

кампа́ни‖я *ж* Kampagne [-ˈpanjə] *f,* Aktión *f* ○ агитацио́нная ~я Agitatiónseinsatz *m;* антикоммунисти́ческая ~я antikommunístische Hétzkampagne; внутриполити́ческая и внешнеполити́ческая ~я ínnen- und áußenpolitische Kampagne; вражде́бная [недружелю́бная] ~я féindliche Kampagne; всеми́рная ~я wéltweite Kampagne; зло́бная ~я böswillige Kampagne; избира́тельная ~я Wáhlkampagne; клеветни́ческая ~я verléumderische Hétzkampagne; ма́ссовая ~я Mássenkampagne; отчётно-вы́борная ~я Beríchtswahlkampagne, Réchenschaftslegung und Néuwahlen; посевна́я ~я Frühjahrskampagne; провокацио́нная ~я Hétzkampagne; пропаганди́стская ~я Propagándakampagne, Propagándafeldzug *m;* развёрнутая ~я entfáchte Kampagne; разну́зданная ~я zügellose Hétzkampagne, wüste Propagándakampagne; рекла́мная ~я Wérbekampagne ● ~я бойко́та Boykóttfeldzug *m;* ~я в защи́ту прав челове́ка Ménschenrechtskampagne; ~я запу́гивания Éinschüchterungskampagne; ~я, охва́тывающая всю страну́ lándesweite Kampagne; ~я пресле́дований Verfólgungskampagne; ~я по вы́борам президе́нта Präsidéntschaftswahlkampagne; ~я по ликвида́ции негра́мотности Alphabetisíerungskampagne; ~я по сбо́ру по́дписей Únterschriftenkampagne, Únterschriftenaktion, Únterschriftensammlung *f* ■ дава́ть отпо́р како́й-л. ~и éine Kampagne zurückweisen; проводи́ть клеветни́ческую ~ю про́тив кого́-л. éine Verléumdungskampagne gégen j-n führen; разверну́ть широ́кую ~ю éine bréite Kampagne éinleiten [entfálten]; развяза́ть широ́кую ~ю про́тив кого́-л. éine bréitangelegte Kampagne gégen j-n entfáchen [entfésseln]; ~я вступи́ла в заключи́тельную фа́зу die Kampagne trat in íhre ábschließende Pháse ein; ~я начина́ется die Aktión läuft an

кандида́т м Kandidát *m* ○ досто́йный ~ würdiger Kandidát ● ~ в депута́ты Wáhlkandidat, Deputíertenkandidat; Náchfolgekandidat (*избираемый на случай выбытия основного депута́та, ГДР*); ~ в чле́ны па́ртии Kandidát der Partéi, Partéikandidat; ~ в чле́ны политбюро́ Kandidát des Politbüros; ~, набра́вший наибо́льшее число́ голосо́в Spítzenkandidat; ~ на каку́ю--ли́бо до́лжность Ámtsanwärter *m,* Kandidát für éine bestímmte Funktión; ~ на пост президе́нта Präsídentschaftskandidat; соста́в ~ов Kandidátenbestand *m;* спи́сок ~ов Kandidátenliste *f* ■ выдвига́ть ~а éinen Kandidáten vórschlagen; выставля́ть [выдвига́ть] кого́-л. ~ом в депута́ты j-n als Abgeordneten áufstellen [nominíeren]; представля́ть ~ов Kandidáten vórstellen

кандидату́р‖а ж Kandidatúr *f* ○ подходя́щая ~a geéignete Kandidatúr; уда́чная ~a erfólgreiche [gelúngene] Kandidatúr ■ выставля́ть ~y éine Kandidatúr áufstellen; голосова́ть за ~y [про́тив ~ы] für [gégen] éine Kandidatúr stímmen; намеча́ть ~y éine Kandidatúr vórsehen; отвести́ ~y éine Kandidatúr áblehnen [zurückweisen]; подде́рживать чью-л. ~y j-s Kandidatúr unterstützen; снима́ть ~y die Kandidatúr zurückziehen; утвержда́ть ~y éine Kandidatúr bestätigen

капита́л м Kapitál *n* ○ вло́женный ~ ángelegtes [investíertes] Kapitál; госуда́рственно-монополисти́ческий ~ stáatsmonopolistisches Kapitál; иде́йно-полити́ческий ~ polítisch-ideológisches Kapitál; иностра́нный ~ Áuslandskapital, áusländisches Kapitál; кру́пный ~ Gróßkapital; мёртвый ~ tótes [bráchliegendes] Kapitál; монополисти́ческий ~ Monopólkapital, monopolístisches Kapitál; оборо́тный ~ Úmsatzkapital, Úmlaufkapital, zirkulíerendes Kapitál; обще́ственный ~ geséllschaftliches Kapitál, Geséllschaftskapitál; основно́й ~ Grúndkapital; постоя́нный ~ konstántes Kapitál; привлечённый [заёмный] ~ Frémdkapital; принося́щий проце́нты ~ zínstragendes Kapitál; промы́шленный ~ Industríekapitál; свобо́дный ~ disponíbles Kapitál; ссу́дный ~ Dárlehenskapital, Léihkapital; фина́нсовый ~ Finánzkapital; ча́стный ~

Privátkapital [-v-]; чи́стый ~ Néttokapital ● воспроизво́дство ~a Reproduktión des Kapitáls; вы́воз ~a Kapitálausfuhr *f*, Kapitál-export *m;* зо́на госпо́дства монополисти́ческого ~a der Hérr-schaftsbereich des Monopólkapitals; концентра́ция ~a Konzen-tratión des Kapitáls; монопо́лия ~a Kapitálmonopol *n;* накопле́-ние ~a Kapitálakkumulation *f*, Kapitálanhäufung *f;* обесце́нение ~a Entwértung von Kapitál, Kapitálentwertung *f;* обраще́ние ~a Zirkulatión des Kapitáls, Kapitálzirkulation *f;* оборо́т ~a der Úmschlag des Kapitáls, Kapitálumsatz *m*, Kapitálumschlag *m;* проти-воре́чие ме́жду трудо́м и ~ом der Gégensatz zwíschen Árbeit und Kapitál; сокраще́ние основно́го ~a Kürzung des Grúndkapi-tals, Stámmkapitalkürzung *f* ● нажи́ть полити́ческий ~ на чём-л. politisches Kapitál aus etw. schlágen; накопи́ть ~ Kapitál ánhäufen

капитали́зм *м* Kapitalísmus *m* ○ госуда́рственный ~ Stáats-kapitalismus; домонополисти́ческий ~ vórmonopolistischer Kapi-talísmus; загнива́ющий ~ verfáulender [níedergehender, zerfállen-der] Kapitalísmus; зре́лый ~ entwíckelter Kapitalísmus; мирово́й ~ Wéltkapitalismus; монополисти́ческий ~ monopolístischer Kapitalísmus, Monopólkapitalismus; организо́ванный ~ organi-síerter Kapitalísmus; по́здний ~ Spätkapitalismus; ра́нний ~ Frühkapitalismus; совреме́нный ~ héutiger [gégenwärtiger] Kapi-talísmus; умира́ющий ~ stérbender Kapitalísmus ● загнива́ние ~a Fäulnis des Kapitalísmus; кри́зис ~a Kríse des Kapitalísmus; перехо́д от ~a к социали́зму Übergang vom Kapitalísmus zum Sozialísmus; поро́ки ~a Übel des Kapitalísmus; при ~e im Kapi-talísmus; стра́ны ~a Länder des Kapitalísmus ■ переходи́ть от феодали́зма к социали́зму, мину́я ~ vom Feudalísmus zum Sozialísmus únter Úmgehung der kapitalístischen Gesállschafts-ordnung übergehen; сбро́сить ярмо́ ~a das Joch des Kapitalísmus ábschütteln

капитуля́ци‖я *ж* Kapitulatión *f* ○ безогово́рочная ~я bedín-gungslose Kapitulatión ● ~я а́рмии Kapitulatión éiner Armée; акт о вое́нной ~и Kapitulatiónsurkunde *f;* перегово́ры о ~и Kapitulatiónsverhandlungen *pl;* предложе́ние о ~и Kapitulatións-angebot *n* ■ прину́дить к ~и zur Kapitulatión zwíngen

карау́л *м* (*почётный*) Éhrenformation *f*, Éhrenkompanie *f* ● нача́льник почётного ~a Kommandeur [-dǿ:r] der Éhrenfor-mation; прохожде́ние почётного ~a торже́ственным ма́ршем Vorbéimarsch der Éhrenformation ■ обойти́ строй почётного ~a die Éhrenformation [Éhrenkompanie] ábschreiten; приня́ть ра́порт нача́льника почётного ~a die Méldung des Kommandéurs der Éhrenformation entgégennehmen; был вы́строен почётный ~ die Éhrenformation war ángetreten, die Éhrenformation nahm Áufstellung; нача́льник почётного ~a отда́л ра́порт der Kommandéur der Éhrenformation erstáttete Méldung; почётный ~ взял „на карау́л" die Éhrenformation präsentíerte das Gewéhr; почётный ~ прошёл торже́ственным ма́ршем die Éhrenformation paradíerte

катастро́ф‖а ж Katastróphe f ○ нави́сшая ~a dróhende Katastróphe; полити́ческая ~a polítische Katastróphe; фина́нсовая ~a finanziélle Katastróphe; экономи́ческая ~a wírtschaftliche Katastróphe; я́дерная ~a nukleáre Katastróphe, nukleáres Inférno ● ме́сто ~ы Katastróphenort m; предотвраще́ние я́дерной ~ы Verhütung éiner nukleáren Katastróphe; причи́ны ~ы Úrsachen der Katastróphe, Katastróphenursachen pl ■ толка́ть к ~e éiner Katastróphe zútreiben; предотврати́ть я́дерную ~y éine nukleáre Katastróphe áufhalten [verhíndern]; во вре́мя ~ы поги́бло 40 челове́к die Katastróphe fórderte 40 Tódesopfer; э́та зави́симая страна́ нахо́дится на гра́ни ~ы díeses ábhängige Land steht am Ránde éiner Katastróphe

ка́честв‖о с Qualität f, Güte f ○ вы́сшее ~o Spítzenqualität; ни́зкое ~o níedrige Qualität ● борьба́ за ~o Kampf um Qualitätsverbesserung; знак ~a Qualitätsmarke f, Gütezeichen n; контро́ль ~a Gütekontrolle f; перехо́д коли́чества в ~o Úmschlagen von Quantität in Qualität; повыше́ние ~a Qualitätsverbesserung f, Qualitätserhöhung f; рост ~a Qualitätszuwachs m; сте́пень ~a Güteklasse f ■ повыша́ть ~o die Qualität erhöhen [stéigern]; проверя́ть ~o die Qualität kontrollíeren [prüfen]

класс м (социальная группа) Klásse f ○ антагонисти́ческие ~ы antagonístische Klássen; госпо́дствующие ~ы hérrschende Klássen; иму́щий ~ besítzende Klásse; междунаро́дный рабо́чий ~ internationále Árbeiterklasse; неиму́щий ~ besítzlose Klásse; отмира́ющий ~ ábsterbende Klásse; пра́вящий ~ hérrschende Klásse; угнетённый ~ unterdrückte Klásse ● ~ эксплуата́торов Áusbeuterklasse f; ~ов Klássenkampf m; бра́тья по ~y Klássenbrüder pl; ликвида́ция ~ов Abschaffung der Klássen

кла́ссов‖ый Klássen‖, klássenbedingt, klássenmäßig ○ ~ый антагони́зм Klássenantagonismus m; ~ые бои́ Klássenschlachten pl; ~ая борьба́ Klássenkampf m; ~ый враг Klássengegner m; ~ое госпо́дство Klássenherrschaft f; ~ая дифференциа́ция Klás-

sendifferenzierung *f;* ~ая идеоло́гия Klássenideologie *f;* ~ые инте-
ре́сы Klásseninteressen *pl;* ~ая не́нависть Klássenhaß *m;* ~ое о́б-
щество Klássengesellschaft *f;* ~ая ограни́ченность Klássenbe-
schränktheit *f;* ~ая осно́ва (*напр. разногласий*) Klássengrundlage
f; ~ые отноше́ния Klássenbeziehungen *pl;* ~ая поли́тика klássen-
bedingte Politík; ~ая привиле́гия Klássenprivileg [-v-] *n;* ~ая при-
надле́жность Klássenzugehörigkeit *f;* ~ые противоре́чия Klássengegensätze *pl;* ~ое разли́чие Klássenunterschied *m;* ~ые разногла́-
сия Klássenauseinandersetzungen *pl;* ~ое расслое́ние Klássenschich-
tung *f,* Klássendifferenzierung *f;* ~ое созна́ние Klássenbewußtsein *n;*
~ый соста́в Klássenzusammensetzung *f;* ~ый сою́з Klássenbündnis
n; ~ые столкнове́ния Klássenauseinandersetzungen *pl;* ~ая струк-
ту́ра о́бщества klássenmäßige Struktúr der Geséllschaft; ~ая су́щ-
ность klássenbedingtes Wésen, Klásseninhalt *m;* ~ый хара́ктер
klássenbedingter Charákter, Klássencharakter *m*

клевета́ *ж* Verléumdung *f* ◦ гну́сная ~а́ üble Verléumdung;
зло́бная [зло́стная] ~а́ gehässige Verléumdung ● кампа́ния ~ы
Verléumdungskampagne [-ˌpanjə] *f* ● возводи́ть ~у́ на кого́-л.
j-n verléumden, j-m Übles náchreden; нагроможда́ть го́ры ~ы́
на кого́-л. Bérge von Verléumdungen gégen j-n áuftürmen

кли́мат *м* (*обстано́вка*) Klíma *n* ◦ духо́вный ~ géistiges
Klíma; культу́рный ~ kulturélles Klíma; общеполити́ческий
~ állgemeines polítisches Klíma, állgemeine polítische Láge; произ-
во́дственный ~ Betríebsklima; психологи́ческий ~ (*в коллективе*) Árbeitsklima; социа́льный ~ soziáles Klíma ● ~ взаи́много
дове́рия Klíma gégenseitigen Vertráuens; ~ дове́рия и взаимопо-
нима́ния Klíma des Vertráuens und der Verständigung; ~ разря́д-
ки Klíma der Entspánnung; ухудше́ние междунаро́дного ~a
Verschléchterung des internatioálen Klímas ● отравля́ть о́бщий
полити́ческий ~ das állgemeine polítische Klíma vergíften; созда-
ва́ть ~ взаимопонима́ния ein Klíma der gégenseitigen Verständigung scháffen; улучша́ть ~ das Klíma verbéssern; междунаро́д-
ный ~ отме́чен ослабле́нием напряжённости die Entspánnung
prägt das internatioále Klíma

коллекти́в *м* Kollektív *n* ◦ а́вторский ~ Autórenkollektiv,
Schöpferkollektiv; кре́пкий ~ féstes Kollektív; образцо́вый [пе-
редово́й] ~ vórbildliches Kollektív ● ~ а́второв Verfásserkollek-
tiv; ~ преподава́телей Léhrkörper *m;* ~ социалисти́ческого
труда́ Kollektív der socialístischen Árbeit (*ГДР*); ~ худо́жествен-
ной самоде́ятельности Kultúrgruppe *f;* член ~a Belégschaftsan-

gehörige *m* ∎ противопоставля́ть себя́ ~у sich gégen das Kollektív stéllen; созда́ть [образова́ть] ~ ein Kollektív bílden; он хорошо́ осво́ился в ~e er fügte sich gut ins Kollektív ein

коллекти́вн‖ый Kollektív∥, kollektív ○ ~ая безопа́сность kollektíve Sícherheit; ~ое воспита́ние kollektíve Erzíehung; ~ый догово́р Kollektívvertrag *m;* ~ое обяза́тельство Kollektívverpflichtung *f;* ~ая отве́тственность kollektíve Verántwortung; ~ое руково́дство kollektíve Léitung; ~ый труд Kollektívarbeit *f;* ~ое хозя́йство Kollektívwirtschaft *f;* ~ое чле́нство kollektíve Mitgliedschaft

колониали́зм *м* Kolonialísmus *m* ● круше́ние систе́мы ~a Zusámmenbruch des Koloniálsystems; ликвида́ция оста́тков ~a Liquidíerung der Überreste des Kolonialísmus, Beséitigung der Überreste des Kolonialísmus; насле́дие ~a Érbe des Kolonialísmus; пережи́тки ~a Überreste des Kolonialísmus; систе́ма ~a Koloniálsystem *n*

колониа́льн‖ый Koloniál∥, koloniál ○ ~ая администра́ция Koloniálverwaltung *f;* ~ые владе́ния koloniále Besítzungen; ~ые вла́сти Koloniálbehörden *pl;* ~ая война́ Koloniálkrieg *m;* ~ые войска́ Koloniáltruppen *pl;* ~ый вопро́с Koloniálfrage *f;* ~ый гнёт Koloniáljoch *n;* ~ое госпо́дство Koloniálherrschaft *f;* ~ая держа́ва Koloniálmacht *f;* ~ые захва́ты koloniále Eróberungen; ~ый империали́зм Koloniálimperialismus *m;* ~ая поли́тика Koloniálpolitik *f;* ~ые поря́дки Koloniálzustände *pl,* koloniále Zústände; ~ый режи́м Koloniálregime [ʒiːm] *n;* ~ая страна́ Koloniálland *n,* Koloníe *f;* ~ая экспа́нсия Koloniálexpansion *f,* koloniále Expansión

коми́сси‖я *ж* Kommissión *f,* Áusschuß *m* ○ вре́менная ~я zéitweilige Kommissión; Экономи́ческая ~я ООН для Евро́пы die Wírtschaftskommission der Veréinten Natiónen für Európa; избира́тельная ~я Wáhlkommission; конституцио́нная ~я Verfássungskommission; контро́льная ~я Kontróllkommission *f;* конфли́ктная ~я Konflíktkommission; манда́тная ~я Mandátsprüfungskommission; Межправи́тельственная ~я *(СССР–ГДР)* Paritätische Regíerungskommission; Постоя́нная ~я *(СЭВ)* Ständige Kommissión *(RGW);* примири́тельная ~я Schlíchtungskommission; пробле́мная ~я Problémkommission; расши́ренная ~я erwéiterter Áusschuß; ревизио́нная ~я Revisiónskommission [-v-]; сме́шанная ~я gemíschte Kommissión; совеща́тельная ~я berátender Áusschuß; экзаменацио́нная ~я Prüfungskommission ● ~я для подведе́ния ито́гов соревнова́ния Wéttbewerbs-kommission; ~я для рассмотре́ния попра́вок и дополне́ний к прое́кту Kommissió́n zur Prüfung der Ábänderungen und Er-gänzungen zum Entwúrf; Коми́ссия ООН по дела́м бе́женцев ÚNO-Flüchtlingskommission; Коми́ссия по дела́м молодёжи (в Верховном Совете СССР) Kommissión für Júgendfragen; Коми́ссия по изуче́нию произво́дственных сил и приро́дных ресу́рсов АН СССР Kommissión der Akademíe der Wíssenschaften der UdSSR zur Erfórschung der Produktívkräfte und Natúrschätze; Коми́ссия по иностра́нным дела́м (в Верховном Совете СССР) Kommissión [Ausschuß] für áuswärtige Ángelegenheiten; Коми́с-сия ООН по права́м челове́ка ÚNO-Ménschenrechtskommission; Коми́ссия по разоруже́нию (при ООН) Abrüstungskommission; ~я по расследованию Untersúchungskommission ■ назна́чить ~ю éine Kommissión ernénnen, éinen Ausschuß éinsetzen; созва́ть ~ю éine Kommissión éinberufen; созда́ть ~ю éine Kommissión bílden [éinsetzen]

комите́т м Komitée n, Áusschuß m ○ авторите́тный между-наро́дный ~ autoritátives internationáles Komitée; вое́нно-револю-цио́нный ~ revolutionäres Kríegskomitee; вре́менный ~ Ínterims-ausschuß; вспомога́тельный ~ Hílfsausschuß; вы́ставочный ~ Áusstellungsausschuß; забасто́вочный ~ Stréikausschuß; испол-ни́тельный ~ Exekutívkomitee; контро́льный ~ Überwáchungs-ausschuß; координацио́нный ~ Koordiníerungsausschuß; между-наро́дный подготови́тельный ~ Internationáles Vórbereitungs-komitee; ме́стный (профсою́зный) ~ Gewérkschaftsleitung f; Олими́йский ~ СССР Olýmpisches Komitée der UdSSR; пар-ти́йный ~ Partéikomitee; постоя́нный ~ ständiger Ausschuß; руководя́щий ~ Lénkungsausschuß; согласи́тельный ~ Vermítt-lungsausschuß; специа́льный ~ Sónderausschuß, Ad-hoc-Komitee [at'ho:k-], Ad-hoc-Ausschuß; Центра́льный Комите́т КПСС Zentrálkomitee der KPdSU ● Госуда́рственный ~ СССР по на-ро́дному образова́нию Stáatliches Komitée der UdSSR für Vólks-bildung; Госуда́рственный агропромы́шленный ~ СССР (Гос-агропро́м) Stáatliches Komitée der UdSSR für den Agrár-Indu-strie-Komplex; Госуда́рственный ~ СССР по дела́м изда́тельств, полиграфи́и и кни́жной торго́вли Stáatliches Komitée der UdSSR für Verláge, Polygraphíe und Búchhandel; Госуда́рственный ~ СССР по дела́м изобрете́ний и откры́тий Stáatliches Komitée der UdSSR für Erfíndungswesen; Госуда́рственный ~ СССР по испо́льзованию а́томной эне́ргии Sta̋atliches Komitée der UdSSR für die Nútzung der Atőmenergie; Госуда́рственный ~ СССР по материа́льно-техни́ческому снабже́нию Sta̋atliches Komitée der UdSSR für Materia̋lversorgung; Госуда́рственный ~ СССР по надзо́ру за безопа́сным веде́нием рабо́т в промы́шленности и го́рному надзо́ру Sta̋atliches Komitée der UdSSR für Kontrőlle der Arbeitssicherheit in der Industrie und für Be̋rgaufsicht; Госуда́рственный ~ СССР по нау́ке и те́хнике Sta̋atliches Komitée der UdSSR für Wi̋ssenschaft und Te̋chnik; Госуда́рственный ~ СССР по телеви́дению и радиовеща́нию (Гостелера́дио) Sta̋atliches Komitée der UdSSR für Fe̋rnsehen und Rűndfunk; Госуда́рственный пла́новый ~ СССР (Госпла́н) Sta̋atliches Pla̋nkomitee der UdSSR; Комите́т молодёжных организа́ций СССР Komitée der Jűgendorganisationen der UdSSR; Полити́ческий консультати́вный ~ госуда́рств—уча́стников Варша́вского Догово́ра Politischer Bera̋tender A̋usschuß der Te̋ilnehmerstaaten des Wa̋rschauer Vertra̋ges; Сове́тский ~ за европе́йскую безопа́сность и сотру́дничество Sowje̋tisches Komitée für europäische Si̋cherheit und Zusa̋mmenarbeit; Сове́тский ~ солида́рности стран А́зии и, А́фрики Sowje̋tisches Komitée für Solidarität mit den Ländern A̋siens und A̋frikas; Специа́льный ~ ООН про́тив апарте́ида UNO-Sőnderausschuß ge̋gen Apartheid [-he̋it], Antiapa̋rtheidausschuß der ŰNO; Специа́льный ~ по подгото́вке Всеми́рной конфере́нции по разоруже́нию (*ООН*) Sőnderausschuß̦ für die We̋ltabrüstungskonferenz ■ созда́ть междунаро́дный ~ ein internatiőnales Komitée bi̋lden

коммуни́зм *m* ○ Kommuni̋smus *m* ○ вое́нный ~ Kri̋egskommunismus; нау́чный ~ wi̋ssenschaftlicher Kommuni̋smus ● дальне́йшее продвиже́ние к ~y we̋iterer Vőrmarsch zum Kommuni̋smus; материа́льно-техни́ческая ба́за ~a materie̋ll-te̋chnische Ba̋sis des Kommuni̋smus; перехо́д от социали́зма к ~y Űbergang vom Sozialı̋smus zum Kommuni̋smus; постепе́нное продвиже́ние к ~y a̋llmähliches Vora̋nschreiten zum Kommuni̋smus; построе́ние ~a A̋ufbau des Kommuni̋smus; пре́данность идеа́лам ~a Tre̋ue zu den Idea̋len des Kommuni̋smus; програ́мма построе́ния ~a Progra̋mm des kommuni̋stischen A̋ufbaus; созда́ние материа́льно-техни́ческой ба́зы ~a Scha̋ffung der materie̋ll--te̋chnischen Ba̋sis des Kommuni̋smus ■ боро́ться за де́ло ~a für den Kommuni̋smus kämpfen; жить при ~e im Kommuni̋smus le̋ben

коммунисти́ческ‖ий kommuni̋stisch ○ ~ое воспита́ние

kommunístische Erzíehung; Коммунисти́ческий Интернациона́л Kommunístische Internationále; ~ое и рабо́чее движе́ние kommunístische und Árbeiterbewegung; ~ое мировоззре́ние kommunístische Wéltanschauung; ~ое о́бщество kommunístische Geséllschaft; ~ое созна́ние kommunístisches Bewú ßtsein; ~ая созна́тельность kommunístische Bewú ßtheit; ~ое строи́тельство kommunístischer Áufbau; ~ое отноше́ние к труду́ kommunístische Éinstellung zur Árbeit; Коммунисти́ческая па́ртия Сове́тского Сою́за Kommunístische Partéi der Sowjétunion; Манифе́ст Коммунисти́ческой па́ртии Manifést der Kommunístischen Partéi; Коммунисти́ческий сою́з молодёжи (комсомо́л) Kommunístischer Júgendverband (Komsomól)

коммюнике́ *с* Kommuniqué [-myní ke:] *n* ○ заключи́тельное ~ Schlúßkommuniqué, Ábschlußkommuniqué; опублико́ванное ~ veröffentlichtes Kommuniqué; официа́льное ~ offizíélles Kommuniqué; совме́стное ~ geméinsames Kommuniqué ● ознакомле́ние с те́кстом ~ Éinblicknahme in den Text des Kommuniqués; Vertráutmachen mit dem Text des Kommuniqués ▪ одо́брить прое́кт совме́стного ~ den Entwúrf des geméinsamen Kommuniqués bílligen; опубликова́ть ~ ein Kommuniqué veröffentlichen; пре́сса опубликова́ла по́лный текст ~ die Présse bráchte das Kommuniqué im vóllen Wórtlaut

компа́ния *ж эк.* Geséllschaft *f* ○ акционе́рная ~я Áktiengesellschaft; доче́рняя ~я Tóchtergesellschaft; комме́рческая ~я Hándelsgesellschaft; монополисти́ческая ~я Monopólgesellschaft; сме́шанная ~я gemíschte Geséllschaft; страхова́я ~я Versícherungsgesellschaft; торго́вая ~я Hándelsgesellschaft; транснациона́льные ~и transnationále Geséllschaften; фикти́вная ~я Schéingesellschaft; фина́нсовая ~я Finánzgesellschaft ● ~я с ограни́ченной отве́тственностью Geséllschaft mit beschränkter Háftung (*GmbH*) ▪ основа́ть ~ю éine Geséllschaft gründen; ~я обанкро́тилась die Geséllschaft hat Konkúrs [Pléite] gemácht

ко́мплекс *м* Kompléx *m* ○ автоматизи́рованный ~ automatisíerter Kompléx; агропромы́шленный ~ Agrár-Industríe-Kompléx; вое́нно-промы́шленный ~ Militär-Industríe-Kompléx; еди́ный ~ éinheitlicher [geschlóssener] Kompléx; еди́ный наро́дно-хозя́йственный ~ éinheitlicher vólkswirtschaftlicher Kompléx; территориа́льно-произво́дственный ~ territoriáler Produktiónskomplex; то́пливно-энергети́ческий ~ Brénnstoff- und Energíekomplex ● ~ вопро́сов Kompléx von Frágen, Frágenkomplex; ~ мероприятий Kompléx von Maßnahmen; ~ наблюдений Kompléx von Beóbachtungen ■ обсудить ~ проблем éinen Kompléx von Problémen erörtern; решать вопросы в ~e die Frágen im Kompléx lösen

компромисс *m* Kompromíß *n* ■ добиться ~a éinen Kompromíß áushandeln; заставлять пойти на ~ Kompromísse ábtrotzen; пойти на ~ éinen Kompromíß éingehen, sich éinem Kompromíß béugen

конвенци∥**я** *ж* Konvention [-v-] *f*, Ábkommen *n* ○ готовая к подписанию ~я únterschriftsreife Konvention; консульская ~я Konsulárabkommen; международная ~я internatiónale Konvention; открытая (*для подписания*) ~я óffene Konvention; таможенная ~я Zóllkonvention ● Конвенция об укреплении гарантий безопасности неядерных государств Konvention über die Verstärkung der Garantíen für die Sícherheit níchtkernwaffenbesitzender Stáaten; Конвенция о запрещении военного или любого иного враждебного использования средств воздействия на природную среду Konvention über das Verbót der militärischen óder sónstigen féindseligen Anwendung von Mítteln zur Úmweltveränderung; Конвенция о запрещении разработки, производства и накопления запасов бактериологического [биологического] и токсинного оружия и об их уничтожении Konvention über das Verbót der Entwícklung, Hérstellung und Lágerung bakteriológischer [biológischer] und tóxischer Wáffen und über déren Verníchtung; Конвенция о запрещении разработки, производства и накопления запасов химического оружия и об их уничтожении Konvention über das Verbót der Entwícklung, Hérstellung und Lágerung chémischer Wáffen und über déren Verníchtung; ~я о запрещении химического оружия C-Wáffen--Konvention; Конвенция о неприменении сроков давности к военным преступлениям и преступлениям против человечества Konvention über die Níchtanwendung der Verjährung auf Kríegsverbrechen und Verbréchen gégen die Ménschlichkeit; Конвенция ООН по морскому праву UNO-Séerechtskonvention; Конвенция о правах человека Ménschenrechtskonvention; Межгосударственная конвенция о передаче и использовании данных дистанционного зондирования земли из космоса Zwíschenstaatliche Konvention über die Übergábe und Nútzung von Dáten der Férnerkundung der Érde aus dem Kósmos; отмена ~и Áufhebung éiner Konvention ■ подписать ~ю éine Konvention unterzéichnen; присоедини́ться к ~и der Konvention béitreten; разрабо́тать ~ю о... éine Konvention über... (A) áusarbeiten; ратифици́ровать ~ю éine Konvention ratifizíeren; согласова́ть междунаро́дную ~ю éine internationále Konvention vereinbaren

конгре́сс м Kongréß m ○ междунаро́дный ~ internationáler Kongréß; нау́чный ~ wíssenschaftlicher Kongréß ● Всеми́рный ~ же́нщин Wéltkongreß der Frau; Всеми́рный ~ за всео́бщее разоруже́ние и мир Wéltkongreß für állgemeine Abrüstung und Fríeden; Всеми́рный ~ миролюби́вых сил Wéltkongreß der Fríedenskräfte; Всеми́рный ~ сторо́нников ми́ра Wéltfriedenskongreß; зал ~ов Kongréßhalle f; уча́стник ~а Kongréßteilnehmer m ■ выступа́ть на ~e auf éinem Kongréß spréchen; уча́ствовать в ~e an éinem Kongréß téilnehmen

конкуре́нц‖ия ж Konkurrénz f, Wéttbewerb m ○ внутриотраслева́я ~я Konkurrénz ínnerhalb éines Produktiónszweiges; иностра́нная ~я Áuslandskonkurrenz, áusländische Konkurrénz; межотраслева́я ~я Konkurrénz zwíschen den Produktiónszweigen; монополисти́ческая ~я monopolístische Konkurrénz; нече́стная ~я únlauterer Wéttbewerb; ожесточённая ~я stárke [hárte] Konkurrénz; расту́щая ~я stéigende Konkurrénz; свобо́дная ~я fréie Konkurrénz; эффекти́вная ~я effektíve Konkurrénz ● вне ~и konkurrénzlos ■ преодоле́ть си́льную ~ю sich gégen éine stárke Konkurrénz dúrchsetzen; соста́вить кому́-л. ~ю j-m Konkurrénz máchen

консе́нсус м дип. (единогласие) Konséns m, Konsénsus m ○ всео́бщий ~ állgemeiner Konséns [Konsénsus] ● отхо́д от ~a Abgehen vom Konséns [Konsénsus] ■ дости́чь ~a по ря́ду предложе́ний bei éiner Réihe von Vórschlägen Konséns [Konsénsus] erzíelen

конституцио́нн‖ый Verfássungs‖, verfássungsmäßig‖ ○ ~ая власть konstitutionélle [verfássungsgebende] Gewált; ~ое пра́во Verfássungsrecht n; ~ый строй verfássungsmäßiges Regíme n; ~ый суд Verfássungsgericht n

конститу́ци‖я ж Verfássung f ○ демократи́ческая ~я demokrátische Verfássung; Конститу́ция СССР Verfássung der UdSSR; социалисти́ческая ~я ГДР die sozialístische Verfássung der DDR ● всенаро́дное обсужде́ние ~и Vólksaussprache zur Verfássung; День Конститу́ции СССР Tag der Verfássung der UdSSR; дополне́ния, внесённые в ~ю Verfássungsergänzungen pl; единоду́шное одобре́ние ~и éinmütige Bílligung der Verfássung; измене́ние, внесённое в

127

~ю Verfássungsänderung f; нарушéние ~и Verfássungsbruch m, Verstóß gégen die Verfássung; отсрóчка дéйствия ~и Suspendíerung [-sp-] der Verfássung; пересмóтр ~и Verfássungsänderung f, Verfássungsrevision f; положéния ~и Verfássungsbestimmungen pl, принятие ~и Ánnahme der Verfássung; приостановлéние дéйствия ~и Verfássungssuspension f; проéкт ~и Verfássungsentwurf m; противорéчащий ~и verfássungswidrig, соблюдéние ~и Éinhaltung der Verfássung; соотвéтствующий ~и verfássungstreu, verfássungsgemäß; статья ~и Verfássungsartikel m ■ закрепи́ть что-л. в ~и etw. in der Verfássung veránkern; измени́ть ~ю die Verfássung ändern; обсужда́ть ~ю die Verfássung beráten; разраба́тывать ~ю die Verfássung erárbeiten; пересма́тривать ~ю die Verfássung revidíeren [-v-]; уважа́ть ~ю die Verfássung áchten [éinhalten]

ко́нсульск‖ий Konsulár‖, konsulárisch ○ ~ий иммуните́т konsulárischer Schutz, konsulárische Immunität; ~ая конве́нция Konsulárabkommen n; ~ий ко́рпус Konsulárkorps [-ko:r] n; ~ий о́круг Konsulárbezirk m; ~ий отде́л (посо́льства) Konsulárabteilung f; ~ий пате́нт Konsulárpatent n; ~ие права́ konsulárische Réchte; ~ое представи́тельство konsulárische Vertrétung, Konsulát n; ~ие сбо́ры Konsulátsgebühren pl, konsulárische Gebühren; ~ая слу́жба Konsulátsdienst m, konsulárischer Dienst; ~ий уста́в Konsulárstatut n, konsulárisches Statút; ~ая юрисди́кция konsulárische Jurisdiktión

конта́кт м Kontákt m, Bezíehungen pl ○ взаимовы́годные ~ы gégenseitig vórteilhafte Kontákte; деловы́е ~ы geschäftliche Kontákte; междунаро́дные ~ы internationále Kontákte; полити́ческие ~ы polítische Kontákte; регуля́рные ~ы régelmäßige Kontákte; челове́ческие ~ы ménschliche Kontákte ● разви́тие ~ов Ausbau von Kontákten ■ вступи́ть в ~ Bezíehungen [Kontákt] áufnehmen; име́ть ли́чный ~ persönlichen Kontákt háben; име́ть те́сный ~ друг с дру́гом im éngen Kontákt miteinánder stéhen; иска́ть ~а с кем-л. Kontákt mit j-m súchen; находи́ть ~ с кем-л. Kontákt mit j-m fínden; находи́ться в ~е с кем-л. mit j-m Fühlung háben, mit j-m im Kontákt stéhen; установи́ть ~ den Kontákt hérstellen

контро́л‖ь м Kontrólle f ○ внима́тельный ~ь schárfe Kontrólle; госуда́рственный ~ь stáatliche Kontrólle; обще́ственный ~ь öffentliche Kontrólle, geséllschaftliche Kontrólle; парти́йно--госуда́рственный ~ь Partéi- und Stáatskontrolle; рабо́чий ~ь

Árbeiterkontrolle; стро́гий ~ь strénge Kontrólle; теку́щий ~ь láufende Kontrólle ● ~ь за выполне́нием пла́на Plánkontrolle; ~ь за исполне́нием реше́ний Beschlúßkontrolle; ~ь за ме́рой потребле́ния Kontrólle über Maß des Verbráuchs; ~ь за ме́рой труда́ Kontrólle über das Maß der Arbeit; ~ь над разоруже́нием Abrüstungskontrolle, Kontrólle der Abrüstung; ~ь над це́нами Préiskontrolle; ~ь сни́зу Kontrólle von únten; под по́лным вооружённым ~ем únter vóllständiger militärischer Kontrólle ■ взять под ~ь únter Kontrólle néhmen; находи́ться под ~ем únter Kontrólle stéhen; осуществля́ть ~ь éine Kontrólle áusüben; подлежа́ть ~ю éiner Kontrólle unterlíegen; теря́ть ~ь над чем-л. die Kontrólle über etw. (A) verlíeren; уси́лить ~ь die Kontrólle verschärfen; установи́ть ~ь die Kontrólle errichten [hérstellen]

конфере́нци||я ж Konferénz f ○ всеми́рная ~я Wéltkonferenz; Всеми́рная ~я по разоруже́нию Wéltabrüstungskonferenz; Всесою́зная парти́йная ~я Lándesparteikonferenz, Uniónsparteikonferenz; Жене́вская ми́рная ~я по Бли́жнему Восто́ку Génfer Náhost-Friedenskonferenz; Междунаро́дная ~я неправи́тельственных организа́ций по разоруже́нию Internatióle Konferénz nichtstaatlicher Organisatiónen zur Ábrüstung; ме́стная ~я örtliche Konferénz; нау́чная ~я wíssenschaftliche Konferénz; общезаво́дская ~я Betríebskonferenz; парти́йная ~я Partéikonferenz; Стокго́льмская конфере́нция по ме́рам укрепле́ния дове́рия, безопа́сности и разоруже́нию в Евро́пе Stóckholmer Konferénz über vertráuens- und sícherheitsbildende Máßnahmen und Ábrüstung in Euró́pa; теорети́ческая ~я theorétische Konferénz ● ~я в верха́х Gípfelkonferenz; Конфере́нция глав госуда́рств и прави́тельств неприсоедини́вшихся стран Konferénz der Stáats- und Regíerungschefs [ˌʃefs] der Níchtpaktgebundenen; Конфере́нция госуда́рств, не облада́ющих я́дерным ору́жием Konferénz der Níchtkernwaffenstaaten; ~я кру́глого стола́ Rúndtischkonferenz, Konferénz am rúnden Tisch; Конфере́нция Межпарла́ментского сою́за Ínterparlamentarische Konferénz; ~я на у́ровне мини́стров иностра́нных дел Konferénz auf Áußenministerebene; Конфере́нция ООН по морско́му пра́ву UNO-Séerechtskonferenz; Конфере́нция по разоруже́нию Ábrüstungskonferenz; ~я полномо́чных представи́телей Konferénz der bevóllmächtigten Vertréter; Конфере́нция по Нами́бии Namíbia-Konferénz; Конфере́нция по пробле́ме превраще́ния Инди́йского океа́на в зо́ну ми́ра Konferénz über die Úmwandlung des Índischen Ozeans in éine

129

Zóne des Fríedens; Конфере́нция по рассмотре́нию де́йствия догово́ра о нераспростране́нии я́дерного ору́жия Konferénz zur Überprüfung der Wírkungsweise des Vertráges über die Níchtweiterverbreitung von Kérnwaffen; Конфере́нция прави́тельственных экспе́ртов по испо́льзованию определённых ви́дов обы́чного ору́жия (*1974, 1976*) Konferénz von Regíerungsexperten über die Anwendung bestímmter konventionéller [-v-] Wáffen; ~я с уча́стием всех заинтересо́ванных сторо́н Konferénz únter Téilnahme áller interessíerten Séiten; материа́лы ~и Konferénzmaterialien *pl*, Konferénzakten *pl;* ме́сто проведе́ния ~и Konferénzort *m;* предложе́ние о созы́ве ~и Vórschlag zur Éinberufung éiner Konferénz, Konferénzangebot *n;* прова́л ~и Schéitern [Féhlschlag] éiner Konferénz; проведе́ние ~и Dúrchführung éiner Konferénz; рабо́чий язы́к ~и Konferénzsprache *f;* реше́ние ~и Konferénzbeschluß *m;* созы́в ~и Éinberufung éiner Konferénz; ход ~и Konferénzverlauf *m* ■ бойкоти́ровать ~ю die Konferénz boykottíeren [bɔy-]; вы́ступить на ~и auf éiner Konferénz spréchen; назна́чить ~ю éine Konferénz ánberaumen; прерва́ть ~ю éine Konferénz ábbrechen; проводи́ть ~ю éine Konferénz dúrchführen; сорва́ть ~ю éine Konferénz hintertréiben

 конфли́кт м Konflíkt *m* ○ вое́нный ~ militärischer Konflíkt; вооружённый ~ bewáffneter Konflíkt; затяжно́й ~ lángwieriger Konflíkt; крова́вые ~ы blútige Konflíkte; лока́льные ~ы lokále Konflíkte; опа́сный ~ gefährlicher Konflíkt; пограни́чный ~ Grénzkonflikt; постоя́нный ~ ständiger Konflíkt ● ликвида́ция очаго́в ~ов Beséitigung der Konflíktherde; обостре́ние ~a Verschärfung éines Konfliktes; оча́г ~a Konflíktherd *m;* полити́ческое урегули́рование ~a polítische Régelung des Konflíktes; предотвраще́ние междунаро́дных ~ов Verhütung [Ábwendung] internationáler Konflíkte; развя́зывание ~ов Entfáchung von Konflíkten; разжига́ние вое́нных ~ов Schüren militärischer Konflíkte; расшире́ние ~a Áusweitung éines Konflíktes; реше́ние всех ~ов Lösung áller Konflíkte; угро́за я́дерного ~a Gefáhr éines Kérnwaffenkonfliktes ■ вмеша́ться в ~ in éinen Konflíkt éingreifen; вступи́ть в ~ in Konflíkt geráten [kómmen]; ликвиди́ровать ~ éinen Konflíkt áusräumen; расширя́ть очаги́ ~a Konflíktherde áusdehnen; ула́дить ~ éinen Konflíkt schlíchten; урегули́ровать ~ éinen Konflíkt béilegen; де́ло дохо́дит до ~a es kommt zum Konflíkt; ~ вспы́хивает ein Konflíkt bricht aus; ~ вспы́хнул вновь der Konflíkt ist ernéut áufgeflammt; ~ обостря́ется der

Konflikt spitzt sich zu; ~ перераста́ет в вооружённое столкнове́ние der Konflikt wächst in éine bewáffnete Auseinándersetzung hinüber

конфронта́ци‖я *ж* Konfrontation *f* ○ беспло́дная ~я frúchtlose Konfrontation; взрывоопа́сная ~я explosíve Konfrontation; вое́нная ~я militärische Konfrontation ● курс на ~ю Konfrontationskurs *m;* ликвида́ция вое́нной ~и Ábbau der militärischen Konfrontation; обостре́ние ~и Verschärfung der Konfrontation; поли́тика ~и Politik der Konfrontation; уменьше́ние [сниже́ние у́ровня] вое́нной ~и Verríngerung der militärischen Konfrontation ■ втяну́ть кого́-л. в ~ю j-n in éine Konfrontation hinéinziehen; де́лать ста́вку на ~ю auf (die) Konfrontation sétzen; держа́ть курс на ~ю Konfrontationskurs [Kurs auf Konfrontation] hálten, auf Konfrontation zústeuern; не иска́ть ~и с кем-л. kéine Konfrontation mit j-m súchen; переходи́ть от ~и к разря́дке von der Konfrontation zur Entspánnung übergehen; преодоле́ть ~ю die Konfrontation überwínden

конце́пци‖я *ж* Konzeption *f* ○ нау́чная ~я wíssenschaftliche Konzeption; оборони́тельная ~я Vertéidigungskonzeption; полити́ческая ~я polítische Konzeption; филосо́фская ~я philosóphische Konzeption; экономи́ческая ~я Wírtschaftskonzeption, ökonomische Konzeption; ● ~я затяжно́го я́дерного конфли́кта Konzeption éines längeren Kérnwaffenkonfliktes; ~я нанесе́ния пе́рвого уда́ра Erstschlagskonzeption; ~я ограни́ченной я́дерной войны́ Konzeption éines begrénzten Kérnwaffenkrieges; ~я пе́рвого обезору́живающего я́дерного уда́ра Konzeption des entwáffnenden Kérnwaffenerstschlages; ~я развито́го социали́зма Konzeption des entwíckelten Sozialísmus ■ защища́ть ~ю éine Konzeption vertéidigen; измени́ть ~ю éine Konzeption verändern; осуществи́ть свою́ ~ю séine Konzeption verwírklichen; отбра́сывать вся́кие ~и я́дерной войны́ jégliche Konzeptiónen für éinen Kérnwaffenkrieg zurückweisen; пропове́довать ~и Konzeptiónen prédigen; разви́ть ~ю éine Konzeption entwíckeln; разрабо́тать ~ю éine Konzeption entwérfen

конъюнкту́р‖а *ж* Konjunktúr *f* ○ благоприя́тная ~а günstige Konjunktúr; вое́нная ~а Rüstungskonjunktur; высо́кая ~а Hóchkonjunktur; неблагоприя́тная ~а úngünstige Konjunktúr; неусто́йчивая ~а labíle Konjunktúr; полити́ческая ~а polítische Konjunktúr; ры́ночная ~а Márktkonjunktur; торго́вая ~а Hándelskonjunktur; фина́нсовая ~а Finánzkonjunktur; экономи́че-

ская ~а Wirtschaftskonjunktur ● ~а мирово́го ры́нка Wéltmarkt-
konjunktur; изуче́ние ~ы Konjunktúrforschung f; колеба́ния
~ы Konjunktúrschwankungen pl; обусло́вленный ~ой konjunk-
túrbedingt; оживле́ние ~ы Belébung der Konjunktúr; подъём
~ы Konjunktúraufschwung m; спад ~ы Konjunktúrrückgang m;
улучше́ние ~ы Konjunktúrbesserung f; ухудше́ние ~ы Konjunktúrrückgang m

ко́рпус м Korps [ko:r] n ○ дипломати́ческий ~ diplomátisches Korps ● ~ бы́строго реаги́рования (*США*) schnélle Éingreiftruppe; ~ ми́ра Fríedenskorps; дуайе́н дипломати́ческого
~a Doyen [doa'jɛ:] des diplomátischen Korps

косми́ческ||ий Wéltraum//, kósmisch ○ ~ий аппара́т Wélt-
raumfahrzeug n; ~ое вре́мя kósmische Zeit; ~ий кора́бль Ráum-
schiff n; ~ая медици́на Ráumfahrtmedizin f; ~ая орби́та kósmische Bahn; ~ое ору́жие Wéltraumwaffen pl; ~ий полёт Wéltraumflug m; ~ое пра́во Wéltraumrecht n; ~ое простра́нство Wéltraum
m; ~ая раке́та Wéltraumrakete f; ~ая ско́рость kósmische Geschwíndigkeit; ~ая ста́нция Wéltraumstation f

ко́смос м Kósmos m, Wéltraum m ○ далёкий ~ férner Kósmos; неиссле́дованный ~ únerforschter Kósmos ● иссле́дование
~a Wéltraumforschung f, Erfórschung des Kósmos; иссле́дователь
~a Wéltraumforscher m; необъя́тность ~a Únermeßlichkeit des
Kósmos; неразмеще́ние в ~е ору́жия любо́го ро́да Nichtstationie-
rung von Wáffen jéder Art im Kósmos; покоре́ние ~a Bezwíngung
des Kósmos; полёт в ~е Wéltraumflug m; эксперименты в ~е
Experiménte im Kósmos ■ запусти́ть раке́ту в ~ éine Rakéte in
den Kósmos stárten [schíeßen]; открыва́ть ~ den Kósmos entdécken; прони́кнуть в ~ in den Kósmos vórstoßen

кра́йн||ий äußerst ○ ~ий авантюри́зм в поли́тике extrémes
Ábenteurertum in der Politík; ~яя ле́вая [пра́вая] группиро́вка
äußerste [extréme] Línke [Réchte]; ~ие ме́ры áußerordentliche
Máßnahmen; ~яя необходи́мость Nótstand m; ~яя нищета́
äußerste Not; Кра́йний Се́вер Hóher Nórden; ~ий срок äußerste
Frist; ~яя цена́ äußerster Preis; на ~ий слу́чай für den Nótfall
■ прибега́ть к ~им сре́дствам zu äußersten Mítteln gréifen

креди́т м Kredít m ○ ба́нковский ~ Bánkkredit; бессро́чный
~ únbefristeter Kredít; долгосро́чный ~ lángfristiger Kredít;
иностра́нный ~ Áuslandskredit; каба́льный ~ Kredít zu drücken-
den Bedíngungen; комме́рческий ~ kommerziéller Kredít; кратко-
сро́чный ~ kúrzfristiger Kredít; откры́тый ~ óffener Kredít;

теку́щий ~ láufender Kredít ■ закры́ть ~ éinen Kredít kündigen; откры́ть ~ éinen Kredít eröffnen; покупа́ть в ~ auf Kredít káufen; предоставля́ть ~ кому́-л. j-m éinen Kredít gewähren

кри́зис м Kríse *f* ○ валю́тный ~ Währungskrise; глубо́кий ~ tíefe Kríse; жили́щный ~ Wóhnungsnot *f*, Wóhnraummangel *m*, Wóhnraumknappheit *f*; затяжно́й ~ schléichende [schléppende] Kríse; мирово́й экономи́ческий ~ Wéltwirtschaftskrise; полити́ческий ~ polítische Kríse; прави́тельственный ~ Regíerungskrise; скры́тый ~ laténte Kríse; углубля́ющийся ~ sich vertíefende Kríse; цикли́ческий ~ zýklische Kríse; экономи́ческий ~ Wírtschaftskrise; энергети́ческий ~ Energíekrise ● дове́рия Vertráuenskrise; ~ капитали́зма Kríse des Kapitalísmus; ~ колониа́льной систе́мы Kríse des Koloniálsystems; о́бщий ~ капитали́зма állgemeine Kríse des Kapitalísmus; ~, охва́тывающий все сфе́ры обще́ственной жи́зни álle Beréiche des geséllschaftlichen Lébens erfássende Kríse; ~ перепроизво́дства Überproduktiónskrise; глубо́кие после́дствия ~a tíefgreifende Áuswirkungen der Kríse; нараста́ние ~a Ánwachsen der Kríse; оча́г ~a Krísenherd *m*; пери́од ~a Krísenzeit *f*; тео́рия ~ов Krísentheorie *f*; тя́жесть ~a Krísenlast *f* ■ вы́звать ~ éine Kríse heráufbeschwören [verúrsachen]; находи́ться в тиска́х ~ sich im Würgegriff der Kríse befínden; пережива́ть ~ von éiner Kríse befállen sein, éine Kríse dúrchmachen; перекла́дывать тя́готы экономи́ческого ~a на пле́чи наро́дов die Lásten der Wírtschaftskrise auf die Schúltern der Völker ábwälzen; предотврати́ть ~ éine Kríse verhüten; преодоле́ть ~ éine Kríse überstéhen [überwínden]; урегули́ровать ~ éine Kríse béilegen; нанёс тяжёлый уда́р по эконо́мике страны́ die Kríse traf die Wírtschaft des Lándes hart; ~ охва́тывает страну́ die Kríse erfáßt das Land; ~ привнесён извне́ die Kríse ist von áußen hinéingetragen wórden

кри́тик‖а ж Kritík *f* ○ беспоща́дная ~a schónungslose Kritík; делова́я ~a sáchliche Kritík; доброжела́тельная ~a hélfende Kritík; зауша́тельская ~a demütigende [verlästernde, schmáhende] Kritík; объекти́вная ~a objektíve Kritík; оскорби́тельная ~a beléidigende Kritík; откры́тая ~a óffene Kritík; ре́зкая ~a hárte Kritík; справедли́вая ~a geréchte Kritík; това́рищеская ~a kamerádschaftliche Kritík ● ~a сни́зу Kritík von únten; зажи́м ~и Unterdrückung von Kritík; нараста́ние ~и чего́-л. Ánwachsen der Kritík an (*D*); нетерпи́мость к любы́м ви́дам зажи́ма ~и Únduldsamkeit gégen jédwede Unterdrückung von Kritík; ни́же вся́кой ~и únter áller Kritík ■ возде́рживаться от ~и sich der Kritík enthálten; заглуша́ть ~y die Kritík níederschlagen; зажима́ть ~y die Kritík unterdrücken; наводи́ть ~y Kritík üben (an D); натолкну́ться на ~y auf Kritík stóßen; не переноси́ть ~и кéine Kritík vertrágen; подверга́ть ~e что-л. etw. éiner Kritík unterzíehen; развива́ть ~y и самокри́тику Kritík und Sélbstkritik entwíckeln [entfálten]; учи́тывать ~y (die) Kritík berücksichtigen; э́то не выде́рживает ~и das spóttet jéder Kritík

крити́ческий kritisch ○ ~ий моме́нт kritischer Zéitpunkt; ~ая обстано́вка kritische Situatión ■ ~и отнести́сь к вопро́су sich krítisch mit éiner Fráge auseinándersetzen

круг *m* Kreis *m* ○ влия́тельные ~и éinflußreiche Kréise; вои́нствующие ~и империали́зма militánte Kréise des Imperialísmus; деловы́е ~и Geschäftskreise *pl;* поро́чный ~ Téufelskreis; прави́тельственные ~и Regíerungskreise *pl;* пра́вые ~и réchtsgerichtete Kréise; пра́вящие ~и hérrschende Kréise; реалисти́чески мы́слящие ~и realístisch dénkende Kréise; широ́кие полити́ческие и обще́ственные ~и bréite Kréise des polítischen und geséllschaftlichen [öffentlichen] Lébens ● ~и империали́зма и междунаро́дной реа́кции Kréise des Imperialísmus und der internationálen Reaktión; ~и предпринима́телей Unternéhmerkreise *pl;* широ́кие ~и населе́ния bréite Kréise der Bevölkerung; широ́кие ~и обще́ственности bréite Kréise der Geséllschaft [Öffentlichkeit]; в ~а́х специали́стов in Fáchkreisen; в ~у́ семьи́ im Kréise der Famílie ■ расши́рить ~ уча́стников перегово́ров den Kreis der Téilnehmer an den Verhándlungen erwéitern

кру́пный Groß∥ ○ ~ое землевладе́ние Gróßgrundbesitz *m;* ~ый капита́л Gróßkapital *n;* ~ое предприя́тие Gróßbetrieb *m;* ~ый промы́шленник Gróßindustrieller *m;* ~ая промы́шленность Gróßindustrie *f;* ~ый сельскохозя́йственный коопера́тив genóssenschaftlicher Gróßbetrieb der Lándwirtschaft

культу́ра *ж* Kultúr *f* ○ высо́кая нра́вственная и полити́ческая ~a éine hóhe morálische und polítische Kultúr; наро́дная ~a Vólkskultur; национа́льная ~a nationále Kultúr, Nationálkultur; ~a обслу́живания Qualität der Díenstleistungen; Verkáufsund Gáststättenkultur (*в торго́вле и рестора́нах*); передова́я ~a fórtschrittliche Kultúr; социалисти́ческая ~a sozialístische Kultúr ● ~a, многообра́зная по свои́м национа́льным фо́рмам in íhren nationálen Fórmen víelfältige Kultúr; ~a произво́дства Produktiónskultur; Kultúr am Árbeitsplatz; Дворе́ц ~ы Kultúrpalast *m;* делега́ция де́ятелей ~ы Kultúrdelegation *f;* де́ятели ~ы Kultúrschaffende *pl;* Дом ~ы Kultúrhaus *n;* па́мятник ~ы Kultúrdenkmal *n;* по́длинный расцве́т ~ы échtes Aufblühen der Kultúr; упа́док ~ы Kultúrverfall *m* ■ развива́ть ~у die Kultúr fördern [wéiterentwickeln]

культу́рн||ый kulturéll, Kultúr// ○ ~ое достоя́ние Kultúrgut *n;* междунаро́дные ~ые свя́зи kulturélle Auslandsbeziehungen; ~ое насле́дие Kultúrerbe *n;* ~ый обме́н Kultúraustausch *m;* ~ые учрежде́ния kulturélle Éinrichtungen ● повыше́ние ~ого у́ровня Hébung des kulturéllen Niveaus [-'vo:s]

курс м Kurs *m* ○ вну́тренне- и внешнеполити́ческий ~ ínnen- und áußenpolitischer Kurs; вои́нственный ~ militánter [kríegerischer] Kurs; жёсткий ~ hárter Kurs; неве́рный [оши́бочный] ~ fálscher Kurs; неоколониали́стский ~ neokolonialísti-scher Kurs; неприкры́тый реванши́стский ~ únverhüllter Kurs des Revanchísmus [revanʃís-]; обме́нный ~ (валю́ты) Wéch-selkurs; прове́ренный [испы́танный] ~ bewährter Kurs; проводи́мый ~ verfólgter Kurs; прокапиталисти́ческий ~ prokapita-lístischer Kurs; экспансиони́стский ~ expansionístischer Kurs ● ~ а́кций Áktienkurs; ~ валю́ты Währungskurs; ~ го́нки вооруже́ний Hóchrüstungskurs; ~ на интенсифика́цию обще́ственного произво́дства Kurs auf die Intensivíerung [-v-] der geséllschaft-lichen Produktíon; ~ на обостре́ние напряжённости Kurs auf Ánheizen [auf Verschärfung] der Spánnungen; ~ на подры́в разря́дки Kurs auf Untergrábung der Entspánnung; ~, напра́вленный на конфронта́цию auf Konfrontatión orientíerter Kurs; ~ на усиле́ние конфронта́ции Kurs der verstärkten Konfrontatión; ~ на ускоре́ние Kurs auf Beschléunigung; ~, прони́кнутый милитари́змом и шовини́змом von Militarísmus und Chauvinísmus [ʃovi-] durchdrúngener Kurs; ~ са́нкций и бойко́та Kurs der Sanktiónen und des Boykótts; ~, чрева́тый серьёзными междунаро́дными осложне́ниями Kurs, der die Gefáhr érnster interna-tionáler Komplikatiónen in sich birgt; измене́ние полити́ческого ~а ,polítischer Kúrswechsel; сполза́ние на авантюристи́ческий ~ Abgleiten auf éinen abentéuerlichen Kurs ■ взять ~ на что-л. Kurs auf etw. (A) néhmen; взять ~ на ло́мку сложи́вшегося соотноше́ния сил éinen Kurs auf die Zerstörung des entstándenen Kräfteverhältnisses éinschlagen [néhmen]; держа́ть ~ на что-л. Kurs auf etw. (A) hálten; заста́вить кого́-л. сверну́ть с ~а j-n zwíngen von séinem Kurs ábzugehen; навя́зывать свой ~ séinen

135

Kurs áufdrängen; опра́вдывать ~ на вооруже́ние den Rüstungs-
kurs réchtfertigen; определя́ть внешнеполити́ческий ~ den
áußenpolitischen Kurs bestímmen; отказа́ться от ~а на го́нку
вооруже́ний auf den Kurs des Wéttrüstens verzíchten; sich vom
Hóchrüstungskurs distanzíeren; отойти́ от пре́жнего ~а vom
früheren Kurs ábweichen; претворя́ть уве́ренно и после́дователь-
но в жизнь ~ на... den Kurs auf... únbeirrt und konsequént verwírklichen; приде́рживаться како́го-л. ~а éinen Kurs verfólgen;
проводи́ть но́вый ~ éinen néuen Kurs stéuern; противопостав-
ля́ть поли́тике си́лы свой после́довательный ~ на сотру́дничест-
во der Politík der Stärke éinen konsequénten Kurs der Zusámmenarbeit entgégenstellen; сорва́ть ~ на конфронта́цию den Konfrontatiónskurs veréiteln; уси́ливать ~ на конфронта́цию den
Konfrontatiónskurs verstärken; ~ на конфронта́цию вызыва́ет
расту́щую озабо́ченность der Konfrontatiónskurs [der Kurs auf
Konfrontatión] ruft wáchsende Besórgnis hervór; ~ на разря́дку
напряжённости отчётливо проявля́ется в дела́х прави́тельства
der Kurs auf die Entspánnung tritt déutlich in den Aktiónen der
Regíerung zutáge; ~ на го́нку вооруже́ний обречён на прова́л
der Kurs auf das Wéttrüsten ist zum Schéitern verúrteilt

Л

    ла́гер‖ь м Láger n ○ демократи́ческий ~ъ demokrátisches
Láger; империалисти́ческий ~ъ imperialístisches Láger; кон-
центрацио́нный ~ъ Konzentratiónslager; пионе́рский ~ъ Pioníer-
lager; трудово́й ~ъ Árbeitslager ● ~ъ бе́женцев Flüchtlingslager;
~ъ военнопле́нных Kríegsgefangenenlager; ~ъ капитали́зма
Láger des Kapitalísmus; ~ъ ми́ра Fríedenslager; ~ъ социали́зма
Láger des Sozialísmus ■ дели́ться на противополо́жные ~и in
gégensätzliche Láger getéilt sein; примкну́ть к чужо́му ~ю éinem
frémden Láger béitreten; расколо́ться на не́сколько ~ей (*груп-
пиро́вок*) sich in méhrere Láger spálten; он перешёл в друго́й
~ъ *перен.* er ist ins ándere Láger übergewechselt
    лауреа́т м Préisträger m ~ Госуда́рственной пре́мии
Stáatspreisträger; ~ Ле́нинской пре́мии Lénin-Préisträger; ~ меж-
дунаро́дного ко́нкурса Préisträger éines internatiónalen Wétt-
bewerbs; ~ междунаро́дного фестива́ля Préisträger des interna-

tionálen Festivals; ~ Междунаро́дной пре́мии Ми́ра Träger des Internationálen Friedenspreises; ~ Национа́льной пре́мии (*ГДР*) Nationálpreisträger; ~ Нóбелевской пре́мии ми́ра Träger des Friedensnobelpreises; ~ пре́мии Ле́нинского комсомóла Träger des Préises des Léninschen Komsomól; зва́ние ~a Títel éines Préisträgers; почётный знак ~a Ле́нинской пре́мии Ehrenzeichen éines Trägers des Lénin-Préises ■ присвóить комý-л. зва́ние ~a j-m den Títel éines Préisträgers verléihen

ле́в‖ый Links‖ ○ ~ый блок Línksblock *m;* ~ая коали́ция Línkskoalition *f;* ~ая па́ртия Línkspartei *f;* ~ые си́лы línke Kräfte; ~ые экстреми́сты Línksextremisten *pl*

ле́кци‖я ж Vórlesung *f* ○ вступи́тельная ~я Éinführungsvorlesung, éinführende Vórlesung; обзóрная ~я Überblicksvorlesung; обобща́ющая ~я zusámmenfassende Vórlesung; обяза́тельная ~я obligatórische Vórlesung, Pflíchtvorlesung; публи́чная ~я öffentliche Vórlesung; факульта́тивная ~я fakultative Vórlesung ● ~я о междунарóдном положе́нии Vórlesung über die internationále Láge; курс ~й Vórlesungszyklus *m* ■ объяви́ть ~ю éine Vórlesung ánkündigen; переноси́ть ~ю éine Vórlesung verschíeben [verlégen]; посеща́ть ~и Vórlesungen besúchen; чита́ть ~ю éine Vórlesung hálten

ле́топис‖ь ж Chronik ['kro:-] *f* ○ дре́вняя ~ь álte Chrónik; истори́ческая ~ь Geschíchtschronik; подрóбная ~ь áusführliche Chrónik; пóлная ~ь vóllständige Chrónik; средневекóвая ~ь míttelalterliche Chrónik ● ~ь гóрода Chrónik éiner Stadt ■ войти́ в ~ь in die Annálen éingehen; спра́виться в ~и in éiner Chrónik náchschlagen; ссыла́ться на ~ь éine Chrónik als Quélle ángeben; ~ь сообща́ет об э́том фа́кте die Chrónik hat díese Tátsache überlíefert; э́то собы́тие отме́чено в ~и díeses Eréignis ist in der Chrónik áufgezeichnet [erhálten geblíeben]

ли́дер м Führer *m* ○ испы́танный ~ bewährter Führer; духóвный ~ géistiger Führer; профсоюзный ~ Gewérkschaftsführer ● ~ на́ции Führer éiner Nation; ~ оппози́ции Oppositiónsführer; ~ парла́ментского большинства́ Führer der Parlaméntsmehrheit; ~ па́ртии Führer éiner Partéi; ~ социали́стов Sozialístenführer; ~ фра́кции (*в парла́менте*) Fraktiónsführer ■ признава́ть когó-л. ~ом j-n als Führer ánerkennen

ликвида́ци‖я ж Liquidíerung *f*, Beséitigung *f* ○ доброво́льная ~я (*напр. фи́рмы*) fréiwillige Liquidatión; принуди́тельная ~я Zwángsliquidation ● ~я апарте́ида Beséitigung der Apártheid

137

'[-heit] ;   ~я военных баз на чужих территориях Auflösung [Liquidierung] der Militärstützpunkte auf fremdem Territorium; ~я договора Aufhebung eines Vertrages; ~я задолженности Begleichung der Schulden; ~я колониализма Liquidierung des Kolonialismus; ~я кулачества как класса Beseitigung des Kulakentums als Klasse; ~я неграмотности Alphabetisierung *f;* ~я опасности Beseitigung [Abwendung] einer Gefahr; ~я отставания Aufholung der Rückstände; ~я отсталости *(страны)* Beseitigung der Unterentwicklung; ~я последствий второй мировой войны Beseitigung der Überreste des zweiten Weltkrieges; ~я предприятия Auflösung [Liquidation] eines Betriebes; ~я рабства Abschaffung der Sklaverei [-v-];   ~я расовой дискриминации Beseitigung der Rassendiskriminierung

линия *ж* Linie *f,* Tendenz *f* ○ генеральная ~я Generallinie; демаркационная ~я Demarkationslinie; основная ~я Trend *m,* Grundtendenz *f;* партийная ~я Parteilinie; ясная, чёткая ~я в международных делах klare und eindeutige Linie in den internationalen Angelegenheiten ● ~я поведения Verhaltensweise *f;* ~я развития Entwicklungslinie ■ выдерживать твёрдо эту ~ю unbeirrt an dieser Linie festhalten; идти по восходящей ~и sich aufwärts entwickeln, in Aufwärtsentwicklung begriffen sein; идти по ~и наименьшего сопротивления den Weg des geringsten Widerstandes gehen; находиться на ~и водораздела между двумя общественными системами an der Trennlinie zwischen den beiden Gesellschaftssystemen stehen; не отступать от какой-л. определённой ~и nicht von einer bestimmten Linie abweichen; одержать победу по всей ~и auf der ganzen Linie siegen; проводить принципиальную и конструктивную ~ю eine prinzipielle und konstruktive Linie verfolgen; проводить свою ~ю seine Linie durchführen [durchsetzen];   работать по профсоюзной ~и auf gewerkschaftlichem Gebiet arbeiten; в докладе не было чёткой ~и im Vortrag war keine klare Linie zu erkennen

литература *ж* Literatur *f* ○ бульварная ~a Schundliteratur; детская ~a Kinderliteratur; массовая ~a Massenliteratur; массово-политическая ~a massenpolitische Literatur; методическая ~a methodische Literatur; мировая ~a Weltliteratur; научная ~a wissenschaftliche Literatur; научно-популярная ~a populärwissenschaftliche Literatur; научно-фантастическая ~a wissenschaftlich-phantastische Literatur; общественно-политическая ~a gesellschaftspolitische Literatur; патентная ~a Patentliteratur;

педагоги́ческая ~а pädagógische Literatúr; сове́тская ~а Sowjétliteratur; специа́льная ~а Fáchliteratur; спра́вочная ~а Nachschlagewerke *pl;* уче́бная ~а Stúdienliteratur, Áusbildungsliteratur; уче́бно-педагоги́ческая ~а pädagógische Fáchliteratur; худо́жественная ~а schöngeistige Literatúr, Belletrístik *f* ● ~а для молодёжи Júgendliteratur; вид ~ы Literatúrgattung *f,* Literatúrart *f;* тео́рия ~ы Literatúrtheorie *f*

литерату́рн‖ый literárisch, Literatúr// ○ ~ая виктори́на literárisches Wíssenstoto, Literatúrquiz [-kvis] *n;* ~ая диску́ссия Literatúrdiskussion *f;* ~ый ди́спут literárisches Stréitgespräch, literárischer Dísput; ~ый журна́л Literatúrzeitschrift *f;* ~ая кри́тика Literatúrkritik *f;* ~ые круги́ literárische Kréise; ~ое насле́дие literárischer Náchlaß; ~ый обме́н Literatúraustausch *m;* ~ый о́браз literárische Gestált; ~ый па́мятник Literatúrdenkmal *n;* ~ое произведе́ние literárisches Werk; ~ое тече́ние literárische Strömung; ~ое тво́рчество literárisches Scháffen; ~ый язы́к Literatúrsprache *f* ● спи́сок ~ых исто́чников Literatúrnachweis *m*

лице́нз‖ия *ж* Lizénz *f* ○ и́мпортная ~я Éinfuhrlizenz, Impórtlizenz; пате́нтная ~я Paténtlizenz; проста́я ~я éinfache Lizénz; экспо́ртная ~я Áusfuhrlizenz, Expórtlizenz ● ~я на произво́дство Fértigungslizenz, Hérstellungslizenz; ~я на технологи́ческий проце́сс Verfáhrenslizenz; держа́тель ~и Lizénznehmer *m,* Lizénzinhaber *m* ■ выдава́ть ~ю éine Lizénz ertéilen; заказа́ть ~ю на что-л. die Lizénz für etw. beántragen; лиши́ть кого́-л. ~и j-m die Lizénz entzíehen; получи́ть ~ю éine Lizénz erhálten; производи́ть маши́ны по ~ и Maschínen in Lizénz hérstellen

лиц‖о́ с *(человек)* Persón *f,* Mann *m* ○ влия́тельное ~о́ éinflußreiche Persón; гражда́нские ли́ца Zivílpersonen [-v-] *pl;* дове́ренное ~о́ Vertráuensmann, Vertráuensperson; Wählervertreter *m (на выборах);* должностно́е ~о́ Amtsperson, Beámte *sub m;* léitender Mítarbeiter; заинтересо́ванное ~о́ interessíerte Persón; интерни́рованные ли́ца internierte Persónen; недееспосо́бное ~о́ níchtgeschäftsfähige Persón; нежела́тельное ~о́ únerwünschte Persón; *лат.* Persóna non gráta; официа́льное ~о́ Ámtsperson; подставно́е ~о́ Stróhmann, Míttelsmann; све́дущее ~о́ sáchkundige Persón; сопровожда́ющие ли́ца Begléitung *f,* begléitende Persönlichkeiten; уполномо́ченные ли́ца bevóllmächtigte Persónen; ча́стное ~о́ Privátperson [-v-]; юриди́ческое ~о́ juristische Persón ● ли́ца без гражда́нства Stáatenlose *pl;* ли́ца, получа́ющие посо́бие по безрабо́тице Empfänger von Arbeitslosenunterstützung;

лица свобо́дных профе́ссий freiberuflich Tätige; Freiberufliche *pl*, Vertréter freier Berufe; в ка́честве официа́льного ~á in ámtlicher Eigenschaft; наказа́ние вино́вных лиц Bestráfung der Schúldigen; невзира́я на ли́ца óhne Ansehen der Persón ■ говори́ть что-л. от ~á кого́-л. etw. in j-s Námen ságen

ли́чность *ж* Persönlichkeit *f*, Persón *f* ○ ви́дная ~ь prominénte Persönlichkeit; све́тлая ~ь schöne Séele, édler Mensch; тёмная ~ь verdächtige [zwéifelhafte] Persón; я́ркая ~ь hervórragende Persönlichkeit ● культ ~и Persónenkult *m;* неприкосно-ве́нность ~и die Únantastbarkeit [Únverletzlichkeit] der Persón; психоло́гия ~и Psychologíe der Persönlichkeit; разви́тие ~и Persönlichkeitsentwicklung *f;* расцве́т ~и Entfáltung der ménschlichen Persönlichkeit; свобо́да ~и Fréiheit der Persönlichkeit; формирова́ние ~и Heráusbildung der Persönlichkeit, Persönlichkeitsformung *f* ■ стать ~ью sich zu éiner Persönlichkeit entwíckeln; удостове́рить свою́ ~ь sich áusweisen

ли́чный persönlich ○ ~ое де́ло Personálakte *f;* ~ые доку-ме́нты Personálpapiere *pl;* ~ый конта́кт persönlicher Kontákt; ~ая материа́льная заинтересо́ванность persönliche materiélle Interessíertheit; ~ое мне́ние persönliche Méinung; ~ая нажи́ва persönliche Beréicherung; ~ая неприкоснове́нность die Únantastbarkeit [Únverletzlichkeit] der Persón; ~ое ору́жие persönliche Wáffe; ~ая отве́тственность persönliche Verántwortung; ~ая перепи́ска priváter [-v-] Schríftverkehr; ~ые права́ persönliche Réchte; ~ый представи́тель persönlicher Vertréter; ~ая со́б-ственность persönliches Eigentum; ~ый соста́в Personál *n*, Personálbestand *m;* ~ый счёт Privátkonto *n*, persönliches Kónto ● по ~ому де́лу in persönlicher Angelegenheit; по ~ому указа́нию auf persönliche Wéisung

лише́ние *с* Áberkennung *f*, Entzúg *m* ● ~е гражда́нских прав Áberkennung der bürgerlichen Réchte; ~е гражда́нства der Entzúg der Stáatsbürgerschaft; ~е избира́тельных прав Áberkennung [Entzúg] des Wáhlrechts; ~е како́го-л. зва́ния die Áberkennung éines Títels; ~е манда́та Áberkennung éines Mandáts; ~е награ́ды Áberkennung éiner Áuszeichnung; ~е насле́дства Entérbung *f;* ~е пра́ва го́лоса Entzúg des Stímmrechts; ~е пре́-мии Prämienentzug; ~е роди́тельских прав Entzúg der Elternrechte; ~е свобо́ды Fréiheitsentzug, Fréiheitsstrafe *f;* постанов-ле́ние о ~и прав Áberkennungsurteil *n*

ло́жн‖ый falsch, Trug// ○ ~ое восприя́тие fálsche Wáhrnehmung, Trúgbild *n;* ~ый вы́вод Trúgschluß *m;* ~ая го́рдость fálscher Stolz; ~ый доно́с verléumderische Denunziatión, fálsche Anschúldigung; ~ое показа́ние Fálschaussage *f;* ~ое свиде́тельство fálsches Zéugnis; ~ая скро́мность fálsche [gespíelte] Beschéidenheit; ~ые слу́хи únwahre Gerüchte; ~ый стыд fálsche Scham; ~ая трево́га blínder Alárm; ~ый шаг Féhltritt *m,* fálscher Schritt

ложь *ж* Lüge *f* ○ беспардо́нная ~ fréche Lüge; вопию́щая ~ fáustdicke Lüge; вы́нужденная ~ Nótlüge; глу́пая ~ álberne Lüge; на́глая ~ únverschämte Lüge; неуклю́жая ~ plúmpe Lüge; преднаме́ренная ~ Zwécklüge; я́вная ~ óffensichtliche Lüge ● ~ во спасе́ние frómme Lüge; ~ о мни́мой угро́зе Lüge von éiner ángeblichen Bedróhung, Bedróhungslüge; дете́ктор лжи Lügendetektor *m* ■ запу́таться во лжи sich in Lügen verstrícken; распространя́ть ~ die Lüge verbréiten; уличи́ть кого́-л. во лжи j-n der Lüge überführen

ло́зунг *м* Lósung *f,* Paróle *f* ○ боево́й ~ kämpferische Lósung [Paróle]; полити́ческий ~ polítische Lósung; предвы́борный ~ Wáhllosung; псевдореволюцио́нные ~и pséudorevolutionäre Lósungen; реакцио́нный ~ reaktionäre Lósung [Paróle] ● ~ дня die Lósung des Táges; ~ забасто́вки Stréiklosung; под ~ом únter der Lósung вы́двинуть ~ éine Lósung aufstellen; прикрыва́ться демагоги́ческими ~ами sich mit demagógischen Paróren tárnen; сканди́ровать ~ éine Lósung im Spréchchor [-,ko:r] rúfen; ~ гласи́л die Paróle láutete

лорд *м* Lord *m* ● ~-ка́нцлер Lord-Kánzler *m;* ~-мэр Lord-Mayor [-,me:ər] *m;* ~-храни́тель печа́ти Lórdsiegelbewahrer *m;* пала́та ~ов Óberhaus *n*

льго́т‖а *ж* Vergünstigung *f,* Béihilfe *f,* Ermäßigung *f* ○ догово́рная ~а vertrágliche Vergünstigung; нало́говая ~a Stéuervergünstigung; тамо́женная ~a Zóllbegünstigung ● ~ы бере́менным же́нщинам Vergünstigungen für Schwángere; ~ы для рабо́тников отда́лённых райо́нов Vergünstigungen für Beschäftigte in entlégenen Gebíeten; ~a на иждиве́нцев Stéuerermäßigung für die zu unterháltenden Persónen; ~ы обуча́ющимся без отры́ва от произво́дства Vergünstigungen für Férnstudenten; ~ы по пенсио́нному обеспе́чению Réntenvergünstigungen *pl;* ~ы уча́стникам войны́ Béihilfe für Kríegsteilnehmer; ~ы уча́щимся Stúdienvergünstigungen *pl,* Stúdienbeihilfe; предоставле́ние социа́льных льгот die Gewährung soziáler Vergünstigungen ■ добива́ться льгот

141

Vergünstigungen erlángen; получи́ть ~ы Vergünstigungen erhálten; предоставля́ть кому́-л. ~ы j-m Vórzugsrechte éinräumen, j-m Vergünstigungen gewähren

льго́тн‖ый ermäßigt, vergünstigt ○ ~ый биле́т ermäßigte Fáhrkarte; ~ая по́шлина Präferenzzoll *m;* ~ый прое́зд ermäßigte Fahrt; ~ый тари́ф ermäßigter Taríf; ~ие усло́вия Vórzugsbedingungen *pl;* ~ые це́ны Vórzugspreise *pl*

люби́тел‖ь *м* Ánhänger *m,* Freund *m* ●~и вое́нных авантю́р Ánhänger militärischer Abenteuer; ~и вся́кого ро́да лёгкой нажи́вы álle möglichen Fréunde léichten Géldverdienens; ~ь му́зыки Musíkfreund, Musíkfan [-fɛn] *m,* ~ь теа́тра Theáterfreund, Theáterfreund *m;* ~ь футбо́ла Fúßballfreund, Freund des Fúßballs, Fúßballfan

лю́д‖и *мн.* Ménschen *pl,* Léute *pl* ○ делов‎ы́е ~и Geschäftsleute; зна́тные ~и на́шей страны́ ángesehene Ménschen únseres Lándes; инициати́вные ~и Ménschen mit viel Initiatíve, tátkräftige Ménschen; неосведомлённые ~и Úneingeweihte *pl;* несве́дущие ~и úninformierte Ménschen; первобы́тные ~и Ménschen der Úrgemeinschaft, Úrmenschen; полити́чески зре́лые ~и polítisch réife Ménschen; сове́тские ~и Sowjétmenschen ●~ до́брой во́ли Ménschen gúten Wíllens; ~и нау́ки Wíssenschaftler *pl;* ~и, облада́ющие организа́торскими спосо́бностями Ménschen, die über organisatórische Fähigkeiten verfügen; ~и ра́зной социа́льной, полити́ческой, религио́зной принадле́жности Ménschen verschíedener soziáler, polítischer und religiöser Zúgehörigkeit; ~и труда́ wérktätige Ménschen, Wérktätige *pl;* многомиллио́нные ма́ссы ~е́й труда́ nach víelen Millió́nen zählende wérktätige Ménschen; ~и у́мственного труда́ Géistesschaffende *pl;* интере́с к ~ям Interésse am Ménschen, Interésse für die Ménschen; любо́вь к ~ям Ménschenliebe *f* ■ воодушевля́ть ~е́й на строи́тельство но́вой жи́зни die Ménschen für den Áufbau éines néuen Lébens begéistern; побужда́ть ~е́й рабо́тать с максима́льной отда́чей die Ménschen zu höchster Léistung [zu höchstem Éinsatz] ánspornen

M

максима́льн‖ый maximál, Höchst‖, Maximál‖ ○ ~ое испо́льзование рабо́чего вре́мени éine maximále Áusnutzung der Árbeitszeit; ~ая мо́щность Spítzenleistung f; ~ое повыше́ние произво́дства maximále Stéigerung der Produktión; ~ое потребле́ние Höchstverbrauch m; ~ая при́быль Maximálprofit m; ~ый спрос Höchstbedarf m; ~ый срок Höchstdauer f; ~ое тре́бование maximále Fórderung; ~ое удовлетворе́ние потре́бностей населе́ния maximále Befríedigung der Bedürfnisse der Bevölkerung; ~ый у́ровень Höchststand m; ~ые уси́лия größte Ánstrengungen

манда́т *m* Mandát *n* ○ депута́тский ~ Ábgeordnetenmandat; междунаро́дный ~ internationáles Mandát ● ~ на коло́нию *ист.* koloniáles Mandát; страна́, име́ющая ~ (*на управле́ние какой-л. террито́рией*) Mandatárstaat *m* ■ лиши́ть кого́-л. ~a j-m das Mandát ábsprechen; находи́ться под ~ом únter Mandát stéhen; получи́ть ~ на управле́ние террито́рией das Mandát über ein Territórium bekómmen; продли́ть ~ на определённый срок das Mandát für éinen bestímmten Zéitraum verlängern

манёвр *m воен.* Manöver [-v-] *n* ○ кру́пные ~ы gróßangelegte Manöver; совме́стные ~ы geméinsame Manöver ● ~ы вое́нно-возду́шных сил Manöver der Lúftstreitkräfte; ~ы вое́нно-морско́го фло́та Manöver der Séekriegsflotte; ограниче́ние масшта́бов вое́нных ~ов Begrénzung des Úmfangs der Manöver; переры́в в ~ах Manöverpause f; пери́од ~ов Manöverzeit f; предвари́тельные уведомле́ния о кру́пных вое́нных ~ax vórherige Ánkündigung gróßer Militärmanöver; проведе́ние ~ов Dúrchführung der Manöver; разбо́р ~ов Manöverauswertung f; райо́н ~ов Manövergelände *n*; штаб руково́дства ~ами Manöverstab *m*, Manöverleitung *f* ■ отпра́виться на ~ы ins Manöver zíehen; прибега́ть к разли́чного ро́да ~ам *перен.* verschíedene Manöver [Tricks] ánwenden; ~ы прохо́дят на се́вере страны́ das Manöver fíndet im Nórden des Lándes statt

манифеста́ци‖я *ж* Kúndgebung f, Manifestatión *f* ○ внуши́тельная ~я éindrucksvolle Kúndgebung; грандио́зная ~я überwältigende Kúndgebung; мо́щная ~я máchtvolle Kúndgebung; совме́стная ~я про́тив я́дерного вооруже́ния geméinsame Manifestatión gégen die Kérnwaffenrüstung ● ~я за мир Kúndgebung für den Fríeden, Fríedenskundgebung; ~я про́тив войны́ Kúndgebung gégen den Krieg, Antikríegskundgebung; ме́сто проведе́ния ~и Kúndgebungsort *m*; уча́стник ~и Kúndgebungsteilnehmer *m* ■ организова́ть ~ю éine Kúndgebung veránstalten; принима́ть уча́стие в ~и an éiner Kúndgebung téilnehmen; провести́ ~ю éine Kúndgebung ábhalten

ма́рк‖а *ж* **1.** Ma̋rke *f*, Ze̋ichen *n* ○ ге́рбовая ~a Ste̋mpelmarke, Gebühre̋nmarke; заводска́я ~a Fabri̋kmarke, Fabri̋kzeichen; почто́вая ~a Bri̋efmarke; торго́вая ~a Ha̋ndelsmarke; фабри́чная ~a Fabri̋kmarke ● ~a ста́ли Sta̋hlsorte *f*; проду́кция вы́сшей ~и Spi̋tzenerzeugnisse *pl* ■ обме́ниваться ~ами Bri̋efmarken ta̋uschen **2.** (*денежная единица*) Mark *f* ○ фи́нская ~a Fi̋nnmark (*сокр.* Fmk); ~a ГДР Mark der DDR (*сокр.* M); ~a ФРГ De̋utsche Mark (*сокр.* DM)

маркси́зм *м* Marxi̋smus *m* ○ лега́льный ~ lega̋ler Marxi̋smus; тво́рческий ~ schöpferischer Marxi̋smus ● защи́та ~a от напа́док Verte̋idigung des Marxi̋smus ge̋gen A̋ngriffe; изуче́ние ~a Stűdium des Marxi̋smus; нау́чные вы́воды ~a Erke̋nntnisse des Marxi̋smus; реви́зия ~a Revisiőn des Marxi̋smus

маркси́зм-ленини́зм *м* Marxi̋smus-Lenini̋smus *m* ● осно́вы маркси́зма-ленини́зма Grűndlagen [Grűndlehren] des Marxi̋smus--Lenini̋smus ■ претворя́ть в жизнь иде́и маркси́зма-ленини́зма die Ide̋en des Marxi̋smus-Lenini̋smus in die Tat űmsetzen [verwi̋rklichen]; стоя́ть твёрдо на пози́циях маркси́зма-ленини́зма fest auf dem Sta̋ndpunkt des Marxi̋smus-Lenini̋smus ste̋hen

маркси́ст *м* Marxi̋st *m* ○ выдаю́щийся ~ hervőrragender Marxi̋st; и́стинный ~ wa̋hrer [a̋ufrichtiger] Marxi̋st; после́довательный ~ konseque̋nter Marxi̋st; принципиа́льный ~ prinzipienfester Marxi̋st; убеждённый ~ überze̋ugter Marxi̋st ● пози́ция ~a Ha̋ltung e̋ines Marxi̋sten

маркси́стск‖ий marxi̋stisch ○ ~ий диалекти́ческий ме́тод marxi̋stische diale̋ktische Methőde; ~ая па́ртия marxi̋stische Parte̋i; ~ий филосо́фский материали́зм marxi̋stischer philosőphischer Materiali̋smus ■ подходи́ть к вопро́су с ~ой то́чки зре́ния an e̋ine Fra̋ge vom marxi̋stischen Sta̋ndpunkt aus hera̋ngehen

марш *м* Marsch *m* ○ звёздный ~ Ste̋rnmarsch; побе́дный ~ Si̋egesmarsch; торже́ственный ~ Para̋demarsch; церемониа́льный ~ Para̋demarsch ● ~в защи́ту ми́ра Fri̋edensmarsch; ~ проте́ста Prote̋stmarsch; заде́ржка на ~e *воен.* Ma̋rschstockung *f*; протяжённость ~a Ma̋rschlänge *f* ■ нача́ть Марш ми́ра den Fri̋edensmarsch begi̋nnen; прерва́ть ~ den Marsch unterbre̋chen

ма́ссов‖ый Ma̋ssen‖ ○ ~ые аре́сты Ma̋ssenverhaftungen *pl*; ~ая безрабо́тица Ma̋ssenarbeitslosigkeit *f*; ~ые волне́ния Ma̋ssenunruhen *pl*; ~ые выступле́ния Ma̋ssenaktionen *pl*; ~oe движе́ние Ma̋ssenbewegung *f*; ~ая демонстра́ция Ma̋ssendemonstration *f*; ~ая забасто́вка Ma̋ssenstreik *m*; ~ый ми́тинг Ma̋ssenkundgebung f, Großkundgebung; ~ые пресле́дования Massenverfolgungen pl; ~ое произво́дство Massenproduktion f; ~ые расстре́лы Massenerschießungen pl; ~ое соревнова́ние Massenwettbewerb m; ~ый тира́ж Massenauflage f; ~ое уби́йство Massenmord m; ~ые увольне́ния Massenentlassungen pl; ~ое уничтоже́ние Massenvernichtung f; ~ое уча́стие Massenbeteiligung f; ~ое явле́ние Massenerscheinung f; ору́жие ~ого уничтоже́ния Massenvernichtungswaffe f; това́ры ~ого спро́са Massenbedarfsartikel pl; Massenbedarfsgüter pl

ма́ссы *мн.* (*наро́д*) Massen pl, Masse f ○ наро́дные ~ы Volksmassen; рабо́чие ~ы Arbeiterschaft f; революцио́нные ~ы revolutionäre [-v-] Massen; широ́кие ~ы трудя́щихся bréite wérktätige Massen ● воспита́ние масс die Erziehung der Massen; настрое́ние масс Stimmung der Massen; обнища́ние масс Verélendung der Massen; организа́тор масс Organisator der Massen, Massenorganisator m; отры́в от масс Loslösung von den Massen; под давле́нием масс durch den Druck der Massen; самоде́ятельность масс Initiative der Massen; (само)созна́ние масс Bewußtsein der Massen; связь с ~ами Verbindung zu den Massen, Verbundenheit mit den Massen; уча́стие масс в дела́х о́бщества и госуда́рства Teilnahme der Massen an den Angelegenheiten der Gesellschaft und des Staates ■ всколыхну́ть ~ы die Massen aufwühlen; опира́ться на ~ы sich auf die Massen stützen; соверши́ть переворо́т в созна́нии масс eine Umwälzung im Bewußtsein der Massen herbéiführen

масшта́б *м* Ausmaß *n*, Maßstab *m*, Dimension *f* ○ неви́данный досе́ле ~ bisher nicht gekannte Ausmaße [Dimension]; в большо́м ~е im großen Maßstab; в грандио́зных ~ах in riesigen Ausmaßen; в междунаро́дном ~е in internationalem Maßstab; в мирово́м ~е im Weltmaßstab; во всесою́зном ~е im Unionsmaßstab ● ~ цен Preismaßstab; учёный мирово́го ~а ein Gelehrter von Weltruf ■ применя́ть что-л. в широ́ких ~ах etw. in größerem Umfang anwenden; принима́ть неви́данные ~ы ungeheure Ausmaße annehmen

материали́зм *м* Materialismus *m* ○ анти́чный ~ Materialismus der Antike; буржуа́зный ~ bürgerlicher Materialismus; вульга́рный ~ Vulgärmaterialismus; диалекти́ческий ~ dialektischer Materialismus; домаркси́стский ~ vormarxistischer Materialismus; истори́ческий ~ historischer Materialismus; механи́ческий ~ mechanischer Materialismus ● борьба́ ме́жду идеали́змом и ~ом Kampf zwíschen Idealísmus und Materialísmus; твóрческое развúтие диалектúческого ~a schöpferische Wéiterentwicklung des dialéktischen Materialísmus

материáльн‖ый materiéll, Materiál// ○ ~ая бáза Materiálbasis *f,* materiélle Básis; ~ое благосостоя́ние materiéller Wóhlstand; ~ое вознаграждéние materiélle Vergütung [Anerkennung]; ~ый достáток gútes Áuskommen; ~ая заинтересóванность materiélle Interessíertheit; ~ая отвéтственность materiélle Verántwortung; ~ое производ́ство materiélle Produktión; ~ые резéрвы Materiálreserven *pl;* ~ое снабжéние Materiálversorgung *f* ● производ́ство ~ых цéнностей Produktión materiéller Güter ■ имéть ~ые затруднéния materiélle Sórgen háben; находúться в ~ой завúсимости от когó-л. sich in materiéller Abhängigkeit von j-m befínden, von j-m materiéll ábhängig sein

машúн‖а *ж перен. (организация)* Maschineríe *f* ○ воéнная ~a Kríegsmaschinerie; воéнно-политúческая ~a HÁTO militärisch-polítische Maschineríe der NÁTO; госудáрственная ~a Stáatsmaschinerie; судéбная ~a Geríchtsmaschinerie ● ~a голосовáния Abstimmungsmaschinerie ■ подключúть какую́-л. странý к воéнно-политúческой ~e HÁTO ein Land an die militärisch--polítische Maschineríe der NÁTO kóppeln

междунарóдн‖ый internationál, völkerrechtlich, Völkerrechts// ○ ~ый арбитрáж internationáles Schíedsgericht; ~ая арéна internationále Aréna; ~ый аукцио́н internationále Auktión; ~ая вы́ставка internationále Ausstellung; ~ая дееспосóбность Völkerrechtsfähigkeit *f;* Междунарóдный день защúты детéй Internationáler Kíndertag; Междунарóдный жéнский день Internationáler Fráuentag; ~ый договóр internationáler Vertrág; ~ая защúта национáльных меньшúнств internationáler Schutz nationáler Mínderheiten; ~ая зóна internationále Zóne; ~ая изоляция internationále Isolíerung; ~ый клúмат internationáles Klíma; ~ый конгрéсс internationáler Kongréß; ~ый контрóль internationále Kontrólle; ~ый контрóльный óрган internationáles Kontróllorgan; ~ая конферéнция internationále Konferénz; Междунарóдный Крáсный Крест Internationáles Rótes Kreuz; ~ые масштáбы internationále Dimensíonen; ~ое мореплáвание internationále Séeschiffahrt; ~ая напряжённость internationále Spánnung; ~ый обзóр internationále Úmschau; ~ая обстанóвка internationále Láge; ~ое общéние internationáler Verkéhr; ~ые обы́чаи internationále Gepflógenheiten; ~ые обязáтельства internationále

Verpflíchtungen; ~ая опе́ка internationále Tréuhandschaft; ~ые о́рганы internationále Orgáne; ~ая отве́тственность internationále Verántwortung [Verpflíchtung]; постоя́нный ~ый комите́т ständiges internationáles Komitée; ~ое пра́во Völkerrecht *n;* ~ая пра́ктика internationále Práxis; ~ые проли́вы internationále Méeresstraßen [Méerengen]; ~ое публи́чное пра́во internationáles öffentliches Recht; ~ое разделе́ние труда́ internationále Árbeitsteilung; ~ые разногла́сия internationále Auseinándersetzungen; ~ые расчёты internationáler Záhlungsverkehr; ~ые свя́зи internationále Beziéhungen; ~ая систе́ма опе́ки internationáles Tréuhändersystem; ~ые собы́тия Wéltgeschehen *n;* ~ая солида́рность internationále Solidaritä́t; ~ое соо́бщество internationále Geméinschaft; ~ый спор internationáler [völkerrechtlicher] Stréitfall; ~ый ста́тус internationáler Státus [st-]; ~ая торго́вля internationáler Hándel, Wélthandel *m;* ~ое ча́стное пра́во internationáles Prívatrecht [-v-]; ~ые экономи́ческие отноше́ния internationále Wírtschaftsbeziehungen; ~ое экономи́ческое совеща́ние internationále Wírtschaftskonferenz ● получи́ть широ́кий ~ый резона́нс gróßen internationálen Wíderhall fínden; наруше́ние ~ой стаби́льности Untergrábung der internationálen Stabilitä́t

ме́лк‖ий Klein‖ ○ ~ая буржуази́я Kléinbürgertum *n;* Kléinbourgeoisie [-burʒǫa-]; ~ий крестья́нин Kléinbauer *m;* ~ий потреби́тель Kléinverbraucher *m;* ~ий предпринима́тель Kléinunternehmer *m;* ~ое произво́дство Kléinbetrieb *m;* ~ий со́бственник Kléinbesitzer *m,* Kléineigentümer *m;* ~ая со́бственность Kléinbesitz *m,* Kléineigentum *n;* ~ий торго́вец Kléinhändler *m*

меньшинств‖о́ с Mínderheit *f* ○ национа́льное ~о́ nationále Mínderheit; национа́льные меньши́нства nationále Mínderheiten; незначи́тельное ~о́ kléine Mínderheit; ничто́жное ~о́ verschwíndend kléine Mínderheit; парла́ментское ~о́ Parlaméntsminderheit, parlamentárische Mínderheit; религио́зное ~о́ religiöse Mínderheit; сла́бое ~о́ schwáche Mínderheit ● ~о́ голосо́в Stímmenminderheit; па́ртия ~а́ Mínderheitspartei *f;* прави́тельство ~а́ Mínderheitsregierung *f* ● быть в ~е́ in der Mínderheit sein; ликвиди́ровать госпо́дство эксплуати́рующего ~а́ die Hérrschaft éiner áusbeutenden Mínderheit beséitigen; остава́ться в ~е́ in der Mínderheit bléiben; ~о́ подчини́лось мне́нию большинства́ die Mínderheit fügte sich der Méhrheit

ме́р‖а ж (*мероприятие*) Máßnahme *f* ○ дискриминацио́нные ~ы diskriminíerende Máßnahmen; жесто́кие полице́йские

147

~ы hárte polizéiliche Máßnahmen; наси́льственная ~a Gewált-maßnahme, Zwángsmaßnahme; неотло́жные ~ы dríngende [únaufschiebbare] Máßnahmen; ограничи́тельные ~ы Éinschränkungsmaßnahmen *pl*, éinschränkende Máßnahmen; отве́тная ~a Gégenmaßnahme; превенти́вная ~a Präventívmaßnahme; предвари́тельная ~a vórläufige Máßnahme; предупреди́тельные ~ы vórbeugende Máßnahmen; радика́льные ~ы radikále Máßnahmen; репресси́вные ~ы Unterdrückungsmaßnahmen *pl*, Repressívmaßnahmen, Repressálien *pl;* сопу́тствующие ~ы flankíerende Máßnahmen, Nébenmaßnahmen; сро́чные ~ы Sofórtmaßnahmen, dríngliche Máßnahmen; э́кстренные ~ы áußerordentliche Máßnahmen ● далеко́ иду́щие ~ы по ограниче́нию я́дерного ору́жия wéitgehende Máßnahmen zur Begrénzung der nukleáren Rüstungen; ~ы дове́рия vertráuensbildende Máßnahmen; ~ы обще́ственного возде́йствия Máßnahmen der geséllschaftlichen Éinwirkung; ~ы (по укрепле́нию) дове́рия в вое́нной о́бласти vertráuensbildende Máßnahmen im militärischen Beréich, vertráuensfördernde Máßnahmen auf militärischem Gebíet; ~ы предосторо́жности Sícherheitsmaßnahmen; ~ы, предусмо́тренные Уста́вом ООН in der ÚNO-Chárta [-karta] vórgesehene Máßnahmen; разрабо́тка мер дове́рия Áusarbeitung vertráuensbildender Máßnahmen; распростране́ние мер дове́рия на аквато́рии море́й и океа́нов Áusdehnung vertráuensbildender Máßnahmen auf die Méere und Ózeane; широ́кий спектр мер по укрепле́нию дове́рия и безопа́сности bréites Spéktrum von Máßnahmen für die Féstigung von Vertráuen und Sícherheit ■ вы́работать ко́мплекс мер éinen Kompléx von Máßnahmen erárbeiten; не ограни́чиваться полови́нчатыми ~ами sich nicht auf Hálbheiten beschränken; объяви́ть о широкомасшта́бных ~ах gróßangelegte Máßnahmen bekánntgeben; подде́рживать ~ы укрепле́ния дове́рия и безопа́сности sícherheits- und vertráuensbildende Máßnahmen unterstützen; предлага́ть конкре́тные ~ы konkréte Máßnahmen vórschlagen; приня́ть ~ы Máßnahmen ergréifen [tréffen]; приня́ть отве́тные ~ы для защи́ты свое́й безопа́сности Gégenmaßnahmen zum Schútze séiner Sícherheit ergréifen; распростани́ть ~ы дове́рия на како́й-л. регио́н vertráuensbildende Máßnahmen auf éine Región áusdehnen; рассмотре́ть практи́ческие ~ы по предотвраще́нию опа́сности внеза́пного нападе́ния práktische Máßnahmen zur Abwéndung der Gefáhr éines Überráschungsangriffes erörtern; расширя́ть зо́ны мер дове́рия die

Zónen für vertráuensbildende Máßnahmen erwéitern; согласóвывать ~ы Máßnahmen veréinbaren

мероприя́ти||**е** с Máßnahme f, Veránstaltung f ○ законода́тельные ~я gesétzgebende Máßnahmen; кру́пное ~е Gróßveranstaltung; культу́рное ~e Kultúrveranstaltung; ма́ссовое ~e Má́ssenveranstaltung; организацио́нные ~я organisatórische Máßnahmen; профилакти́ческие ~я Vorbeugungsmaßnahmen pl, vórbeugende Máßnahmen; спорти́вное ~e Spórtveranstaltung ● ~я по охра́не труда́ Arbeitsschutzmaßnahmen pl; ~я по повыше́нию квалифика́ции персона́ла Qualifizíerungsmaßnahmen für das Personál; ~я, посвящённые па́мяти кого́-л. die Máßnahmen zur Würdigung (G)

ме́стн||**ый** örtlich, Orts//, Lokal// ○ ~ая власть Lokálbehörden; ~ое вре́мя Órtszeit f; ~ая газе́та Lokálblatt n; ~ый жи́тель Ortsbewohner m, Éinwohner; ~ый кли́мат Kléinklima n; ~ый (профсою́зный) комите́т Gewérkschaftsleitung f; ~ый обы́чай Ortsbrauch m; ~ый патриоти́зм Lokálpatriotismus m; ~ая печа́ть Lokálpresse f; ~ая промы́шленность örtliche Industríe; ~ое сообще́ние Ortsverkehr m

ме́ст||**о** с Platz m, Ort m, Stélle f, Sitz m ○ больно́е ~о перен. wúnder Punkt; вака́нтное ~о únbesetzte [fréie] Stélle; зако́нное ~о legitímer Platz; постоя́нное ~о жи́тельства ständiger Wóhnsjtz; почётное ~о Éhrenplatz; рабо́чее ~о Árbeitsplatz; у́зкое ~о Engpaß m ● ~о де́йствия Tátort, Hándlungsort; ~о назначе́ния Bestímmungsort; ~о постоя́нного пребыва́ния ständiger Áufenthaltsort; ~о постоя́нного пребыва́ния (организации) ständiger Sitz (einer Organisation); ~о рабо́ты Árbeitsstelle, Árbeitsstätte f; ~о руководи́теля Stélle éines Léiters; власть на ~áx lokále Behörden ■ вы́йти на пе́рвое ~о den érsten Platz belégen; занима́ть приорите́тное ~о éinen vórrangigen Platz éinnehmen; иска́ть ~о éinen Platz [éine Árbeitsstelle] súchen; отводи́ть осо́бое ~о но́вым предложе́ниям прави́тельства den jüngsten Vórschlägen der Regíerung éinen besónderen Platz éinräumen; получи́ть ~о éine Stélle [Árbeit] bekómmen; топта́ться на ~е перен. auf der Stélle tréten

ме́тод м Methóde f, Verfáhren n ○ высокопроизводи́тельный ~ Hóchleistungsverfahren; маркси́стский диалекти́ческий ~ marxístische dialéktische Methóde; метафизи́ческий ~ metaphýsische Methóde; нау́чный ~ wíssenschaftliche Methóde; нова́торский ~ Néuerermethode; передовы́е ~ы труда́ fórtgeschrittene Árbeitsmethoden; предпочти́тельный ~ Vórzugsmethode;

149

престу́пные и бесче́стные ~ы verbrécherische und schändliche Methóden ● ~ воспита́ния Erzíehungsmethode; ~ изготовле́ния Fértigungsverfahren, Hérstellungsverfahren; ~ испыта́ния Prüfverfahren; ~ контро́ля Kontróllverfahren, Prüfverfahren; ~ обслу́живания Bedíenungsmethode; ~ обуче́ния Léhrmethode; ~ плани́рования Plánungsmethode; ~ы принужде́ния Zwángsmaßnahmen *pl*; ~ прогнози́рования Prognóseverfahren; ~ произво́дства Produktiónsverfahren; ~ рабо́ты Árbeitsmethode, Arbeitsweise *f*; ~ сравне́ния Vergléichsverfahren; ~ убежде́ния Methóde der Überzéugung; внедре́ние но́вых ~ов в произво́дство Einführung néuer Produktiónsmethoden; ~ы управле́ния befehlsmäßig-administratíve Methóden der Léitung ■ заменя́ть устаре́вшие ~ы хозя́йствования но́выми überlébte Methóden der Wírtschaftsführung durch néue ersétzen; отказа́ться от устаре́вших ~ов veráltete [überhólte] Methóden áufgeben; применя́ть ~ éine Methóde ánwenden; рабо́тать по своему́ ~у nach éigener Methóde árbeiten; разраба́тывать ~ éine Methóde entwíckeln [áusarbeiten]; совершéнствовать ~ éine Methóde vervóllkommnen

механиза́ци‖я *ж* Mechanisíerung *f* ○ ко́мплексная ~я kompléxe Mechanisíerung; ма́лая ~я Kléinmechanisíerung; по́лная ~я Vóllmechanisíerung; части́чная ~я Téilmechanisíerung ● ~я о́трасли промы́шленности Mechanisíerung éines Industríezweiges; ~я труда́ Mechanisíerung der Arbeit; ~я трудоёмких рабо́т Mechanisíerung áufwendiger Árbeiten [der Árbeiten mit hóhem Árbeitsaufwand]; высо́кий у́ровень ~и hóher Mechanisíerungsgrad; сре́дства ~и Mechanisíerungsmittel *pl* ■ уско́рить проце́сс ~и den Mechanisíerungsprozeß beschléunigen

механи́зм *м* (*структура*) Mechanísmus *m* ○ бюрократи́ческий ~ bürokrátischer Mechanísmus, Mechanísmus der Bürokratíe; госуда́рственный ~ staatlicher Mechanísmus [Apparát]; произ-во́дственный ~ Produktiónsmechanismus; хозя́йственный ~ Wírtschaftsmechanismus ● ~ конкуре́нции Konkurrénzmechanismus; ~ управле́ния Léitungsmechanismus; перестро́йка хозя́йственного ~а Úmgestaltung des Wírtschaftsmechanismus ■ разверну́ть широ́ким фро́нтом перестро́йку хозя́йственного ~а die Úmgestaltung des Wírtschaftsmechanismus auf bréiter Front vorántreiben

милитари́зм *м* Militarísmus *m* ○ оголте́лый ~ zügelloser Militarísmus; пру́сский ~ préußischer Militarísmus ● ликвида́ция ~а

Beseitigung des Militarísmus ■ боро́ться про́тив возрожда́ющего-
ся ~a gégen den wiedererstehenden Militarísmus kämpfen; воз-
рожда́ть ~ den Militarísmus wiedererstehen lássen; останови́ть
си́лы ~a den Kräften des Militarísmus Éinhalt gebíeten

милитари́стский militarístisch ○ ~e взгля́ды militarístische
Ánsichten; ~e круги́ militarístische Kréise; ~е настрое́ния militarístische Stímmungen; ~e си́лы militarístische Kräfte; ~й уга́р
militarístischer Táumel; ~e устремле́ния militarístische Ambi-
tiónen

минима́льн‖ый Míndest‖, Minimál‖ ○ ~ый взнос Míndestbeitrag *m;* ~ый дохо́д Míndesteinkommen *n;* ~ая за́работная
пла́та Míndestlohn *m;* ~ый окла́д Míndestgehalt *n;* ~ая продол-
жи́тельность Míndestdauer *f;* ~ая производи́тельность Míndest-
leistung(sfähigkeit) *f;* ~ый разме́р Míndestmaß *n;* ~ая ста́вка
Míndestsatz *m;* ~ое тре́бование Míndestforderung *f,* Minimál-
forderung; ~ая цена́ Míndestpreis *m*

ми́нимум *м* Mínimum *n* ○ прожи́точный ~ Existénzminimum.
● ~ за́работной пла́ты Lóhnminimum, Míndestlohn *m;* ~ зна́ний
Mínimum an Kénntnissen ■ свести́ до ~a auf ein Míndestmaß
beschränken [reduzíeren]; сокраща́ться до ~a auf ein Mínimum
zusámmenschrumpfen

министе́рство *c* Ministérium *n* ○ общесою́зное ~ Unións-
ministerium; отраслево́е ~ Fáchministerium, Zwéigministerium;
сою́зно-республика́нское ~ Unións- und Republíkministerium
● Министе́рство авиацио́нной промы́шленности Ministérium
für Flúgzeugindustrie; Министе́рство автомоби́льной промы́ш-
ленности Ministérium für Kráftfahrzeugindustrie; Министе́рство
вне́шних экономи́ческих свя́зей Ministérium für Außenwirtschafts-
beziehungen; Министе́рство вну́тренних дел Ministérium des
Ínnern; Министе́рство вы́сшего и сре́днего специа́льного обра-
зова́ния Ministérium für Hóch- und Fáchschulwesen; Министе́р-
ство гражда́нской авиа́ции Ministérium für zivíle Lúftfahrt; Ми-
нисте́рство здравоохране́ния Ministérium für Gesúndheitswesen;
Министе́рство иностра́нных дел Ministérium für Áuswärtige
Angelegenheiten, Außenministerium; Министе́рство культу́ры
Ministérium für Kultúr; Министе́рство медици́нской и микро-
биологи́ческой промы́шленности Ministérium für pharmazéutische
und mikrobiológische Industríe; Министе́рство монта́жных и спе-
циа́льных строи́тельных рабо́т Ministérium für Montáge- und
Sónderbauwesen; Министе́рство морско́го фло́та Ministérium

151

für Hochseeschiffahrt; Министе́рство оборо́ны Ministérium für Verteidigung; Министе́рство о́бщего машиностроéния Ministérium für állgemeinen Maschinenbau; Министе́рство приборостроéния, средств автоматиза́ции и систéм управлéния Ministérium für Gerätebau, Betriebs-, Méß-, Stéuer- und Régeltechnik; Министéрство промы́шленности строи́тельных материáлов Ministérium für Báustoffindustrie; Министéрство просвещéния Ministérium für Vólksbildung; Министéрство радиопромы́шленности Ministérium für Fúnkindustrie; Министéрство ры́бного хозя́йства Ministérium für Fischeréiwirtschaft; Министéрство свя́зи Ministérium für Póst- und Férnmeldewesen; Министéрство социа́льного обеспéчения Ministérium für soziále Fürsorge; Министéрство станкострои́тельной и инструментáльной промы́шленности Ministérium für Wérkzeugmaschinen- und Wérkzeugbau; Министéрство финáнсов Ministérium für Finánzen; Министéрство чёрной металлýргии Ministérium für Éisenhüttenwesen; Министéрство электротехни́ческой промы́шленности Ministérium für Eléktroindustrie; Министéрство энергéтики и электрифика́ции Ministérium für Energíewirtschaft und Elektrifizíerung; Министéрство юсти́ции Ministérium der Justíz ■ возглавля́ть ~ an der Spítze éines Ministériums stéhen

мини́стр *м* Miníster *m* ○ полномо́чный ~ *дип.* bevóllmächtigter Miníster ● ~ без портфéля Miníster óhne Geschäftsbereich; премьéр-~ Minísterpräsident *m*, Premierminister [prəˈmi̯eː-]; замести́тель ~a stéllvertretender Miníster; исполня́ющий обя́занности ~a amtíerender Miníster; кабинéт ~ов Ministerkabinett *n;* Комитéт ~ов Ministerkomitee *n;* пéрвый замести́тель ~a érster Stéllvertreter des Minísters; пост ~a Minísterposten *m;* Совéт Мини́стров Minísterrat *m;* совеща́ние ~ов Ministerkonferenz *f* ■ назна́чить на пост ~a zum Miníster ernénnen

мир I *м* Welt *f* ○ свобо́дный от я́дерного орýжия и ненаси́льственный ~ Welt óhne Kérnwaffen und Gewált ● вы́зов всемý ~у Heráusforderung an die gánze Welt; глубо́кая отвéтственность за сýдьбы ~a hóhes Verántwortungsbewußtsein für die Geschícke der Welt; передéл ~a Néuaufteilung der Welt; полити́ческий о́блик ~a politisches Ántlitz der Welt; раздéл ~a Áufteilung der Welt; революцио́нное обновлéние ~a revolutionäre Ernéuerung der Welt ■ верши́ть сýдьбы ~a über die Geschícke der Welt entschéiden; изменя́ть ~ die Welt verändern; подта́лкивать ~ к я́дерной войнé die Welt an den Rand éines

Kérnwaffenkrieges drängen; стро́ить послевое́нный ~ die Náchkriegswelt áufbauen; толка́ть ~ в пла́мя я́дерной войны́ éinen nukleáren Wéltbrand entfáchen, die Welt in ein nukleáres Inférno stürzen wóllen; удержа́ть ~ от сполза́ния в про́пасть die Welt vor dem Ábgleiten in den Ábgrund bewáhren; ~ лихора́дит die Welt ist vom Fíeber geschüttelt [gepáckt]; попы́тки ослабле́ния социалисти́ческого ~а обречены́ на прова́л die Versúche, die sozialístische Welt zu schwächen, sind zum Schéitern verúrteilt

мир II м Fríeden m ○ всео́бщий ~ Wéltfrieden; ка́жущийся [мни́мый] ~ Schéinfrieden; незы́блемый ~ únerschütterlicher Fríeden; про́чный, надёжный и усто́йчивый ~ dáuerhafter, zúverlässiger und bestándiger Fríeden; справедли́вый ~ geréchter Fríeden; хру́пкий ~ zerbréchlicher Fríeden ● ~ при ме́ньшем коли́честве ору́жия Fríeden mit wénigen Wáffen; боре́ц за ~ Fríedenskämpfer m; борьба́ за ~ Fríedenskampf m; ва́хта ~а Fríedensschicht f; вклад в де́ло ~а Béitrag zur Sáche des Fríedens; враги́ ~а Fríedensfeinde pl; выступле́ния в защи́ту ~а Fríedensaktivitäten pl; гла́вная опо́ра ~а на земле́ Háuptstütz des Fríedens in der Welt; защи́та ~а Vertéidigung [Schutz] des Fríedens; инструме́нт ~а Instruмént des Fríedens; круи́з ~а Fríedensfahrt f; ла́герь ~а Fríedenslager n; Ле́нинская страте́гия ~а Léninsche Fríedensstrategie; марш ~а Fríedensmarsch m; надёжная гара́нтия ~а zúverlässige Fríedensgarantie [Garantíe des Fríedens]; наруше́ние ~а Verlétzung [Störung] des Fríedens, Fríedensbruch m; обеспече́ние ~а Sícherung des Fríedens, Fríedenssicherung f; опло́т ~а Bóllwerk des Fríedens; поддержа́ние ~а Erháltung [Áufrechterhaltung] des Fríedens; по́езд ~а Fríedenszug m; посла́ние ~а Fríedensbotschaft f; похо́д за ~ Fríedensmarsch m; Програ́мма ~а Fríedensprogramm n; си́лы ~а Fríedenskräfte pl; состоя́ние ~а Zústand des Fríedens; сохране́ние ~а Erháltung des Fríedens; сохране́ние ~а во всём ми́ре Bewáhrung des Wéltfriedens; справедли́вое де́ло ~а geréchte Sáche des Fríedens; сторо́нники ~а Fríedensanhänger pl, Fríedensfreunde pl; укрепле́ние ~а Féstigung des Fríedens ■ боро́ться за ~ für den Fríeden kämpfen; боро́ться за торжество́ ~а и социа́льного прогре́сса für den Triúmph des Fríedens und des soziálen Fórtschrittes kämpfen; быть приве́рженным ~у не то́лько на слова́х nicht nur in Wórten dem Fríeden treu sein; вести́ де́ло к ~у auf den Fríeden hínarbeiten; выража́ть своё стремле́ние к ~у das Strében nach Fríeden zum Áusdruck bringen; забо́титься о сохране́нии ~a für die Erhaltung des Friedens Sórge tragen; заключи́ть ~ Frieden schließen; заложи́ть хоро́ший фунда́мент про́чного ~a ein gutes Fundament für einen dauerhaften Frieden schaffen; заплати́ть за ~ дорогу́ю це́ну einen hohen Preis für den Frieden zahlen; наруша́ть ~ den Frieden stören; обеспе́чить ~ den Frieden sichern; обраща́ться к кому́-л. с посла́нием ~a éine Friedensbotschaft an j-n richten; посягну́ть на ~ и безопа́сность наро́дов einen Anschlag auf den Frieden und die Sicherheit der Völker führen; сбере́чь ~ den Frieden bewahren; сохрани́ть ~ den Frieden erhalten; стать на ва́хту ~a Friedensschicht léisten [ántreten] ; упро́чить усто́и ~a die Grundpfeiler des Friedens stärken; установи́ть ~ Frieden hérstellen [schaffen]

ми́рн‖ый friedlich, Friedens∥ ○ ~ая блока́да Friedensblockade f; ~ое вре́мя Friedenszeiten pl; ~ый догово́р Friedensvertrag m; ~ое завере́ние Friedensbeteuerung f; ~ая инициати́ва Friedensinitiative f; ~ая конфере́нция Friedenskonferenz f; ~ое населе́ние friedliche Bevölkerung f; ~ое наступле́ние Friedensoffensive [-və] f; ~ые перегово́ры Friedensverhandlungen pl; ~ое посла́ние Friedensbotschaft f; ~ый призы́в Friedensappell m, Friedensaufruf m; ~ая промы́шленность Friedensindustrie f; ~ое проникнове́ние friedliche Durchdringung; ~ое разви́тие friedliche Entwicklung; ~ое соревнова́ние двух систе́м friedlicher Wettbewerb der beiden Systeme; ~ое сосуществова́ние friedliche Koexisténz; ~ые сре́дства (разреше́ния спо́ра) friedliche Mittel (zur Regelung von Streitigkeiten); ~ое строи́тельство friedliche Aufbauarbeit, friedlicher Aufbau; ~ый труд friedliche Arbeit; ~ое урегули́рование friedliche Regelung, Friedensregelung f; ~ое хозя́йство Friedenswirtschaft f

мировоззре́ние c Wéltanschauung f, Wéltbild n ○ материалисти́ческое ~ materialistisches Wéltbild; нау́чное ~ wissenschaftliche Wéltanschauung; социалисти́ческое ~ sozialistische Wéltanschauung

миров‖о́й Welt∥, wéltweit ○ ~а́я война́ Wéltkrieg m; ~о́е госпо́дство Wéltherrschaft f; ~а́я держа́ва Wéltmacht f; ~о́й жанда́рм Wéltgendarm [-ʒan-] m; ~о́й капитали́зм Wéltkapitalismus m; ~о́й конфли́кт wéltweiter Konflikt; ~о́й кри́зис Wéltkrise f; ~о́й масшта́б Wéltmaßstab m; ~о́е обще́ственное мне́ние Wéltöffentlichkeit f; ~а́я обще́ственность Wéltöffentlichkeit f; ~о́й океа́н Wéltmeer n; ~а́я печа́ть Wéltpresse f; ~а́я поли́тика Wéltpolitik f; ~о́й поря́док Wéltordnung f; ~а́я пробле́-

ма wéltweites [internationáles] Problém; ~ая революция Wélt-revolution f; ~ой рекóрд Wéltrekord m, Wéltbestleistung f; ~ой рынок Wéltmarkt m; ~ое собы́тие Wéltereignis n, internationáles Eréignis; ~ое социалисти́ческое хозя́йство soziaĺistische Wélt-wirtschaft; ~ая торгóвля Wélthandel m; ~ой у́ровень Wéltstand m, Wéltspitze f, Wéltniveau [-vo:] n; ~ой экономи́ческий кри́-зис Wéltwirtschaftskrise f; ~ая экономи́ческая систéма Wélt-wirtschaftsystem n; ~ой эксплуатáтор Wéltausbeuter m

миролюби́в|ый Fríedens//, fríedliebend ○ ~ое госудáрство fríedliebender Staat; ~ый курс Fríedenskurs m; ~ые нарóды fríedliebende Völker; ~ая пози́ция fríedliche Position, Fríedens-haltung; ~ая ритóрика Fríedensgerede n; ~ые си́лы fríedliebende Kräfte

ми́сси|я ж 1. (задача, предназначение) Missión f ○ истори́-ческая ~я рабóчего клáсса histórische Missión der Árbeiter-klasse; мироутверждáющая ~я Fríedensmission; освободи́тель-ная ~я Крáсной Áрмии ист. Befréiungsmission der Róten Armée; посрéдническая ~я Vermíttlungsmission, Vermíttlermission; спе-циáльная ~я Sóndermission ● ~я дóброй вóли Missión gúten Willens; провáл ~и Féhlschlag [Mißerfolg] éiner Missión; со слу-жéбной ~ей in ámtlicher Missión; с осóбой ~ей in besónderer Missión; с секрéтной ~ей in gehéimer Missión ■ взять на себя́ (не) прия́тную ~ю éine (ún)ángenehme Missión übernéhmen; вы́полнить с чéстью свою́ ~ю séine Missión éhrenvoll erfüllen; довéрить комý-л. осóбую ~ю j-n mit éiner besónderen Missión betráuen; заверши́ть свою́ ~ю séine Missión beénden; остáться на высотé своéй истори́ческой ~и séiner histórischen Missión gerécht bléiben; прибы́ть (куда-л.) с посрéднической ~ей mit éiner Vermíttlungsmission gekómmen sein 2. (представительст-во) Missión f ○ воéнная ~я Militärmission; дипломати́ческая ~я diplomátische Missión; постоя́нная ~я ständige Missión; тор-гóвая ~я Hándelsmission ● обмéн дипломати́ческими ~ями der Austausch diplomátischer Missiónen; руководи́тель [главá] ~и Missiónschef [-ʃef] m ■ обменя́ться дипломати́ческими ~ями die diplomátischen Missiónen áustauschen; отозвáть ~ю die Missión zurückziehen

ми́тинг м Kúndgebung f, Meeting ['mi:-] n ○ антивоéнный ~ Antíkriegskundgebung; боевóй ~ Kámpfmeeting; заключи́тель-ный ~ Abschlußkundgebung; мáссовый ~ Gróßkundgebung, Mássenmeeting; предвы́борный ~ Wáhlkundgebung; трáурный

~ Tráuerkundgebung ● ~ в защи́ту ми́ра Fríedenskundgebung; ~ дру́жбы Freúndschaftskundgebung; ~ проте́ста Protéstkundgebung; ~ рабо́чих Árbeitermeeting; ~ солида́рности Solidaritätskundgebung ■ проводи́ть ~ eine Kúndgebung ábhalten; созыва́ть ~ eine Kúndgebung veránstalten; ~ состоя́лся ein Meeting [eíne Kúndgebung] fand statt

мне́ни|е *c* Meínung *f*, Áuffassung *f* ○ ло́жное ~e fálsche Meínung; непра́вильное ~e ábwegige Meínung; о́бщее ~e állgemeine Meínung; обще́ственное ~e öffentliche Meínung; осо́бое ~e *юр.* ábweichende Meínung; противополо́жное ~e Gégenmeinung; противоречи́вое ~e widersprüchliche Áuffassung; распространённое ~e weítverbreitete Meínung ● борьба́ ~й Widerstreit der Meínungen, Meínungskrieg *m;* еди́нство ~й Eínheit der Meínungen; инструме́нт формирова́ния обще́ственного ~я meínungsbildendes Instrumént; ли́ца, изуча́ющие обще́ственное ~e Meínungsforscher *pl;* обма́н обще́ственного ~я Írreführung der öffentlichen Meínung; обме́н ~ями Meínungsaustausch *m;* обрабо́тка обще́ственного ~я Beéinflussung der öffentlichen Meínung; опро́с обще́ственного ~я öffentliche Meínungsbefragung; расхожде́ние во ~ях Meínungsverschiedenheit *f;* совпаде́ние ~й überéinstimmende Áuffassung; формирова́ние обще́ственного ~я Meínungsbildung *f;* широ́кий обме́н ~ями úmfassender Meínungsaustausch ■ навя́зывать кому́-л. своё ~ j-m seíne Meínung áufzwingen; напра́вить обще́ственное ~e die öffentliche Meínung lénken; оста́ться при своём ~и bei seíner Meínung bleíben; пренебрега́ть обще́ственным ~ем sich über die öffentliche Meínung hinwégsetzen; прийти́ к единоду́шному ~ю zu eíner eínhelligen Meínung gelángen; проводи́ть обстоя́тельный обме́н ~ями eínen áusführlichen Meínungsaustausch führen; разделя́ть ~e die Ánsicht teílen; ~я разошли́сь die Meínungen gíngen auseinánder; ~я совпада́ют die Stándpunkte gleíchen sich

молодёжн|ый Júgend// ○ ~ый активи́ст Júgendfunktionär *m*, Júgendaktivist *m;* ~ая брига́да Júgendbrigade *f;* ~ое движе́ние Júgendbewegung *f;* ~ая стро́йка Júgendobjekt *n*, Júgendbaustelle *f;* ~ый тури́зм Júgendtourismus [-tu-] *m*

молодёж|ь *ж* Júgend *f* ○ демократи́ческая ~ь demokrátische Júgend; зелёная ~ь únreife Júgend; прогресси́вная ~ь fórtschrittliche Júgend; сове́тская ~ь sowjétische Júgend, Sowjétjugend; совреме́нная ~ь heútige Júgend, Júgend von heúte; студе́нческая ~ь akadémische [studíerende] Júgend; уча́щаяся ~ь lérnende [studíerende] Júgend ● ~ь мíра die Júgend der Welt; Всемíрная неде́ля ~и Internationále Wóche der Júgend; встре́ча ~и Júgendtreffen *n;* воспита́ние ~и Júgenderziehung *f,* Erzíehung der Júgend; выдвиже́ние ~и Júgendförderung *f;* поощре́ние ~и Förderung der Júgend; престу́пность среди́ ~и Júgendkriminalität *f;* приобще́ние ~и к чему́-л. Heránführen der Júgend an etw. (*A*); рабо́та с ~ью Júgendarbeit *f;* сою́з ~и Júgendverband *m*

моме́нт *м* Augenblick *m,* Zéitpunkt *m* ○ в любо́й ~ zu jéder Zeit; в ну́жный ~ im ríchtigen Áugenblick; в после́дний ~ im létzten Áugenblick; крити́ческий ~ krítischer Momént; нача́льный ~ Zéitpunkt des Begínns; подходя́щий ~ geéigneter [pássender] Áugenblick; теку́щий ~ gégenwärtiger Zéitpunkt; торже́ственный ~ féierlicher [erhébender] Áugenblick ■ воспо́льзоваться ~ом den Áugenblick nútzen; улови́ть са́мый подходя́щий ~ den günstigsten Áugenblick ábpassen; улучи́ть благоприя́тный ~ éinen günstigen Áugenblick fínden; упусти́ть ~ den réchten Áugenblick verpássen

монопо́ли||я *ж* Monopól *n* ○ госуда́рственная ~я Stáatsmonopol; госуда́рственная ~я вне́шней торго́вли stáatliches Áußenhandelsmonopol; междунаро́дная ~я internationáles Monopól; мирова́я ~я Wéltmonopol; многонациона́льные ~и múltinationale Monopóle, Múltis *pl;* промы́шленная ~я Industríemonopol; торго́вая ~я Hándelsmonopol; транснациона́льные ~и tránsnationale Monopóle; части́чная ~я Téilmonopol, téilweises Monopól; э́кспортная ~я Expórtmonopol ● ~я вне́шней торго́вли Áußenhandelsmonopol; ~я на образова́ние Bíldungsmonopol; госпо́дство ~й Monopólherrschaft *f;* олига́рхия ~й Monopóloligarchie *f;* поли́тика ~й Monopólpolitik *f;* предме́т ~й Monopólgegenstand *m;* предоставле́ние ~и Monopólzusage *f;* сою́з ~й Monopólverband *m* ■ име́ть ~ю на что-л. das Monopól auf etw (*A*) besítzen; наруша́ть ~ю das Monopól bréchen [verlétzen]

морато́ри||й *м* Morató́rium *n* ○ объя́вленный ~й verkündetes Morató́rium; односторо́нний ~й éinseitiges Morató́rium ● ~й на испыта́ние я́дерного ору́жия Kérnwaffentestmoratorium, Morató́rium für Kérnwaffenversuche; ~й на размеще́ние раке́т сре́дней да́льности Morató́rium für die Stationíerung von Míttelstreckenraketen; ~й на разрабо́тку противоспу́тникового ору́жия Morató́rium für die Entwícklung von Antisatellítenwaffen [Satellítenabwehrwaffen] ■ внести́ предложе́ние о введе́нии ~я ein Morató́rium vórschlagen; объяви́ть ~й ein Morató́rium verkünden;

объяви́ть в односторо́ннем поря́дке ~й на вы́вод в ко́смос противоспу́тникового ору́жия éinseitig ein Moratórium verkünden, kéine Satellítenabwehrwaffen im Wéltraum zu stationíeren; продли́ть ~й das Moratórium verlängern; соблюда́ть объя́вленный ~й das verkündete Moratórium éinhalten; установи́ть взаи́мный ~й на испыта́ния и развёртывание уда́рных косми́ческих систе́м ein gégenseitiges Moratórium über die Erpróbung und Stationíerung von kósmischen Ángriffssystemen féstlegen

мощь ж Kraft f, Macht f ○ вое́нная ~ь militärische Stärke [Kraft]; возро́сшая экономи́ческая ~ь стран – чле́нов СЭВ gestíegene Wírtschaftskraft der Mítgliedsländer des RGW; оборо́нная ~ь Vertéidigungsmacht, Vertéidigungspotential n; фина́нсовая ~ь Finánzmacht, Finánzkraft ● ~ь объединённых сил социали́сти́ческого содру́жества Macht [Stärke] der veréinten Kräfte der sozialístischen Geméinschaft; нара́щивание вое́нной ~и Zúnahme der militärischen Stärke; укрепле́ние экономи́ческой и оборо́нной ~и Féstigung der Wírtschaft- und Vertéidigungskraft

музе́й м Muséum n ○ истори́ческий ~й histórisches Muséum; краеве́дческий ~й Héimatmuseum; национа́льный ~й Nationálmuseum ● Музе́й В. И. Ле́нина Lénin-Muséum, Muséum „W. I. Lénin“; Музе́й изобрази́тельных иску́сств Muséum der bíldenden Künste; Музе́й-кварти́ра Gedénkstätte f; Музе́й револю́ции Muséum der Revolutión; дире́ктор ~я Muséumsdirektor m; смотри́тель ~я Muséumsaufseher m ■ храни́ться в ~e sich in Muséum befínden

музыка́льный Musík// ○ ~ое воспита́ние Musíkerziehung f; ~ая дра́ма Musíkdrama n; ~ая жизнь Musíkleben n; ~ый инструме́нт Musíkinstrument n; ~ая кри́тика Musíkkritik f; ~ый кружо́к Musíkzirkel m, Zírkel für Musíkdarbietungen; ~ая культу́ра Musíkkultur f; ~ое образова́ние Musíkausbildung f; ~ое оформле́ние musikálische Gestáltung [Áusstattung]; ~ое произведе́ние Musíkwerk n, musikálisches Werk, Musíkstück n, Tóndichtung f; ~ое сопровожде́ние Musíkbegleitung f, musikálische Begléitung; ~ые спосо́бности Musíkbegabung f, musikálische Begábung

муниципа́льный Geméinde//, Munizipál// ○ ~ые вы́боры Geméindewahlen pl; ~ые дома́ Geméindebauten pl; ~ый слу́жащий städtischer Beámter [Ángestellter]; ~ое учрежде́ние städtische Institutión

мысль ж Gedánke m ○ блестя́щая ~ь glänzender Gedánke; гла́вная ~ь Háuptgedanke; нау́чная ~ь wíssenschaftliches Dénken;

основна́я ~ь Grúndgedanke; та́йная ~ь gehéimer Gedánke; фило-
со́фская ~ь philosophisches Dénken; чёрные ~и trübsinnige [tróst-
lose] Gedánken ● ход ~ей Gedánkengang *m* ■ буди́ть ~ь das
Dénken ánregen; выска́зывать ~ь éinen Gedánken äußern; прийти́
к ~и auf éinen Gedánken kómmen; приучи́ть люде́й к ~и die
Ménschen an den Gedánken gewöhnen

Н

награ́д‖а *ж* Áuszeichnung *f*, Belóhnung *f* ○ во́инская ~a
militärische Áuszeichnung; госуда́рственная ~a stáatliche Áuszeichnung; де́нежная ~a Géldbelohnung; заслу́женная ~a verdíente Áuszeichnung; прави́тельственная ~a Regíerungsauszeich-
nung; фронтовы́е ~ы Fróntauszeichnungen *pl* ● ~a за труд
Áuszeichnung für die Árbeit; в ~y zur Belóhnung ■ вруча́ть ко-
му́-л. ~y j-m éine Áuszeichnung überréichen [áushändigen]; за-
служи́ть ~y éine Áuszeichnung verdíenen; отказа́ться от ~ы éine
Belóhnung áusschlagen; отме́тить чьи-л. заслу́ги ~ой j-s Léistungen durch éine Áuszeichnung ánerkennen [belóhnen]; получи́ть
высо́кую ~y éine hóhe Áuszeichnung bekómmen; предста́вить
кого́-л. к ~e j-n zur Áuszeichnung vórschlagen; für j-n éine Áuszeichnung beántragen; он име́ет мно́го награ́д er ist Inháber víeler
Áuszeichnungen

награжде́ние *c* Verléihung *f*, Áuszeichnung *f* ● ~ де́нежной
пре́мией Áuszeichnung mit éiner Géldprämie; ~ меда́лью Me-
daillenverleihung [-dáljə-]; ~ о́рденом Órdensverleihung; ~ почёт-
ной гра́мотой Áuszeichnung mit éiner Éhrenurkunde; ~ почётным
зна́ком Áuszeichnung mit éinem Éhrenzeichen; ~ це́нными пода́р-
ками Áuszeichnung mit wértvollen Sáchgeschenken

надба́вка *ж* Zúschlag *m*, Zúlage *f* ○ де́нежная ~ Géldzulage
● ~ за вре́дность (произво́дства) Zúschlag für Berúfsschädlich-
keit (der Produktión); ~ за вы́слугу лет Tréueprämie *f*; Lóhnzu-
lage für lángjährige Betríebszugehörigkeit; ~ за гря́зное произво́д-
ство Schmútzzulage; ~ за рабо́ту в тру́дных усло́виях Erschwér-
niszuschlag; ~ к зарабо́тной пла́те Lóhnzuschlag, Geháltszuschlag;
~ к пе́нсии Réntenzuschlag; ~ к пре́мии Zúschlag zur Prämie;
~ к цене́ Préisaufschlag; ~ на дороговизну Téuerungszuschlag

наде́жд‖а ж Hóffnung f ○ обма́нутые ~ы getäuschte Hóffnungen; разби́тые ~ы zerschlágene Hóffnungen; та́йная ~а gehéime Hóffnung ● ~а на спасе́ние Hóffnung auf Réttung; и́скра ~ы Hóffnungsfunke m; луч ~ы Hóffnungsstrahl m; по́лный наде́жд hóffnungsreich; про́блеск ~ы Hóffnungsschimmer m; ча́яния и ~ы наро́дов Hóffnungen und Erwártungen der Völker ■ вселя́ть ~у в кого́-л. j-m Hóffnungen máchen; вы́разить ~у séiner Hóffnung Áusdruck gében; обольща́ться ~ой sich in der Hóffnung wíegen; пита́ть пусты́е ~ы léere Hóffnungen hégen; породи́ть обосно́ванные ~ы на что-л. begründete Hóffnungen auf etw. (A) wécken; все ~ы сбыли́сь álle Hóffnungen erfüllten sich; ~а ещё есть es bestéht noch Hóffnung

наёмник м Söldner m ● а́рмия ~ов Söldnerarmee f; вербо́вка ~ов Wérbung [Ánwerbung] von Söldnern ■ вооружа́ть ~ов Söldner áusrüsten; завербова́ться ~ом sich als Söldner ánwerben lássen

наёмн‖ый Lohn//; Söldner// ○ ~ая а́рмия Söldnerheer n; ~ый писа́ка käufliche Schréiberseele; ~ая пла́та Míetzins m, Míete f; ~ый политика́н erkáufter Politikáster; ~ая рабо́чая си́ла Lóhnarbeitskräfte pl, Lóhnarbeiter pl; ~ый труд Lóhnarbeit f; ~ый уби́йца gedúngener Mörder ■ по́льзоваться ~ым трудо́м Lóhnarbeiter beschäftigen

нажи́м м Druck m ○ дипломати́ческий ~ diplomátischer Druck; открове́нный ~ únverhohlener Druck; экономи́ческий ~, wírtschaftlicher Druck ● под ~ом обще́ственного мне́ния únter dem Druck der öffentlichen Méinung; сре́дства ~а Drúckmittel pl ■ де́йствовать под ~ом únter Druck hándeln; ока́зывать ~ на кого́-л. Druck auf j-n áusüben; уси́лить ~ на что-л. etw. únter verstärkten Druck sétzen

назначе́ни‖е с Féstsetzung f, Ánsetzung f; Berúfung f ○ целево́е ~е Zíelsetzung f, Zwéckbestimmung f ● ~е в университе́т Berúfung an éine Universität; ~е вы́боров Ánsetzung [Áusschreibung] von Wáhlen; ~е на до́лжность Ernénnung f, Nominíerung f, Berúfung in ein Amt; ~е пе́нсии Réntenanweisung f, Réntenfestlegung f; ~е сро́ка Féstsetzung des Termíns; ~е цены́ Préisfestsetzung f, Préisfestlegung f; для осо́бого ~я zur besónderen Verwéndung; испо́льзование не по ~ю zwéckwidrige Benútzung; ме́сто ~я Bestímmungsort m; по ~ю врача́ nach ärztlicher Vórschrift [Verórdnung] ■ испо́льзовать что-л. по прямо́му ~ю etw. zwéckgemäß benútzen; получа́ть ~е éine Berúfung erhálten

160

нака́з м Auftrag *m* ● ~ избира́телей Auftrag der Wähler, Wählerauftrag ■ дать ~ éinen Auftrag gében, ein Mandát ertéilen; неукло́нно сле́довать ~у избира́телей únablässig den Auftrag der Wähler verfólgen

наказа́ни‖е с Stráfe *f*, Bestráfung *f* ○ дисциплина́рное ~е Disziplinárstrafe; дифференци́рованное ~е differenzíerte Stráfe; дополни́тельное ~е Zúsatzstrafe; исключи́тельное ~е áußerge-wöhnliche Stráfe; лёгкое ~е léichte Stráfe; мя́гкое ~е mílde Be-stráfung; основно́е ~е Háuptstrafe; стро́гое ~е strénge Stráfe; суде́бное ~е gerichtliche Stráfe; теле́сное ~е Körperstrafe; тя́жкое ~е schwére [strénge] Stráfe; уголо́вное ~е stráfrechtliche Máß-nahme; усиленное ~е verschärfte Stráfe; усло́вное ~е bedíngte Verúrteilung [Bestráfung] ● вы́сшая ме́ра ~я Höchststrafe; ме́ра ~я Stráfmaß *n*, Stráfmaßnahme *f*; назначе́ние ~я Stráffestset-zung *f*; ~е в ви́де тюре́много заключе́ния Gefängnisstrafe; отбы́тие ~я Stráfverbüßung *f*; установле́ние ~я Stráf-zumessung *f* ● избега́ть ~я der Stráfe entgéhen; отмени́ть ~е éine Stráfe áufheben; подве́ргнуть ~ю bestráfen; понести́ ~е bestráft wérden; приводи́ть ~е в исполне́ние éine Stráfe voll-strécken; смягчи́ть ~е éine Stráfe míldern; усилить ~е éine Stráfe verschärfen

накопле́ни‖е с Akkumulatión *f* ○ внутрихозя́йственные ~я Akkumulatiónen ínnerhalb der Wírtschaft; де́нежные ~я Erspárnisse *pl*; первонача́льное ~е капита́ла úrsprüngliche Akku-mulatión des Kapitáls; сверхпла́новое ~е überplanmäßige Akku-mulatión ● ~е гру́зов Sámmeln von Gütern; ~е запа́сов Ánlage von Vórräten, Bevórratung *f*; ~е това́ров Wárenanhäufung *f*; ис-то́чник ~я Akkumulatiónsquelle *f*

нало́г м Stéuer *f* ○ дополни́тельный ~ Zúsatzsteuer; ко́с-венный ~ índirekte Stéuer; ме́стный ~ kommunále Stéuer; не-поме́рные ~и úperträgliche Stéuern; поголо́вный ~ Kópfsteuer; подохо́дный ~ Éinkommenssteuer; Bürgersteuer; прогресси́вный ~ progressíve Stéuer; прямо́й ~ dirékte Stéuer; тамо́женный ~ Zóllgebühr *f* ● ~ на безде́тность Stéuer für kínderlose Bürger; ~ на предме́ты ро́скоши Lúxussteuer; ~ с оборо́та Úmsatzsteuer; необлага́емый ~ом únbesteuert; stéuerfrei; неупла́та ~а über-fällige Stéuerschuld *f*; освобожде́ние от упла́ты ~а Stéuer-befreiung *f*; подлежа́щий обложе́нию ~ом stéuerpflichtig; рост ~ов Stéuererhöhung *f*; сниже́ние ~ов Stéuerermäßigung *f*, Stéuer-senkung *f*; уклоне́ние от упла́ты ~а Stéuerhinterziehung *f* ■

161

взима́ть ~ die Stéuer erhében [éinziehen]; вноси́ть ~и Stéuern zählen; облага́ть ~ом bestéuern, mit Stéuer belégen; отменя́ть ~ die Stéuer áufheben; плати́ть ~и Stéuern zählen; снижа́ть ~и Stéuern herábsetzen; ута́ивать каки́е-л. су́ммы от обложе́ния ~ом Stéuern hinterzíehen

нало́гов‖**ый** Stéuer‖ ○ ~ое бре́мя Stéuerbürde *f*, Stéuerlast *f*, Stéuerschraube *f*; ~ый гнёт Stéuerdruck *m*; ~ые льго́ты Stéuervergünstigung *f*; ~ая поли́тика Stéuerpolitik *f*; ~ые поступле́ния Stéueraufkommen *n*; ~ая привиле́гия Stéuerprivileg *n*; ~ая рефо́рма Stéuerreform *f*; ~ая систе́ма Stéuersystem *n*

наме́рени‖**е** *с* Absícht *f* ○ до́брые ~я gúte Vórsätze; злое ~е böse Absícht; престу́пное ~е verbrécherische Absícht; совме́стное ~е veréinbarte [geméinsame] Absícht; твёрдое ~е féster Vórsatz ● с обду́манным ~ем in vórbedachter Absícht ■ вы́полнить свои́ ~я séine Absíchten áusführen [verwírklichen]; име́ть са́мые лу́чшие ~я die bésten Absíchten háben; исходи́ть из действи́тельно до́брых ~й в междунаро́дных отноше́ниях von wírklich gúten Absíchten in den internationálen Beziéhungen áusgehen; не име́ть агресси́вных ~й kéine aggressíven Absíchten hégen; отказа́ться от своего́ ~я séine Absícht áufgeben; разгада́ть чьё-л. ~е j-s Absícht erráten; скрыва́ть свои́ и́стинные ~я séine wáhren Absíchten verbérgen

нападе́ни‖**е** *с* Ánfgriff *m*, Überfall *m* ○ вероло́мное ~е tréubrüchiger [hínterlistiger] Überfall; внеза́пное ~е Überráschungsangriff; вооружённое ~е bewáffneter Ángriff; дéрзкое ~е dréister Überfall; неспровоци́рованное ~е níchtprovozierter Ángriff; ночно́е ~е nächtlicher Überfall; противопра́вное ~е *юр.* réchtswidriger Ángriff; разбо́йное ~е Ráubüberfall ● ~е на каку́ю-л. страну́ Überfall auf ein Land; ~е проти́вника gégnerischer Überfall; ~е с наси́лием Ángriff únter Ánwendung von Gewált; опа́сность ~я Ángriffsgefahr *f*; угрожа́ющий ~ем ángriffslüstern ■ отража́ть ~е éinen Überfall ábwehren; соверши́ть ~е éinen Überfall áusführen

направле́ни‖**е** *с* Ríchtung *f*, Strömung *f*, Tendénz *f* ○ ключево́е ~е Háuptrichtung; ключевы́е ~я разви́тия о́бщества Háuptrichtungen der geséllschaftlichen Entwícklung; литерату́рные ~я Literatúrströmungen *pl*; основно́е ~е Grúndrichtung ● ~е в поли́тике polítische Ríchtung, Ríchtung der Polítik; ~е разви́тия Entwícklungsrichtung, Entwícklungstendenz; разли́чные ~я в иску́сстве verschíedene Ríchtungen in der Kunst ■ выбрать ~е éine Ríchtung éinschlagen; держáться какóго-л. ~я éine Ríchtung éinhalten; изменúть ~е die Ríchtung ändern; потерять ~е die Ríchtung verlíeren; представлять нóвое политúческое ~е éine néue polítische Ríchtung vertréten; принадлежáть к нóвому ~ю éiner néuen Ríchtung ángehören; сохранять ~е die Ríchtung hálten; терять ~е die Ríchtung verféhlen [verlíeren]

напряжённость *ж* Spánnung *f*, Spánnungen *pl* ○ растущая ~ь wáchsende Spánnung; сохраняющаяся в мúре ~ь die in der Welt ánhaltende Spánnung ● ~ь междунарóдных отношéний gespánnte internationále Bezíehungen; безýдержное раздувáние ~и и конфлúктов hémmungsloses Schüren von Spánnungen und Konflíkten; беспрерывное нагнетáние ~и únaufhörliches Anheizen [Schüren] der Spánnung; опáсное усилéние междунарóдной ~и gefährliche Verschärfung der internationálen Spánnungen; ослаблéние ~и в междунарóдных отношéниях Mínderung der Spánnungen in den internationálen Bezíehungen, Entspánnung der internationálen Láge; internationále Entspánnung; очагú ~и Spánnungsherde *pl;* появлéние очагóв ~и Entstéhen von Spánnungsherden; разрядка ~и Entspánnung *f;* уменьшéние междунарóдной ~и Verríngerung [Abbau] der internationálen Spánnungen ■ ликвидúровать ~ь Spánnungen áusräumen; ликвидúровать политúческую ~ь в отношéниях между госудáрствами die polítischen Spánnungen zwíschen den Stáaten überwínden; нагнетáть [увелúчивать] ~ь Spánnungen eskalíeren; обострять ~ь Spánnungen verschärfen; ослáбить междунарóдную ~ь die Wéltlage entschärfen; нéсколько ослáбить ~ь die Spánnung étwas míndern; снять в значúтельной мéре ~ь die Spánnung beträchtlich ábbauen; снять накáл существýющей ~и der bestéhenden Spánnung die Schärfe néhmen; уменьшáть ~ь Spánnungen míndern; устранять ~ь Spánnungen beséitigen; междунарóдная ~ь рéзко возрослá die internationálen Spánnungen háben sich jäh erhöht [verschärft]

нарóд *м* Volk *n* ○ брáтский ~ Brúdervolk, befréundetes Volk; велúкий ~ gróßes Volk; совéтский ~ Sowjétvolk; трудовóй ~ árbeitendes [wérktätiges] Volk ● ~ы мúра Völker der Welt; ~ы Совéтского Сою́за Völker der Sowjétunion; боевóй авангáрд ~а kämpferische Vórhut des Vólkes; велúкое брáтство ~ов gróßer Brúderbund der Völker; взаимопонимáние между ~ами Völkerverständigung *f;* волеизъявлéние ~а Wíllensbekundung des

Vólkes; ги́бель це́лых ~ов Untergang gánzer Völker; дела́ и сверше́ния ~a Táten und Léistungen des Vólkes; дру́жба ~ов Völkerfreundschaft f; избра́нник ~a Gewählter des Vólkes; истребле́ние ~ов Völkerausrottung f; по́двиг сове́тского ~a-освободи́теля Befréiungstat des Sowjétvolkes; порабоще́ние ~ов Versklávung [-v-][Unterjóchung] der Völker; представи́тели ~a Vertréter des Vólkes; семья́ ~ов Völkerfamilie f; содру́жество ~ов Völkergeméinschaft f; ча́яния ~ов Erwártungen der Völker; челове́к из ~a Mann aus dem Vólke ■ де́лать всё для бла́га ~a álles zum Wóhle des Vólkes tun; безотве́тственно игра́ть судьба́ми ~ов mit dem Schícksal der Völker verántwortungslos spíelen; обма́нывать ~ы die Völker täuschen; обре́чь ~ на лише́ния и страда́ния das Volk in Entbéhrungen und Léiden stürzen; отвеча́ть ча́яниям ~ов den Hóffnungen der Völker entspréchen; спасти́ ~ы от порабоще́ния и уничтоже́ния die Völker vor Versklávung und Verníchtung ré tten; ~ы выступа́ют сего́дня на авансце́ну исто́рии die Völker bestímmen héute den Lauf der Geschíchte

наро́д‖ный Volks‖ ○ ~ая а́рмия Vólksarmee f; ~ое благосостоя́ние Vólkswohlstand m; ~ая власть Vólksmacht f; ~ое госуда́рство Vólksstaat m; ~ое гуля́ние Vólksfest n; ~ая демокра́тия Vólksdemokratie f; ~ое достоя́ние Vólkseigentum n; ~ая дружи́на Hélfer der Milíz, Milízhelfer pl; ~ый заседа́тель Schöffe m; ~ый избра́нник Vólksvertreter m; ~ое образова́ние Vólksbildung f; Наро́дная пала́та (ГДР) Vólkskammer f; ~ое предприя́тие vólkseigener Betríeb; ~ое представи́тельство Vólksvertretung f; ~ая респу́блика Vólksrepublik f; ~ое собра́ние Vólksversammlung f; ~ое сопротивле́ние Vólkswiderstand m; ~ая стро́йка Báuvorhaben des gesámten Vólkes; ~ый суд Vólksgericht n; ~ое тво́рчество Vólksschaffen n; ~ый университе́т Vólksuniversität f; ~ый учи́тель Vólksschullehrer m; ~ый фронт Vólksfront f; ~ое хозя́йство Vólkswirtschaft f

наруше́ние c Verlétzung f, Überschréitung f, Verstóß m ○ администрати́вное ~ administratíver Verstóß; Ordnungswidrigkeit f; вопию́щее ~ междунаро́дного пра́ва empörender Bruch des Völkerrechts; гру́бое ~ gröbliche Verlétzung; злонаме́ренное ~ böswillige Verlétzung ● ~ госуда́рственной та́йны Verrát von Stáatsgeheimnissen; ~ грани́цы Grénzverletzung; ~ дисципли́ны Disziplínárverstoß; ~ догово́ра Vertrágsverletzung, Vertrágsbruch m; ~ зако́на Geséтzesverletzung; ~ интере́сов die Verlétzung der Interéssen; ~ ми́ра Fríedensbruch m, Fríedensstörung f; ~ общественного поря́дка Verlétzung [Störung] der öffentlichen Órdnung; Verstóß gégen die öffentliche Órdnung; ~ парти́йной, госуда́рственной и трудово́й дисципли́ны Verlétzung der Partéi-, Stáats- und Árbeitsdisziplin; ~ пла́на Plánverstoß; ~ прав челове́ка Ménschenrechtsverletzung; ~ пра́вил у́личного движе́ния Verlétzung der Stráßenverkehrsordnung, Verstóß gégen die Stráßenverkehrsordnung; ~ сро́ка Termínüberschreitung *f*

населе́ни‖е *с* Bevölkerung *f* ○ городско́е ~e Stádtbevölkerung, städtliche Bevölkerung; гражда́нское ~e Zivílbevölkerung [-v-]; дере́вⅰнское ~e Dórfbevölkerung; есте́ственный приро́ст ~я natürlicher Bevölkerungszuwachs; коренно́е ~e Úrbevölkerung, éinheimische Bevölkerung; ми́рное ~e fríedliche Bevölkerung; постоя́нное ~e Wóhnbevölkerung; самоде́ятельное ~e erwérbstätige Bevölkerung; се́льское ~e Lándbevölkerung; трудоспосо́бное ~e árbeitsfähige [erwérbsfähige] Bevölkerung ● всё ~e страны́ gesámte Bevölkerung éines Lándes; ~e земно́го ша́ра Bevölkerung des Érdballs; грабёж ~я Áusplünderung der Bevölkerung; дохо́ды ~я Bevölkerungseinnahmen; пе́репись ~я Vólkszählung *f;* пло́тность ~я Bevölkerungsdichte *f;* приро́ст ~я Bevölkerungszuwachs *m,* Bevölkerungszunahme *f;* многонациона́льный соста́в ~я múltinationale Bevölkerungsstruktur; увеличе́ние ~я Bevölkerungszunahme *f;* чи́сленность ~я Bevölkerungszahl *f* ■ ~e растёт die Bevölkerung wächst; ~e сокраща́ется die Bevölkerung schrumpft [geht zurück]

наси́ли‖е *с* Gewalt *f* ○ вопию́щее ~e hímmelschreiende Gewált; грубо́е ~e róhe Gewált; жесто́кое ~e brutále Gewált; прямо́е ~e dirékte Gewált; слепо́е ~e blínde Gewált; физи́ческое ~e phýsische Gewált ● акт ~я Gewáltakt *m;* примене́ние ~я Gewáltanwendung *f;* про́поведь ~я Verhérrlichung der Gewált; сре́дство ~я Gewáltmittel *n;* эскала́ция ~я Eskalatión der Gewált ■ применя́ть ~e Gewált ánwenden [gebráuchen]; соверша́ть ~e над кем-л. j-m Gewált ántun

наси́льственн‖ый gewáltsam, Gewált‖, Zwangs‖ ○ ~ое вторже́ние gewáltsames Éindringen, gewáltsame Invasión [-v-]; ~ое де́йствие Zwángshandlung *f;* ~ое задержа́ние Zwángshaft *f;* ~ое све́ржение Zwángssturz *m;* ~ая ме́ра Gewáltmaßnahme *f;* ~ свержение (прави́тельства) gewáltsamer Sturz (éiner Regíerung); ~ая смерть gewáltsamer Tod; ~ый уго́н (*населе́ния*) Zwángsverschleppung *f;* ~ый уго́н самолёта gewáltsame Flúgzeugentführung

насле́ди‖е *с* Érbe *n* ○ бога́тое культу́рное ~e réiches kulturélles Érbe; духо́вное ~e géistiges Érbe; класси́ческое ~e klássisches Érbe; литерату́рное ~e literárisches Erbe, Literatúrerbe; нау́чное ~e wíssenschaftliches Erbe ● ~e национа́льной культу́ры nationáles Kultúrerbe; ~e про́шлого Érbe der Vergángenheit ■ относи́ться бе́режно к ~ю национа́льной культу́ры das nationále Kultúrerbe pflégen; сохрани́ть ~e das Érbe erhálten; цени́ть культу́рное ~e das kulturélle Érbe schätzen

настрое́ни||е *c* Stímmung *f* ○ антивое́нные ~я Antikríegsstimmungen *pl;* иждиве́нческие ~я Schmarótzerideologie *f;* пораже́нческие ~я defätístische Stímmungen ■ подогрева́ть шовинисти́ческие ~я chauvinístische [ʃovi-] Stímmungen ánheizen

наступле́ни||е *c* Offensíve [-və] *f* ○ дипломати́ческое ~ diplomátische Offensíve; ми́рное ~ Fríedensoffensíve; экономи́ческое ~ Wírtschaftsoffensíve ● ~ на права́ гра́ждан Offensíve gégen die Réchte der Bürger; ~ на права́ профсою́зов Offensíve gégen die gewérkschaftlichen Réchte; ~ реа́кции Vórmarsch der Reaktión; ~ сил ми́ра Offensíve der Fríedenskräfte ■ нача́ть ~ die Offensíve ergréifen; перейти́ в ~ zur Offensíve [zum Ángriff] übergéhen; die Offensíve ergréifen; разверну́ть полити́ческое, идеологи́ческое и экономи́ческое ~ éine polítische, ideológische und ökonómische Offensíve stárten

нау́к||**а** *ж* Wíssenschaft *f;* Fórschung *f* ○ гуманита́рные ~и Geséllschaftswissenschaften *pl (ГДР)*; Humánwissenschaften *pl (ФРГ)*; есте́ственные ~и Natúrwissenschaften *pl;* истори́ческая ~a Geschíchtswissenschaft; передова́я ~a fórtschrittene Wíssenschaft; прикладна́я ~a ángewandte Wíssenschaft; сове́тская ~a sowjétische Wíssenschaft; техни́ческие ~и téchnische Wíssenschaften; то́чная ~a exákte Wíssenschaft; экономи́ческая ~a Wírtschaftswissenschaft ● ~a управле́ния Léitungswissenschaft; Акаде́мия нау́к Akademíe der Wíssenschaften; прогре́сс ~и Fórtschritte der Wíssenschaft; соедине́ние ~и и обще́ственной пра́ктики Verbíndung von Wíssenschaft und geséllschaftlicher Práxis ■ реши́тельно боро́ться с ко́сностью в ~e entschlóssen gégen Stagnatión in der Wíssenschaft kämpfen; дви́гать вперёд ~у die Wíssenschaft vorántreiben; посвяти́ть себя́ целико́м ~e sich ganz der Wíssenschaft wídmen; приблизить ~у к пра́ктике Fórschung und Práxis näher bríngen

нау́чн||**ый** wíssenschaftlich ○ ~ый докла́д wíssenschaftlicher Vórtrag; ~ый заде́л wíssenschaftlicher Vórlauf; ~ое иссле́дование wíssenschaftliche Untersúchung; ~ый коммуни́зм wíssenschaftlicher Kommunísmus; ~ый обме́н мне́ниями wíssenschaftlicher Gedánkenaustausch, Méinungsaustausch *m;* ~ая организа́ция труда́ wíssenschaftliche Árbeitsorganisation; ~ая публика́ция wíssenschaftliche Veröffentlichung; ~ый рабо́тник Wíssenschaftler *m,* wíssenschaftlich Tätiger; ~ый сотру́дник wíssenschaftlicher Mítarbeiter; ~ый социали́зм wíssenschaftlicher Sozialísmus; ~о-иссле́довательское учрежде́ние Fórschungseinrichtung *f;* ~ый экспериме́нт wíssenschaftliches Experimént

национа́льн‖ый natión, Natión⎮ ○ ~ое бога́тство natión Réichtum; ~о-освободи́тельная борьба́ natión Befréiungskampf; ~ая буржуази́я natión Bourgeoisíe [burʒoa-]; ~ая валю́та Lándeswährung *f;* ~ое возрожде́ние natión Wíedergeburt; ~ое воссоедине́ние natión Wiedervereinigung; ~ая вражда́ natión Féindschaft; ~ый гнёт natión Unterdrückung; ~о-освободи́тельное движе́ние natión Befréiungsbewegung; ~ая демокра́тия natión Demokratíe; ~ая дискримина́ция natión Diskriminíerung; ~ый дохо́д Natión einkommen *n;* ~ый зако́н natión Gesétz, Lándesgesetz *n;* ~ые интере́сы natión Interéssen [Belánge]; ~ые меньши́нства natión Mínderheiten; ~ая ограни́ченность natión Beschränktheit; ~ая револю́ция natión Revolution; ~ые ресу́рсы natión Ressourcen [-'vʏrsən] Schätze des Lándes; ~ое самосозна́ние Natiónalbewußtsein *n;* ~ое собра́ние Natiónalversammlung *f;* ~ая со́бственность Natión eigentum *n;* ~ый съезд Natión kongreß *m;* ~ый тра́ур Natiónaltrauer *f,* natión [lándesweite] Tráuer; ~ый флаг Natiónalflagge *f;* ~ый фронт освобожде́ния natión Befréiungsfront; ~ая эконо́мика natión Wírtschaft

нача́л‖о с (*основные принципы, методы*) Gru̇ndlage *f,* Gru̇ndsatz *m,* Gru̇ndprinzip *n* ○ демократи́ческие ~а demokrátische Gru̇ndlagen [Gru̇ndprinzipien]; догово́рные ~а Vertra̗gsbedingungen *pl;* пла́новое ~о Plánungsprinzip; руководя́щие ~а léitende Gru̇ndsätze, Léitlinien *pl;* трудово́е ~о Prinzíp der Árbeit ● ~а законода́тельства Gesétzgebungsprinzipien *pl;* на доброво́льных ~ах auf fréiwilliger Gru̇ndlage; на ~ах автоно́мии auf autonómer Gru̇ndlage; на обще́ственных ~ах auf éhrenamtlicher [geséllschaftlicher] Gru̇ndlage; на парите́тных ~ах auf paritätischer Gru̇ndlage; на социалисти́ческих ~ах auf sozialístischer Gru̇ndlage

нача́льник *м* Léiter *m,* Chef [ʃɛf] *m* ○ непосре́дственный ~ únmittelbarer Vórgesetzter ● ~ канцеля́рии Büróchef; ~ отде́ла

Abteilungsleiter; ~ отде́ла ка́дров Káderleiter (*ГДР*) ; Personál-chef (*ФРГ*) ; ~ произво́дства Produktiónsleiter; ~ сме́ны Schícht-leiter; ~ управле́ния Verwáltungsleiter; ~ це́ха Léiter éiner Wérks-abteilung; ~ экспеди́ции Léiter éiner Expeditión

негла́сн|**ый** gehéim, héimlich ○ ~ое заседа́ние gehéime [nicht öffentliche] Sítzung; ~ый сго́вор nicht verláutbarte Über-éinkunft; ~ым о́бразом héimlicherweise; под ~ым надзо́ром *уст.* únter gehéimer Polizéiaufsicht ■ ~о договори́ться héimlich ver-ábreden

неде́л|**я** *ж* Wóche *f* ○ рабо́чая ~я Árbeitswoche; пятидне́в-ная рабо́чая ~я Fünftagewoche ● Неде́ля де́йствий про́тив войны́, за безопа́сность и сотру́дничество в Евро́пе Aktións-woche gégen Krieg, für Sícherheit und Zusámmenarbeit in Európa; Неде́ля де́тской кни́ги Wóche des Kínderbuches; Неде́ля дру́жбы Fréundschaftswoche; Неде́ля фи́льмов ГДР Wóche des DDR-Films; коне́ц ~и Wóchenende *n*

недове́ри|**е** *с* Mißtrauen *n* ○ глубо́кое ~e tíefes Mißtrauen; взаи́мное ~e gégenseitiges Mißtrauen; обосно́ванное ~e begrün-detes Mißtrauen ● во́тум ~я Míßtrauensvotum *n;* предложе́ние о вынесе́нии во́тума ~я прави́тельству Mißtrauensantrag *m;* уменьше́ние ~я der Ábbau des Mißtrauens ■ вызыва́ть ~e Míß-trauen wécken [hervórrufen]; пита́ть ~e к кому́-л. gégen j-n Mißtrauen háben [hégen]; се́ять ~e по отноше́нию к кому́-л. Mißtrauen gégen j-n säen; уме́ньшить ~e Mißtrauen ábbauen; устрани́ть ~e Mißtrauen áusräumen; ~e рассе́ивается das Míß-trauen schwíndet; ~e растёт das Mißtrauen wächst

недоста́т|**ок** *м* Mángel *m* ○ далеко́ ещё не изжи́тые ~ки noch lánge nicht überwúndene Mängel; кру́пные ~ки gróße Män-gel; неисправи́мый ~ок nicht behébbarer Mángel; ощути́мый ~ок fühlbarer Mángel; скры́тый ~ок verdéckter Mángel; суще́-ственные ~ки wésentliche Mängel; физи́ческий ~ок phýsischer Mángel; я́вный ~ок óffenkundiger Mángel ● ~ок рабо́чей си́лы Árbeitskräftemangel; ~ок сырья́ Róhstoffmangel; ~ок това́ров Wárenmangel; борьба́ с ~ками Kampf gégen Mängel; за ~ком чего́-л. aus Mángel an etw. (*D*) ■ выявля́ть ~ки Mängel áufdek-ken [blóßlegen]; испы́тывать ~ок в чём-л. Mángel an etw. (*D*) léiden; ука́зывать кому́-л. на ~ки в рабо́те j-n auf die Mängel in der Árbeit hínweisen; устрани́ть ~ки в рабо́те Mängel in der Árbeit behében [beséitigen]; в э́той рабо́те име́ются разли́чные ~ки díese Árbeit zeigt noch verschíedene Mängel

незави́симост‖ь *ж* Únabhängigkeit *f* ○ национа́льная ~ь nationále Únabhängigkeit; полити́ческая ~ь polítische Únabhängigkeit; экономи́ческая ~ь страны́ wírtschaftliche Únabhängigkeit éines Lándes ● борьба́ наро́дов за ~ь Kampf der Völker für Únabhängigkeit; движе́ние наро́дов за ~ь Únabhängigkeitsbewegung der Völker; догово́р о предоставле́нии ~и Únabhängigkeitsvertrag *m*, Vertrág über die Gewährung der Únabhängigkeit; заявле́ние о провозглаше́нии ~и Únabhängigkeitserklärung *f;* провозглаше́ние ~и Verkündung der Únabhängigkeit, Únabhängigkeitserklärung *f;* стремле́ние к ~и Únabhängigkeitsstreben *n* ■ боро́ться за свою́ ~ь für séine Únabhängigkeit kämpfen; завоева́ть ~ь die Únabhängigkeit erkämpfen; защища́ть свою́ ~ь séine Únabhängigkeit vertéidigen; попира́ть чью-л. ~ь j-s Únabhängigkeit verlétzen [mißáchten]; предоста́вить ~ь die Únabhängigkeit gewähren; призна́ть ~ь госуда́рства die Únabhängigkeit éines Stáates ánerkennen; сохраня́ть свою́ ~ь séine Únabhängigkeit wáhren; уважа́ть ~ь die Únabhängigkeit respektíeren; э́то госуда́рство получи́ло ~ь díeser Staat erhíelt die Únabhängigkeit

незако́нн‖ый úngesetzlich, gesétzwidrig ○ ~ое де́йствие úngesetzliche Hándlung; ~ая забасто́вка gesétzwidriger Streik; ~ое задержа́ние úngesetzliche Féstnahme; ~ые ме́тоды úngesetzliche Methóden; ~ые полити́ческие махина́ции úngesetzliche polítische Máchenschaften; ~ое пресле́дование wíderrechtliche Verfólgung; ~ое реше́ние úngesetzlicher Beschlúß; ~ая торго́вля úngesetzlicher Hándel; ~ые тре́бования únrechtmäßige Fórderungen

нейтралите́т *м* Neutralität *f* ○ абсолю́тный ~ absolúte Neutralität; акти́вный ~ aktíve Neutralität; благожела́тельный ~ wóhlwollende Neutralität; вое́нный ~ militärische Neutralität; вооружённый ~ bewáffnete Neutralität; догово́рный ~ vertrágliche Neutralität; позити́вный ~ positíve Neutralität; постоя́нный ~ ímmerwährende Neutralität, ständige Neutralität ● заявле́ние о ~e Neutralitätserklärung *f;* наруше́ние ~a Neutralitätsverletzung *f,* Verstóß gégen die Neutralität; пакт о ~e Neutralitätspakt *m;* пози́ция ~a Neutralitätsstellung *f;* пози́ция выжида́тельного ~a ábwartende Neutralität; поли́тика ~a Neutralitätspolitik *f,* Politík der Neutralität ■ наруша́ть ~ die Neutralität verlétzen; соблюда́ть ~ die Neutralität wáhren

необходи́мост‖ь *ж* Nótwendigkeit *f* ○ безусло́вная ~ь

únbedingte Nótwendigkeit; жи́зненная ~ь Lébensnotwendigkeit; истори́ческая ~ь histórische Nótwendigkeit; кра́йняя ~ь äüßerste Nót(wendigkeit); настоя́тельная ~ь drı́ngendes Erfórdernis; насу́щная ~ь entschéidende Nótwendigkeit; неизбе́жная ~ь únumgängliche Nótwendigkeit; неотло́жная ~ь drı́ngende Nótwendigkeit; объекти́вная ~ь objektı́ve Nótwendigkeit ● в слу́чае ~и nótwendigenfalls ■ испы́тывать ~ь die Nótwendigkeit empfı́nden; покори́ться неприя́тной ~и sich in die bı́ttere Nótwendigkeit fügen; призна́ть ~ь sich vor die Nótwendigkeit gestéllt séhen, die Nótwendigkeit éinsehen [ánerkennen]; возника́ет ~ь es entstéht die Nótwendigkeit

неограни́ченн∥ый únbeschränkt ○ ~ые возмо́жности únbeschränkte Möglichkeiten; ~ая свобо́да де́йствий únbeschränkte Hándlungsfreiheit ■ он име́ет ~ые полномо́чия er besı́tzt únbeschränkte Vóllmacht; он по́льзуется ~ым дове́рием er genı́eßt úneingeschränktes Vertráuen

неприкоснове́нность∥ ж Únverletzlichkeit f, Immunität f ○ дипломати́ческая ~ь diplomátische Immunität; территориа́льная ~ь territoriále Únverletzlichkeit ● ~ь грани́ц Únverletzlichkeit der Grénzen; ~ь депута́та Ábgeordnetenimmunität; ~ь жили́ща Únverletzlichkeit der Wóhnung; ~ь ли́чности Únantastbarkeit der Persón; ~ь служе́бных помеще́ний Únverletzlichkeit der Ámtsräume; ~ь та́йны перепи́ски Únverletzbarkeit des Brı́efgeheimnisses; наруше́ние ~и жили́ща Háusfriedensbruch m ■ лиши́ть кого́-л. парла́ментской ~и j-m die parlamentárische Immunität entzı́ehen

непримири́м∥ый únversöhnlich, únduldsam ○ ~ые враги́ únversöhnliche Féinde; ~ая вражда́ únversöhnliche Féindschaft; ~ая кла́ссовая борьба́ únversöhnlicher Klássenkampf; ~ая не́нависть únversöhnlicher Haß; ~ые противоре́чия únversöhnliche Gégensätze ■ быть ~ым к любы́м проявле́ниям буржуа́зного национали́зма únduldsam gegenüber jéglichen Erschéinungen des bürgerlichen Nationalı́smus sein; быть ~ым по отноше́нию к кому́-л. gégen j-n únversöhnlich sein; быть ~ым по отноше́нию к прогу́льщикам и безде́льникам únduldsam gegenüber Bummelánten und Fáulenzern sein

нера́венство с Úngleichheit f ○ иму́щественное ~ Vermögensungleichheit, Besı́tzungleichheit; национа́льное ~ nationále Úngleichheit; обще́ственное ~ geséllschaftliche Úngleichheit; социа́льное ~ soziále Úngleichheit; экономи́ческое ~ wı́rtschaftliche Úngleichheit ■ ликвиди́ровать ~ Úngleichheit ábschaffen; существу́ет ~ es bestéht [existíert] Úngleichheit

но́вост‖ь ж Néuigkeit f, Náchricht f ○ вече́рние ~и Ábendnachrichten pl; волну́ющие ~и áufregende Néuigkeiten; культу́рные ~и kulturélle Náchrichten, Kulturnachrichten pl; плоха́я ~ь schléchte Náchricht; полити́ческие ~и polítische Náchrichten; све́жие ~и néueste Náchrichten ● ~ь в нау́ке Néues in der Wíssenschaft; ~и дня Néuigkeiten des Táges ■ распространя́ть ~ь éine Néuigkeit verbréiten; расска́зывать ~ь éine Néuigkeit erzählen; узнава́ть ~ь éine Néuigkeit erfáhren

но́рм‖а ж Norm f ○ еди́ная ~а éinheitliche Norm; междунаро́дно-правовы́е ~ы völkerrechtliche Nórmen; общепри́нятые ~ы междунаро́дного пра́ва állgemein ánerkannte Nórmen des Völkerrechts; сни́женные ~ы herábgeminderte Nórmen; сре́дняя ~а Dúrchschnittsnorm; су́точная ~а Tágesnorm; эти́ческие ~а éthische Nórmen ● ~а вы́работки Léistungsnorm; ~ы и при́нципы, про́чно утверди́вшиеся в жи́зни па́ртии и госуда́рства Nórmen und Prinzípien, die sich im Lében von Partéi und Staat náchhaltig dúrchgesetzt háben; ~ы междунаро́дного пра́ва Völkerrechtsnormen pl; ~ы обще́ственного поведе́ния geséllschaftliche Verháltensnormen; ~ы поведе́ния госуда́рств Verháltensnormen der Stáaten; ~а поста́вок Ablieferungssoll n; ~а потребле́ния Verbráuchsnorm; ~а представи́тельства Vertrétungsquote f; ~ы представи́тельства (на съезд, конфере́нцию) Schlüssel für die Delegíertenwahlen (zum Parteitag, zur Konferenz); ~а при́были Profítrate f; ~ы прили́чия Ánstandsnormen pl; ~а ро́ста Wáchstumsrate f; ~а труда́ Árbeitsnorm; попра́ние норм междунаро́дного пра́ва Verlétzung der Nórmen des Völkerrechts ■ быть ве́рным ле́нинским ~ам и при́нципам внутрипарти́йной жи́зни den Léninschen Nórmen und Prinzípien des ínnerparteilichen Lébens treu bléiben; вводи́ть но́вые ~ы néue Nórmen éinführen; наруша́ть ~ы междунаро́дного пра́ва die Nórmen des Völkerrechts verlétzen; перевыполнить ~у éine Norm übererfüllen; соблюда́ть общепри́нятые ~ы поведе́ния в междунаро́дных отноше́ниях die állgemein ánerkannten Nórmen in den internationálen Beziehungen beáchten [wáhren, éinhalten]

но́т‖а ж Nóte f ○ верба́льная ~а Verbálnote f; дипломати́ческая ~а diplomátische Nóte; отве́тная ~а Ántwortnote f; циркуля́рная ~а Zirkulárnote f ~а аналоги́чного содержа́ния gléichlautende Nóte; ~а прави́тельства Nóte éiner Regíerung;

~а проте́ста Protéstnote *f*; обме́н ~ами Nótenwechsel *m*, Nótenaustausch *m* ■ вручи́ть ~у éine Nóte éinhändigen [überréichen]; напра́вить ~у éine Nóte übersénden [ríchten an (*A*)]; обме́ниваться ~ами Nóten áustauschen [wéchseln]; отклони́ть ~у éine Nóte zurückweisen

O

обвине́ни**ll**е *с* Ánschuldigung *f*, Ánklage *f* ○ взаи́мные ~я gégenseitige Ánschuldigungen; ло́жное ~е fálsche Ánschuldigung; недока́занное ~е únbewiesene Ánschuldigung; неопра́вданное ~е úngerechtfertigte Ánklage; публи́чное ~е öffentliche Ánklage; ча́стное, ~е *юр.* Privátklage [-v-] ● по ло́жному ~ю únter fálscher Anschuldigung; свиде́тель ~я Belástungszeugen *pl* ■ отве́ргнуть ~я die, Beschúldigungen zurückweisen; предъяви́ть кому́-л. ~е éine Ánklage gégen j-n erhében; снима́ть с себя́ ~е éine Beschúldigung von sich wéisen; уйти́ от ~я sich der Ánklage entzíehen

обеспе́чение *с* Versórgung *f*, Fürsorge *f*, Sí   cherstellung *f* ○ дополни́тельное ~ zusätzliche Versórgung; золото́е ~ эк. Gólddeckung *f*; материа́льное ~ materiélle Sí   cherstellung; пенсио́нное ~ Réntenversorgung; социа́льное ~ Soziálfürsorge; това́рное ~ áusreichende Wárenversorgung [Wárendecke] ● ~ ми́ра Sícherung des Fríedens; ~ по́лной за́нятости Garantíe der Vóllbeschäftigung; ~ при нетрудоспосо́бности díe Sícherstellung bei Arbeitsunfähigkeit; ~ в ста́рости Áltersfürsorge, Áltersversorgung; пра́во на социа́льное ~ Versórgungsberechtigung *f*, Recht auf soziále Sícherheit

обме́н *м* Áustausch *m*, Wéchsel *m* ○ взаи́мный ~ вое́нными делега́циями gégenseitiger Áustausch von Militärdelegationen; всесторо́нний и открове́нный ~ мне́ниями úmfassender und öffener Méinungsaustausch; культу́рный ~ kulturéller Áustausch; непреры́вный ~ únaufhörlicher Áustausch; неэквивале́нтный ~ эк. Nichtäquivalentenaustausch; регуля́рный ~ regelmäßiger Áustausch; торго́вый ~ Hándelsaustausch; эквивале́нтный ~ эк. äquivalénter Áustausch, Äquivalén	tenaustausch ● ~ валю́ты Devísenumtausch [-v-] *m*, Éintausch von Devísen; ~ визи́тами вое́нных корабле́й Áustausch der Besúche von Kríegsschiffen; ~ военнопле́нными Áustausch von Kríegsgefangegen; ~ де́нег Géldumtausch *m;* ~ жило́й пло́щади Wóhnungstausch *m;* ~ зало́жниками Áustausch von Géiseln; ~ информа́цией Informatiónsaustausch; ~ кни́гами Bücheraustausch; ~ комплиме́н-тами Áustausch von Kompliménten; ~ ли́чными посла́ниями Áus-tausch von persönlichen Bótschaften; ~ мне́ниями Méinungsaus-tausch, Gedánkenaustausch; ~ но́тами Nótenaustausch; ~ о́пытом Erfáhrungsaustausch; ~ пи́сьмами Bríefwechsel; ~ поздравле́-ниями Áustausch von Gratulatiónen; ~ посла́ми Bótschafter-austausch; ~ ратификацио́нными гра́мотами Áustausch von Ratifikatiónsurkunden; ~ реча́ми Áustausch von Ánsprachen; ~ студе́нтами Stud́entenaustausch; ~ телегра́ммами Telegrámm-wechsel; ~ това́рами Wárenaustausch; ~ то́стами Áustausch von Trínksprüchen; ~ фи́льмами Áustausch von Fílmen; расшире́ние ~а die Erwéiterung des Áustausches ■ договори́ться об ~е чем-л. den Áustausch von etw. (*D*) veréinbaren

оборо́н||а *ж* Vertéidigung *f,* Ábwehr *f* ○ высокоэффекти́в-ная противораке́тная ~а hócheffektive Rakétenabwehr; герои́-ческая ~а héldenhafte Vertéidigung; гражда́нская ~а Zivílver-teidigung [-v-]; наде́жная ~а zúverlässige Vertéidigung; страте-ги́ческая ~а stratégische Vertéidigung [Ábwehr] ● ~а страны́ Lándesverteidigung; гото́вность к ~е Vertéidigungsbereitschaft *f;* зада́чи ~ы Vertéidigungsaufgaben *pl;* кольцо́ ~ы Vertéidi-gungsring *m;* ли́ния ~ы Vertéidigungslinie *f;* мини́стр ~ы Verté́i-digungsminister *m;* расхо́ды на ~у Vertéidigungsausgaben *pl;* систе́ма ~ы Vertéidigungssystem *n;* Сове́т Оборо́ны СССР Ver-téidigungsrat der UdSSR ■ крепи́ть неуста́нно ~у страны́ ún-ablässig die Vertéidigung des Lándes féstigen

оборони́тельн||ый Defensív//, Vertéidigungs//, Ábwehr// ○ ~ая война́ Defensívkrieg *m;* ~ое мероприя́тие Defensívmaßnahme *f;* ~ое ору́жие Ábwehrwaffe *f;* ~ая полоса́ Vertéidigungszone *f;* ~ое сооруже́ние Vertéidigungsanlage *f;* ~ый сою́з Defensívbünd-nis *n;* ~ая страте́гия Defensívstrategie *f*

оборо́нный *см.* инициати́ва, промы́шленность

обостре́ние *с* Zúspitzung *f,* Verschärfung *f* ● ~ междуна-ро́дного положе́ния Verschärfung der internatio̲nálen Láge; ~ напряжённости Zúspitzung [Verschärfung] der Spánnungen; ~ отноше́ний Zúspitzung der Bezíehungen; ~ противоре́чий Zúspitzung der Wídersprüche; ~ социа́льных контра́стов Ver-schärfung soziáler Gégensätze образова́ни‖е с Bíldung f, Áusbildung f ○ всесторо́ннее ~e állseitige Bíldung; вы́сшее ~e Hóchschulbildung; наро́дное ~e Vólksbildung f; политехни́ческое ~e polytéchnische Bíldung; профессиона́льное ~e Fáchausbildung, Berúfsausbildung; сре́днее ~e Óberschulbildung; техни́ческое ~e téchnische Bíldung ● возмо́жность получи́ть ~e Bíldungsmöglichkeit f; пра́во на ~e Recht auf Bíldung; привиле́гия на получе́ние ~я Bíldungsprivileg [-v-] n; систе́ма ~я Bíldungssystem n; у́ровень ~я Bíldungsniveau [-vo:] n; цель ~я Bíldungsziel n ■ дава́ть кому́-л. ~e j-m éine Bíldung gében; получи́ть ~e sich (D) Bíldung áneignen, Bíldung erwérben

обслу́живани‖е с Betréuung f, Bedíenung f ○ безукори́зненное ~e tádellose Bedíenung; беспла́тное ~e kóstenlose Betréuung; беспла́тное медици́нское ~e únentgeltliche medizínische Betréuung; бы́строе ~e prómpte Bedíenung; бытово́е ~e Díenstleistung f; культу́рно-бытово́е ~e kulturélle Betréuung und Versórgung mit Díenstleistungen; предпочти́тельное ~e bevórzugte Bedíenung; социа́льное ~e soziále Betréuung; техни́ческое ~e téchnische Wártung ● ~e населе́ния Versórgung der Bevölkerung; ~e покупа́телей [клие́нтов] Kúndendienst m; комбина́т бытово́го ~я Díenstleistungskombinat n; расхо́ды на ~e Betréuungskosten pl

обстано́вк‖а ж Láge f, Situatión f, Atmosphäre f ○ гнету́щая ~a drückende Atmosphäre; делова́я ~a sáchliche Atmosphäre; междунаро́дная ~a internationále Láge; напряжённая ~a gespánnte [spánnungsgeladene] Atmosphäre; не́рвная ~a nervöse Atmosphäre; стаби́льная ~a stabíle Láge; тво́рческая ~a schöpferische Atmosphäre; това́рищеская ~a kamerádschaftliche Atmosphäre ● ~a, чрева́тая серьёзными междунаро́дными после́дствиями Láge, die érnste internationále Fólgen in sich birgt; в конструкти́вной и делово́й ~e in éiner konstruktíven und sáchlichen Atmosphäre; в непринуждённой и дру́жественной ~e in zwángloser und fréundschaftlicher Atmosphäre; в ~e взаи́много дове́рия in éiner Atmosphäre gégenseitigen Vertráuens; в ~e взаимопонима́ния in éiner Atmosphäre gégenseitiger Verständigung; в ~e интернациона́льной дру́жбы in éiner Atmosphäre internationalístischer Fréundschaft; в ~e и́скренности, серде́чности и открове́нности in éiner Atmosphäre der Fréimütigkeit, Hérzlichkeit und Áufgeschlossenheit; в открове́нной и дру́жественной ~e in óffener und fréundschaftlicher Atmosphäre; в све́те созда́вшейся ~и ángesichts der gégenwärtigen Láge; заме́тное оздоровле́ние междунаро́дной ~и spürbare Gesúndung des internationálen Klímas; измене́ние ~и Veränderung der Láge; (ре́зкое) обостре́ние ~и (jähe) Zúspitzung der Láge; оздоровле́ние ~и Gesúndung der Láge; ухудше́ние ~и Verschléchterung der Situatión [Láge] ■ быть прича́стным к ны́нешнему разви́тию ~и séinen Ánteil an der gégenwärtigen Entwícklung der Láge háben; вы́править ны́нешний трево́жный крен в разви́тии междунаро́дной ~и die dérzeitige bedróhliche Ríchtung in der Entwícklung der internationálen Láge korrigíeren; нагнета́ть [накаля́ть] междунаро́дную ~у die internationále Láge ánheizen; обостря́ть ~у die Láge verschärfen; оце́нивать тре́зво междунаро́дную ~у die Wéltlage nüchtern éinschätzen; противоде́йствовать обостре́нию междунаро́дной ~и der Zúspitzung der internationálen Láge entgégenwirken; спосо́бствовать обостре́нию ~и éine Verschärfung der Situatión begünstigen; ~a ещё бо́лее обостри́лась die Láge hat sich wéiter zúgespitzt; ~a скла́дывается весьма́ сло́жно die Láge gestáltet sich äußerst schwíerig; произошло́ но́вое обостре́ние ~и es ist zu éiner néuen Verschärfung der Situatión gekómmen

обсужде́ни||е *c* Bespréchung *f*, Diskussión *f*, Erörterung *f* ○ ва́жное ~e wíchtige Bespréchung; всенаро́дное ~e чего́-л. Vólksaussprache über (*A*), Diskussión des gánzen Vólkes über (*A*); публи́чное ~e öffentliche Besprechung [Erörterung] ● ~e обстано́вки Lágebesprechung; предме́т ~я Gégenstand der Erörterung ■ блоки́ровать ~e вопро́са die Erörterung éiner Fráge blockíeren; выноси́ть что-л. на всенаро́дное ~e etw. zur Diskussión [Vólksaussprache] stéllen; назна́чить ~e eine Besprechung ánsetzen; поста́вить что-л. на ~e etw. zur Erörterung vórlegen; провести́ ~e éine Bespréchung ábhalten [dúrchführen]; яви́ться предме́том ~я zur Debátte stéhen; ~e прохо́дит в соотве́тствии с пла́ном die Besprechung verläuft plánmäßig; ~e состои́тся die Besprechung findet statt; э́тот вопро́с тре́бует отде́льного ~я díese Fráge bedárf éiner besónderen Erörterung

обуче́ни||е *c* Áusbildung *f*, Bíldung *f*, Stúdium *n*, Únterricht *m* ○ беспла́тное ~e kóstenlose Schúlbildung; Schulgeldfreiheit *f*; всео́бщее ~e állgemeine Schúlpflicht [Bíldung]; зао́чное ~e Férnunterricht, Férnstudium; индивидуа́льное ~e Éinzelausbildung; курсово́е ~e Wéiterbildung in [auf] Léhrgängen; о́чное ~e Diréktstudium; программи́рованное ~e programmíerter

Únterricht; произво́дственное ~e Únterricht in der Produktión; профессиона́льное ~e Berúfsausbildung; разде́льное ~e getrénnter Únterricht; совме́стное ~e geméinschaftlicher Únterricht ● ~e без отры́ва от произво́дства Stúdium nében der Berúfstätigkeit; пла́та за ~e Stúdiengebühr *f;* срок ~я Únterrichtsdauer *f*

общественнос||ть *ж* Öffentlichkeit *f* ○ мирова́я ~ь Wélt-öffentlichkeit *f;* миролюби́вая ~ь fríedliebende Öffentlichkeit; прогресси́вно настро́енная ~ь fórtschrittliche Öffentlichkeit ■ ввести́ в заблужде́ние ~ь die Öffentlichkeit írreführen; вы́нести что-л. на суд ~и etw. in die Öffentlichkeit brı́ngen [zíehen]; обрати́ть внима́ние ~и на что-л. die Öffentlichkeit auf etw. (*A*) áufmerksam ма́chen; обраща́ться с призы́вом к ~и an die Öffentlichkeit appellíeren; отвле́чь внима́ние мирово́й ~и от чего-л. die Áufmerksamkeit der Wéltöffentlichkeit von etw. (*D*) áblenken; предста́вить кого-л., что-л. ~и j-n, etw. der Öffentlichkeit vórstellen; сде́лать что-л. достоя́нием ~и etw. in die Öffentlichkeit bríngen [lancieren (lã′si:-)]; скрыть что-л. от мирово́й ~и etw. vor der Wéltöffentlichkeit verbérgen, etw. der Wéltöffentlichkeit vórenthalten

обще́ственн||ый geséllschaftlich, öffentlich, Geséllschafts// ○ ~ая акти́вность geséllschaftliche Aktivität [-v-]; ~ая безопа́сность öffentliche Sícherheit; ~ый де́ятель Persönlichkeit des öffentlichen Lébens; ~ая де́ятельность öffentliches Wírken; ~ый долг geséllschaftliche Pflicht; ~ая жизнь öffentliches Lében; ~ый контро́ль öffentliche [geséllschaftliche] Kontrólle; ~ое мне́ние öffentliche Méinung; ~ые нау́ки Geséllschaftswissenschaften *pl;* ~ые ну́жды geséllschaftliche Bedürfnisse; ~ое положе́ние geséllschaftliche Stéllung; ~ое порица́ние öffentliche Rüge, öffentlicher Tа́del; ~ое поруче́ние éhrenamtlicher Auftrag; ~ый поря́док öffentliche Órdnung; ~ое произво́дство geséllschaftliche Produktión; ~ая рабо́та geséllschaftliche Árbeit, éhrenamtliche Tätigkeit [Funktión]; ~ое разви́тие Geséllschaftsentwicklung *f;* ~ый рейд geséllschaftliche [öffentliche] Kontrólle; ~ый смотр geséllschaftliche [öffentliche] Léistungsschau; ~ая со́бственность geséllschaftliches Éigentum; öffentliches Éigentum (*ФРГ*); ~ый строй Geséllschaftsordnung *f;* ~ое устро́йство Geséllschaftsordnung *f;* ~ая форма́ция Geséllschaftsformation *f* ■ рабо́тать на ~ых нача́лах éhrenamtlich tätig sein

о́бществ||о *с* Gesе́llschaft *f* ○ акционе́рное ~о Áktiengesell-

schaft; бескла́ссовое ~о kla̋ssenlose Geséllschaft; „больно́е"
~о kránke Geséllschaft; буржуа́зное ~о bürgerliche Geséllschaft; дочéрнее ~о эк. Tőchtergesellschaft; капиталисти́че-
ское ~о kapitalístische Geséllschaft; кла́ссовое ~о Kla̋ssenge-
sellschaft; коммунисти́ческое ~о kommunístische Geséllschaft;
многонациона́льное социалисти́ческое ~о műltinationale sozialístische Geséllschaft; откры́тое ~о öffene Geséllschaft; пер-·
вобы́тное ~о Űrgemeinschaft; социа́льно одноро́дное ~о
éine soziál homogéne Geséllschaft; спорти́вное ~о Spórtverein m;
плюралисти́ческое ~о pluralístische Geséllschaft ● Всеросси́йское
~о охра́ны па́мятников исто́рии и культу́ры Geséllschaft für
Dénkmal(s)pflege in der RSFSR; Всеросси́йское ~о охра́ны при-
ро́ды Geséllschaft für Natúrschutz in der RSFSR; Всесою́зное доб-
рово́льное ~о соде́йствия а́рмии, авиа́ции и флóту (ДОСААФ
СССР) Fréiwillige Geséllschaft zur Förderung der Lánd-, Lúft- und
Séestreitkräfte (der UdSSR); Всесою́зное ~о изобрета́телей и
рационализа́торов Uniónsgesellschaft der Erfínder und Rationa-
lisatóren; Всесою́зное ~о по распростране́нию полити́ческих и
нау́чных зна́ний Uniónsgesellschaft zur Verbréitung polítischer und
wissenschaftlicher Kénntnisse; Всесою́зное хими́ческое ~о и́мени
Д. И. Менделе́ева Mendeléjew-Geséllschaft für Chemíe der Sowjétunion; Общество герма́но-сове́тской дру́жбы Geséllschaft für
Déutsch-Sowjétische Fréundschaft; ~о изоби́лия Überflußgesell-
schaft; ~о по́длинной свобо́ды и демокра́тии Geséllschaft wáhrer
Fréiheit und Demokratíe; ~о потребле́ния Konsumtiónsgesell-
schaft; ~о „процвета́ния" Wóhlstandsgesellschaft; ~о, рождён-
ное Вели́ким Октябрём vom Gróßen Október hervórge-
brachte Geséllschaft; ~о с ограни́ченной отве́тственностью
эк. Geséllschaft mit beschränkter Háftung (GmbH); бескла́ссовая
структу́ра ~а kla̋ssenlose Geséllschaftsstruktur; нра́вственное
здоро́вье ~а morálisch gúter Zústand der Geséllschaft; преобразо-
ва́ние ~а Úmgestaltung der Geséllschaft; становле́ние бескла́с-
сового ~а Entstéhen éiner kla̋ssenlosen Geséllschaft

о́бш‖ий állgemein, geméinsam ○ ~ее бла́го geméinsames
Wohl, Geméinwohl n; ~ее впечатле́ние Gesámteindruck m; ~ий
враг geméinsamer Feind; ~ее де́ло geméinsames A̋nliegen; ~ая
рабо́та geméinsame Árbeit; ~ее собра́ние Genera̋lversammlung
f; ~ая со́бственность geméinschaftliches Eigentum, Geméineigen-
tum n; ~ая су́мма Gesámtbetrag m, Gesámtsumme f; ~ие фра́зы
a̋llgemeine Rédensarten ● в ~их черта́х in a̋llgemeinen Zügen;

~ими си́лами mit veréinten Kräften; с ~его согла́сия mit állgemeiner Zústimmung ■ де́лать ~ee де́ло geméinsame Sáche máchen

о́бщность ж Geméinschaft f, Geméinsamkeit f ○ но́вая истори́ческая ~ люде́й néue histórische Geméinschaft von Ménschen; но́вая социа́льная и интернациона́льная ~ люде́й néue soziále und internationále Geméinschaft der Ménschen ● ~ владе́ния Besitzgemeinschaft; ~ интере́сов Geméinsamkeit der Interéssen; ~ языка́ Geméinsamkeit der Spráche

объедине́ние с Veréinigung f, Verbánd m, Bund m ○ агро́-промы́шленное ~ Agrár-Industríe-Vereinigung; внешнеторго́вое ~ Áußenhandelsvereinigung; межколхо́зное ~ zwíschenkollektivwirtschaftliche Veréinigung; межсовхо́зное ~ zwíschenbetriebliche Veréinigung von Sowchósen; нау́чно-произво́дственное ~ Fórschungs-Produktións-Veréinigung; произво́дственно-техни́ческое ~ Überleitungs-Produktións-Veréinigung; территориа́льное произво́дственное ~ territoriále Produktiónsvereinigung; уче́бно-нау́чно-техни́ческое ~ wíssenschaftlich-téchnische Hóchschulvereinigung; хозя́йственное ~ Wírtschaftsvereinigung ● Объедине́ние лиц, пресле́довавшихся при наци́зме *(ФРГ)* Veréinigung der Verfólgten des Náziregimes [-ʒ-]; ~ предпринима́телей Unterné́hmerverband m; ~ профсою́зов Gewérkschaftsbund m

объе́кт м Objékt n ○ пусково́й ~ zur Inbetríebnahme geplántes Objékt; ábnahmefertiges Báuwerk; строи́тельный ~ Báuobjekt, Báuvorhaben, Báuwerk n ○ ~ы культу́рно-бытово́го назначе́ния Kultúr- und Soziálbauten *pl,* soziále und kulturélle Éinrichtungen; ~ы непроизво́дственной сфе́ры Objékte der níchtproduzierenden Sphäre ■ наме́тить ~ы строи́тельства die Báuobjekte féstsetzen

объём м Úmfang m, Volúmen [-v-] n ○ о́бщий ~ Gesámtvolumen ● ~ вне́шней торго́вли Áußenhandelsumfang; ~ зна́ний Úmfang des Wíssens; ~ капиталовложе́ний Investitiónsumfang [-v-]; ~ произво́дства Produktiónsumfang, Produktiónsvolumen; ~ рабо́ты Arbeitsumfang; ~ ро́зничного товарооборо́та Úmfang des Éinzelhandelsumsatzes; ~ товарооборо́та Úmsatzvolumen; во всём ~ in vóllem Úmfang

обя́занность ж Pflicht f ○ перве́йшая ~ь vórnehmste Pflicht; прямы́е служе́бные ~и éigentliche díenstliche Pflíchten; служе́бные ~и Dienstobliegenheiten *pl,* Díenstpflichten *pl* ● вре́менно исполня́ющий ~и mit der Wáhrnehmung der Geschäfte beáuftragt; исполня́ющий ~и in Vertrétung; распределе́ние ~ей Ressorttei-

lung [rɛˈsoːr-] f ■ вмени́ть что-л. кому́-л. в ~ь j-m etw. zur Pflicht
máchen; исполня́ть должностны́е ~и Amtshandlungen vollziehen; исполня́ть свои́ ~и séinen Pflíchten náchkommen; лежа́ть
на ~и кого́-л. j-m óbliegen; освободи́ть кого́-л. от его́ ~ей
j-n séiner Pflíchten entbínden; приступи́ть к исполне́нию свои́х
~ей séine Amtsgescháfte áufnehmen; счита́ть что-л. свое́й ~ью
etw. für séine Pflicht hálten

обяза́тельств‖о *c* Verpflíchtung f, Pflicht f ○ договóрное
~о vertrágliche Verpflíchtung; долговóе ~о Schúldverpflíchtung;
индивидуáльное ~о Éinzelverpflíchtung; каба́льные ~a knéchten-
de Verpflíchtungen; коллекти́вное ~о Kollektívverpflíchtung;
междунарóдное ~о internationále Verpflíchtung; почётное ~о
éhrenvolle Verpflíchtung; произвóдственное ~о Produktiónsver-
pflíchtung; служéбное ~о dienstliche Verpflíchtung; социалисти́-
ческие ~a soziálistische Verpflíchtungen; союзни́ческие ~a Búndnis-
pflíchten *pl*; торжéственное ~о féierliche Verpflíchtung; трудовóе
~о Árbeitsverpflíchtung ● взаи́мное ~о не применя́ть пéрвыми
друг прóтив дрýга ни я́дерных, ни обы́чных вооруже́ний gégenseitige Verpflíchtung, nicht als érste gegeneinánder Kérnwaffen óder
konventionélle Wáffen éinzusetzen [ánzuwenden]; взаи́мные
~a междунарóдно-правовóго хара́ктера gégenseitige völkerrechtliche Verpflíchtungen; взя́тые на себя́ ~a éingegangene Verpflíchtungen; ~a пéред госудáрством Verpflíchtungen gegenüber dem
Staat; ~a по междунарóдным договорáм и договорённостям
Verpflíchtungen aus internationálen Vertrágen und Veréinbarungen; ~о по постáвкам Líeferungspflicht; союзни́ческие ~a по
антиги́тлеровской коали́ции Allíierten-Verpflíchtungen aus der
Antihítlerkoalition; приня́тие обяза́тельств Übernahme von Verpflíchtungen; соблюде́ние договóрных обяза́тельств Vertrágs-
treue f ■ брать ~a Verpflíchtungen übernéhmen; взять на себя́
~о éine Verpflíchtung übernéhmen; выполня́ть (свои́) ~a die
Verpflíchtungen éinhalten [éinlösen, erfüllen], séinen Verpflíchtungen náchkommen, sich an die übernómmenen Verpflíchtungen
hálten; грýбо наруша́ть свои́ ~a gröblichst gégen éigene Verpflíchtungen verstóßen; отка́зываться от (своегó) ~a sich der Verpflíchtung entzíehen; подходи́ть к взя́тым на себя́ ~ам отвéт-
ственно и твёрдо verántwortungsvoll und fest zu übernómmenen
Verpflíchtungen stéhen; постáвить под сомне́ние взя́тые на себя́
~a die übernómmenen Verpflíchtungen in Zwéifel zíehen; призна-
ва́ть все взя́тые на себя́ ~a zu állen übernómmenen Verpflíchtun-

gen stéhen; ~о распространя́ется на все госуда́рства die Verpflíchtung erstréckt sich auf álle Stáaten

ограниче́ние c Begrénzung f, Beschränkung f ○ возрастно́е ~ Altersbeschränkung ● ~ вое́нно-морско́й де́ятельности и вое́нно-морски́х вооруже́ний Begrénzung der Aktivitäten der Séestreitkräfte und der maritímen Rüstungen; ~ вооруже́ний Rüstungsbegrenzung; ~ го́нки я́дерных вооруже́ний Begrénzung des nukleáren Wéttrüstens; ~ и́мпорта Éinfuhrbeschränkung; ~ произво́дства Produktiónsbeschränkung; ~ расхо́дов Beschränkung der Áusgaben; ~ рождае́мости Gebúrtenbeschränkung; ~ свобо́ды ли́чности Beschränkung der persönlichen Fréiheit; ~ стратеги́ческих вооруже́ний Begrénzung der stratégischen Rüstungen; ~ страти́ческих наступа́тельных вооруже́ний Begrénzung der stratégischen Offensívwaffen [Ángriffswaffen]; ~ я́дерных вооруже́ний Begrénzung der nukleáren Rüstungen ● подпада́ть под ~ вооруже́ний únter die Reduzíerung der Rüstungen fállen

одобре́ние c Zústimmung f ○ единоду́шное ~ éinmütige Zústimmung; молчали́вое ~ stíllschweigende Zústimmung; по́лное ~ vólle Zústimmung ● ~ каки́х-л. реше́ний Zústimmung zu etw. (D) ■ получи́ть ~ Zústimmung erhálten

оккупацио́нн‖ый Besátzungs‖ ○ ~ые вла́сти Besátzungsbehörden pl; ~ые войска́ Besátzungstruppen pl; ~ая держа́ва Besátzungsmacht f; ~ая зо́на Besátzungszone f

окла́д м Gehált n ○ годово́й ~ Jáhresgehalt; должностно́й ~ Díenstgehalt; дополни́тельный ~ Geháltszuschlag m; ме́сячный ~ Mónatsgehalt; основно́й ~ Grúndgehalt; персона́льный ~ Éinzelgehalt; персо́нengebundenes Gehált; Gehált laut Einzelvertrag ● повыше́ние ~a Geháltserhöhung f, Geháltsaufbesserung f; ра́зница в ~e Geháltsgefälle n; сниже́ние ~a Geháltskürzung f

олимпи́йск‖ий olýmpisch, Olýmpia‖ ○ ~ий год Olýmpiajahr n; Олимпи́йская дере́вня Olýmpiadorf n, olýmpisches Dorf; ~ая золота́я [серебряная] меда́ль olýmpisches Gold [Sílber]; Олимпи́йские и́гры Olýmpische Spíele; ~ие идеа́лы olýmpische Ideále; ~ая кля́тва olýmpischer Eid; ~ая кома́нда Olýmpiamannschaft f; ~ий ого́нь olýmpisches Féuer; Олимпи́йская ха́ртия olýmpische Charta [´karta] ● победи́тель Олимпи́йских игр Olýmpiasieger m, Olympioníke m; уча́стник Олимпи́йских игр Olýmpiateilnehmer m

ООН (Организа́ция Объединённых На́ций) UNO (United Nations Organization, Organisatión der Veréinten Natiónen) ● го-

суда́рства — основа́тели ~ Grǘnderstaaten der UNO; центра́ль-
ные учрежде́ния ~ zentrále UNO-Grémien *pl;* штаб-кварти́ра
~ UNO-Háuptquartier *n;* под эги́дой ООН únter der Schírm-
herrschaft der UNO

опа́сност**||ь** *ж* Gefáhr *f* ○ вое́нная ~ь militärische Gefáhr;
смерте́льная ~ь tödliche Gefáhr ● ~ь внеза́пного нападе́ния
Gefáhr éines Überráschungsangriffs; ~ь войны́ Kríegsgefahr; ~ь,
нави́сшая над Евро́пой Európa dróhende Gefáhr; ~ь нападе́ния
Ángriffsgefahr, Gefáhr éines Ángriffs; оча́г ~и Gefáhrenherd *m;*
понима́ние гро́зной ~и Erkénntnis únheildrohender Gefáhr; пре-
дотвраще́ние ~и Ábwendung [Verhütung] éiner Gefáhr; сниже́ние
вое́нной ~и Eindämmung der Kríegsgefahr; уменьше́ние ~и
войны́ Verríngerung der Kríegsgefahr; устране́ние ~и Bánnung
der Kríegsgefahr ■ выступа́ть после́довательно за уменьше́ние
вое́нной ~и sich konsequént für die Verríngerung [Vermínderung]
der Kríegsgefahr éinsetzen; избежа́ть ~и éiner Gefáhr entgéhen;
находи́ться в смерте́льной ~и in Tódesgefahr schwében; осозна́ть
грозя́щую ~ die dróhende Gefáhr erkénnen; отвести́
~ь die Gefáhr ábwenden [beséitigen]; подверга́ть ~и in Gefáhr
bríngen; подверга́ться ~и sich der Gefáhr áussetzen; предотвра-
ти́ть надвига́ющуюся ~ь die heráufziehende Gefáhr verhüten;
предупрежда́ть об ~и vor der Gefáhr wárnen; презира́ть ~ь der
Gefáhr trótzen; пресе́чь ~ь die Gefáhr bánnen; смотре́ть споко́йно
~и в глаза́ der Gefáhr rúhig ins Áuge séhen; сознава́ть ~ь der Gefáhr bewúßt sein; уме́ньшить вое́нную ~ь die Kríegsgefahr verrín-
gern

опе́к**||а** *ж* Vórmundschaft *f* ○ междунаро́дная ~a internatio-
nále Tréuhandschaft; ме́лочная ~a kléinliche Bevórmundung; по-
жи́зненная ~a lébenslängliche Vórmundschaft ● ~a согла́сно
завеща́нию testamentárische Vórmundschaft; междунаро́дная сис-
те́ма ~и internationáles Tréuhändersystem; сове́т по дела́м ~и
Vórmundschaftsrat *m;* суд по дела́м ~и Vórmundschaftsgericht *n*
■ брать под ~у террористи́ческие гру́ппы éine schützende
Hand über Terrórgruppen [terrorístische Veréinigungen] áusstrecken;
быть под ~ой únter Vórmundschaft stéhen; осуществля́ть ~у die
Vórmundschaft führen; учреди́ть ~у над кем-л. j-n únter Vórmundschaft stéllen

о́пыт *м* Erfáhrungen *pl,* Erfáhrung *f* ○ боево́й ~ Kámpferfah-
rung *f;* жи́зненный ~ Lébenserfahrung *f;* передово́й ~ fórtgeschrittene Erfáhrungen ● ~ революцио́нной борьбы́ Erfáhrungen des

181

revolutionären Kámpfes; основополага́ющий ~ па́ртии grúndlegende Erfáhrungen der Partéi; сове́тский ~ национа́льно-госуда́рственного строи́тельства sowjétische Erfáhrungen des Áufbaus éines Nationálstaates; внедре́ние передово́го ~а в произво́дство Einführung der bésten Erfáhrungen in die Produktión; изуче́ние и обобще́ние ~а Áuswertung und Verállgemeinerung der Erfáhrungen; переда́ча передово́го ~а Übermíttlung fórtgeschrittener Erfáhrungen, Übermíttlung von Erfáhrungen der Bésten ■ взве́сить и уче́сть чей-л. ~ die Erfáhrungen (G) ábwägen und berücksichtigen; знать что-л. по многоле́тнему ~у etw. aus jáhrelanger Erfáhrung [jáhrelanger Práxis] wíssen; име́ть большо́й ~ viel Erfáhrung háben; име́ть многоле́тний ~ в како́й-л. о́бласти lángjährige Erfáhrungen auf éinem Gebíet háben; испо́льзовать чей-л. ~ j-s Erfáhrungen áuswerten [nútzen] (многообра́зный положи́тельный) ~ (vielfältige positíve) Erfáhrungen sámmeln; обме́ниваться ~ом Erfáhrungen áustauschen; обобща́ть оте́чественный и мирово́й ~ éigene und internationále Erfáhrungen verállgeméinern; осво́ить ~ ста́рших поколе́ний sich die Erfáhrungen der älteren Generatiónen zu éigen máchen; передава́ть ~ Erfáhrungen vermítteln [wéitergeben]; убеди́ться на со́бственном ~е sich aus éigener Erfáhrung von etw. (D) überzéugen; ~ не нахо́дит до́лжного распростране́ния die Erfáhrungen finden nicht die gebührende Verbréitung

о́рган m Orgán n, Grémium n ○ вспомога́тельный ~ Hílfsorgan; вышестоя́щие ~ы übergeórdnete Orgáne; вы́сший ~ óberstes Orgán; госуда́рственные ~ы stáatliche Orgáne, Stáatsorgane pl; законода́тельные ~ы gesétzgebende Orgáne, Legislatívorgane pl; исполни́тельные ~ы vollzíehende Orgáne, Exekutívorgane pl; компете́нтные ~ы zúständige Orgáne; контро́льный ~ Kontróllorgan; Überwáchungsorgan; координи́рующий ~ koordiníerendes Orgán; ма́ссовые ~ы záhlenmäßig größte Orgáne; междунаро́дный ~ internationáles Grémium; ме́стные ~ы örtliche Orgáne; ме́стные сове́тские ~ы örtliche Sowjéts; нижестоя́щие ~ы náchgeordnete Orgáne; парти́йные ~ы Partéiorgane pl; парти́йные, сове́тские, профсою́зные и комсомо́льские ~ы Orgáne der Partéi, des Stáates, der Gewérkschaften und des Komsomól; подотчётные ~ы réchenschaftpflichtige Orgáne; подчинённые ~ы unterstéllte Orgáne; постоя́нно де́йствующий ~ ständiges Orgán; постоя́нный ~ ständiges Grémium; руководя́щий ~ Léitungsorgan, Führungsinstitution f; совеща́тельный ~ berátendes Orgán;

хозя́йственные ~ы Wírtschaftsorgane *pl* ● ~ы госуда́рственной вла́сти Orgáne der Stáatsmacht; ~ы наро́дного контро́ля Orgáne der Vólkskontrolle; ~ы правопоря́дка Orgáne der Órdnungskräfte, Orgáne zur Áufrechterhaltung der Órdnung; ~ы правосу́дия Justízorgane *pl*; ~ы, функциони́рующие на обще́ственных нача́лах éhrenamtliche Orgáne; вы́борность всех ~ов Wáhlbarkeit áller Orgáne; обяза́тельность реше́ний вышестоя́щих ~ов Verbíndlichkeit der Beschlüsse der übergeordneten Orgáne; отчётность парти́йных ~ов Réchenschaftspflicht der Partéiorgane; подотчётность ~ов наро́ду Réchenschaftspflicht der Orgáne gegenüber dem Volk

организа́ци‖я *ж* (*учреждение, объединение*) Organisatión *f*, Éinrichtung *f*, Institutión *f* ○ благотвори́тельная ~я Wóhltätigkeitsverein *m*, karitatíve Organisatión; вое́нная ~я milita̋rische Organisatión; вышестоя́щие ~и übergeordnete Institutiónen; ма́ссовая ~я Mássenorganisation; межправи́тельственные ~и zwíschenstaatliche Organisatiónen; ме́стная ~я lokále Institutión, örtliche Organisatión; неправи́тельственные ~и níchtstaatliche Organisatiónen; нижестоя́щие ~и náchgeordnete Institutiónen; низова́я ~я Grúndorganisation; обще́ственная ~я geséllschaftliche Organisatión; парти́йная ~я Partéiorganisation; подря́дная ~я Háuptauftragnehmer *m;* полити́ческая ~я polítische Organisatión; профсою́зная ~я Gewérkschaftsorganisation ● Всеми́рная ~я здравоохране́ния Wéltgesundheitsorganisation *f;* Междунаро́дная ~я журнали́стов Internationále Organisatión der Journalísten [ʒu:r-]; Организа́ция Варша́вского Догово́ра Organisatión des Wárschauer Vertráges; Организа́ция Объединённых На́ций Organisatión der Veréinten Natiónen; территориа́льные ~и па́ртии Ortsorganisationen [territoriále Organisatiónen] der Partéi; вы́ход из ~и Áustritt aus éiner Organisatión; принадле́жность к како́й-л. ~и Zúgehörigkeit zu éiner Organisatión ■ руководи́ть ~ей éine Organisatión léiten; стро́ить [создава́ть] ~ю éine Organisatión áufbauen

ору́жи‖е *с* Wáffe *f*, Wáffen *pl* ○ а́томное ~е Átomwaffe; бактериологи́ческое ~е bakteriológische [biológische] Wáffe; бина́рное ~е Binärwaffen; евростратеги́ческое ~е éurostrategische Wáffen; идеологи́ческое ~е ideológisches Rüstzeug, ideológische Wáffe; ла́зерное ~е Láserwaffen; наступа́тельное ~е Ángriffswaffen, Offensívwaffen; нейтро́нное ~е Neutrónenwaffe; обы́чное ~е konventionélle Wáffen; противоспу́тниковое ~е Satéllitenabwehrwaffen, Antisatéllitenwaffe; пучко́вое ~е Partíkelstrahlenwaffe; смертоно́сное ~е tödliche [tódbringende] Wáffe; хими́ческое ~е chémische Wáffe; я́дерное ~е Kérnwaffe ● ~е ма́ссового уничтоже́ния Mássenvernichtungswaffen; ~е пе́рвого уда́ра Erstschlagwaffen; я́дерное ~е поля́ бо́я nucleáre Geféchtsfeldwaffen; бра́тство по ~ю Wáffenbrüderschaft f; бряца́ние ~ем *перен.* Säbelgerassel *n;* накопле́ние я́дерного ~я Ánhäufung von Kérnwaffen; подзе́мные испыта́ния я́дерного ~я únterirdische Kérnwaffentests; поста́вки ~я Wáffenlieferungen *pl;* примене́ние ~я Éinsatz von Wáffen; распростране́ние я́дерного ~я Wéiterverbreitung von Kérnwaffen; сре́дства доста́вки я́дерного ~я nucleáre Trägermittel; това́рищи по ~ю Wáffenbrüder *pl* ■ бра́ться за ~е zu den Wáffen gréifen; бряца́ть ~ем mit den Wáffen klírren; *перен.* mit dem Säbel rásseln; держа́ть ~е нагото́ве die Wáffen éinsatzbereit hálten; *перен.* das Púlver trócken hálten; нагроможда́ть го́ры ~я Bérge von Wáffen ánhäufen; не допуска́ть распростране́ния я́дерного ~я в любо́й фо́рме die Wéiterverbreitung von Kérnwaffen in jéglicher Form nicht zúlassen; опро́бовать ~е на ком-л. Wáffen an (D) áusprobieren; положи́ть коне́ц нагроможде́нию ~я в ми́ре der Ánhäufung von Wáffen in der Welt Éinhalt gebíeten; поста́вить ~е вне зако́на éine Wáffe ächten; предотврати́ть нара́щивание раке́тно-я́дерного ~я die Anhäufung von Rakétenkernwaffen verhüten; проводи́ть испыта́ния но́вого ~я éine néue Wáffe erpróben; пуска́ть в ход ~е von der Waffe Gebráuch máchen, éine Wáffe éinsetzen; сложи́ть ~е die Wáffen strécken [níederlegen]

освобожде́ни||е *c* Beۤфréiung *f,* Entlássung *f,* Fréilassung *f* ○ безусло́вное ~е bedíngungslose Fréilassung; досро́чное ~е vórfristige Entlássung; национа́льное ~е nationále Befréiung; немéдленное ~е sofórtige Fréilassung; части́чное ~е téilweise Befréiung; Téilerlaß *m (от нало́гов)* ● ~е заключённого Háftentlassung, Entlássung aus der Haft; ~е от во́инской обя́занности Fréistellung vom Militärdienst [vom Wéhrdienst]; ~е от до́лжности Entbíndung von éiner Funktíon, Ámtsenthebung *f;* ~е от наказа́ния Stráferlaß *m;* ~е от нало́гов Stéuerbefreiung *f;* ~е от ярма́ Befréiung von éinem Joch; борьба́ за ~е Befréiungskampf *m;* тре́бование об ~и Fórderung nach Befréiung

осно́в||а *ж* Grúndlage *f,* Básis *f* ○ взаимоприе́млемая ~а gégenseitig akzeptáble Grúndlage; демократи́ческие ~ы demokrátische Grúndlagen; иде́йно-полити́ческая ~а politisch-ideológische Grúndlage; материа́льная ~а materiélle Básis; междунаро́дно-

-правова́я ~a völkerrechtliche Grúndlage; теорети́ческие ~ы theorétische Grúndlagen ● ~ы како́й-л. нау́ки Grúndlagen éiner Wíssenschaft; ~ы маркси́зма-ленини́зма Grúndlagen des Marxísmus-Leninísmus; ~ы ми́рного догово́ра Grúndlagen für éinen Fríedensvertrag; ~ы послевое́нного устро́йства Grúndlagen der Náchkriegsregelung; ~ы существова́ния Existénzgrundlagen *pl;* на взаимоприе́млемой ~e auf béiderseitig ánnehmbarer Grúndlage; на двусторо́нней ~e auf bilatéraler Básis; на догово́рной ~e auf vertráglicher Grúndlage; на здоро́вой ~e auf gesúnder Grúndlage; на ми́рной ~e auf friédlicher Grúndlage; на многосторо́нней ~e auf multilateráler Básis; на ра́вной ~e auf gléicher Básis; на социалисти́ческих ~ax auf sozialístischer Grúndlage ■ взять за ~y als Básis néhmen; догова́риваться на взаимоприе́млемой ~e zu gégenseitig ánnehmbaren Überéinkünften gelángen; заложи́ть ~ы урожа́я бу́дущего го́да die Grúndlagen für die Érnte des nächsten Jáhres légen; заложи́ть ~ы чего́-л. die Grúndlagen für etw. scháffen; подрыва́ть ~ы межгосуда́рственных отноше́ний die Grúndlagen der zwíschenstaatlichen Beziéhungen untergrában

осно́вн‖о́й Grund‖, grúndlegend, Haupt‖ ○ ~о́й вопро́с Grúndfrage *f;* ~о́й зако́н Grúndgesetz *n;* ~а́я за́работная пла́та Grúndlohn *m;* ~о́й капита́л Grúndkapital *n;* ~а́я ли́ния Grúndlinie *f;* ~о́е направле́ние Grúndrichtung *f;* ~а́я оши́бка Grúndfehler *m;* ~о́е положе́ние Grúndsatz *m;* ~ые права́ Grúndrechte *pl;* ~ые права́ челове́ка grúndlegende Ménschenrechte; ~о́е пра́вило Grúndregel *f;* ~ые свобо́ды grúndlegende Fréiheiten, Grúndfreiheiten *pl;* ~ые сре́дства Grúndmittel *pl;* ~ые усло́вия поста́вки állgemeine Líeferbedingungen; ~о́е уче́ние Grúndlehre *f*

осуществле́ние *c* Verwírklichung *f,* Dúrchführung *f,* Dúrchsetzung *f,* Ausübung *f* ● ~ госуда́рственных реше́ний Dúrchführung stáatlicher Entschéidungen; ~ зада́ч Dúrchführung der Áufgaben; ~ иде́и Verwírklichung éiner Idée; ~ контро́ля Dúrchführung der Kontrólle; ~ пра́ва Verwírklichung éines Rechts; ~ правосу́дия Ausübung der Réchtsprechung; ~ прав челове́ка Dúrchsetzung der Ménschenrechte; ~ преступле́ния Begéhung éines Verbréchens; ~ пятиле́тнего пла́на Verwírklichung des Fünfjáhrplanes; ~ социа́льных програ́мм Verwírklichung der soziálen Prográmme; ~ угро́зы Wáhrmachung éiner Dróhung; ~ усло́вия (*выполне́ние*) Erfüllung éiner Bedíngung

отве́т *м* Ántwort *f* ○ двусмы́сленный ~ dóppelsinnige

Ántwort; деловóй ~ sáchliche Ántwort; ничегó не говорящий ~ níchtssagende Ántwort; окончáтельный ~ éndgültige Ántwort; откровéнный ~ óffene Ántwort; отрицáтельный ~ vernéinende Ántwort, áblehnende Ántwort; положительный ~ bejáhende Ántwort; сдéржанный ~ zurückhaltende Ántwort; уклóнчивый ~ áusweichende Ántwort; утвердительный ~ zúsagende Ántwort ● в ~ на что-л. als Ántwort auf etw. (A); ~ на запрóс Ántwort auf éinen Ántrag; ~ по существý Ántwort zum Kern der Sáche ■ дать ~ éine Ántwort gében; мéдлить с ~ом éine Ántwort hináuszögern; находить ~ на что-л. éine Ántwort auf etw. (A) finden; не находить ~а kéine Ántwort wíssen; призвáть когó-л. к ~у j-n zur Verántwortung ziéhen; уходить от ~а на волнýющие нарóды вопрóсы sich der Ántwort auf Frágen, die die Völker bewégen, entzíehen; уходить от ~а на предложéния éiner Ántwort auf die Vórschläge áusweichen

отвéт‖ный Ántwort‖, Gégen‖ ○ ~ый визит Gégenbesuch m; ~ый вопрóс Gégenfrage f; ~ая мéра Gégenmaßnahme f; ~ая нóта Ántwortnote f; ~ое письмó Ántwortbrief m, Ántwortschreiben n; ~ый подáрок Gégengeschenk n; ~ое предложéние Gégenvorschlag m; ~ое привéтствие Gégengruß m; ~ая телеграмма Ántworttelegramm n; ~ требование Gégenforderung f; ~ый удáр Gégenschlag m; ~ая услýга Gégenleistung f

отвéтственност‖ь ж Verántwortung f, Verántwortlichkeit f ○ административная ~ь administratíve Verántwortung; большáя ~ь hóhe [schwére] Verántwortung; граждáнская ~ь Verántwortung der Ménschen gegenüber der Geséllschaft; договорнáя ~ь vertrágliche Háftung, Vertrágshaftung f; личная ~ь persönliche Verántwortlichkeit; морáльная ~ь morálische Verántwortung; персонáльная ~ь persönliche Verántwortlichkeit; рáвная ~ь gléiche Verántwortung; уголóвная ~ь stráfrechtliche Verántwortlichkeit ● ~ь виновников агрéссии Verántwortung der Aggressóren; ~ь госудáрственных руководителей пéред нынешним и грядýщими поколéниями Verántwortung der führenden Stáatsmänner gegenüber den jétzigen und den kómmenden Generatiónen; ~ь за воéнные преступлéния Verántwortung für Kríegsverbrechen; ~ь за пропагáнду войны Verántwortung für die Kríegspropaganda; ~ь пéред óбществом Verántwortung gegenüber der Geséllschaft [Geméinschaft]; ~ь предприятия за выполнéние плáна Verántwortlichkeit des Betríebes für die Plánerfüllung; руковóдствуясь сознáнием высóкой ~и за... éingedenk der hóhen Verántwortung für...; сознаю́щий свою́ ~ь verántwortungsbewußt; чу́вство ~и Verántwortungsgefühl *n;* с чу́вством ~и mit Verántwortungsbewußtsein ■ брать на себя́ тяжёлую ~ь éine schwére Verántwortung auf sich néhmen; возлага́ть ~ь на кого́-л. j-n für etw. verántwortlich máchen; возложи́ть на кого́-л. по́лную ~ь j-m die vólle Verántwortung für etw. übertrágen; нести́ нема́лую ~ь за что-л. kéine gerínge Verántwortung für etw. trágen; освободи́ть кого́-л. от ~и j-n von der Verántwortung entbínden [fréisprechen]; перекла́дывать ~ь на кого́-л. j-m die Verántwortung übertrágen; сва́ливать ~ь на кого́-л. die Verántwortung von sich (*D*) auf j-n ábwälzen; снима́ть с себя́ ~ь die Verántwortung áblehnen; уси́лить ~ь die Verántwortung verstärken; вся ~ь за подо́бные де́йствия легла́ бы на кого́-л. die gánze Verántwortung für dérartige Hándlungen würde auf j-n fállen; ~ь по́лностью ложи́тся на другу́ю сто́рону die Verántwortung trägt voll und ganz die ándere Séite; э́то налага́ет на нас огро́мную ~ь das legt uns éine úngeheure Verántwortung auf

отде́л *м* Abtéilung *f* ○ гла́вный ~ Háuptabteilung; информаци́онный ~ Informatiónsabteilung; отраслево́й ~ Fáchabteilung; па́спортный ~ Páßabteilung; пла́ново-экономи́ческий ~ Abtéilung Wírtschaftsplanung; пла́новый ~ Abtéilung Plánung; промышленный ~ Industríeabteilung; специа́льный ~ Sónderabteilung; э́кспортный ~ Expórtabteilung; юриди́ческий ~ Réchtsabteilung ● ~ зака́зов Bestélldienst *m;* ~ ка́дров Káderabteilung; ~ наро́дного образова́ния Abtéilung Vólksbildung; ~ снабже́ния Abtéilung Materiálversorgung; ~ труда́ и за́работной пла́ты Abtéilung Árbeit und Löhne; заве́дующий ~ом Abtéilungsleiter *m* ■ открыва́ть но́вый ~ éine néue Abtéilung éinrichten

отка́з *м* Verzícht *m*, Absage *f*, Ablehnung *f* ○ взаи́мный ~ от примене́ния пе́рвыми я́дерного ору́жия gégenseitiger Verzícht auf den Érsteinsatz von Kérnwaffen; взаи́мный ~ от примене́ния си́лы и́ли угро́зы си́лой gégenseitiger Verzícht auf Gewáltanwendung und Gewáltandrohung; доброво́льный ~ fréiwilliger Verzícht; по́лный ~ от противоспу́тниковых систе́м völliger Verzícht auf Satellítenabwehrsysteme; части́чный ~ Téilverzicht ● ~ от борьбы́ Verzícht auf den Kampf; ~ от войны́ как сре́дства реше́ния междунаро́дных спо́ров Verzícht auf den Krieg als Míttel zur Lösung internationáler Stréitfragen; ~ от встре́чи Absage des Tréffens; ~ от конструкти́вного диало́га Absage an éinen konstruktíven Dialóg; ~ от опа́сной поли́тики иллю́зий Absage an die gefährliche Politík der Illusiónen; ~ от пла́нов вооруже́ния Ablehnung der Rüstungsvorhaben, Verzícht auf Rüstungsvorhaben; ~ от прете́нзий Verzícht auf die Ánsprüche; ~ от свои́х прав Verzícht auf séine Réchte; заявле́ние об ~e Verzíchterklärung f ∎ заяви́ть о своём ~e séinen Verzícht erklären; получи́ть ~ éine Ábsage bekómmen, sich (D) éine Ábsage hólen; потре́бовать ~a éinen Verzícht fórdern

о́тклик м Wíderhall m, Écho n, Äußerungen pl ○ благожела́тельный ~ wóhlwollende Aufnahme; междунаро́дный ~ internationále Resonánz; всео́бщий ~ állgemeines Écho; оживлённый ~ lébhaftes Écho; сде́ржанные ~и zurückhaltendes Écho; си́льный ~ stárkes Écho ● ~и в печа́ти Présseäußerungen, Préssestimmen pl, Présseecho; ~и из-за рубежа́ Écho des Auslandes ∎ встре́тить живо́й ~ ein lébhaftes Écho fínden; вы́звать положи́тельный ~ ein positíves Écho áuslösen; найти́ широ́кий [большо́й] ~ bréiten [gróßen] Wíderhall fínden; находи́ть ~ éine Resonánz fínden; не находи́ть ~a kein Écho háben

откры́т‖ый о́ffen, öffentlich ○ ~ое вмеша́тельство óffene Éinmischung; ~ый вопро́с óffene Fráge; ~ая вражда́ óffene Féindschaft; ~ое голосова́ние óffene Abstímmung; ~ый го́род óffene Stadt; ~ое заседа́ние óffene Sítzung; ~ое письмо́ óffener Brief; ~ая поле́мика öffentliche Polémik; ~ый проте́ст óffener Protést; ~ое сопротивле́ние óffener Wíderstand; ~ый фронт úngedeckte Front ● день ~ых двере́й Tag der óffenen Tür

отноше́ни‖я мн. (связи) Verhältnisse pl, Beziehungen pl ○ бра́тские ~я brüderliche Beziehungen; валю́тные ~я Währungsbeziehungen; двусторо́нние ~я bilaterale Beziehungen; добрососе́дские ~я gútnachbarliche Beziehungen; догово́рные ~я Vertrágsbeziehungen; комме́рческие ~я Hándelsbeziehungen; межгосуда́рственные ~я zwischenstaatliche Beziehungen; междунаро́дно-правовы́е ~я völkerrechtliche Beziehungen; междунаро́дные ~я internationále Beziehungen; многосторо́нние ~я multilaterále Beziehungen; натя́нутые ~я gespánnte Beziehungen [Verhältnisse]; обще́ственные ~я geséllschaftliche Beziehungen [Verhältnisse], soziále Verhältnisse; по-настоя́щему справедли́вые ~я wírklich [wáhrhaft] geréchte Beziehungen; произво́дственные ~я Produktiónsverhältnisse; равнопра́вные ~я gléichberechtigte Beziehungen; социа́льные и кла́ссовые ~я soziále und klássenmäßige Beziehungen; сою́знические ~я Bündnisbeziehungen; това́рно-де́нежные ~я Wáre-Geld-Beziehungen; торго́во-экономи́ческие

~я Handels- und Wirtschaftsbeziehungen; экономи́ческие ~я Wirtschaftsbeziehungen; ökonómische Verhältnisse ● ~я добросо-се́дства Beziehungen gúter Náchbarschaft; ~я ме́жду Восто́ком и За́падом Ost-Wést-Beziehungen; ~я ме́жду госуда́рствами Bezíe-hungen zwíschen den Stáaten; ~я ме́жду людьми́ zwíschenmensch-liche Beziehungen; ~я ми́рного сосуществова́ния Beziehungen der fríedlichen Koexisténz; ~я партнёрства Pártnerschaftsbezie-hungen; ~я по́длинного равнопра́вия Beziehungen échter Gléich-berechtigung; те́сные ~я бра́тской дру́жбы énge Beziehungen brüderlicher Fréundschaft; весь ко́мплекс сове́тско-инди́йских ~й gesámte sowjétisch-índische Beziehungen; дальне́йшее обо-стре́ние ~й wéitere Zúspitzung der Beziehungen; дальне́йшее раз-ви́тие ~й ме́жду госуда́рствами wéitere Gestáltung [Entwícklung] der Beziehungen zwíschen den Stáaten; но́вая ве́ха в ~ях двух бра́тских стран néuer Höhepunkt in den Beziehungen béider Brüderländer; но́вый тип ~й néuer Typ von Beziehungen; нор-мализа́ция ~й Normalisíerung der Beziehungen; ны́нешнее состоя́-ние ~й (*между странами*) gégenwärtiger Stand der Beziehungen; перело́м в сове́тско-америка́нских ~ях Wénde in den sowjétisch-amerikánischen Beziehungen; перестро́йка междунаро́дных эко-номи́ческих ~й на справедли́вой и демократи́ческой осно́ве geréchte und demokrátische Úmgestaltung der internationálen Wírtschaftsbeziehungen; поддержа́ние норма́льных ~й Áufrechter-haltung [Unterháltung] normáler Beziehungen; положи́тельное раз-ви́тие межгосуда́рственных ~й positíve Entwícklung zwíschenstaat-licher Beziehungen; разжига́ние вражде́бности в ~ях, ме́жду госуда́рствами Schüren von Féindseligkeiten in den Beziehungen zwíschen den Stáaten; тре́ния в ~ях с сою́зниками Únstimmig-keiten in den Beziehungen zu den Verbündeten; улучше́ние ~й Verbésserung der Beziehungen; установле́ние норма́льных ~й die Wiederherstellung [Hérstellung] normáler Beziehungen; установ-ле́ние справедли́вых экономи́ческих ~й Hérstellung geréchter internationáler Wírtschaftsbeziehungen; ухудше́ние ~й Verschléch-terung der Beziehungen ■ верну́ть ~я в норма́льное ру́сло die Beziehungen in normále Báhnen lénken; нормализова́ть ~я die Beziehungen normalisíeren; чётко определи́ть хара́ктер ~й с ка-ко́й-л. страно́й den Charákter der Beziehungen zu éinem Land klar bestímmen; осложня́ть ~я ме́жду госуда́рствами Bezíe-hungen zwíschen den Stáaten erschwéren; стро́ить межгосуда́рст-венные ~я в соотве́тствии с ду́хом и бу́квой заключённых догово́ров die zwischenstaatlichen Beziehungen gemäß Geist und Buchstaben der geschlóssenen Verträge gestálten; стро́ить ~я на равнопра́вной осно́ве die Beziehungen auf gleichberechtigter Básis gestálten; ~я ме́жду обе́ими стра́нами осно́вываются на социалисти́ческом интернационали́зме die Beziehungen zwischen den beiden Ländern beruhen auf dem sozialistischen Internationalismus; ~я остаю́тся заморо́женными die Beziehungen bleiben weiterhin eingefroren; ~я сложи́лись благоприя́тно die Beziehungen sind günstig aufgebaut [gestáltet]; ~я утверди́лись die Beziehungen haben sich gefestigt; сложи́лись плодотво́рные ~я fruchtbringende Beziehungen haben sich herausgebildet

о́тпуск м Urlaub m ○ бессро́чный ~ unbefristete Beurlaubung; дополни́тельный ~ Zusatzurlaub; ежего́дный ~ Jahresurlaub; неиспо́льзованный ~ nicht in Anspruch genómmener [nicht genómmener] Urlaub; опла́чиваемый ~ bezahlte Fréistellung, bezáhlter Urlaub; очередно́й ~ órdentlicher [regulärer] Urlaub; тво́рческий ~ Fréistellung für wissenschaftliche [künstlerische] Árbeit ● ~ без сохране́ния содержа́ния unbezahlte Fréistellung, unbezahlter Urlaub; ~ по бере́менности и ро́дам Schwángerschafts- und Wóchenurlaub; ~ по боле́зни Arbeitsbefreiung wégen Kránkheit; ~ по ухо́ду за заболе́вшим чле́ном семьи́ [за ребёнком] Fréistellung für die Pflége éines erkránkten Famílienmitgliedes [éines Kíndes]; ~ с сохране́нием содержа́ния bezáhlte Fréistellung, bezáhlter Urlaub ■ брать ~ Urlaub néhmen; быть в ~e beúrlaubt [im Urlaub] sein; предоста́вить ~ Urlaub gewähren; уйти́ в ~ séinen Urlaub ántreten, in Urlaub géhen

о́трасль ж Zweig m ○ ба́зовые ~и промы́шленности gründlegende Industríezweige; перспекти́вные ~и промы́шленности entwícklungsträchtige Industríezweige; сме́жные ~и vor- und náchgelagerte Zwéige; трудоёмкие ~и árbeitsintensive Zwéige ● ~ь зна́ний Wíssenszweig; ~ь наро́дного хозя́йства Vólkswirtschaftszweig; ~ь нау́ки Wíssenschaftszweig; ~ь произво́дства Produktiónszweig; ~ь промы́шленности Industríezweig; ~ь торго́вли Hándelszweig; ~и, производя́щие това́ры наро́дного потребле́ния Zwéige der Konsúmgüterproduktion [Konsúmgüterindustrie]; обновле́ние всех ~ей наро́дного хозя́йства Modernisíerung áller Zwéige der Vólkswirtschaft ■ рассма́тривать экономи́ческие пробле́мы в разре́зе ка́ждой ~и ökonómische Probléme únter dem Blíckwinkel jédes Zwéiges betráchten отря́д м Abteilung *f*, Grúppe *f*, Trupp *m* ○ головно́й ~ Vórtrupp; партиза́нский ~ Partisánenabteilung; передово́й ~ Vorausabteilung, Vórtrupp; пионе́рский ~ Pioniergruppe ● ~ из 10 солда́т ein Trupp von zehn Soldáten; ~ междунаро́дного пролетариа́та Abteilung des internationálen Proletariáts; ~ поли́ции Polizéibereitschaft *f*; ~ рабо́чих Arbeitertrupp; команди́р ~а Abteilungsführer *m*, Abteilungskommandeur [-dø:r] *m;* но́вые ~ы специали́стов néue Formatiónen von Spezialísten; передово́й ~ пролетариа́та Avantgarde [avaŋ- *или* avaŋgardə] des Proletariáts

отста́в∥ка *ж* Rücktritt *m* ● ~а мини́стра Rücktritt éines Ministers; ~а прави́тельства Rücktritt éiner Regíerung; заявле́ние об ~e Rücktrittsgesuch *n*, Rücktrittserklärung *f* ■ быть в ~e im Rúhestand sein; вы́йти в ~y in den Rúhestand tréten; заяви́ть о свое́й ~e séinen Rücktritt erklären; пода́ть в ~y séinen Rücktritt éinreichen; предложи́ть свою́ ~y séinen Rücktritt ánbieten; приня́ть чью-л. ~y j-s Rücktritt ánnehmen; тре́бовать чьей-л. ~и j-s Rücktritt verlángen

отчёт *м* Bericht *m*, Réchenschaft *f* ○ годово́й ~ Jáhresbericht; кварта́льный ~ Viertéljahresbericht; предвари́тельный ~ vórläufiger Bericht; промежу́точный ~ Zwischenbericht; ра́зовый ~ éinmalige Berichterstattung; статисти́ческий ~ statístischer Bericht; фина́нсовый ~ Finánzberichterstattung *f*, Finánzbericht ● депута́та Réchenschaftsbericht éines Abgeordneten; ~ о выполне́нии пла́на Plánbericht, Bericht zur Plánerfüllung; ~ о командиро́вке Díenstreisebericht; ~ о рабо́те Tätigkeitsbericht; ~, постро́енный на фа́ктах Tátsachenbericht; представле́ние ~a Réchenschaftslegung *f*, Bérichterstattung *f* ■ дать кому́-л. ~ в чём-л. j-m über etw. (*A*) Réchenschaft áblegen; заслу́шать ~ éinen Bericht entgégennehmen; представля́ть ~ éinen Bericht erstátten [vórlegen]; тре́бовать ~a Réchenschaft verlángen; утвержди́ть ~ éinen Bericht bestätigen

отчётн∥ый Réchenschafts∥, Berichts∥ ○ ~ая ве́домость Ábrechnungsbogen *m;* ~ый год Beríchtsjahr *n;* ~ый докла́д Réchenschaftsbericht *m;* ~ая кампа́ния Beríchtskampagne [-ˌpanjə] *f;* ~ый пери́од Beríchtsperiode *f;* ~о-вы́борное собра́ние Berichtswahlversammlung *f*

официа́льн∥ый ámtlich, offiziéll ○ ~ый визи́т offiziéller Besúch; ~ая делега́ция offiziélle Delegatión; ~ые исто́чники ámtliche Quéllen; ~ое лицо́ Amtsperson *f*, offiziélle Persón; ~ая печа́ть а́mtliche Pre´sse; ~ое письмо́ а́mtliches Schre´iben; ~ое разреше́ние а́mtliche Gene´hmigung; ~ое сообще́ние а́mtliche Me´ldung; ~ый тон fo´rmlicher Ton; ~ое уведомле́ние а́mtliche Verla´utbarung; ~ый язы́к Amtssprache ■ сде́лать ~ое заявле́ние e´ine offizie´lle Erklärung a´bgeben

охра́на ж Schutz m ○ вооружённая ~ bewa´ffneter Schutz; заводска́я ~ Betriebsschutz; ли́чная ~ persönlicher Schutz, Perso´nenschutz, Leibwache f; пограни́чная ~ Gre´nzschutz, Gre´nzwache f; правова́я ~ промы́шленной со́бственности gewe´rblicher Re´chtsschutz ● ~ госуда́рственного и обще́ственного жили́щного фо́нда Schutz des sta´atlichen und gese´llschaftlichen Wo´hnungsbestandes; ~ духо́вных це́нностей о́бщества Schutz der ge´istigen We´rte der Gese´llschaft; ~ здоро́вья Gesu´ndheitsschutz; ~ лесо́в Fo´rstschutz, Schutz der Wälder; ~ матери́нства и младе́нчества Schutz von Mu´tter und Kind; ~ обще́ственного поря́дка Schutz der öffentlichen Ordnung; ~ прав Re´chtsschutz; ~ правопоря́дка Schutz der Re´chtsordnung; ~ приро́ды Natu´rschutz; ~ труда́ Arbeitsschutz

оце́нка ж Einschätzung f, Auswertung f ○ высо́кая ~ ho´he Wertschätzung; неве́рная ~ fa´lsche Einschätzung; отрица́тельная ~ negati´ve Einschätzung; предвари́тельная ~ vo´rläufige Schätzung; принципиа́льная и чёткая ~ prinzipie´lle und exa´kte Einschätzung ● ~ зна́ний уча́щихся Einschätzung [Bewe´rtung] der Ke´nntnisse der Schüler; ~ ито́гов конфере́нции Auswertung der Erge´bnisse der Konfere´nz; тре́звая ~ положе́ния nüchterne Einschätzung der La´ge

оча́г м Herd m ●~ боле́зни Kra´nkheitsherd; ~ войны́ Kriegsherd; ~ волне́ний U´nruheherd; ~ землетрясе́ния ein Herd des E´rdbebens, E´rdbebenherd; ~ кри́зисов Kri´senherd; ~ напряжённости Spa´nnungsherd; ~ опа́сности Gefa´hrenherd; ~ освободи́тельной борьбы́ Herd des Befre´iungskampfes; ~ революцио́нного движе́ния Herd der revolutionären Bewe´gung; предупрежде́ние возникнове́ния но́вых ~о́в Verhütung ne´uer He´rde; устране́ние существу́ющих ~о́в Bese´itigung bestehender He´rde ■ созда́ть опа́сный ~ войны́ e´inen gefährlichen Kri´egsherd scha´ffen; разгора́ются да́вние ~и напряжённости a´lte Spa´nnungsherde lo´dern wieder auf

оши́б‖ка ж Fehler m, Ma´ngel m ○ гру́бая ~ка gro´ber Fe´hler; действи́тельная ~ка wa´hrer Fe´hler; ка́жущаяся ~ка sche´inbarer Fe´hler; непрости́тельная ~ка u´nverzeihlicher Fe´hler; па́губная

~ка únheilvoller Féhler; роковáя ~ка verhängnisvoller Féhler; серьёзная ~ка érnster Féhler; случáйная ~ка zúfälliger Féhler; тактúческая ~ка táktischer Féhler ● выявлéние ~ок (*недостатков*) Áufdeckung von Mängeln; исправлéние ~ок (*недостатков*) Behébung von Mängeln ■ испрáвить ~ку éinen Féhler korrigíeren; поплатúться за ~ку für éinen Féhler bezáhlen; für den Irrtum büßen; совершáть ~ку éinen Féhler begéhen; устранять ~ки и просчёты Féhler und Míßgriffe beséitigen; учúться на ~ках aus den Féhlern lérnen

П

пáгубность , *ж* verhängnisvolle Áuswirkungen ● ~ войнú verhängnisvolle Áuswirkungen des Kríeges; ~ гóнки вооружéний verhängnisvolle Áuswirkungen des Wéttrüstens; ~ дальнéйшего пополнéния воéнных арсенáлов verhängnisvolle Áuswirkungen éiner wéiteren Áufstockung der Kríegsarsenale; ~ испытáний ядерного орýжия verhängnisvolle Áuswirkungen der Kérnwaffenversuche; ~ полúтики империалúзма verhängnisvolle Áuswirkungen der Politík des Imperialísmus

пáгуб‖ный verhängnisvoll, únheilvoll ○ ~ая авантюра verhängnisvolles Ábenteuer; ~ое влияние verhängnisvoller Éinfluß; ~ая ошúбка únheilvoller Féhler; ~ые послéдствия verhängnisvolle Áuswirkungen; ~ое решéние verhängnisvolle Entschéidung ■ имéть [окáзывать] ~ое воздéйствие éine únheilvolle Wírkung háben; предпринять ~ый шаг éinen verhängnisvollen Schritt unternéhmen; события прúняли ~ый харáктер die Eréignisse náhmen éinen verhängnisvollen Charákter an

падéние *с* Sturz *m*, Rückgang *m* ○ катастрофúческое ~ цен katastropháler Préisrückgang; рéзкое ~ кýрса Kúrssturz; рéзкое ~ цен Préissturz, Préiseinbruch *m* ● ~ нрáвов Síttenverfall *m;* ~ покупáтельной спосóбности Káufkraftschrumpfung *f;* ~ правúтельства Sturz der Regíerung; ~ престúжа Rückgang des Prestíges [pres'tiː∫- *или* pres'tiːʒ(ə)-]; ~ производúтельности Produktivitätsrückgang; ~ режúма der Sturz des Regímes [-ʒ-]; ~ самодержáвия Sturz der Sélbstherrschaft; ~ спрóса Rückgang der Náchfrage

пакт м Pakt *m,* Vertrág *m* ○ антикоминтéрновский ~ Ántikomintern-Pakt; воéнный ~ Militärpakt, militärischer Pakt; гарантийный ~ Garantíepakt; междунарóдный ~ internationáler Pakt; региона́льный ~ Regionálpakt ● Пакт ми́ра Fríedenspakt; безопáсности Sícherheitspakt, Sícherheitsvertrag; ~ о взаимопóмощи Béistandspakt; ~ о граждáнских и полити́ческих правáх Konventión über zivíle und polítische Réchte; ~ о дру́жбе Fréundschaftspakt; ~ о нападéнии Níchtangriffspakt ■ вступи́ть в ~ éinem Pakt béitreten; входи́ть в ~ éinem Pakt ángehören; заключи́ть ~ éinen Pakt schlíeßen; нару́шить ~ den Pakt bréchen; продли́ть срок дéйствия ~a den Pakt verlängern; соблюдáть ~ den Pakt éinhalten

парите́т м Parität *f* ○ воéнно-стратеги́ческий ~ militärstratégische Parität; дости́гнутый воéнно-стратеги́ческий ~ erréichte militärstratégische Parität; я́дерный ~ nukleáre Parität ● ~ по стратеги́ческим вооружéниям Parität bei den stratégischen Rüstungen; переговóры на оснóве ~a Verhándlungen auf paritätischer Grúndlage [auf der Grúndlage der Parität] ■ нару́шить ~ die Parität verlétzen; отказáться от ку́рса на лóмку ~a den Kurs auf Unterminíerung der Parität áufgeben; сохрани́ть ~ die Parität áufrechterhalten [wáhren]; ~ существу́ет es bestéht Parität

парите́тн‖ый paritätisch ○ ~ая коми́ссия paritätische Kommissión ● комитéты двух стран, сóзданные на ~ых начáлах paritätische Áusschüsse béider Länder; наблюдáтельный óрган, существу́ющий на ~ых начáлах ein paritätisch besétztes Áufsichtsorgan; переговóры на ~ых начáлах Verhándlungen auf paritätischer Grúndlage; разоружéние на ~ых начáлах Ábrüstung auf paritätischer Grúndlage

парлáмент м Parlamént *n* ○ Всеми́рный ~ нарóдов за мир Wéltparlament der Völker für den Fríeden; Европéйский парлáмент Europäisches Parlamént, Európaparlament; однопалáтный ~ Éinkammerparlament ● вы́боры в ~ Parlaméntswahlen *pl;* дебáты в ~e Parlaméntsdebatte *f;* депутáт ~a Parlaméntsabgeordnete *sub m;* здáние ~a Parlaméntsgebäude *n,* мéсто в ~e Parlaméntsitz *m;* перенóс заседáния ~a Vertágung des Parlaménts; председáтель ~a Parlaméntspräsident *m;* решéние ~a Parlaméntsbeschluß *m;* рóспуск ~a Auflösung des Parlaménts; член ~a Parlaméntsmitglied *n,* Parlamentárier *m* ■ распускáть ~ das Parlamént áuflösen; созывáть ~ das Parlamént éinberufen

парлáментск‖ий parlamentárisch, Parlaménts‖ ○ ~ое боль-

шинство́ parlamentárische Méhrheit; ~ие вы́боры Parlaméntswahlen pl; ~ие деба́ты Parlaméntsdebatte f; ~ая делега́ция Parlaméntsdelegation f; ~ая де́ятельность parlamentárische Tätigkeit; ~ие кани́кулы Parlaméntsferien pl; ~ий комите́т Parlaménts-
ausschuß m; ~ая неприкоснове́нность parlamentárische Immunität; ~им путём auf parlamentárischem Wége; ~ая та́ктика Par-
laméntstaktik f; ~ая фра́кция Parlaméntsfraktion f

    парти́йн‖ый Partéi//, partéilich ○ ~ый акти́в Par-
téiaktiv m; ~ый аппара́т Partéiapparat m; ~ый биле́т
Partéibuch n; ~ое бюро́ Partéibüro n; ~ое взыска́ние
Partéistrafe f; ~ые вы́боры Partéiwahlen pl; ~ая гру́ппа
Partéigruppe f; ~ая демокра́тия Partéidemokratie f,
partéiliche Demokratíe; ~ая директи́ва Partéidirekti-
ve f; ~ая дисципли́на Partéidisziplin f; ~ый докуме́нт
Partéidokument n; ~ие интере́сы Partéiinteressen pl;
~ые ка́дры Partéikader pl; ~ый комите́т Partéileitung
f, Partéikomitee n; ~ая конфере́нция Partéikonferenz
f; ~ая ли́ния Partéilinie f; ~ый о́рган Partéiorgan n;
~ый организа́тор (парто́рг) Partéigruppenorganisator
m; ~ая организа́ция Partéiorganisation f; ~ая пози́ция
partéiliche Stéllungnahme; ~ое поруче́ние Partéiauftrag m; ~ая
принадле́жность Partéizugehörigkeit f; ~ая програ́мма Partéiprogramm n; ~ый рабо́тник Partéifunktionär m; ~ое реше́ние
Partéibeschluß m; ~ый руководи́тель Partéiführer m, Partéi-
leiter m; ~ое руково́дство Partéiführung f, Partéileitung f; ~ое
собра́ние Partéiversammlung f; ~ый стаж Partéialter n, Dáuer der
Partéizugehörigkeit; ~ое строи́тельство Organisatiónsaufbau der
Partéi, Partéiaufbau m; ~ый съезд Partéitag m, Partéikongreß m;
~ая та́ктика Partéitaktik f; ~ый уста́в Partéistatut n; ~ая учёба
Partéischulung f; ~ое хозя́йство Partéiinventar [-v-] n, materiélle
Wérte der Partéi; ~ая шко́ла Partéischule f; ~ая ячейка Partéi-
zelle f ● вы́говор по ~ой ли́нии Partéirüge f ■ де́йствовать [по-
ступа́ть] по-парти́йному partéilich hándeln; ду́мать по-парти́й-
ному partéilich dénken; обсужда́ть что-л. по-парти́йному etw.
partéilich diskutíeren; суди́ть о чём-л. по-парти́йному etw.
partéilich beurtéilen

    па́рти‖я ж Partéi f ○ большеви́стская ~я ист. bolschewísti-
sche Partéi, Partéi der Bolschewíki; бра́тская ~я Brúderpartei
f; бра́тские коммунисти́ческие и рабо́чие ~и brüderliche kom-
munistische und Árbeiterparteien, brüderlich verbúndene kommu-

nístische und Árbeiterparteien; буржуа́зная ~я bürgerliche Partéi; веду́щая ~я führende Partéi; влия́тельные полити́ческие ~и éinflußreiche polítische Partéien; Герма́нская коммунисти́ческая ~я (ГКП) Déutsche Kommunístische Partéi (DKP); демократи́ческая ~я demokrátische Partéi; коалицио́нная ~ Koalitiónspartei; коммунисти́ческая ~я kommunístische Partéi; Коммунисти́ческая ~я А́встрии Kommunístische Partéi Österreichs; Коммунисти́ческая ~я Сове́тского Сою́за (КПСС) Kommunístische Partéi der Sowjétunion (KPdSU); ле́вая ~я Línkspartei, línke Partéi; маркси́стская ~я marxístische Partéi; маркси́стско-ле́нинская ~я marxístisch-leninístische Partéi; ма́ссовая ~я Mássenpartei; наро́дная ~я Vólkspartei, Partéi des Vólkes; наро́дническая ~я *ист.* Vólkstümlerpartei; оппортунисти́ческая ~я opportunístische Partéi; пра́вая ~я Réchtspartei, réchte Partéi; (пра́вая) оппозицио́нная ~я (réchtsgerichtete) Oppositiónspartei; прави́тельственная ~я Regíerungspartei *f;* пра́вящая ~я regíerende Partéi; передова́я ~я fórtschrittliche Partéi; пролета́рская ~я proletárische Partéi; рабо́чая ~я Árbeiterpartei *f;* революцио́нная ~я revolutionäre Partéi; руководя́щая ~я führende Partéi; социалисти́ческая ~я sozialístische Partéi; Социалисти́ческая еди́ная ~я Герма́нии (СЕПГ) Sozialístische Éinheitspartei Déutschlands (SED); Социалисти́ческая еди́ная ~я За́падного Берли́на Sozialístische Éinheitspartei Wéstberlins; сою́знические ~и (*объединённые в национа́льном фро́нте ГДР*) verbündete Partéien; экстреми́стская ~я extremístische Partéi ● ~я но́вого ти́па Partéi néuen Týpus; ~я рабо́чего кла́сса die Partéi der Árbeiterklasse; ве́рность ~и die Tréue zur Partéi; ветера́н ~и Partéiveteran *m;* исключе́ние из ~и Partéiausschluß *m;* моноли́тность ~и éherne Geschlóssenheit der Partéi; председа́тель ~и Partéivorsitzende *sub, m;* програ́мма ~и Partéiprogramm *n;* сторо́нник како́й-л. ~и Ánhänger éiner Partéi, Partéigänger *m;* съезд ~и Partéitag *m;* уста́в ~и Partéistatut *n;* чле́нство в ~и Partéimitgliedschaft *f* ■ быть чле́ном ~и Partéimitglied sein; вступи́ть в ~ю in die Partéi éintreten; запрети́ть ~ю éine Partéi verbíeten; исключи́ть кого́-л. из ~и j-n aus der Partéi áusschließen; объедини́ться в ~ю sich zu éiner Partéi veréinigen; принадлежа́ть к како́й-л. ~и éiner Partéi ángehören; приня́ть кого́-л. в ~ю j-n in die Partéi áufnehmen; созда́ть ~ю éine Partéi gründen; укрепля́ть ряды́ ~и die Réihen der Partéi stärken; ~я и наро́д еди́ны die Partéi und das Volk sind eins

партнёр м Pártner m, Geschäftspartner m ○ си́льный (в экономи́ческом отноше́нии) ~ ein (ökonómisch) stárker Pártner; социа́льный ~ Soziálpartner; торго́вый ~ Hándelspartner ● ~ по догово́ру Vertrágspartner; ~ по коали́ции Koalitiónspartner; ~ по коопера́ции (произво́дства) Kooperatiónspartner (in der Industrie oder Lándwirtschaft); ~ по перегово́рам Verhándlungspartner; ~ по сою́зу Bündnispartner

па́спорт м Paß m ○ дипломати́ческий ~ Diplomátenpaß; заграни́чный ~ Áuslandspaß, Réisepaß; иностра́нный ~ Áusländerpaß ■ визи́ровать ~á Pässe visieren [-v-], Pässe mit Sichtvermerk verséhen; выдава́ть ~ éinen Paß áusstellen; предъявля́ть ~ den Paß vórzeigen; проверя́ть ~ den Paß kontrollieren [überprüfen]; продли́ть ~ den Paß verlängern; хода́тайствовать о получе́нии ~a éinen Paß beántragen; ~ недействи́телен der Paß ist úngültig; срок ~a истёк полго́да тому́ наза́д der Paß ist seit éinem hálben Jahr ábgelaufen

пенсио́нный Rénten‖ ○ ~ый во́зраст Réntenalter n; ~ое обеспе́чение Réntenversorgung f; ~ое страхова́ние Réntenversicherung f

пе́нси‖я ж Rénte f ○ госуда́рственная ~я Stáatsrente; минима́льная ~я Míndestrente; персона́льная ~я persónengebundene Rénte; Zúsatzrente; пожи́зненная ~я Rénte auf Lébenszeit ● ~я за вы́слугу лет Tréuerente; ~я по госуда́рственному страхова́нию stáatliche Sozialversicherungsrente; ~я по инвали́дности Inval ídenrente; ~я по слу́чаю поте́ри корми́льца Hinterbl íebenenrente; ~я по ста́рости Áltersrente f; дальне́йшее повыше́ние минима́льной ~и wéitere Erhöhung der Míndestrenten; исчисле́ние ~и Beréchnung der Rénte ■ быть на ~и Réntner sein, im Rúhestand sein; вы́йти на ~ю in die Rénte géhen, in den Rúhestand tréten; име́ть пра́во на ~ю réntenberechtigt sein

перве́йший см. обя́занность

переворо́т м 1. (коренное изменение в государственной жизни) Úmsturz m ○ вое́нный ~ Militärputsch m; госуда́рственный ~ Stáatsstreich m; дворцо́вый ~ Palástrevolution f; контрреволюцио́нный ~ kónterrevolutionärer [-v-] Úmsturz; революцио́нный ~ revolutionärer Úmsturz ● попы́тка ~a Úmsturzversuch m ■ гото́вить ~ éinen Úmsturz vórbereiten; плани́ровать ~ éinen Úmsturz plánen; уча́ствовать в ~e an éinem Úmsturz betéiligt sein; ~ провали́лся der Úmsturz ist geschéitert; ~ прошёл успе́шно der Úmsturz ist erfólgreich verláufen 2. (резкий перелом *в развитии чего-л.*) Úmwälzung *f,* Revolutión *f* ○ коренно́й ~ tíefgreifende Úmwälzung; нау́чно-техни́ческий ~ wíssenschaftlich--téchnische Revolutión [-v-]; огро́мный ~ gewáltige Úmwälzung; полити́ческий ~ polítische Úmwälzung; промы́шленный ~ industríélle Revolutión; социа́льный ~ soziále Úmwälzung ■ произво́ди́ть ~ в нау́ке eine Úmwälzung in der Wíssenschaft herbéifühŕen

перевы́борный *см.* собра́ние

перегово́р‖**ы** *мн.* Verhándlungen *pl,* Gespräche *pl* ○ диплома́ти́ческие ~ы diplomátische Verhándlungen; закули́сные ~ы Gehéimverhandlungen; затяжны́е ~ы Dáuerverhandlungen, lángwierige Verhándlungen; ми́рные ~ы Fríedensverhandlungen; напряжённые ~ы ángespannte [inténsive] Verhándlungen; официа́льные ~ы offizíélle Verhándlungen; предвари́тельные ~ы Vórverhandlungen; прямы́е ~ы diŕékte Verhándlungen; результати́вные ~ы ergébnisreiche Verhándlungen; сепара́тные ~ы Separátverhandlungen, Separátgespräche; торго́вые ~ы Geschäftsverhandlungen; че́стные и равнопра́вные ~ы éhrliche und gléichberechtigte Verhándlungen ● ~ы в верха́х [на вы́сшем у́ровне] Gípfelgespräche, Spítzengespräche; ~ы ме́жду Восто́ком и За́падом Ost-Wést-Verhandlungen; ~ы на двусторо́нней осно́ве Verhándlungen auf bílateraler Básis; ~ы о неувеличе́нии и суще́ственном сокраще́нии вое́нных расхо́дов Verhándlungen über das Éinfrieren und die wéitgehende Kürzung der Militäŕausgaben; ~ы о переми́рии Wáffenstillstandsverhandlungen; ~ы о разоруже́нии Abrüstungsverhandlungen; ~ы о распростране́нии мер дове́рия на аквато́рии море́й и океа́нов Verhándlungen über die Áusdehnung der vertráuensbildenden Máßnahmen auf Méere und Ózeane; ~ы о ста́вках и расце́нках (*между рабо́чими и предпринима́телями*) Tarífverhandlungen; ~ы об ограниче́нии вое́нно-морско́й де́ятельности Verhándlungen über die Begrénzung militärischer Aktivitäten auf See; ~ы об ограниче́нии я́дерных вооруже́ний в Евро́пе Verhándlungen über die Begrénzung der Kérnwaffen in Euŕópa; ~ы по ограниче́нию и сокраще́нию стратеги́ческих вооруже́ний Verhándlungen über die Begrénzung und Reduzíerung der stratégischen Rüstungen; ~ы по сокраще́нию вооружённых сил и вооруже́ний в Центра́льной Евро́пе Verhándlungen über die Reduzíerung der Stréitkräfte und Rüstungen in Mítteleuropa; ~ы, проходи́вшие в обстано́вке открове́нности и взаи́много дове́рия óffene und vertráuensvolle Gespräche; ~ы ра́ди перегово́ров Verhándlungen um der

Verhándlungen wíllen; ~ы через лúчного представúтеля генерáльного секретаря́ ООН Verhándlungen vermíttels éines persönlichen Vertréters des ÚNO-Generalsekretärs; блокúрование ~ов Blockíerung der Verhándlungen; досьé ~ов Verhándlungsakten pl; оснóва ~ов Verhándlungsgrundlage f; партнёры по ~ам Verhándlungspartner pl; продвижéние на ~ах Voránkommen der Verhándlungen; пункт ~ов Verhándlungspunkt m; путь ~ов Verhándlungsweg m; ра́унд ~ов Verhándlungsrunde f; срыв ~ов Torpedíerung der Verhándlungen; ход ~ов Gang der Verhándlungen ■ активизúровать ~ы die Verhándlungen intensivíeren [-v-]; безотлагáтельно нача́ть непосрéдственные ~ы únverzüglich dirékte Verhándlungen begínnen; блокúровать ~ы Verhándlungen blockíeren; быть предмéтом ~ов Gégenstand der Verhándlungen sein; вестú ~ы Verhándlungen führen; вестú ~ы в конструктúвном ду́хе Verhándlungen in éinem konstruktíven Geist führen; вестú ~ы тóлько для отвóда глаз Verhándlungen nur zum Schein führen; взорвáть ~ы Verhándlungen plátzen lássen, die Verhándlungen spréngen; возобновúть ~ы Verhándlungen wiederáufnehmen; вступúть в ~ы in Verhándlungen éintreten; вы́вести ~ы из тупикá Verhándlungen aus der Sáckgasse heráusführen; добúться продвижéния на ~ах Fórtschritte bei den Verhándlungen erréichen; заверши́ть ~ы Verhándlungen zum Abschluß bríngen; заморóзить ~ы по проблéмам разоружéния Verhándlungen über Probléme der Abrüstung éinfrieren; затя́гивать ~ы Verhándlungen verschléppen; испóльзовать ~ы в кáчестве шúрмы для прикры́тия чегó-л. Verhándlungen zur Tárnung von etw. nútzen; начáть ~ы Verhándlungen áufnehmen; обрекáть ~ы на неуспéх Verhándlungen zum Mißerfolg verdámmen; откла́дывать ~ы на неопределённый срок Verhándlungen auf únbestimmte Zeit vertágen; подменúть сам предмéт ~ов den éigentlichen Gégenstand der Verhándlungen verfälschen; подходúть серьёзно к ~ам érnsthaft an die Verhándlungen herángehen; пойтú на ~ы in die Verhándlungen géhen; прерывáть ~ы Verhándlungen ábbrechen; придáть нóвый úмпульс ~ам den Verhándlungen néue Impúlse verléihen; приступúть к ~ам Verhándlungen ánbahnen [áufnehmen]; разрушáть оснóву ~ов die Grúndlagen für die Verhándlungen zerstören; сдéлать ~ы беспредмéтными Verhándlungen gégenstandslos máchen; согласúться на ~ы in Verhándlungen éinwilligen; содéйствовать продвижéнию вперёд на ~ах éinem Fórtschritt [Voránkommen] in den Verhándlungen béitragen; содействовать успешному завершению ~ов den erfólgreichen Abschlúß der Verhándlungen fördern; уйти с ~ов sich von den Verhándlungen zurückziehen; ~ы находятся в состоянии застоя die Verhándlungen stagníeren; ~ы находятся в тупике die Verhándlungen stécken in der Sáckgasse

передовик *м см.* производство

передовллой (*прогрессивный*) fórtschrittlich, fórtgeschritten ○ ~ые взгляды fórtschrittliche Anschauungen; ~ое достижение Spítzenleistung *f;* ~ая культура fórtschrittliche Kultúr; ~ая литература fórtschrittliche Literatúr; ~ая наука fórtgeschrittene Wíssenschaft; ~ой общественный строй fórtschrittliche Geséllschaftsordnung; ~ое предприятие führender Betríeb, Spítzenbetrieb *m;* ~ой рабочий Béstarbeiter *m,* Spítzenarbeiter *m;* ~ые силы общества fórtschrittliche Kräfte der Geséllschaft; ~ой учёный fórtschrittlicher Wíssenschaftler; ~ая часть общества fórtgeschrittener [fórtschrittlicher] Teil der Geséllschaft; ~ой человек fórtschrittlicher Mensch; ~ая экономика fórtgeschrittene Wírtschaft

пережитллок *м* Überbleibsel *n,* Überrest *m,* Relíkt *n,* Náchwirkungen *pl* ● ~ки буржуазных взглядов Überreste bürgerlicher Ánschauungen; ~ки капитализма Náchwirkungen des Kapitalísmus; ~ки прошлого Náchwirkungen der Vergángenheit; искоренение [~ков прошлого Áusmerzung der Überbleibsel [Überreste] des Alten; преодоление ~ков прошлого в сознании и поведении людей Überwíndung von Überbleibseln [von Relíkten] der Vergángenheit im Bewúßtsein und im Verhálten der Ménschen

перемирилле *с* Wáffenstillstand *m* ○ бессрочное ~е únbefristeter Wáffenstillstand; местное ~е lokáler [örtlich begrénzter] Wáffenstillstand ● делегация на переговорах о ~и Wáffenstillstandsdelegation *f;* заключение ~я Abschlúß éines Wáffenstillstandes; комиссия по соблюдению ~я Wáffenstillstandskommission *f;* переговоры о заключении ~я Wáffenstillstandsverhandlungen *pl;* предложение о ~и Wáffenstillstandsangebot *n;* соглашение о ~и Wáffenstillstandsabkommen *n* ■ договориться о ~и éinen Wáffenstillstand veréinbaren; заключать ~е éinen Wáffenstillstand (áb)schlíeßen; нарушить ~е den Wáffenstillstand bréchen; подписать ~е den Wáffenstillstand unterzéichnen; просить противника о ~и den Gégner um Wáffenstillstand bítten; соблюдать ~е den Wáffenstillstand éinhalten

перестройкllа *ж* Úmgestaltung *f,* Úmbau *m,* Úmstellung *f*

● ~а духо́вной жи́зни die Úmgestaltung des géistigen Lébens; нача́льный эта́п ~и Anfangsetappe der Úmgestaltung; недоста́тки ~и Mängel der Úmgestaltung; неизбе́жность ~и Únvermeidlichkeit der Úmgestaltung; необходи́мость ~и Nótwendigkeit der Úmgestaltung; отве́тственность центра́льных о́рганов управле́ния за ~у Verántwortung der zentrálen Léitungsorgane für die Úmgestaltung; отноше́ние к ~е das Verhálten zur Úmgestaltung; пе́рвый о́пыт ~и die érsten Erfáhrungen der Úmgestaltung; проти́вники ~и Gégner der Úmgestaltung; револю́цио́нный хара́ктер ~и der revolutionäre Charákter der Úmgestaltung; результа́ты ~и die Ergébnisse der Úmgestaltung; смысл ~и der Sinn der Úmgestaltung; сторо́нники ~и Ánhänger der Úmgestaltung; тру́дности ~и Schwíerigkeiten der Úmgestaltung; успе́хи ~и Errúngenschaften der Úmgestaltung; ход ~и Verláuf der Úmgestaltung; в усло́виях ~и únter den Verhältnissen der Úmgestaltung; широ́кое вовлече́ние трудя́щихся страны́ в проце́сс ~и die úmfassende Einbeziehung der Wérktätigen des Lándes in den Prozéß der Úmgestaltung ■ выступа́ть за ~у für die Úmgestaltung éintreten; довести́ вели́кое де́ло ~и до конца́ das gróße Werk der Úmgestaltung zu Énde führen; идти́ во всех дела́х в аванга́рде ~и in állen Angelegenheiten in der Vórhut der Úmgestaltung marschíeren; подде́рживать дела́ми курс на ~у durch die Táten den Kurs auf Úmgestaltung unterstützen; рабо́тать в интере́сах ~и im Interésse der Úmgestaltung árbeiten; развора́чивать проце́сс ~и den Úmgestaltungsprozeß entfálten; свя́зывать с ~ой су́дьбы страны́ die Geschícke des Lándes mit der Úmgestaltung verknüpfen; тормози́ть ~у die Úmgestaltung brémsen; мы стои́м пе́ред само́й серьёзной ~ой хозя́йственного механи́зма wir stéhen vor der bedéutendsten Úmgestaltung des Wírtschaftsmechanismus; па́ртия выдвига́ет зада́чу ~и вы́сшего и сре́днего специа́льного образова́ния von der Partéi wird die Aufgabe der Úmgestaltung des Hóch- und Fáchschulwesens gestéllt; ~а в о́бществе углубля́ется и растёт die Úmgestaltung in der Geséllschaft vertíeft sich und wächst; ~а всколыхну́ла все здоро́вые си́лы о́бщества die Úmgestaltung hat álle gesúnden Kräfte der Geséllschaft in Bewégung gesétzt; ~а идёт не то́лько вширь, но и проника́ет в глуби́нные пласты́ жи́зни die Úmgestaltung geht nicht nur in die Bréite, sóndern dringt in die tíefen Beréiche des Lébens ein; ~а необрати́ма die Úmgestaltung ist únumkehrbar; ~а приобрета́ет но́вое ка́чество die Úmgestaltung nimmt éine néue Qualität ein;

201

~а психоло́гии ка́дров – одно́ из важне́йших усло́вий на́шего ро́ста die Psychologie der Káder úmzuformen, ist éine der wíchtigsten Vorássetzungen für únser Wáchstum; ~а рабо́ты не́которых министе́рств, ведётся сли́шком ме́дленно mánche Ministérien stéllen íhre Arbeit zu lángsam um; ~а развора́чивается по всему́ фро́нту die Úmgestaltung ist an der gesámten Front in Gang gekommen

перехо́д м Übergang *m* ● – в наступле́ние Übergang zum Ángriff; ~ к оборо́не Übergang zur Vertéidigung; ~ коли́чества в ка́чество Úmschlag von Quantitát in Qualitát; ~ на сокращённый рабо́чий день Übergang zu éinem verkürzten Árbeitstag ■ осуществи́ть ~ к коммуни́зму den Übergang zum Kommunísmus vollzíehen

перехо́дн‖ый Übergangs‖ ○ ~ый пери́од Übergangszeitraum *m*, Übergangsperiode *f*; ~ая ста́дия Übergangsstadium *n*; ~ый экза́мен Zwischenprüfung *f*

пери́од м Periode *f*, Zéitraum *m* ○ бюдже́тный ~ Háushaltsperiode; восстанови́тельный ~ Wiederhérstellungsperiode; Wiederáufbauzeit *f*; дли́тельный ~ lánge Periode; догово́рный ~ Vertrágszeitraum; истори́ческий ~ histórische Periode; навигацио́нный ~ Schiffahrtsperiode, Navigatiónsperiode [-v-]; отчётный ~ Beríchtsperiode, Beríchtszeitraum; перехо́дный ~ Übergangsperiode; пла́новый ~ Plánperiode, Plánzeitraum; подготови́тельный ~ Vórbereitungsperiode; пусково́й ~ Ánlaufzeit *f*; теку́щий ~ Beríchtsperiode, Beríchtszeitraum ● войны́ Periode des Kríeges; ~ воспроизво́дства Reproduktiónsperiode; ~ засто́я Stagnatiónszeit *f*; ~ кри́зиса Periode der Kríse, Krísenperiode, Krísenzeit; ~ подъёма Periode des Áufschwungs; ~ убо́рки урожа́я Érntezeit *f*; ~ эксплуата́ции (*напр. маши́ны*) Betríebsdauer *f*

персона́л м Personál *n* ○ администрати́вно-управле́нческий ~ Léitungs- und Verwáltungspersonal; вое́нный ~ Militärpersonal, militärisches Personál; враче́бный ~ Ärztepersonal, ärztliches Personál; вспомога́тельный ~ Hílfspersonal; ~zivíles Personál; дежу́рный ~ Díenstpersonal, díensthabendes Personál; инжене́рно-техни́ческий ~ ingenieur-téchnisches [inʒeníφ:r-] Personál; обслу́живающий ~ Bedíenungspersonal, Wártungspersonal, Betréuungskräfte; обу́ченный ~ geschúltes Personál; руководя́щий ~ léitendes Personál, Léitungskräfte; специа́льный ~ Sónderpersonal, Fáchkräfte; сре́дний медици́нский ~ míttleres medizínisches Personál; управле́нческий ~ Léitungskräfte, Führungskräfte

перспекти́в‖а *ж* Perspektíve [-v-] *f* ○ ближа́йшая ~a Náhperspektíve, .náchste Perspektíve [Zeit]; генера́льная ~a Generálperspektíve; да́льняя ~a Férnperspektíve; долговре́менная ~a lángfristige Perspektíve; надёжная ~a sichere [zúverlässige] Perspektíve; небыва́лая ~a noch nie dágewesene [gekánnte] Perspektíve; непредви́денная ~a úngeahnte Perspektíve; ра́достная ~a glückliche Perspektíve; хоро́шая ~a gúte Perspektíve; я́сная ~a kláre Perspektíve ■ анализи́ровать ~y die Perspektíve analysieren; ви́деть ~y Perspektíven séhen; показа́ть кому́-л. ~y j-m éine Perspektíve gében [áufzeigen]; рассма́тривать что-л. с учётом ~ы etw. aus éiner Perspektíve [aus perspektívischer Sicht] betráchten; открыва́ются ~ы die Perspektíven ergében sich [eröffnen sich, tun sich auf]

перспекти́вный *см.* план

печа́т‖ь *ж* Présse *f* ○ зарубе́жная ~ь áusländische Présse; ме́стная ~ь Lokálpresse; мирова́я ~ь Wéltpresse; парти́йная ~ь Partéipresse, partéigebundene Présse; пра́вая ~ь réchtsgerichtete Présse, Réchtspresse; прави́тельственная ~ь regierungsamtliche Présse; прогресси́вная ~ь fórtschrittliche Présse; центра́льная ~ь zentrále Présse ● аге́нтство ~и Présseagentur *f*, Náchrichtenagentur *f;* ве́домство ~и Présseamt *n;* в зе́ркале ~и im Spiegel der Présse; обзо́р ~и Présseschau *f*, Présseübersicht *f;* отде́л ~и Présseabteilung *f;* свобо́да ~и Préssefreiheit *f*, Fréiheit der Présse; сообще́ние для ~и Préssebericht *m*, Préssemitteilung *f* ■ получи́ть плохо́й [положи́тельный, хоро́ший] о́тклик в ~и éine schléchte [fréundliche, gúte] Présse bekómmen; сде́лать заявле́ние для ~и éine Erklärung vor der Présse ábgeben; ~ь публику́ет под кру́пными заголо́вками... die Présse bringt als Schlágzeilen...

план *м* Plan *m* ○ амбицио́зные ~ы éhrgeizige [hóchfliegende] Pläne; беспрецеде́нтные по масшта́бам ~ы íhrem Ausmaß nach béispiellose Pläne; бесчелове́чные ~ы únmenschliche Pläne; бредо́вые ~ы wáhnwitzige Pläne; вое́нно-полити́ческие ~ы militärpolitische Pläne; встре́чный ~ Gégenplan; годово́й ~ Jáhresplan; „горя́щий" ~ gefährdeter Plan; госуда́рственный ~ Stáatsplan; директи́вный ~ Plándirektive [-v-] *f;* зани́женный ~ wéicher [zu niedrig ángesetzter] Plan; календа́рный ~ Kalénderplan, Termínplan; коллекти́вный тво́рческий ~ kollektív-schöpferischer Plan; кооперати́вный ~ Genóssenschaftsplan; ли́чный встре́чный ~ persönliches Plánangebot; ли́чный тво́рческий ~ persönlich-schöpferischer Plan; напряжённый ~ ánspruchsvoller Plan, Plan

mit ángespannter Zíelstellung; народнохозя́йственный ~ Vólkswirtschaftsplan; пересмо́тренный ~ präzisíerter Plan; перспекти́вный ~ Perspektívplan; предвари́тельный ~ Vórplan, vórläufiger
Plan; произво́дственный ~ Produktiónsplan; пятиле́тний ~ Fünfjáhrplan; сво́дный ~ zusámmenfassender [zusámmengefaßter] Plan
● ~ вво́да (*напр. новых мощностей*) Inbetríebnahmeplan; ~ выдвиже́ния молоды́х ка́дров Kádernachwuchsplan; ~ вы́пуска
проду́кции Produktiónsplan; ~ ГОЭЛРО́ *ист.* GOELRÓ-Plan;
~ де́йствий за разоруже́ние Aktiónsplan für Ábrüstung; ~ы коммунисти́ческого созида́ния Pläne des kommunístischen Aufbaus; ~ мероприя́тий Máßnahmeplan; ~ы ми́ра и созида́
ния Pläne des Fríedens und des Áufbaus; ~ по ро́сту производи́тельности труда́ Plan zur Stéigerung der Arbeitsproduktivität;
~ по сниже́нию себесто́имости проду́кции Plan zur Sénkung der
Sélbstkosten der Produktión; ~ рабо́ты Árbeitsplan; ~ разви́тия
(*чего-л.*) Entwícklungsplan; ~ы, угрожа́ющие де́лу ми́ра friedensbedrohende Pläne; координа́ция ~ов Koordiníerung der Pläne,
Plánkoordinierung *f;* масшта́бы на́ших ~ов Dimensiónen únserer
Pläne; наме́тка ~a Plánansatz *m;* обосно́ванность ~a Fundíertheit
éines Plánes; опереже́ние ~a (на... дней) Plánvorsprung (von...
Tágen) *m;* отстава́ние от ~a Plánrückstand *m;* перевыполне́ние ~a
Übererfüllung des Plans; прое́кт ~a Plánentwurf *m;* разде́л ~a
Plánteil *m;* сбаланси́рованность ~ов Bilanzíertheit [Ausgleíchenheit] der Pläne; срыв ~a произво́дства Níchteinhaltung des
Produktiónsplanes; ход выполне́ния ~a Plánablauf *m* ■ включа́ть
что-л. в ~ etw. in den Plan áufnehmen; вына́шивать агресси́вные
~ы Aggressiónspläne schmíeden [áusbrüten]; выноси́ть ~ на
обсужде́ние éinen Plan diskutíeren; выполня́ть ~ в срок den Plan
termíngerecht erfüllen; выполня́ть ~ы цено́й больши́х затра́т
Pläne um den Preis hóher Áufwendungen erfüllen; координи́ровать
~ы Pläne ábstimmen [koordiníeren]; опра́вдывать ~ы размеще́
ния раке́т Pläne der Rakétenstationierung rechtfértigen; служи́ть
для прикры́тия ~ов zur Verschléierung der Pläne díenen; соблюда́ть ~ы Pläne éinhalten; соде́йствовать успе́шному выполне́нию
~a etw. plánwirksam máchen; сорва́ть ~ы j-s Pläne durchkréuzen;
утверди́ть ~ den Plan bestätigen; ~ был вы́полнен по всем
пу́нктам der Plan war [wúrde] in állen séinen Púnkten erfüllt

плани́рование *с* Plánung *f* ○ встре́чное ~e Gégenplanung,
Áufstellung von Gégenplänen; годово́е ~e Jáhresplanung; госуда́рственное централизо́ванное ~e zentrále stáatliche Plánung; кален

да́рное ~е Zéitplanung; непреры́вное ~e kontinuíerliche Plánung; перспекти́вное ~e Perspektívplanung; програ́ммно-целево́е ~e Zíelprogrammplanung; теку́щее ~e láufende Plánung; экономи́ческое ~e Wírtschaftsplanung ● ~e на места́х örtliche Plánung; ~e экономи́ческого разви́тия Entwícklungsplanung; о́рганы ~я Plánungsorgane pl; осно́вы ~я Plánungsgrundsätze pl, Plánungsgrundlagen pl; оши́бки в ~и Plánungsfehler pl; рабо́та по ~ю Plánungsarbeit f; систе́ма ~я Plánungssystem n

пла́нов‖ый Plan// ○ ~ое зада́ние Plánziel n; ~ый отде́л Abtéilung Plánung; ~ый пери́од Plánzeitraum m; ~ые показа́тели Plán(kenn)ziffern pl; ~ое хозя́йство Plánwirtschaft f

пле́нум м Plénum n, Plenártagung f ○ чрезвыча́йный ~ áußerordentliche Plenártagung; расши́ренный ~ erwéitertes Plénum ● ~ ЦК КПСС Plenártagung [Plénum] des ZK der KPdSU; ~ ЦК СЕПГ Plénum des ZK der SED; постановле́ние ~а Beschlúß des Plénums; реше́ние ~a Entschéidung [Beschlúß] des Plénums ■ созва́ть ~ éine Plenártagung éinberufen; уча́ствовать в ~e an éinem Plénum téilnehmen; ~ единогла́сно утверди́л прое́кт госуда́рственного бюдже́та das Plénum bestätigte éinstimmig den Stáatshaushaltsentwurf

побе́д‖а ж Sieg m ○ оконча́тельная ~a éndgültiger Sieg; полити́ческая ~a politischer Sieg ● ~a на вы́борах Wáhlsieg; ~a над проти́вником Sieg über den Gégner; ~a рабо́чего кла́сса Sieg der Árbeiterklasse; ~a социали́зма Sieg des Sozialísmus; во́ля к ~e Síegeswillen m; День Побе́ды Tag des Síeges; пра́зднование Дня Побе́ды Féier ánläßlich des Táges des Síeges; цена́ ~ы Preis des Síeges ■ би́ться за ~y um den Sieg ríngen; боро́ться за ~y um den Sieg kämpfen; одержа́ть ~y den Sieg davóntragen, gewinnen

пове́стк‖а ж (перечень вопросов) Tágesordnung f ○ предвари́тельная ~a дня vórläufige Tágesodnung ● прое́кт ~и дня Entwúrf der Tágesordnung; пункт ~и дня Tágesordnungspunkt m ■ перейти́ к ~e дня zur Tágesordnung übergehen; придéрживаться ~и дня sich an die Tágesordnung hálten; включи́ть в ~y дня in die Tágesordnung áufnehmen; снять с [исключи́ть из] ~и дня von der Tágesordnung ábsetzen; стоя́ть на ~e дня auf der Tágesordnung stéhen

поворо́т м Wénde f, Wéndung f ○ внеза́пный ~ überráschende Wénde; коренно́й ~ éinschneidender [gravíerender] Úmschwung; неожи́данный ~ únerwartete Wéndung; ре́зкий ~ к ху́дшему éine

205

jähe Wéndung zum Schléchteren ● ~ впра́во Réchtsruck *m;* ~ вле́во Línksruck *m;* ~ от холо́дной войны́ к разря́дке éine Wénde vom ká́lten Krieg zur Entspánnung; ~ собы́тий Wénde der Eréignisse ■ доби́ться реша́ющего ~а к лу́чшему éine entschéidende Wénde zum Bésseren herbéiführen; подава́ть что-л. как ~ в поли́тике etw. als éine Wénde in der Politík offeríeren; в междунаро́дной обстано́вке произошёл ре́зкий ~ к лу́чшему in der internationálen Lá́ge gab es éine jähe Wénde zum Bésseren

повыше́ние *c* Erhöhung *f,* Stéigerung *f* ● ~ жи́зненного у́ровня Hébung des Lébensstandards; ~ зарпла́ты Lóhnerhöhung; ~ ка́чества Qualitätsverbesserung *f;* ~ квалифика́ции Fórtbildung *f,* Qualifizíerung *f;* ~ рожда́емости Erhöhung der Gebúrtenhäufigkeit [Gebúrtenziffer] ; ~ сто́имости жи́зни Erhöhung der Lébenshaltungskosten; ~ те́мпа Témposteigerung; ~ урожа́йности Erhöhung der Ertrágsfähigkeit, Stéigerung der Héktarerträge; ~ цен Préiserhöhung, Préissteigerung; ~ эффекти́вности наро́дного хозя́йства Erhöhung der Effektivität der Vólkswirtschaft

пограни́чн‖ый Grenz‖ ○ ~ый знак Grénzzeichen *n;* ~ый инциде́нт Grénzzwischenfall *m;* ~ый конфли́кт Grénzkonflikt *m;* ~ая охра́на Grénzschutz *m;* ~ая полоса́ Grénzstreifen *m;* ~ый пункт Grénzpunkt *m;* ~ый режи́м Regime [-ˈʒiːm] an der Grénze, Grénzregime *n*

подгото́вка *ж* Áusbildung *f* ○ боева́я ~ Geféchtsausbildung; вое́нная ~ militärische Áusbildung; допризы́вная ~ vórmilitärische Áusbildung; профессиона́льная ~ berúfliche Áusbildung; специа́льная ~ Spezíalausbildung, Sónderausbildung; физи́ческая ~ Spórtausbildung ● ~ ка́дров Áusbildung der Ká́der; ~ по специа́льности fáchliche Áusbildung; ~ специали́стов Áusbildung von Fáchkräften ■ ~ врача́ дли́тся 6 лет die Áusbildung zum Arzt dáuert 6 Já́hre

подде́ржк‖а *ж* Unterstützung *f,* Hílfe *f* ○ безвозме́здная ~а únentgeltliche Hílfe; безразде́льная ~а úngeteilte Zústimmung; бескоры́стная ~а úneigennützige Hílfe; великоду́шная ~а gróßzügige Unterstützung; взаи́мная ~а gégenseitiger Béistand, gégenseitige Unterstützung; материа́льная ~а materiélle Unterstützung; откры́тая ~а óffene Unterstützung; своевре́менная ~а réchtzeitige Unterstützung ● нужда́ющийся в ~e unterstützungsbedürftig ■ заяви́ть о свое́й ~e кого́-л. j-m séine Unterstützung zúsagen; найти́ мо́щную ~у у всех люде́й до́брой во́ли éine náchhaltige Unterstützung bei á́llen Ménschen gúten Willens fínden; ожида́ть

~и от кого́-л. von j-m Unterstützung erwárten; отказа́ть в ~е кому́-л. j-m séine Unterstützung verwéigern; по́льзоваться ~ой Unterstützung erhálten [bekómmen] ; рассчи́тывать на ~у кого́-л. mit j-s Unterstützung réchnen; тве́рдо рассчи́тывать на бра́тскую ~y fest auf die brüderliche Unterstützung réchnen

по́длинный *см.* демокра́тия

подопе́чный *см.* террито́рия

подры́в *м* Untergrábung *f,* Unterminíerung *f* ● ~ авторите́та Untergrábung des Ansehens; ~ дове́рия Unterminíerung des Vertráuens; ~ еди́нства Untergrábung der Éinheit; ~ прести́жа die Erschütterung des Prestíges [pres'ti:ʃ- *или* pres'ti:ʒ(э)-] ; ~ торго́вых отноше́ний Schädigung der Hándelsbeziehungen; ~ эконо́мики Untergrábung der Wírtschaft

подря́д *м* Vertrág *m,* Kontrákt *m,* Áuftrag *m* ○ аре́ндный ~ Páchtvertrag; брига́дный ~ Brigáde-Vertrag; звеньево́й ~ Árbeitsgruppe-Vertrag; коллекти́вный ~ Kollektívvertrag, der kollektíve Áuftrag; семе́йный ~ Famílienvertrag ● семе́йный ~ на выра́щивание овоще́й Famílienvertrag für den Gemüseanbau ■ заключи́ть семе́йный ~ éinen Famílienvertrag schlíeßen; рабо́тать на семе́йном ~e nach dem Famílienvertrag árbeiten; уме́ло организова́ть коллекти́вный и семе́йный ~ den Kollektív- und Famílienvertrag sáchgerecht gestálten; широко́ внедря́ть коллекти́вный ~ auf gróßzügige Art den Kollektívvertrag éinführen

подхо́д *м* Herángehen *n,* Einstellung *f,* Betráchtungsweise *f,* Háltung *f* ○ аналити́ческий ~ analýtische Betráchtungsweise; делово́й ~ sáchliche Behándlung, sáchliches Herángehen, Sáchlichkeit *f;* индивидуа́льный ~ individuélle Behándlung, individuélles Herángehen; коли́чественный [„валово́й"] ~ To̅nnenideologie *f;* конкре́тно-истори́ческий ~ konkrét-histórisches Herángehen, konkrét-história̅che Betráchtungsweise; конструкти́вный ~ konstruktíve Éinstellung; маркси́стский ~ marxístisches Herángehen, marxístische Betráchtungsweise; ме́стнический ~ lokálpatriotische Éinstellung; неконструкти́вный ~ destruktíve Háltung; нова́торский ~ Néuerergeist *m;* объекти́вный ~ objektíve Éinstellung; отве́тственный ~ verántwortungsbewußtes Herángehen, verántwortungsbewußte Éinstellung; потреби́тельский ~ Konsúmdenken *n,* Verbráucherstandpunkt *m;* програ́ммно-целево́й ~ Ziel-Prográmm-Prinzíp *n,* Ziel-Prográmm-Methóde *f;* разли́чный ~ unterschíedliches Herángehen; систе́мный ~ Systémdenken *n;* узкове́домственный ~ Ressortdenken [- so:r-] *n;* форма́льный

207

~ formále Behándlung; хозя́йский ~ ökonómisches Dénken und Hándeln ● ~, не подве́рженный конъюнкту́рным колеба́ниям von jéglichen konjunkturéllen Schwánkungen fréie Háltung ■ демонстри́ровать отве́тственный ~ (к како́му-л. вопро́су) verántwortungsbewußtes Vórgehen (zur Lösung éiner Fráge) demonstrieren; прояви́ть конструкти́вный ~ ein konstruktíves Herángehen an den Tag légen, Konstruktivität zéigen; прояви́ть отве́тственный ~ Verántwortungsbewußtsein bewéisen; тако́й ~ не рассчи́тан на договорённость ein sólches Herángehen zielt nicht auf éine Veréinbarung ab

пожи́зненный *см.* пе́нсия

пози́ция *ж* Position *f*, Háltung *f*, Stándpunkt *m*, Éinstellung *f* ○ акти́вная жи́зненная ~я aktíve Lébenshaltung; враждебная ~я féindliche Háltung; выжида́тельная ~я ábwartende Háltung; ги́бкая ~я flexíble Position; двули́чная ~я héuchlerische Háltung; заве́домо неприе́млемая ~я éine von vórnherein ínakzeptable Position; кла́ссовая ~я Klássenstandpunkt; ключева́я ~я Schlüsselposition; мировоззре́нческие [идеологи́ческие] ~и wéltanschauliche Positiónen; неконструкти́вная ~я destruktíve Háltung; неправоме́рная ~я únrechtmäßige Position; нереалисти́ческая ~я únrealistische Position; обструкциони́стская ~я Obstruktiónshaltung; принципиа́льная ~я prinzipiélle Position; реалисти́ческая ~я realístische Háltung; я́сная ~я kláre Háltung ● ~я, заве́домо не рассчи́танная на договорённость von vórnherein nicht auf éine Überéinkunft ábzielende Position; ~я по како́му-л. вопро́су die Stéllung [Háltung] in éiner Fráge; ~я, прони́кнутая ду́хом импе́рских амби́ций vom Geist máßloser Hérrschaftsansprüche durchdrúngene Position; восстановле́ние утра́ченных ~й Wiederhérstellung verlórener Positiónen; несостоя́тельность ~и Unhaltbarkeit des Stándpunktes; подры́в ~и Unterminíerung der Position; расхожде́ния в ~ях Únterschiede in den Stándpunkten; сближе́ние ~й Ánnäherung der Positiónen [Stándpunkte]; сполза́ние на пра́вые ~и Ábgleiten auf réchte Positiónen; с ~и до́брой во́ли von éiner Position gúten Willens ■ взгляну́ть на собы́тия в ми́ре с бо́лее тре́звых ~й die Eréignisse in der Welt von éiner nüchternen Position aus betráchten; восстанови́ть свои́ ~и séine Positiónen wiederhérstellen; выступа́ть с конструкти́вных ~й éine konstruktíve Position verféchten; доби́ться сближе́ния ~й die Ánnäherung der Positiónen erréichen; занима́ть передовы́е ~и (*напр. в науке, технике*) führende Positiónen éinnehmen (*z. B. in der Wissenschaft,*

Technik); заня́ть пра́вильную [непра́вильную, веду́щую] ~ю éine ríchtige [fálsche, führende] Positión éinnehmen; изложи́ть коллекти́вную ~ю по гла́вным междунаро́дным пробле́мам éine kollektíve Háltung zu den wíchtigsten internationálen Problémen dárlegen; навя́зывать друго́й стороне́ неприе́млемые ~и der ánderen Séite únannehmbare Positiónen áufzwingen; неодно-кра́тно излага́ть свои́ ~и по вопро́сам... wiederhólt séine Positiónen in den Frágen... dárlegen; обеспе́чить домини́рующие ~и в ми́ре dominíerende Positiónen in der Welt síchern; отвоева́ть поте́рянные ~и verlórene Positiónen zurückgewinnen; отказа́ться от неконструкти́вной ~и die destruktíve Háltung áufgeben; подтвержда́ть свою́ неизме́нную ~ю séine únabänderliche Háltung bekräftigen; подходи́ть ко всем вопро́сам со стро́го кла́ссовых ~й an álle Frágen strikt von Klássenpositiónen herángehen; поколеба́ть ~и како́й-л. страны́ die Positiónen éines Lándes ins Wánken bríngen; пересмотре́ть пре́жнюю ~ю die bishérige Positión überprüfen; (твёрдо) приде́рживаться ~и an éiner Positión únbeirrt fésthalten; призна́ть справедли́вость ~и кого́-л. die Geréchtigkeit der Positión (*G*) ánerkennen; реша́ть что-л. с общегосуда́рственных ~й etw. aus gesámtstaatlicher Sicht [von gesámtstaatlichen Positiónen aus] lösen; ска́тываться на ~и auf die Positiónen ábgleiten; согласи́ться с ~ей sich mit der Positión éinverstanden erklären; стать на ~и рабо́чего кла́сса sich auf den Stándpunkt der Arbeiterklasse stéllen; стоя́ть на неве́рной ~и kéine ríchtige Éinstellung háben; теря́ть свои́ ~и séine Positiónen éinbüßen; уме́ньшить расхожде́ния в ~ях Unterschiede in den Stándpunkten ábbauen; ~и сторо́н не сбли́зились ни на миллиме́тр die Positiónen béider Séiten háben sich um kéinen Millimeter genähert; така́я ~я не сули́т каки́х-л. сдви́гов в перегово́рах éine sólche Háltung versprícht kéine Wándlungen bei den Verhándlungen; э́та ~я идёт вразре́з с принципиа́льными устано́вками на что-л. díese Háltung läuft der prinzipiéllen Ríchtlinie (*G*) zuwíder

показа́тель *m* Kénnziffer *f*, Wert *m* ○ гла́вные экономи́ческие ~и ökonómische Háuptkennziffern; ка́чественные ~и qualitatíve Kénnziffern; коли́чественные ~и quantitatíve Kénnziffern; наивы́сший ~ь Béstwert; ориентиро́вочные ~и Orientíerungskennziffern *pl;* пла́новые ~и Plánkennziffern *pl;* произво́дственные ~и Produktiónskennziffern *pl;* результати́вный ~ь Ergébniskennziffer; социа́льно-экономи́ческий ~ь soziálökonomische Kénnziffer; сре́дний ~ь Dúrchschnittskennziffer; статисти́ческие ~и statístische Kénnziffern; тóчные ~и exákte Kénnziffern; укрупнённые ~и Gróbkennziffern *pl* ● глáвный ~ъ эффектúвности Háuptkennziffer der Effektivität; ~и рабóты Léistungskennziffern *pl;* ~и экономúческого рóста ökonómische Stéigerungsraten; улучшéние экономúческих ~ей Verbésserung der ökonómischen Kénnziffern ■ имéть сáмые лýчшие произвóдственные ~и der Léistungsbeste in der Produktión sein; оцéнивать ~и Kénnziffern áuswerten; рассчúтывать ~и Kénnziffern erréchnen; соблюдáть плáновые ~и Plánkennziffern éinhalten; улучшáть кáчественные ~и Qualitätskennziffern verbéssern

политик‖а *ж* Politík *f* ○ авантюристúческая ~а ábenteuerliche [únberechenbare] Politík; агрáрная ~а Agrárpolitík; агрессúвная ~а aggresíve Politík; антиинфляциóнная ~а Politík zur Inflatiónsbekämpfung, antiinflationäre Máßnahmen; бесперспектúвная ~а áussichtslose Politík; близорýкая ~а kúrzsichtige Politík; взвéшенная реалистúческая ~а áusgewogene realistische Politík; внешнеторгóвая ~а Áußenhandelspolitík; внéшняя ~а Áußenpolitík, áuswärtige Politík; внýтренняя ~а Ínnenpolitík; гúбкая ~а flexíble Politík; дальновúдная ~а wéitsichtige Politík; двóйственная ~а dóppelgleisige Politík; завоевáтельная ~а Eróberungspolitík; захвáтническая ~а Eróberungspolitík; колониáльная ~а Koloniálpolitík; конструктúвная ~а konstruktíve Politík; крáйне опáсная ~а äußerst gefährliche Politík; лéнинская национáльная ~а Léninsche Nationalitätenpolitík; мировáя ~а Wéltpolitík; миролюбúвая ~а Fríedenspolitík; friedliebende Politík; налóговая ~а Stéuerpolitík; наýчно обоснóванная ~а wíssenschaftlich begründete Politík; пáгубная ~а únheilvolle Politík; послéдовательная ~а konsequénte Politík; приспособлéнческая ~а opportunístische [konformístische] Politík; продýманная ~а besónnene Politík; реваншúстская ~а revanchístische Politík; согласóванная внéшняя ~а koordiníerte [ábgestimmte] Áußenpolitík; соглашáтельская ~а versöhnlerische Politík; социáльная ~а Soziálpolitík, Geséllschaftspolitík; умéренная ~а gemäßigte Politík; хозяйственная ~а Wírtschaftspolitík; экономúческая ~а ökonómische Politík; экспансионúстская ~а expansionístische Politík, Expansiónspolitík ● ~а балансúрования на грáни войны́ Politík des Balancíerens [-s-] am Ránde des Kríeges; ~а „большóй дубúнки" Politík des „gróßen Knüppels", Knüppelpolitík; ~а вмешáтельства Éinmischungspolitík; ~а в óбласти срéдств мáссовой информáции Médienpolitík; ~а воéнного устрашéния

210

Politík der militärischen Einschüchterung; ~а государственного террорйзма die Politík des Staatsterrorismus; ~а дальнего прицела auf lánge Sicht ángelegte Politík; ~а замораживания заработной платы Politík des Lóhnstopps; ~а захвата чужих земель Lándraubpolitik, Bódenraubpolitik; ~а канонерок Kanónenbootpolitik; ~а кнута и пряника die Politík mit Zúckerbrot und Péitsche; ~а лавирования Politík des Lavíerens, Scháukelpolitik; ~а мирного сосуществования Politík der friedlichen Koexisténz; ~а, напрáвленная на блáго нарóда Politík zum Wóhle des Vólkes; ~а наведéния мостóв Politík des Brückenschlags; ~а нагнетáния напряжённости Politík der Verschärfung der Spánnungen; ~а нарáщивания вооружéний Politík der Hóchrüstung; ~ невмешáтельства Politík der Níchteinmischung; ~а неприсоединéния Politík der Níchtpaktgebundenheit [Páktfreiheit]; ~а, обречённая на провáл zum Schéitern verúrteilte Politík; ~а выжидáния Politík des Ábwartens; ~а отбрáсывания (противника) Politík des „roll back" [ˈrəulbæk]; ~а откровéнного милитарйзма óffen militarístische Politík; ~а открытых дверéй Politík der óffenen Tür, Politík der Öffnung; ~а попустительства Toleríerungspolitik; ~а претéнзий на мировóе госпóдство Politík der Wéltherrschaftsansprüche; ~а провокáций и вмешáтельства Politík der Provokatión und Éinmischung; ~а протекционизма Politík des Protektionísmus; ~а по принципу „разделяй и влáствуй" die Politík nach dem Prinzíp „téile und hérrsche"; ~а разрядки die Politík der Entspánnung, Entspánnungspolitik f; ~а разрядки, нацéленная на длительную перспективу lángfristig ángelegte Entspánnungspolitik; ~а раскóла Spálterpolitik, Politík der Spáltung; ~а сáнкций Sanktiónspolitik; ~а свобóдной торгóвли Fréihandelspolitik; ~а сдéрживания Politík des Éindämmens; ~а силы и диктáта die Politík der Gewált und des Diktáts; ~а с позиции силы Politík von der Positión der Stärke aus, Politík der Stärke; ~а „увязок" (политика связывания решения одного вопроса с решением других) Junktím-Politík; ~а угрóз Politík der Dróhung, Dróhpolitik; ~а умиротворéния Beschwíchtigungspolitik, Politík der Befríedung; ~а холóдной войны Politík des kálten Kríeges; ~а, чуждая интерéсам мира den Interéssen des Friedens widerspréchende Politík; ~а шантажá Erpréssungspolitik, erprésserische Politík; ~а ядерного устрашéния Politík der atomáren Ábschreckung; ~а ядерного шантажá Politík der nukleáren Erpréssung; ошибки и просчёты в ~е Féhler und Mängel in der

Politík; продолже́ние ~и Fórtsetzung der Politík ■ возводи́ть [ста́вить] что-л. в ранг госуда́рственной ~и etw. zur Stáatspolitik [in den Rang der Stáatspolitik] erhében; вскрыва́ть по́длинную су́щность чьей-л. ~и das wáhre Wésen éiner Politík blóßlegen; искажа́ть чью-л. ~и j-s Politík entstéllen [verzérren]; очерни́ть ~у die Politík verúnglimpfen; приде́рживаться свое́й ~и an séiner Politík fésthalten; проводи́ть ~у éine Politík betréiben; суди́ть о ~е не по слова́м, а по дела́м éine Politík nicht nach íhren Wórten, sóndern nach íhren Táten beúrteilen; в ~е слова́ не должны́ расходи́ться с де́лом in der Politík müssen Wort und Tat überéinstimmen; ~а идёт вразре́з с... die Politík steht im Gégensatz zu...

полити́ческ‖ий polítisch ○ ~ий авантюри́ст polítischer Ábenteurer [Hóchstapler]; ~ая аре́на polítische Aréna; ~ий банкро́т polítischer Bankrótt; ~ая борьба́ polítischer Kampf, polítische Auseinándersetzung; ~ое воспита́ние polítische Erziehung; ~ая диску́ссия polítische Diskussión [Debátte]; ~ий де́ятель Polítiker m, Stáatsmann m; ~ий конфли́кт polítischer Konflíkt [Stréitfall]; ~ий кри́зис polítische Kríse; ~ая марионе́тка polítische Marionétte [Stróhpuppe]; ~ие махина́ции polítische Ränke [Ränkespiele]; ~ий обозрева́тель Beríchterstatter m, Kommentátor m; ~ая обстано́вка polítische Láge; polítisches Klíma; ~ий проце́сс polítischer Prozéß; ~ая рекла́ма polítische Wérbung; ~ая созна́тельность polítische Bewúßtheit, polítisches Bewúßtsein; ~ие соображе́ния polítische Überlégungen [Erwägungen]; ~ие тече́ния polítische Strömungen; ~ий труп polítischer Léichnam; ~ое устро́йство polítische Órdnung, polítisches Regime [ʒi:m]; ~ая уло́вка polítischer Kniff [Winkelzug]; ~ая учёба polítische Schúlung ● предоставля́ть кому́-л. ~ое убе́жище j-m polítisches Asýl gewähren

полице́йск‖ий Polizéi‖, polizéilich ○ ~ая а́кция Polizéiaktion f; ~ий аппара́т Polizéiapparat m; ~ий аре́ст Polizéihaft f; ~ое госуда́рство Polizéistaat m; ~ий допро́с polizéiliche Verné́hmung; ~ая дуби́нка Polizéiknüppel m; ~ий надзо́р Polizéiaufsicht f, polizéiliche Áufsicht; ~ая обла́ва Polizéirazzia f; ~ое предписа́ние Polizéiverfügung f, polizéiliche Verfügung; ~ий произво́л Polizéiwillkür f; ~ое распоряже́ние Polizéiverordnung f, polizéiliche Veró́rdnung; ~ое управле́ние Polizéiamt n; ~ий уча́сток Polizéirevier [-v-] n; ~ий час (час закры́тия рестора́нов и т. п.) Polizéistunde f; ~ий чино́вник Polizéibeamte sub m полномо́чи‖е c Vóllmacht f ○ неограни́ченные ~я úneingeschränkte Vóllmachten; осо́бые ~я besóndere Vóllmachten; широ́кие ~я wéitgehende Vóllmachten ● облечённый широ́кими ~ями mit wéitreichenden Vóllmachten áusgestattet; прове́рка ~й die Prüfung der Vóllmachten ▪ дава́ть [предоставля́ть] ~я Vóllmachten ertéilen [gében]; злоупотребля́ть свои́ми ~ями séine Vóllmacht mißbráuchen; име́ть ~я Vóllmachten háben; лиша́ть кого́-л. ~й j-m Vóllmachten entzíehen; переда́ть кому́-л. ~я j-m Vóllmachten übertrágen; превы́сить свои́ ~я séine Vóllmachten überschréiten [mißbráuchen]; предоста́вить кому́-л. ~я j-n mit Vóllmachten áusstatten; снабди́ть необходи́мыми ~ями mit gehörigen Vóllmachten verséhen [áusstatten, áusrüsten]; ~я истека́ют die Vóllmachten erlöschen

положе́ни‖е c Láge f ○ вое́нное ~e Vertéidigungszustand m, Áusnahmezustand m; милита́рische Láge; междунаро́дное ~e internationále Láge, Wéltlage; напряжённое ~e gespánnte Láge; оса́дное ~e Belágerungszustand m; полити́ческое ~e políttische Láge; существу́ющее ~e dérzeitige Láge; чрезвыча́йное ~e Áusnahmezustand m; экономи́ческое ~e wírtschaftliche Láge ● ~e веще́й Láge der Dínge; введе́ние вое́нного ~я Áusrufung des Áusnahmezustandes; злоупотребле́ние служе́бным ~ем Amtsmißbrauch m ▪ вводи́ть вое́нное ~e den Áusnahmezustand verhängen; злоупотребля́ть служе́бным ~ем Amtsmißbrauch begéhen; объяви́ть оса́дное ~e den Belágerungszustand verhängen; ста́вить другу́ю сто́рону в я́кобы нера́вное ~e die ándere Séite ángeblich in éine úngleiche Láge bríngen; ~e обостри́лось die Láge hat sich verschärft; ~e обостря́ется die Láge spitzt sich zu; ~e стабилизи́руется die Láge stabilisíert sich; ~e ста́ло ме́нее напряжённым die Láge hat sich entspánnt; тако́е ~e вы́годно лишь на́шему идеологи́ческому проти́внику éine sólche Láge geréicht nur únserem ideológischen Gégner zum Vórteil

по́мощ‖ь ж Hílfe f ○ безвозме́здная ~ь unentgéltliche Hílfe; бескоры́стная ~ь úneigennützige Hílfe; вое́нная ~ь militärische Hílfe; всесторо́нняя ~ь állseitige Hílfe; дру́жеская ~ь kamerádschaftliche Hílfe; материа́льная ~ь materiélle Hílfe; полити́ческая ~ь polítische Hílfe; постоя́нная ~ь ständige Hílfe; предоста́вленная ~ь gewährte Hílfe; фина́нсовая ~ь finanziélle Hílfe, Finánzhilfe; экономи́ческая ~ь wírtschaftliche Hílfe, Wírtschaftshilfe; юриди́ческая [правова́я] ~ь Réchtshilfe ● ~ь развива́ющимся стра́нам Entwícklungshilfe; комите́т по оказа́нию ~и Hílfskomitee *n;* оказа́ние ~и Hílfeleistung *f;* организа́ция ~и Hílfsaktion *f;* програ́мма оказа́ния ~и Hílfsprogramm *n;* фонд ~и Hílfsfonds [-fɔŋ] *m;* хода́тайство об оказа́нии ~и Hílfegesuch *n* ◼ наде́яться на ~ъ auf Hílfe hóffen; нужда́ться в ~и кого́-л. j-s Hílfe bráuchen; ожида́ть ~и от кого́-л. j-s Hílfe erwárten; ока́зывать ~ъ кому́-л. j-m Hílfe léisten; получа́ть ~ъ от кого́-л. von j-m Hílfe erhálten [bekómmen]; предлага́ть ~ъ кому́-л. j-m Hílfe ánbieten; проси́ть о ~и um Hílfe bítten; рассчи́тывать на ~ъ auf Hílfe réchnen; тре́бовать ~ъ от кого́-л. von j-m Hílfe fórdern

поря́д‖ок *м* Órdnung *f* ○ образцо́вый ~ок mústergültige Órdnung; обще́ственный ~ок öffentliche Órdnung; существу́ющий ~ок bestéhende Órdnung; устано́вленный ~ок übliche Órdnung ● ~ок рабо́ты конфере́нции Geschäftsordnung der Konferénz; попы́тки реставри́ровать буржуа́зные ~ки Versúche, die bürgerliche Órdnung zu restaríeren [restaʊ̯-]; установле́ние но́вого междунаро́дного экономи́ческого ~ка Errichtung éiner néuen internationálen Wírtschaftsordnung ◼ восстанови́ть ~ок Órdnung wiederhérstellen; наводи́ть ~ок Órdnung scháffen; насажда́ть уго́дные кому́-л. ~ки j-m genéhme Zústände [Verhältnisse] éinführen [etabliéren]; подде́рживать обще́ственный ~ок die öffentliche Órdnung áufrechterhalten; привести́ что-л. в ~ок etw. in Órdnung bríngen; призва́ть кого́-л. к ~ку j-n zur Órdnung rúfen; приучи́ть ~ок die Órdnung éinhalten

посла́ние *c* Bótschaft *f,* Adrésse *f* ○ новогó́днее ~ Néujahrsbotschaft; печа́льное ~ tráurige Bótschaft; приве́тственное ~ Grúßbotschaft, Grúßadresse; ра́достное ~ fróhe Bótschaft; рожде́ственское ~ Wéihnachtsbotschaft ● ~ ми́ра Fríedensbotschaft ◼ заслу́шать ~ sich éine Bótschaft ánhören; зачита́ть ~ éine Bótschaft verlésen; напра́вить ~ éine Bótschaft áusrichten [sénden, schícken]; переда́ть ~ éine Bótschaft überréichen; получи́ть ~ éine Bótschaft erhálten [bekómmen]

посо́би‖е *c* Unterstützung *f,* Béihilfe *f* ○ единовре́менное ~е éinmalige Unterstützung ● ~е многоде́тным се́мьям Familienbeihilfe; Unterstützung für kínderreiche Famílien; ~е на дете́й Kíndergeld *n;* ~е на рожде́ние ребёнка Gebúrtenbeihilfe; ~е по безрабо́тице Árbeitslosenunterstützung; ~е по вре́менной нетрудоспосо́бности Kránkengeld *n;* ~е по инвали́дности Invalidenunterstützung; ~е по социа́льному обеспе́чению Béihilfe aus Mítteln des Soziálwesens; Soziálfürsorge *f* (*ГДР*); разме́р ~я Höhe der Unterstützung ◼ вы́дать [вы́платить] ~е éine Unterstützung áuszahlen; лишúть кого́-л. ~я j-m die Unterstützung entzíehen; получа́ть ~e éine Unterstützung bekómmen [bezíehen]; предоставля́ть кому́-л. ~e j-m éine Unterstützung gewähren [gében]; снúзить ~e die Unterstützung herábsetzen

посо́л м Bótschafter *m* ○ па́пский ~ Núntius *m;* Чрезвыча́йный и Полномо́чный ~ der Aúßerordentliche und Bevóllmächtigte Bótschafter ● ~ вели́кой держа́вы Bótschafter éiner Gróßmacht; ~ по осо́бым поруче́ниям Bótschafter für Sónderaufträge; ~ со специа́льной ми́ссией Sónderbotschafter; встре́ча на у́ровне посло́в Tréffen auf Bótschafterebene; конфере́нция посло́в Bótschafterkonferenz *f;* неприкоснове́нность посла́ Immunität des Bótschafters ■ аккредитова́ть посла́ éinen Bótschafter akkreditíeren; назна́чить посло́м кого́-л. j-n zum Bótschafter ernénnen; направля́ть посла́ (*в каку́ю-л. страну*) éinen Bótschafter entsénden; обменя́ться посла́ми Bótschafter áustauschen; отозва́ть посла́ éinen Bótschafter zurückziehen [ábberufen]; перевестú посла́ (*в другу́ю страну*) éinen Bótschafter versétzen; приня́ть посла́ в связи́ с его́ отъе́здом на ро́дину éinen Bótschafter zum Ábschiedsbesuch empfángen; приня́ть посла́ в связи́ с предстоя́щим вруче́нием им вери́тельных гра́мот éinen Bótschafter zu déssen Antrittsbesuch empfángen

потенциа́л м Potentiál *n* ○ вое́нный ~ militärisches Potentiál; материа́льный и духо́вный ~ materiélles und géistiges Potentiál; нау́чный ~ Wíssenschaftspotential; оборо́нный ~ Vertéidigungspotential; произво́дственный и нау́чно-техни́ческий ~ Produktións- und wíssenschaftlich-téchnisches Potentiál; промы́шленный ~ Industríepotential; экономи́ческий ~ wírtschaftliches Potentiál, Wírtschaftspotential ● нара́щивание вое́нного ~a Áusbau des Militärpotentials; рациона́льное испо́льзование нау́чно-техни́ческого ~a rationélle Nútzung des wíssenschaftlich-téchnischen Potentiáls ■ максима́льно испо́льзовать ~ для чего́-л. das Potentiál für etw. maximál éinsetzen; облада́ть кру́пным косми́ческим ~ом über ein stárkes Wéltraumpotential verfügen; облада́ть надёжным оборо́нным ~ом über ein zúverlässiges Vertéidigungspotential verfügen; созда́ть дополни́тельный ~ для чего́-л. ein zúsätzliches Potentiál für etw. scháffen; существе́нно упро́чить экономи́ческий и нау́чно-техни́ческий ~ das ökonómische und wíssenschaftlich-téchnische Potentiál wésentlich féstigen; вое́нный ~ не превыша́ет потре́бностей необходи́мой оборо́ны das militärische Potentiál überstéigt nicht den erfórderlichen Vertéidigungsbedarf

215

потоло́к м (*предел численности войск и вооружений*) Höchststärke *f,* Obergrenze *f* ○ о́бщий ~ gemeinsame Höchststärke ● ~ систе́м ору́жия Obergrenze für Waffensysteme; ~ чи́сленности ли́чного соста́ва Obergrenze der zahlenmäßigen Stärke

потре́бностІІь ж Bedürfnis *n,* Bedarf *m* ○ жи́зненные ~и lebensnotwendiger Bedarf; материа́льные ~и materielle Bedürfnisse; материа́льные и культу́рные ~и materielle und kulturelle Bedürfnisse; народнохозя́йственные ~и volkswirtschaftlicher Bedarf; обще́ственно необходи́мые ~и gesellschaftlich notwendiger Bedarf; обще́ственные ~и gesellschaftliche Bedürfnisse; расту́щие ~и steigende Bedürfnisse ● ~ь в ка́драх Personalbedarf, Kaderbedarf; ~ь в рабо́чей си́ле Arbeitskräftebedarf; ~и ми́рного вре́мени Friedensbedarf; изуче́ние ~ей Bedarfsforschung *f;* по ~ям nach [entsprechend] den Bedürfnissen; удовлетворе́ние материа́льных ~ей Befriedigung der materiellen Bedürfnisse ■ удовлетворя́ть ~и die Bedürfnisse befriedigen

похо́д м Feldzug *m,* Marsch *m* ○ кресто́вый ~ Kreuzzug ● ~ за мир Friedensmarsch; ~ сторо́нников ми́ра Friedensmarsch *m* ■ вы́ступить в ~ ins Feld rücken [ziehen], zu Felde ziehen; организова́ть антикоммунисти́ческий ~ einen antikommunistischen Kreuzzug organisieren [inszenieren]; объяви́ть кресто́вый ~ einen Kreuzzug verkünden [ausrufen]; разверну́ть ~ про́тив разря́дки einen Feldzug gegen die Entspannung entfesseln

почётный *см.* член

прави́тельственнІІый Regierungs/ ○ ~ый аппара́т Regierungsapparat *m;* ~ое большинство́ Regierungsmehrheit *f;* ~ая делега́ция Regierungsdelegation *f;* ~ое заявле́ние Regierungserklärung *f;* ~ая коали́ция Regierungskoalition *f;* ~ая коми́ссия Regierungskommission *f;* ~ый кри́зис Regierungskrise *f;* ~ые круги́ Regierungskreise *pl;* ~ый о́рган (*печати*) Regierungsblatt *n;* ~ые о́рганы Regierungsorgane *pl;* ~ые перегово́ры Regierungsverhandlungen *pl;* ~ая резиде́нция Regierungssitz *m,* Regierungsresidenz *f;* ~ое соглаше́ние Regierungsabkommen *n;* ~ый ука́з Regierungserlaß *m;* ~ое учрежде́ние Regierungsstelle *f;* ~ый чино́вник Regierungsbeamte *sub m* ● на ~ом у́ровне auf Regierungsebene

прави́тельствІІо *с* Regierung *f* ○ буржуа́зное ~о bürgerliche Regierung; вое́нное ~о Militärregierung; вре́менное ~о provisorische Regierung, Interimsregierung; гражда́нское ~о zivile

[-v-] Regíerung, Zivílregierung; договáривающиеся ~a vertrág-schließende Regíerungen; закóнное ~о verfássungsmäßige [rechtmäßige] Regíerung; земéльное ~о *(ФРГ)* Lándesregierung; коалициóнное ~о Koalitiónsregierung; марионéточное ~о Mario-néttenregierung; неугóдные ~а únliebsame Regíerungen; рабóче--крестьянское ~о Árbeiter-und-Báuern-Regierung; совéтское ~о Sowjétregierung; теневóе ~о Scháttenregierung, Scháttenkabinett *n;* федерáльное ~о Búndesregierung ● ~о большинствá Méhr-heitsregierung; ~о меньшинствá Mínderheitsregierung; главá ~a Regíerungschef [-ʃɛf] *m;* отстáвка ~a Rücktritt der Regíerung; представítель ~a Regíerungssprecher *m;* преобразовáние ~a *(из-менение состава)* Regíerungsumbildung *f;* прогрáмма ~a Re-gíerungsprogramm *n;* реорганизáция ~a Umbildung [Revirement] [revirə'mã] der Regíerung; свержéние закóнного правítельства Sturz éiner réchtmäßigen Regíerung; смéна ~a Regíerungswechsel *m;* состáв ~a Zusámmensetzung der Regíerung; формировáние ~a Regíerungsbildung *f;* член ~a Regíerungsmitglied *n* ■ выражáть довéрие [недовéрие] ~y der Regíerung das Vertráuen [Miß-trauen] áussprechen; образовáть [сформировáть] ~о die Re-gíerung bilden; поручíть комý-л. формировáние ~a j-n mit der Regíerungsbildung beáuftragen; свéргнуть ~о die Regíerung ábset-zen [stürzen]; пóльзуется довéрием нарóда die Regíerung geníeßt das Vertráuen des Vólkes; ~о ушлó в отстáвку die Re-gíerung trat zurück

    прáв‖о *с* 1. Recht *n* ○ актíвное избирáтельное ~о aktíves Wáhlrecht; всеóбщее, рáвное, прямóе избирáтельное ~о állgemei-nes, gléiches, diréktes Wáhlrecht; закóнное ~о gesétzliches Recht; конституциóнное ~о Verfássungsrecht; минимáльные ~á Mín-destrechte *pl;* монопóльное ~о Monopólrecht; неотъéмлемое ~о únabdingbares [únveräußerliches] Recht; неотъéмлемое ~о на индивидуáльную и коллектíвную самооборóну únveräußer-liches Recht auf individuélle und kollektíve Sélbstverteidigung; основнóе ~о Grúndrecht; пассíвное избирáтельное ~о passíves Wáhlrecht; почётное ~о Éhrenrecht; преимýщественное ~о Vór-recht; суверéнное ~о Hóheitsrecht, souveränes [zuvə-] Recht ● ~о выбора Recht auf fréie Wahl; ~о гóлоса Stímmrecht; ~о граждáнства Bürgerrecht, Stáatsbürgerschaftsrecht; ~о контрóля Kontróllrecht; ~о на безопáсное и независímое существовáние и развítие Recht auf éine gesícherte und únabhängige Existénz und Entwicklung; ~о на образовáние Recht auf Bíldung; ~о на óтдых Recht auf Erhólung; ~о наро́дов распоряжа́ться свое́й судьбо́й Recht der Völker über ihr Schícksal selbst zu entschéiden; ~о на самоопределе́ние Sélbstbestimmungsrecht; ~о на созда́ние со́бственного госуда́рства Recht auf die Gründung éines éigenen Stáates; ~о на труд Recht auf Árbeit; ~о, подтверждённое доку-ме́нтом verbríeftes Recht; ~о, полити́ческого убе́жища politi-sches Asýlrecht; ~о проте́ста Éinspruchsrecht; ~о со́бственности Éigentumsrecht; ~о стро́ить свою́ жизнь по своему́ усмотре́нию Recht, sein Lében nach éigenem Erméssen zu gestálten; ~а челове́-ка Ménschenrechte *pl;* восстановле́ние в ~áх Wiederhérstellung der Réchte; наступле́ние на ~á трудя́щихся Ángriff auf die Réchte der Wérktätigen; осуществле́ние ~a Ausübung des Rechts; пренебреже́ние к элемента́рным ~áм трудя́щихся Mißachtung der elementáren Réchte der Wérktätigen; приостановле́ние ~a die Suspendíerung [-sp-] des Rechts; соблюде́ние ~a die Wáhrung des Rechts; удовлетворе́ние зако́нных национа́льных прав пале-сти́нского наро́да Gewährung der legitímen nationálen Réchte des palästinénsischen Vólkes ■ воспо́льзоваться свои́м ~ом sein Recht in Ánspruch né́hmen; восстанови́ть в ~áх кого́-л. j-s Réchte wiederhérstellen, j-n in séine Réchte wiederéinsetzen; надели́ть ~áми кого́-л. j-m Recht gében [verléihen, éinräumen]; нару́шить чьи-л. ~á j-s Réchte verlétzen; отка́зывать кому́-л. категори́че-ски и наотре́з в ~e на что-л. j-m kategórisch und schroff das Recht auf etw. (*A*) verwéigern; отста́ивать свои́ ~á séine Réchte vertéidigen; подавля́ть ~á челове́ка die Ménschenrechte unter-drücken; покуша́ться на ~á трудя́щихся éinen Ánschlag auf die Réchte der Wérktätigen verüben; по́льзоваться ра́вными ~áми gléiche Réchte geníeßen; попира́ть ~á рабо́чих die Réchte der Árbeiter mit Füßen tréten; посяга́ть на чьи-л. ~á j-s Recht ántasten; предоставля́ть ~о ein Recht éinräumen; присво́ить себе́ ~о де́-лать что-л. sich (*D*) das Recht ánmaßen, etw. zu tun; лицеме́рно разглаго́льствовать о ~áх челове́ка sich héuchlerisch über Mén-schenrechte áuslassen; сохрани́ть за собо́й ~о sich (*D*) ein Recht vórbehalten; уважа́ть неукосни́тельно неоспори́мое ~о ка́ждой стороны́ das únbestreitbare Recht jéder Séite strikt respektíeren; уреза́ть ~á Réchte beschnéiden; ущемля́ть ~á Réchte schmälern 2. (*наука*) Recht *n* ○ госуда́рственное ~о Stáatsrecht; гражда́нское ~о Zivílrecht [-v-]; договорно́е ~о Vertrágsrecht; меж-госуда́рственное ~о zwíschenstaatliches Recht; междунаро́дное ~о Völkerrecht, internationáles Recht; междунаро́дное публи́чное ~о internationáles öffentliches Recht; международное ча́стное ~о internationáles Privátrecht [-v-] ; морско́е ~о Séerecht ● но́рмы международного ~а Völkerrechtsnormen *pl;* нарушéние норм международного ~а Verlétzung der Nórmen des Völkerrechts; Völkerrechtsbruch *m;* вопию́щее нарушéние международного ~а flagránte Verlétzung des Völkerrechts; на осно́ве международного ~а auf der Grúndlage des Völkerrechts, auf völkerrechtlicher Grúndlage; предписа́ние международного ~а Vórschrift des Völkerrechts; применéние международного ~а Ánwendung des Völkerrechts; при́нципы международного ~а Prinzípien des Völkerrechts; противорéчащий международному ~у völkerrechtswidrig ■ попира́ть общепри́знанные но́рмы международного ~а állgemein ánerkannte Nórmen des Völkerrechts mit Füßen tréten; э́то противорéчит международному ~у das steht im Widerspruch zum Völkerrecht

правово́й Rechts//, réchtlich ○ ~ое закреплéние *(чего-л.)* réchtliche Veránkerung; ~ая нау́ка Réchtswissenschaft *f;* ~ые но́рмы Réchtsnormen *pl;* ~ые отношéния Réchtsverhältnisse *pl;* Réchtsbeziehungen *pl;* ~ое положéние Réchtslage *f;* ~ая по́мощь Réchtshilfe *f;* ~ой поря́док Réchtsordnung *f;* ~ые послéдствия Réchtsfolgen *pl;* ~ой при́нцип Réchtsprinzip *n;* ~ой ста́тус Réchtsstatus *m;* ~ое учреждéние Réchtsinstitution *f;* réchtliche Éinrichtung; ~ой хара́ктер *(чего-л.)* réchtlicher Chará́kter

пра́вящий *см.* класс

пра́здник *м* Féier *f,* Féiertag *m,* Fest *n,* Fésttag *m* ○ большо́й ~ gróßes Fest; весéнний ~ Frühlingsfest; всенаро́дный ~ Vólksfest; всесою́зный ~ Uniónsfeier, Fésttag der UdSSR; кра́сочный ~ prächtiges Fest; национа́льный ~ Nationálfeiertag; ново-го́дний ~ Néujahrsfest; Первома́йский ~ Máifeier; ра́достный ~ fröhliches Fest; революцио́нный ~ Revolutiónsfeier; спорти́вный ~ Spórtfest ● ~ ми́ра Fríedensfest; ~ Октября́ Féier zum Jáhrestag der Októberrevolution; ~ печа́ти Préssefest ■ встреча́ть свой ~ в расцвéте сил den Féiertag im Vóllbesitz séiner Kräfte begéhen; гото́вить ~ ein Fest beréiten; отмеча́ть ~ ein Fest begéhen [féiern] ; поздравля́ть с ~ом j-m zum Fest gratulíeren; прилаша́ть на ~ zu éinem Fest éinladen; принима́ть уча́стие в ~е an éinem Fest téilnehmen; устро́ить ~ éine Féier [ein Fest] veránstalten

пребыва́нине *с* Áufenthalt *m* ○ дли́тельное ~е lánger Áufenthalt; кратковрéменное ~е Zwíschenaufenthalt *m;* кра́ткое ~е kúrzer Áufenthalt; многодне́вное ~e méhrtägiger Áufenthalt ● ~e с уче́бной це́лью (напр. на стажиро́вке) Stúdienaufenthalt *m;* вре́мя ~я Áufenthaltszeit *f;* в хо́де ~я währеnd [im Láufe] des Áufenthalts; госуда́рство ~я (дипломати́ческого представи́теля) Áufenthaltsland *n,* Empfángsstaat *m;* запреще́ние ~я (в стране́) Áufenthaltsverbot *n;* разреше́ние на ~e (в стране́) Áufenthaltsgenehmigung *f;* расхо́ды на ~e (где-л.) Áufenthaltskosten *pl;* срок ~я Áufenthaltsdauer *f* ■ пожела́ть прия́тного ~я éinen ángenehmen Áufenthalt wünschen; прерва́ть своё ~e séinen Áufenthalt ábbrechen; продли́ть своё ~e séinen Áufenthalt verlängern; его́ ~e здесь бы́ло недо́лгим sein Áufenthalt hier war nicht von länger Dáuer

превосхо́дств‖о *c* Überlégenheit *f* ○ вое́нное ~o militärische Überlégenheit; вое́нно-стратеги́ческое ~o militärstrategische Überlégenheit; мифи́ческое сове́тское вое́нное ~o verméintliche sowjétische militärische Überlégenheit; мни́мое вое́нное ~o imaginäre militärische Überlégenheit; многокра́тное ~o méhrfache Überlégenheit; стратеги́ческое ~o stratégische Überlégenheit; я́кобы существу́ющее ~o ángebliche Überlégenheit; чи́сленное ~o zählenmäßige Überlégenheit ● достиже́ние ~a Erlángung der Überlégenheit; сохране́ние ~a Erháltung [Bewáhrung] der Überlégenheit ■ бахва́литься ~ом свои́х вое́нно-морски́х сил sich mit der Überlégenheit séiner Séestreitkräfte brüsten; добива́ться вое́нного ~a militärische Überlégenheit ánstreben, sich (*D*) militärische Überlégenheit zu verscháffen súchen; дости́чь вое́нного ~a militärische Überlégenheit erlángen [erríngen]; испо́льзовать своё ~o séine Überlégenheit áusnutzen; не допуска́ть над собо́й ~a kéine Überlégenheit ánderer zúlassen; обеспе́чить себе́ ~o sich (*D*) Überlégenheit verscháffen; пока́зывать своё ~o séine Überlégenheit zéigen; претендова́ть на вое́нное ~o Ánspruch auf militärische Überlégenheit erhében; признава́ть чьё-л. ~o j-s Überlégenheit ánerkennen; сохрани́ть ~o die Überlégenheit behálten; стреми́ться к вое́нному ~у nach militärischer Überlégenheit strében

предвы́борн‖ый Wahl‖ ○ ~ая агита́ция Wáhlagitation *f;* ~ая борьба́ Wáhlkampf *m;* ~ая кампа́ния Wáhlkampagne [‑ˌpanjə] *f;* ~ый манифе́ст Wáhlmanifest *n;* ~ые обеща́ния Wáhlversprechen *n;* ~ое обраще́ние Wáhlaufruf *m;* ~ая платфо́рма Wáhlplattform *f;* ~ая програ́мма Wáhlprogramm *n;* ~ое собра́ние Wáhlversammlung *f* ■ дава́ть ~ые обеща́ния Wáhlversprechungen ábgeben;

сформули́ровать ~ую платфо́рму па́ртии die Wahlplattform der Partéi aufstellen [formulíeren]

предложе́ни‖е *c* Vórschlag *m* ○ альтернати́вное ~e Alternatívvorschlag; встре́чное ~e Gégenvorschlag; далеко́ иду́щие ~я wéitreichende Vórschläge; делово́е ~e sáchlicher Vórschlag; де́льное ~e vernünftiger Vórschlag; компроми́ссное ~e Kompromíßvorschlag; конструкти́вное ~e konstruktíver Vórschlag; ми́рные ~я Fríedensvorschläge; неда́вние ~я jüngste Vórschläge; прие́млемое ~e ánnehmbarer Vórschlag; разу́мное ~e vernünftiger Vórschlag; рационализа́торское ~e Verbésserungsvorschlag; спо́рное ~e stríttiger [umstrίttener] Vórschlag; справедли́вое ~e geréchter Vórschlag ● ~я, обнаро́дованные неда́вно vor kúrzem verkündete Vórschläge; безоговоро́чное приня́тие како́го-л. ~я bedíngungslose Annahme éines Vórschlages ■ вноси́ть ~я на рассмотре́ние конфере́нции éiner Konferénz Vórschläge éinbringen [unterbréiten]; отверга́ть ~я Vórschläge zurückweisen; отвергнуть ~я с поро́га die Vórschläge rúndweg áblehnen; отклоня́ть чьё-л. ~e j-s Vórschlag áblehnen; относи́ться с благожела́тельностью к ~ям други́х стран den Vórschlägen ánderer Länder wóhlwollend gegenüberstehen; поддержа́ть чьё-л. ~e j-s Vórschlag unterstützen; приня́ть чьё-л. ~e j-s Vórschlag ánnehmen; auf j-s Vórschlag éingehen; проти́виться любо́му ~ю sich gégen jéglichen Vórschlag zur Wehr sétzen; на́ши ~я не оставля́ют на сей счёт никаки́х нея́сностей únsere Vórschläge lássen díesbezüglich kéine Únklarheit zu [bestéhen]; ~я ната́лкиваются на глуху́ю сте́ну die Vórschläge stóßen auf éine úndurchdringliche Máuer; ~я открыва́ют реа́льную возмо́жность для чего-л. die Vórschläge eröffnen éine reále Möglichkeit für etw.; ~e получи́ло широ́кий [положи́тельный] о́тклик der Vórschlag hat ein gróßes [pósitives] Écho gefúnden; э́ти ~я должны́ быть изу́чены díese Vórschläge müssen áusgelotet wérden; э́то ~e ждёт своего́ внедре́ния díeser Vórschlag harrt séiner práktischen Verwírklichung

предприя́ти‖е *c* Betríeb *m*, Unternéhmen *n* ○ веду́щее [головно́е] ~e Léitbetrieb, Stámmbetrieb, führender Betríeb; вне́шнеторго́вое ~e Außenhandelsbetrieb; госуда́рственное ~e Stáatsbetrieb, stáatliches Unternéhmen; дохо́дное ~e rentábler Betríeb; доче́рнее ~e Tóchterunternehmen; конкури́рующее ~e Konkurrénzbetrieb, Konkurrénzunternehmen; коопера́ти́вное ~e genóssenschaftlicher Betríeb; кру́пное ~e Gróßbetrieb, Gróßunternehmen; ме́лкое ~e Kléinbetrieb, Kléinunternehmen; металлургическое ~е metallúrgischer Betríeb, Hüttenwerk *n;* наро́дное ~е (*в ГДР*) vólkseigener Betríeb; национализи́рованное ~е nationalisierter [verstáatlichter] Betríeb; образцо́вое ~е Músterbetrieb, mústergültiger Betríeb; основно́е ~е Háuptbetrieb; Stámmbetrieb; передово́е ~е führender Betríeb, Spítzenbetrieb; по́лностью автоматизи́рованное ~е vóllautomatisierter Betríeb; промы́шленное ~е Industríebetrieb; сельскохозя́йственное ~е Lándwirtschaftsbetrieb, Agrárbetrieb; совме́стное ~е geméinsames Unternéhmen; специализи́рованное ~е. Spezíalbetrieb, spezialisierter Betríeb; хозрасчётное ~е Betríeb mit wírtschaftlicher Réchnungsführung; ча́стное ~е Privátbetrieb [-v-], Privátunternehmen ● ~я, ва́жные для наро́дного хозя́йства vólkswirtschaftlich wíchtige Betríebe; ~е госуда́рственного се́ктора Betríeb des stáatlichen Séktors; ~е ме́стного подчине́ния Betríeb der örtlichgeleiteten Wírtschaft; ~е обще́ственного пита́ния Betríeb [Éinrichtung] der geséllschaftlichen Spéisewirtschaft, gastronómische Éinrichtung; ~е, победи́вшее в соревнова́нии Síegerbetrieb, Wéttbewerbssieger *m;* ~е, производя́щее коне́чную проду́кцию Finálproduzent *m;* ~е республика́нского подчине́ния repúblikgeleiteter Betríeb; ~я с долевы́м уча́стием госуда́рства Betríebe mit stáatlicher Betéiligung; ~е слу́жбы бы́та Díenstleistungsbetrieb *m;* ~е сою́зного подчине́ния uníonsgeleiteter Betríeb; ~е торго́вли Hándelsbetrieb, Hándelseinrichtung *f,* Verkáufsstelle *f;* ~е центра́льного подчине́ния zentrálgeleiteter Betríeb; администра́ция ~я Betríebsleitung *f;* дохо́ды ~я Betríebseinnahmen *pl;* коллекти́в ~я Betríebsbelegschaft *f,* Betríebskollektiv *n;* мора́льный кли́мат на ~и Betríebsklima *n;* принадлежа́щий ~о betríebseigen; рабо́тник ~я Betríebsangehörige *sub m;* слия́ние ~й Verschmélzung von Betríeben; укрупне́ние ~й Zusámmenführung [Zusámmenlegung] von Betríeben ■ дать бо́льше прав ~ям die Betríebe mit mehr Réchten áusstatten; денационализи́ровать ~я Betríebe reprivatisieren [-v-]; освобожда́ть ~я от изли́шней опе́ки die Betríebe von überflüssiger Bevórmundung beftéien; остана́вливать рабо́ту ~я den Betríeb stíllegen; повыша́ть отве́тственность ~й die Verántwortung der Betríebe erhöhen; руководи́ть ~ем éinen Betríeb léiten; на ~и за́нято мно́го рабо́чих der Betríeb beschäftigt víele Árbeiter; ~е произво́дит това́ры наро́дного потребле́ния der Betríeb stellt Mássenbedarfsgüter her; ~е рабо́тает с при́былью [убы́тком] der Betríeb árbeitet mit Gewínn [mit Verlúst]

представитель‖ь *м* Vertréter *m*, Repräsentánt *m* ○ авторите́тный ~ъ repräsentatíver Vertréter; вое́нный ~ъ militärischer Vertréter; зако́нный ~ъ legitímer [gesétzlicher] Vertréter; ко́нсульский ~ъ konsulárischer Vertréter; полномо́чный ~ъ bevóllmächtigter Vertréter; постоя́нный ~ъ ständiger Vertréter; торго́вый ~ъ Hándelsvertreter ● ~ъ администра́ции Vertréter der Léitung; ~ъ вла́сти Vertréter der Stáatsmacht; ~ъ прави́тельства Regíerungssprecher *m* ■ назнача́ть ~ей Vertréter ernénnen

пре́емственность‖ь *ж* Kontinuität *f* ○ истори́ческая ~ъ histórische Kontinuität ● ~ъ вла́сти Náchfolge in der Stáatsgewalt ■ забо́титься о ~и в поли́тике für die Kontinuität in der Politík Sórge trágen; соблюда́ть ~ъ в поли́тике Kontinuität in der Politík wáhren; в тече́ние мно́гих лет во вне́шней поли́тике прави́тельства просле́живается ~ъ seit víelen Jáhren wird in der Áußenpolitik der Regíerung die Kontinuität verfólgt

президе́нт *м* Präsidént *m* ○ бы́вший ~ Éxpräsident; почётный ~ Éhrenpräsident; федера́льный ~ (ФРГ, Австрия) Búndespräsident ● ~ акаде́мии Präsidént éiner Akademíe; ~ Наро́дной пала́ты (ГДР) Vólkskammerpräsident *m*; вы́боры ~a Präsidéntenwahl *f*, Präsidéntschaftswahlen *pl*; выдвиже́ние на пост ~a Áufstellung für die Präsidéntschaft, Nominíerung für das Amt des Präsidénten; кампа́ния по вы́борам ~a Präsidéntschaftswahlkampagne [‑panjə] *f*; кандида́т в ~ы Präsidéntschaftskandidat *m* ■ вступа́ть на пост ~a die Präsidéntschaft ántreten, das Präsidéntenamt übernéhmen

преиму́щество‖о *с* Vórteil *m*, Vórzug *m* ○ большо́е ~о gróßer Vórteil; материа́льные ~a matérielle Vórteile; односторо́нние ~a éinseitige Vórteile; реша́ющее ~о entschéidender Vórteil; чи́сленное ~о záhlenmäßiger Vórteil ● ~a социали́зма Vórzüge des Sozialísmus ■ дава́ть ~о éinen Vórteil bíeten; добива́ться для себя́ односторо́нних преиму́ществ любо́го ро́да sich (D) éinseitige Vórteile gleich wélcher Art verscháffen; достига́ть односторо́нних преиму́ществ éinseitige Vórteile erzíelen; испо́льзовать ~a Vórzüge nútzen; ликвиди́ровать вое́нное ~о die militärische Überlégenheit áufheben; не иска́ть для себя́ никаки́х вое́нных преиму́ществ für sich kéinerlei militärische Vórteile súchen; обеспе́чить вое́нное ~о militärische Vórteile síchern; сохраня́ть ~о den Vórteil wáhren; стреми́ться получи́ть односторо́нние ~a éinseitige Vórteile ánstreben; ~о заключа́ется в том, что... der Vórteil liegt darín, daß,..

прекраще́ни|е *c* Éinstellung *f*, Ábbruch *m* ● ~е блока́ды Éinstellung der Blockáde; ~е боевы́х де́йствий Éinstellung der Kámpfhandlungen; ~е войны́ Éinstellung [Beéndigung] des Kríeges; ~е го́нки я́дерных вооруже́ний Éinstellung des nukleáren Wéttrüstens; ~е де́йствия догово́ра Erlöschen éines Vertráges; ~е забасто́вки Stréikabbruch; ~е испыта́ний я́дерного ору́жия Éinstellung der Kernwaffenversuche; ~е огня́ (*на фро́нте*) Féuereinstellung, Éinstellung des Féuers; ~е перегово́ров Ábbruch der Verhándlungen; ~е поста́вок Éinstellung der Líeferungen; ~е произво́дства Éinstellung [Stíllegung] der Produktión; ~е произво́дства я́дерного ору́жия Éinstellung der Produktión von Kérnwaffen; ~е рабо́ты Éinstellung der Árbeit, Árbeitseinstellung ■ тре́бовать ~я чего́-л. Éinstellung von etw. (*D*) fórdern

пре́ми|я *ж* Preis *m*, Prämie *f* ○ гаранти́рованная ~я garantíerte Prämie; Госуда́рственная ~я СССР Stáatspreis der UdSSR; Ле́нинская ~я Léninpreis; Междунаро́дная ~я Ми́ра Internationáler Fríedenspreis; Национа́льная ~я ГДР Nationálpreis der DDR; Но́белевская ~я Nobélpreis; пе́рвая ~я Háuptpreis; почётная ~я Éhrenpreis ● ~я в о́бласти иску́сства Kúnstpreis; ~я в о́бласти культу́ры Kultúrpreis; ~я в о́бласти литерату́ры Literatúrpreis; ~я за высо́кие показа́тели в труде́ Léistungsprämie; ~я по ито́гам рабо́ты за́ год Jáhresendprämie ■ вруча́ть ~ю кому́-л. j-m éinen Preis überréichen; присужда́ть ~ю кому́-л. j-m éinen Preis zúerkennen [verléihen]

преобразова́ни|е *c* Wándlung *f*, Úmgestaltung *f* ○ агра́рные ~я Úmgestaltung der Lándwirtschaft; глубо́кие ~я tíefgreifende Wándlungen; ме́дленные ~я lángsame Wándlungen; полити́ческие ~я polítische Wándlungen; постепе́нные ~я állmähliche Wándlungen; социа́льные ~я soziále Wándlungen; geséllschaftlicher Wándlungsprozeß; экономи́ческие ~я ökonómische Wándlungen ● план ~я приро́ды Plan zur Úmgestaltung der Natúr; рабо́ты по ~ю приро́ды Árbeiten zur Úmgestaltung der Natúr ■ встать во главе́ обще́ственных ~й an die Spítze der geséllschaftlichen Úmwälzungen tréten; нача́ть ~я Wándlungen éinleiten

пре́сс|а *ж* Présse *f* ○ бульва́рная ~а Boulevardpresse [bulə-'va:r-], Aspháltpresse; иностра́нная ~а áusländische Présse; прона́товская ~а NÁTO-hörige Présse ● встре́ча с представи́телями ~ы Présseempfang *m*; кампа́ния в ~е Préssefeldzug *m*; Préssekampagne [-'panjə] *f*; но́вости ~ы Préssenachrichten *pl*; обзо́р ~ы Présseübersicht *f*, Présseschau *f*

прести́ж м Prestige [prɛsti͡ʃ и presti:ʒ(ə)] n ○ полити́ческий ~ polítisches Prestíge; социа́льный ~ soziáles Prestíge; спорти́вный ~ spórtliches Prestíge ● вопро́с ~a Prestígefrage f; повыше́ние ~a Prestígegewinn m; поте́ря ~a Prestígeverlust m ■ боя́ться потеря́ть свой ~ um sein Prestíge fürchten; восстанови́ть свой ~ sein Prestíge wiederhérstellen; повы́сить свой ~ sein Prestíge hében [erhöhen]; поколеба́ть чей-л. ~ j-s Prestíge erschüttern; сохрани́ть свой ~ sein Prestíge wáhren; теря́ть [утра́чивать] свой ~ sein Prestíge verlíeren [éinbüßen]; утверди́ть свой ~ sein Prestíge behaúpten; чей-л. ~ нахо́дится под угро́зой j-s Prestíge ist gefährdet; чей-л. ~па́дает j-s Prestíge sinkt

преступле́ни‖**е** с Verbréchen n, Stráftat f ○ вое́нное ~e Kríegsverbrechen; госуда́рственное ~e Stáatsverbrechen, Verbréchen gégen den Staat; жесто́кое ~e brutáles Verbréchen; крова́вое ~e blútiges Verbréchen; по́длое ~e geméines Verbréchen; тя́жкое ~e schwéres Verbréchen; уголо́вное ~e Stráftat f; ужа́сное ~e fúrchtbares Verbréchen ● ~e про́тив ми́ра Verbréchen gégen den Frieden; ~e про́тив социалисти́ческой со́бственности Stráftat gégen das soziálistische Éigentum; ~e про́тив челове́чества Verbréchen gégen die Ménschheit; ~e про́тив челове́чности Verbréchen gégen die Ménschlichkeit ■ наказа́ть за ~e für ein Verbréchen bestráfen; призна́ться в соверше́нии ~я ein Verbréchen gestéhen; раскры́ть ~e ein Verbréchen entdécken; рассле́довать ~e ein Verbréchen untersúchen; реши́тельно осужда́ть крова́вые ~я entschíeden die blútigen Verbréchen verúrteilen; соверши́ть ~e ein Verbréchen begéhen

претензи‖**я** ж Ánspruch m ○ иму́щественная ~я vermögensrechtlicher Ánspruch; необосно́ванная ~я únberechtigter Ánspruch ● ~и на исключи́тельность Ánsprüche auf Áusschließlichkeit; ~и на мирово́е госпо́дство Wéltherrschaftsansprüche pl; отка́з от великодержа́вных ~й Verzícht auf Gróßmachtansprüche ■ выдвига́ть ~и Ánsprüche stéllen; заявля́ть ~ю на что-л. Ánspruch auf etw. (A) erhében; изложи́ть свои́ ~и séine Fórderungen dárlegen; отклони́ть ~ю éinen Ánspruch zurückweisen

при́был‖**ь** ж Gewínn m, Profít m ○ вое́нные ~и Kríegsprofite pl; пла́новая ~ь Plángewinn; полу́ченная ~ь erwírtschafteter Gewínn; erzíelter Profít; предпринима́тельская ~ь Unternéhmerprofit; сверхпла́новая ~ь Überplangewinn; сре́дняя ~ь Dúrchschnittsprofit; чи́стая ~ь Néttogewinn; Réinprofit ● до́ля ~и Gewínnanteil m; но́рма ~и эк. Profítrate f; план по реализа́ции ~и

Gewinnplan *m;* погóня за максимáльной ~ъю Jagd [Drang] nach Maximálprofit; распределéние ~и Gewinnverteilung *f;* стремлéние к ~и Profítstreben *n;* увеличéние ~и Profítsteigerung *f* ■ выжимáть огрóмные ~и maßlose Profíte heráuspressen; извлекáть [получáть] ~ь Gewínn erwírtschaften; Profít erzíelen [máchen] ; учáствовать в ~ях sich am Gewínn betéiligen

приве́тственный *см.* речь

пригово́р *м* Úrteil *n* ○ заóчный ~ Ábwesenheitsurteil, Úrteil in Ábwesenheit; мя́гкий ~ míldes Úrteil; необоснóванный ~ únbegründetes Úrteil; окончáтельный ~ éndgültiges Úrteil; оправдáтельный ~ Fréispruch *m;* смéртный ~ Tódesurteil ■ вы́нести комý-л. ~ *тж. перен.* ein Úrteil über j-n fällen; опротестовáть ~ gégen ein Úrteil Protést éinlegen; отмени́ть ~ ein Úrteil áufheben; привести́ ~ в исполнéние ein Úrteil vollstrécken; утверди́ть ~ ein Úrteil bestätigen

прие́м *м* Empfáng *m* ○ брáтский ~ brüderlicher Empfáng; востóрженный ~ begéisterter [stürmischer] Empfáng; достóйный ~ würdiger Empfáng; новогóдний ~ Néujahrsempfang; прави́тельственный ~ Regíerungsempfang, Stáatsempfang; прáздничный ~ Féstempfang; сдéржанный ~ zurückhaltender [stéifer] Empfáng; сердéчный ~ hérzlicher Empfáng; торжéственный ~ féierlicher Empfáng; холóдный ~ fróstiger [kühler] Empfáng ● ~ по слýчаю национáльного прáздника Empfáng zum Nationálfeiertag ■ быть приглашённым на ~ zu éinem Empfáng éingeladen sein; оказáть тёплый ~ éinen hérzlichen Empfáng beréiten; устрóить ~ éinen Empfáng gében; учáствовать в ~е an éinem Empfáng téilnehmen; прошёл в обстанóвке и́скренности и сердéчности der Empfáng verlíef in éiner Atmosphäre der Fréimütigkeit und Hérzlichkeit

призна́ние *с* Ánerkennung *f* ○ безоговóрочное ~е vórbehaltlose Ánerkennung; всеóбщее ~е állgemeine Ánerkennung; дипломати́ческое ~е diplomátische Ánerkennung; заслýженное ~е verdíente Ánerkennung; междунарóдно-правовóе ~е völkerrechtliche Ánerkennung; незамедли́тельное ~е únverzügliche Ánerkennung; пóлное ~е vólle Ánerkennung; факти́ческое ~е De-fácto-Ánerkennung; части́чное ~е téilweise Ánerkennung; юриди́ческое ~е De-júre-Ánerkennung ● ~е госудáрства Ánerkennung éines Stáates; ~е прав Ánerkennung der Réchte; ~е прави́тельства Ánerkennung éiner Regíerung; ~е претéнзий Ánerkennung von Ánsprüchen; ~е реáльностей Ánerkennung der Realitäten; ~e сложившихся в Европе границ Anerkennung der in Europa entstandenen Grenzen; ~е соглашения Anerkennung éines Abkommens; ~е статуса-кво (*существующего положения*) *юр.* Anerkennung des Status quo; отказ от ~я Zurückziehung éiner Anerkennung ■ завоевать ~е Anerkennung erwérben; заслужить ~е Anerkennung verdíenen; находить ~е Anerkennung fínden; получить международное ~е internationáles Ansehen geníeßen; пользоваться ~ем die Anerkennung geníeßen

пример *м* Béispiel *n*, Vórbild *n* ○ вдохновляющий ~ inspiríerendes Béispiel; выдающийся ~ hervórragendes Béispiel; единичный ~ Éinzelbeispiel; живой ~ spréchendes Béispiel; классический ~ klássisches Béispiel; конкретный ~ konkrétes Béispiel; личный ~ persönliches Vórbild; наглядный ~ ánschauliches Béispiel; постыдный ~ beschämendes Béispiel; поучительный ~ léhrreiches Béispiel; практический ~ práktisches Béispiel; характерный ~ bezéichnendes Béispiel; ясный ~ éinleuchtendes Béispiel ● ~ беззаветного служения народу Vórbild éines sélbstlosen Díenstes am Vólke; ~, достойный подражания náchahmenswertes Vórbild; ~ истинной дружбы Béispiel échter Fréundschaft ■ брать ~ с кого-л. sich (*D*) ein Béispiel an j-m néhmen; быть ~ом во всём ein Vórbild in állem sein; j-n zum Vórbild néhmen; давать ~ ответственной реалистической внешней политики das Béispiel éiner verántwortungsvollen realístischen Außenpolitik gében; показывать [подавать] ~ mit gútem Béispiel vorángehen; последовать ~у éinem Béispiel fólgen [nácheifern]; ставить кого-л. в ~ j-n als Béispiel hínstellen

принцип *м* Prinzíp *n*, Grúndsatz *m* ○ главный ~ óberstes Prinzíp; ленинский ~ единства идеологической, организаторской и хозяйственной работы Léninsches Prinzíp der Éinheit von ideológischer, organisatórischer und wírtschaftlicher Tätigkeit; научные ~ы руководства wissenschaftliche Führungsprinzipien [Léitungsprinzipien]; незыблемый ~ únerschütterliches Prinzíp; непреложный ~ подлинно демократического развития общества únverbrüchliches Prinzíp éiner wáhrhaft demokrátischen Entwícklung der Geséllschaft; общепринятые ~ы állgemeingültige Prinzípien; определяющий ~ das bestímmende Prinzíp; основной ~ Háuptprinzip, Grúndprinzip; новополагающие ~ы внешней политики grúndlegende Prinzípien der Außenpolitik; производственно-территориальный ~ Produktións- und Territoriálprinzip; руководящий ~ Ríchtschnur *f*, Ríchtlinie *f*; социалисти́ческий ~ опла́ты по труду́ soziali̇́stisches Léistungsprinzip; социалисти́ческие ~ы распределе́ния sozialistische Vertéilungsprinzipien; твёрдые ~ы féste Prinzípien; территориа́льно-отраслево́й ~ Zwéig- und Territorialprinzip ● ~ взаи́мной вы́годы Prinzíp des béiderseitigen Nútzens; Prinzíp des gégenseitigen Vórteils; ~ демократи́ческого централи́зма Prinzíp des demokrátischen Zentralísmus; ~ единогла́сия вели́ких держа́в Prinzíp der Éinstimmigkeit der Großmächte; Éinstimmigkeitsprinzip; ~ единогла́сия, постоя́нных чле́нов Сове́та Безопа́сности ООН Prinzíp der Éinstimmigkeit der ständigen Mítglieder des ÚNO-Sícherheitsrates; ~ коллекти́вной безопа́сности Prinzíp der kollektíven Sícherheit; ~ коллекти́вности в руково́дстве Prinzíp der Kollektivität in der Léitung; ~ы маркси́зма-ленини́зма Prinzípien des Marxísmus-Leninísmus; ~ материа́льной заинтересо́ванности Prinzíp der materiéllen Interessíertheit; ~ы междунаро́дного пра́ва Prinzípien der Völkerrechts; ~ы ми́рного сосуществова́ния Prinzípien der friedlichen Koexisténz; ~ наибо́льшего благоприя́тствования Prinzíp der Méistbegünstigung; ~ невмеша́тельства во вну́тренние дела́ Prinzíp der Níchteinmischung in die ínneren Angelégenheiten; ~ неприменéния си́лы в междунаро́дных отноше́ниях Prinzíp der Níchtanwendung von Gewált in den internatiȯnálen Beziéhungen; ~ неприсоедине́ния Prinzíp der Níchtpaktgebundenheit; ~ неруши́мости [неприкоснове́нности] госуда́рственных грани́ц Prinzíp der Únantastbarkeit der Stáatsgrenzen; ~ очерёдности Prinzíp der Réihenfolge [Rángfolge]; ~ы, провозглашённые конститу́цией erklärte Grúndsätze der Verfássung, Verfássungsgrundsätze *pl*; ~ы пролета́рского интернационали́зма Prinzípien des proletárischen Internationalísmus; ~ ра́венства и одина́ковой безопа́сности Prinzíp der Gléichheit und der gléichen Sícherheit; ~ ра́вной опла́ты за ра́вный труд Prinzíp „Gléicher Lohn für gléiche Árbeit"; ~ равнопра́вия Prinzíp der Gléichberechtigung; ~ равноце́нности обяза́тельств Prinzíp der Gléichwertigkeit der Verpflíchtungen; ~ самоопределе́ния Sélbstbestimmungsprinzip, Prinzíp der Sélbstbestimmung; ~ стро́гого соблюде́ния ра́вной безопа́сности Prinzíp der stríkten Wáhrung gléicher Sícherheit; ~ уваже́ния суверените́та Prinzíp der Áchtung der Souveränität [zuvə-]; в стро́гом соотве́тствии с ~ом in stríkter Übereínstimmung mit dem Prinzíp; призна́ние ~ов Ánerkennung der Prinzípien; проведе́ние в жизнь ~ов Dúrchsetzung der Prinzípien; соблюдéние ~ов Éinhaltung [Wáhrung] der Prinzípien ■ дéйствовать по ~у nach éinem Prinzíp hándeln; нарушáть какóй-л. ~ gégen ein Prinzíp verstóßen; подтверждáть основнýе ~ы Grúndprinzipien bekräftigen; придéрживаться ~a ein Prinzíp vertréten; проводúть в жизнь ~ ein Prinzíp dúrchsetzen; руковóдствоваться ~ом sich von éinem Prinzíp léiten lássen; соблюдáть какóй-л. ~ ein Prinzíp befólgen; уважáть ~ы die Prinzípien respektíeren; утверждáть на землé ~ы добрососéдства den Prinzípien der gúten Náchbarschaft in der Welt Géltung verscháffen

приспособлéнческий *см.* полúтика

присýтстви‖е *c* Ánwesenheit *f*, Präsénz *f* ○ воéнное ~e militärische Präsénz; длúтельное воéнное ~e längere [ánhaltende] militärische Präsénz; инострáнное воéнное ~e áusländische Militárpräsenz; растýщее воéнное ~e wáchsende militärische Präsénz; усúленное воéнное ~e verstärkte militärische Präsénz ● протéст прóтив воéнного ~я Protést gégen die Militärpräsenz; расширéние воéнно-полúтического ~я Erwéiterung der militärisch-polítischen Präsénz ■ открýто нарáщивать воéнное ~e óffen die Militárpräsenz eskalíeren; осуждáть воéнное ~e die Militárpräsenz verúrteilen; подтверждáть ~e войск die Präsénz von Trúppen bestätigen; ~e инострáнных войск в э́той странé незакóнно die Präsénz der áusländischen Trúppen in díesem Land ist illegál

притязáни‖е *c* Ánspruch *m*, Ánmaßung *f* ○ гегемонúстские ~я на мировóе госпóдство globále Hegemoníeansprüche, Wéltherrschaftsstreben *n;* закóнное ~e gesétzlicher Ánspruch; неоспорúмое ~e únbestrittener Ánspruch; реваншúстские ~я в отношéнии чегó-л. revanchístische Ánsprüche gegenüber (*D*); территориáльные ~я Gebíetsansprüche *pl* ● ~e на возмещéние убы́тков Ersátzanspruch; ~e на наслéдство Erbschaftsanspruch ■ выражáть свой ~я séine Ánsprüche géltend máchen; отказáться от своúх ~й séine Ánsprüche áufgeben, von séinen Ánsprüchen zurücktreten, auf séine Fórderungen verzíchten

проблéм‖а *ж* Problém *n* ○ безотлагáтельная ~a únaufschiebbares Problém; блúжневостóчная ~a Náhostproblem; жилúщная ~a Wóhnungsproblem; ключевáя ~a Schlüsselproblem; кóмплексная ~a kompléxes Problém; назрéвшая ~a herángereiftes [sprúchreifes] Problém; настоя́тельная ~a drúngendes Problém; насýщные ~ы совремéнности brénnende Gégenwartsprobleme;

229

неотло́жная ~a brénnendes Problém; неразреши́мая ~a ungelö́stes Problém; ча́сто обсужда́емая ~a viel erörtertes Problém; о́страя ~a brénnendes Problém; продово́льственная ~a Lébensmittelproblem; социа́льная ~a soziáles Problém; спо́рная ~a stríttiges Problém, Stréitfrage f; стоя́щая перед на́ми ~a Problém, dem wir gegenüberstehen; узлов́ые ~ы Schwérpunktprobleme pl, Kérnprobleme pl ● ~a безрабо́тицы Problém der Arbeitslosigkeit; ~a бу́дущего Zúkunftsproblem; ~a воспита́ния Erzíehungsproblem; ~a за́нятости Beschäftigungsproblem; междунаро́дные ~ы, каса́ющиеся Евро́пы и всего́ ми́ра internationále Probléme mit europäischem und wéltweitem Bezúg; ~a молодёжи Júgendproblem; ~a ры́нка Márktproblem; ~a сбы́та Ábsatzproblem; многопла́новость междунаро́дных проблéм Víelschichtigkeit der internationálen Probléme; рассмотре́ние ~ы Behándlung éines Probléms ■ занима́ться како́й-л. ~ой sich mit éinem Problém beschäftigen [befássen]; затро́нуть каку́ю-л. ~y ein Problém ánschneiden [berühren, ángreifen, ánfassen]; избега́ть реше́ния ~ы éinem Problém áusweichen; обсужда́ть каку́ю-л. ~y, свя́зывая её с други́ми вопро́сами ein Problém in Zusámmenhang mit ánderen Frágen erörtern [behándeln, bespréchen]; поднима́ть ~y ein Problém áufwerfen [zur Spráche bríngen]; разъясня́ть ~y ein Problém erläutern; реша́ть неотло́жные вну́тренние ~ы dríngende nationále [ínnenpolitische] Probléme lösen; столкну́ться с ~ой sich mit éinem Problém auseinándersetzen; auf ein Problém stóßen; стоя́ть перед ~ой vor éinem Problém stéhen; уклоня́ться от реше́ния назре́вших проблéм den herángereiften Problémen aus dem Wége géhen; встаёт ~a... ein Problém taucht auf, ein Problém bíetet sich dar; ~a обрета́ет всё бо́льшую остроту́ das Problém gewínnt ímmer mehr an Aktualität

провока́ци‖я ж Provokatión f ○ де́рзкая ~я dréiste Provokatión; изощрённая ~я raffiníerte Provokatión; оскорби́тельная ~я beléidigende Provokatión; полити́ческая ~я polítische Provokatión; преднаме́ренная ~я vórsätzliche Provokatión ■ отвеча́ть на ~ю auf éine Provokatión ántworten; учини́ть ~ю éine Provokatión verüben

прогно́з м Prognóse f ○ благоприя́тный ~ günstige Prognóse; (долгосро́чный) демографи́ческий ~ (lángfristige) Bevölkerungsvorausberechnung f; иссле́довательский ~ Erkúndungsprognose; мра́чный ~ düstere Prognóse; надёжный ~ síchere Prognóse; неве́рный ~ fálsche Prognóse; оптимисти́ческий ~

optimístische Prognóse; осторо́жный ~ vórsichtige Prognóse; пессимисти́ческий ~ pessimístische Prognóse; сме́лый ~ gewágte [kühne] Prognóse; экономи́ческий ~ Wirtschaftsprognose ● ~ конъюнкту́ры ры́нка Márktprognose; ~ пого́ды Wétterprognose; ~ полити́ческого положе́ния Prognóse der polítischen Láge; ~ разви́тия нау́ки Wíssenschaftsprognose; ~ разви́тия о́бщества Geséllschaftsprognose; ~ сбы́та Ábsatzprognose; ~ урожа́я Ertrágsprognose ■ разрабо́тать ~ éine Prognóse áusarbeiten; соста́вить ~ éine Prognóse áufstellen; ~ подтверди́лся die Prognóse traf zu [traf ein, erfüllte sich]; ~ (не) сбы́лся die Prognóse traf (nicht) zu

програ́мм‖а ж Prográmm n ○ внешнеполити́ческая ~а áußenpolitisches Prográmm; всесторо́нне взве́шенная ~а де́йствий ein áusgewogenes Aktiónsprogramm; долговре́менная ~а Lángzeitprogramm; долгосро́чная целева́я ~а lángfristige Zíelprogramm; обще́ственно-полити́ческая ~а geséllschaftspolitisches Prográmm; прави́тельственная ~а Regíerungsprogramm; продово́льственная ~а Lébensmittelprogramm; разбу́хшие вое́нные ~ы áufgeblähte Rüstungsprogramme; развёрнутая ~а реше́ния (чего-л.) ein úmfangreiches [detailliertes] [-ta'ji:-] Prográmm zur Lösung (G); широкомасшта́бные вое́нные ~ы gróßangelegte Militärprogramme [Rüstungsprogramme]; я́сная полити́ческая ~а kláres polítisches Prográmm ● ~а борьбы́ Kámpfprogramm; ~а жили́щного строи́тельства Wóhnungsbauprogramm; Програ́мма КПСС Prográmm der KPdSU; ~а ми́ра Fríedensprogramm; ~а на пери́од до... ein Prográmm für den Zéitraum bis...; ~а неме́дленных де́йствий Sofórtprogramm; ~а обеспе́чения за́нятости Árbeitsbeschaffungsprogramm, Beschäftigungsprogramm; ~а па́ртии Partéiprogramm; ~а по́мощи Hílfsprogramm; ~а пребыва́ния (напр. в стране) Áufenthaltsprogramm; ~а разви́тия произво́дства това́ров наро́дного потребле́ния и систе́мы услу́г Prográmm zur Entwicklung der Konsúmgüterproduktion und des Díenstleistungswesens; ~а, состоя́щая из 5 пу́нктов 5-Púnkte-Prográmm; ~а социа́льного разви́тия Soziálprogramm; выдвиже́ние вое́нных програ́мм Áufstellung der Rüstungsprogramme; но́вая реда́кция Програ́ммы КПСС Néufassung des KPdSU-Prográmms; приня́тие ~ы Ánnahme éines Programms; свёртывание социа́льных програ́мм Éinschränkung der Soziálprogramme ■ выдвига́ть широ́кую реалисти́ческую ~у ein úmfassendes realístisches Prográmm unterbréiten; дать ход но́вым вое́нным ~ам néue Militärprogramme in Gang sétzen; затя́гивать выполне́ние како́й-л. ~ы die Erfüllung éines Prográmms hináuszögern; наме́тить обши́рную ~у борьбы́ за мир ein úmfangreiches Prográmm des Kámpfes für den Frieden vórzeichnen; осуществля́ть обши́рную социа́льную ~у ein úmfangreiches Soziálprogramm verwírklichen [realisieren]; отка́зываться от социа́льной ~ы ein Soziálprogramm áufgeben; провозгласи́ть ~у устране́ния я́дерного ору́жия ein Prográmm der Beséitigung der Atómwaffen proklamíeren; прота́скивать безу́мные милитари́стские ~ы wáhnwitzige militarístische Prográmme dúrchpeitschen; разрабо́тать ~у де́йствий ein Aktiónsprogramm áusarbeiten; ~а воплоща́ется в конкре́тные дела́ das Prográmm wird in konkréte Táten úmgesetzt

програ́ммный *см.* речь

прогре́сс *м* Fórtschritt *m* ○ бы́стрый ~ rácher Fórtschritt; динами́чный ~ dynámischer Fórtschritt; заме́тный ~ в разви́тии ми́рного сотру́дничества mérklicher Fórtschritt bei der Entwícklung der friedlichen Zusámmenarbeit; нау́чно-техни́ческий ~ der wíssenschaftlich-téchnische Fórtschritt; огро́мный ~ gewáltiger Fórtschritt; осяза́емый ~ в оздоровле́нии междунаро́дных отноше́ний spürbarer Fórtschritt bei der Gesúndung der internationálen Beziehungen; социа́льный ~ soziáler Fórtschritt ● ~ культу́ры kulturéller Fórtschritt; ~ нау́ки Fórtschritt (in) der Wíssenschaft; ~ эконо́мики Fórtschritt der Wírtschaft; ускоре́ние нау́чно--техни́ческого ~а Beschléunigung des wíssenschaftlich-téchnischen Fórtschritts ■ боро́ться за мир и ~ für Frieden und Fórtschritt kämpfen; быть на стороне́ ~а auf der Séite des Fórtschrittes stéhen; доби́ться ~a den Fórtschritt erréichen; сде́рживать ~ den Fórtschritt áufhalten; тормози́ть ~ den Fórtschritt brémsen [hémmen]

проду́кция *ж* Produktión *f,* Erzéugung *f* ○ валова́я ~я Brúttoerzeugung, Brúttoproduktion; недопоста́вленная ~я vertrágsrückständige Produktión; промы́шленная ~я Industríeproduktion; сверхпла́новая ~я Überplanproduktion; това́рная ~я Márktproduktion ● вы́пуск ~и Produktiónsausstoß *m;* материалоёмкость ~и Materiálintensität der Erzéugnisse; приро́ст промы́шленной ~и Zúwachs *m* der Industríeproduktion ■ дать ~и бо́льше, лу́чшего ка́чества и с ме́ньшими затра́тами mehr, bésser und bílliger produzíeren

прое́кт *м* Projékt *n,* Entwúrf *m* ○ оконча́тельный ~ éndgültiges Projékt, éndgültiger Entwúrf; перспекти́вный ~ áussichtsreiches Projékt; предвари́тельный ~ Vórprojekt, Vórentwurf; сме́лый ~ kühnes Projékt, kühner Entwúrf; совме́стный ~ Geméinschaftsprojekt; типово́й ~ Týpenprojekt, Týpenentwurf ● ~ бюдже́та Háushaltsvoranschlag *m;* ~ догово́ра Vertrágsentwurf; ~ зако́на Gesétzentwurf, Entwúrf éines Gesétzes; ~ конститу́ции Verfássungsentwurf, Entwúrf éiner Verfássung; ~ програ́ммы Prográmmentwurf; ~ резолю́ции Resolutiónsentwurf ■ вы́двинуть ~ éinen Entwúrf éinbringen; изменя́ть ~ éinen Entwúrf ábändern; обсуди́ть ~ ein Projékt diskutíeren [erörtern]; осуществи́ть ~ ein Projékt verwírklichen; отклони́ть ~ ein Projékt áblehnen; предложи́ть ~ основны́х положе́ний како́й-л. конве́нции den Entwúrf der Háuptbestimmungen éiner Konventión vórlegen; предста́вить ~ ein Projékt vórlegen; принима́ть ~ ein Projékt ánnehmen; соста́вить ~ ein Projékt ánfertigen; утвержда́ть ~ ein Projékt [éinen Entwúrf] bestätigen

произведе́ни‖**e** *c* Werk *n* ○ автобиографи́ческое ~e autobiográphisches Werk; биографи́ческое ~e biográphisches Werk; и́збранные ~я áusgewählte Wérke; коллекти́вное ~e Kollektívwerk; литерату́рное ~e literárisches Werk; нау́чное ~e wíssenschaftliches Werk; оригина́льное ~e Originálwerk; сцени́ческое ~e Bühnenwerk; худо́жественное ~e Kúnstwerk ● ~я кла́ссиков маркси́зма-ленини́зма Wérke der Klássiker des Marxísmus--Leninísmus; ~e литерату́ры literárisches Werk; ~я, прони́кнутые ду́хом парти́йности и наро́дности Wérke, die vom Geist der Partéilichkeit und Vólkstümlichkeit durchdrúngen sind ■ опубликова́ть ~e ein Werk veröffentlichen; создава́ть ~e ein Werk scháffen

произво́дств‖**o** *c* Produktión *f;* Fértigung *f,* Hérstellung *f* ○ автоматизи́рованное ~o automátische Fértigung, éine automátisch áblaufende Produktión; вое́нное ~o Rüstungsproduktion; вспомога́тельное ~o Hílfsproduktion; годово́е ~o Jáhresproduktion; довое́нное ~o Vórkriegsproduktion; капиталисти́ческое ~o kapitalístische Produktión; колхо́зное ~o kollektívwirtschaftliche Produktión, Kolchósproduktion; кру́пное ~o Gróßproduktion; ма́ссовое ~o Mássenproduktion; мирово́е ~o Wéltproduktion; непреры́вное ~o kontinuíerliche Produktión; обще́ственное ~o geséllschaftliche Produktión; пла́новое ~o gepláante Produktión; побо́чное ~o Nébenproduktion; промы́шленное ~o Indústrieproduktion; рен

та́бельное ~o rentáble Produktión; сельскохозя́йственное ~o lándwirtschaftliche Produktión; серийное ~о Serienproduktion, Serienfertigung; совме́стное ~о (*напр. фильма*) Gemeinschaftsproduktion; социалисти́ческое ~о sozialistische Produktion; среднегодово́е ~о durchschnittliche Jahresproduktion; теку́щее ~о laufende Produktion; това́рное ~о Warenproduktion ● ~о вооруже́ний Rüstungsproduktion; ~о зерна́ Getreideproduktion; ~о материа́льных благ Produktion materiéller Güter; ~о на ду́шу населе́ния Pro-Kopf-Produktion; ~о на промы́шленной осно́ве industriemäßige Produktion; ~о средств потребле́ния Produktion von Konsumtionsmitteln, Konsumgüterproduktion; ~о средств произво́дства Herstellung von Produktionsmitteln; ~о ста́ли Stahlproduktion; ~о това́ров ма́ссового [наро́дного, широ́кого] потребле́ния Produktion [Herstellung, Fertigung] von Konsumgütern [Massenbedarfsgütern]; изде́ржки ~а Produktionskosten *pl;* коопера́ция ~а Produktionskooperation *f;* культу́ра ~а Produktionskultur *f;* нова́тор ~а Neuerer in der Produktion; объём ~а Produktionsvolumen [-v-] *n;* ору́дия ~а Produktionsinstrumente *pl;* о́трасль ~а Produktionszweig *m;* передови́к ~а Bestarbeiter *m;* подъём ~а Aufschwung der Produktion, Produktionsaufschwung *m;* прирост ~а Zuwachs der Produktion, Produktionszuwachs *m;* программи́рование ~а Programmierung der Produktion; рост ~а Produktionswachstum *n;* свёртывание ~а Drosselung [Rückgang] der Produktion; сокраще́ние ~а Produktionsrückgang *m,* Produktionsdrosselung *f;* спо́соб ~а Produktionsweise *f;* сре́дства ~а Produktionsmittel *pl;* сфе́ра материа́льного ~а Bereich [Sphäre] der materiéllen Produktion; увеличе́ние ~а Steigerung der Produktion; у́ровень ~а Produktionsstand *m;* усовершенст-вование ~а Produktionsverbesserung *f* ■ освои́ть ~о die Produktion anlaufen lassen; плани́ровать ~о die Produktion pla̍nen; повыша́ть ~о die Produktion erhöhen [steigern]; прекраща́ть ~о die Produktion stoppen; расширя́ть ~о die Produktion ausbauen; реорганизова́ть ~о die Produktion umorganisieren; руко-води́ть совреме́нным ~ом die moderne Produktion leiten; свёртывать ~о die Produktion drosseln [stillegen]; снима́ть с ~а что-л. die Produktion von etw. (*D*) einstellen; сокраща́ть ~о die Produktion einschränken [drosseln, reduzieren, verringern]

пролетариа́т *м* Proletariat *n* ○ городско́й ~ städtisches Proletariat; мирово́й ~ Weltproletariat *n;* промы́шленный ~ In-dustrieproletariat *n;* революцио́нный ~ revolutionäres Proletariat; се́льский ~ ländliches Proletariat, Landproletariat; созна́тельный

234

~ klássenbewußtes Proletariát ● диктату́ра ~a Diktatúr des Proletariáts

промы́шленност‖ь ж Industríe f ○ а́томная ~ь Atómindustrie; высокора́звитая ~ь hóchentwickelte Industríe; госуда́рственная ~ь stáatliche Industríe; кру́пная ~ь Gróßindustrie; лёгкая ~ь Léichtindustrie; ме́стная ~ь örtliche [örtlichgeleitete] Industríe; мо́щная ~ь léistungsstarke Industríe; оборо́нная ~ь Vertéidigungsindustrie; оте́чественная ~ь éinheimische Industríe ● ~ь, производя́щая това́ры ма́ссового [широ́кого] потребле́ния Mássenbedarfsgüterindustrie; Konsúmgüterindustrie; ~ь, производя́щая сре́дства произво́дства Produktiónsmittelindustrie, Investitiónsgüterindustrie; ключевы́е о́трасли ~и Schlüsselindustrien pl; национализа́ция ~и Nationalisierung der Industríe; о́трасли ~и Industríezweige pl; расцве́т ~и Aufschwung der Industríe; рост ~и Wáchstum der Industríe ■ развива́ть ~ь die Industrie entwíckeln; создава́ть ~ь éine Industríe scháffen

промы́шленн‖ый Industríe// ○ ~ая держа́ва Industríemacht f; ~ое предприя́тие Industríebetrieb m; ~ое произво́дство Industríeproduktion f, industríelle Fértigung; ~ый райо́н Industríegebiet n; ~ый спрос Industríenachfrage f, industríelle Náchfrage, Náchfrage der Industríe, industríeller Bedárf, Bedárf der Industríe; ~ые станда́рты Industríenormen pl; ~ые това́ры Industríegüter pl; ~ая устано́вка Industríeanlage f, industríelle Anlage; ~ая я́рмарка Industríemesse f

пропага́нд‖а ж Propagánda f, Propagíerung f ○ антигосуда́рственная ~a stáatsgefährdende Propagánda; антикоммунисти́ческая ~a antikommunístische Propagánda; антисове́тская ~a antisowjétische Propagánda; атеисти́ческая ~a atheístische Propagánda; вражде́бная ~a féindliche Propagánda, Féindpropa´ganda; зло́бная ~a gehässige Propagánda; клеветни́ческая ~a Hétzpropaganda; лжи́вая ~a verlógene Propagánda, Lügenpropaganda; маркси́стско-ле́нинская ~a marxístisch-leninístische Propagánda; ма́ссовая ~a Mássenpropaganda; гро́ßangelegte Propagánda; нау́чно-просвети́тельная ~a wissenschaftlich-áufklärende Propagánda; полити́ческая ~a polítische Propagánda; предвы́борная ~a Wáhlpropaganda; разну́зданная ~a zügellose Propagánda; реванши́стская ~a Revanchehetze [reʹvãʃə-] f, revanchístische Propagánda; революцио́нная ~a revolutionäre Propagánda; социалисти́ческая ~a sozialístische Propagánda; широ́кая ~a gróßangelegte Propagánda ● ~a маркси́стско-ле́нинской тео́рии Propagíerung der marxístisch-leninístischen Theoríe; ~а мíра Friedenspropaganda; ~a передово́го о́пыта Propagíerung [Verbreitung] fórtgeschrittener Erfáhrungen [der Erfáhrungen der Bésten]; ~а социалисти́ческого о́браза жи́зни Propagíerung der sozialistischen Lébensweise; отде́л ~ы Propagándaabteilung f, Abteilung Propagánda ■ находи́ться под возде́йствием лжи́вой ~ы únter dem Éinfluß éiner Lügenpropaganda stéhen, sich von Lügenpropaganda beéinflussen lássen; отказа́ться от ~ы я́дерной войны́ auf die Propagíerung des Kérnwaffenkrieges verzíchten; разверну́ть широ́кую ~у чего́-л. éine wéitreichende Propagánda für etw. organisíeren

пропаганди́стск‖ий Propagánda‖, propagandístisch ○ ~ий аппара́т Propagándaapparat m; ~ий арсена́л Propagándainstrumentarium n; ~ая де́ятельность propagandístische Tätigkeit; ~ие ка́дры Propagándakader pl; ~ая кампа́ния Propagándakampagne [‑͵panjə] f; ~ий манёвр Propagándamanöver n; ~ий материа́л Propagándamaterial n; ~ое наступле́ние Propagándaoffensive f; ~ий похо́д Propagándafeldzug m; ~ий приём (уло́вка) Propagándatrick m; ~ая рабо́та propagandístische Arbeit, Propagándaarbeit f; ~ая слу́жба Propagándadienst m; ~ие сре́дства Propagándamittel pl; заéзженные ~ие штáмпы ábgedroschene propagandístische Phrásen; ~ая шуми́ха Propagándarummel m; ~ие це́ли propagandístische Zíele

проте́ст м Protést m ○ гне́вный ~ wütender Protést; горя́чий ~ flámmender Protést; гро́мкий ~ láuter Protést; ма́ссовый ~ Mássenprotest; молчали́вый ~ stúmmer Protést; откры́тый ~ óffener Protést; ре́зкий ~ schárfer Protést; реши́тельный ~ entschéidender Protést; стра́стный ~ léidenschaftlicher Protést ● ~, охвати́вший весь мир wéltweiter Protést; акт ~а Protéstaktion f; бу́ря ~а Protéststurm m; в знак ~а про́тив чего́-л. aus Protést gégen etw.; волна́ ~а Protéstwelle f, Protéstflut f; го́лос ~а Stímme des Protéstes; движе́ние ~а Protéstbewegung f; демонстра́ция ~а Protéstkundgebung f; забасто́вка в знак ~а Protéststreik m; заявле́ние ~а Protésterklärung f; кампа́ния ~а Protéstkampagne [‑͵panjə] f; клич ~а Protéstruf m; марш ~а Protéstmarsch m; ми́тинг ~а Protéstkundgebung f, Protéstmeeting [‑͵mi:tɪŋ] n; но́та ~а дип. Protéstnote f; резолю́ция ~а Protéstresolution f ■ вы́звать ~ Protést hervórrufen [áuslösen]; вы́разить свой ~ séinen Protést äußern; вы́ступить с ~ом Protést erhében; заяви́ть кому́-л. ~ Protést bei j-m éinlegen; отклони́ть ~ den Protést zurückweisen; подави́ть нараста́ющий ~ про́тив чего́-л. den wáchsenden Protést gégen etw. unterdrücken

проти́вник м Gégner m ○ иде́йный ~ ideológischer Gégner; кла́ссовый ~ Klássengegner; опа́сный ~ gefährlicher Gégner; полити́ческий ~ polítischer Gégner; си́льный ~ stárker Gégner; я́рый ~ entschíedener [entschlóssener] Gégner ● ~и апарте́ида Apártheidgegner [-heit-] pl; ~и я́дерного ору́жия Kérnwaffengegner pl; войска́ ~a gégnerische Trúppen, Trúppen des Gégners; пораже́ние ~a Níederlage des Gégners; про́иски иде́йных ~ов Úmtriebe der ideológischen Gégner ■ вести́ перегово́ры с ~ом mit dem Gégner verhándeln; напа́сть на ~a den Gégner ángreifen; победи́ть своего́ ~a séinen Gégner schlágen [besíegen]; он перешёл на сто́рону ~a er ist zum Gégner übergelaufen; он реши́тельный ~ алкоголя́ er ist ein geschwórener Gégner des Álkohols

противобо́рств‖**о** c Auseinándersetzung f, Konfrontatión f, Kampf m ○ вое́нное ~o militärische Auseinándersetzung; о́строе ~o ска́рфе [спа́нте] Auseinándersetzung; о́строе кла́ссовое ~o ха́рте Klássenauseinandersetzung ● ~o иде́й Konfrontatión der Idéen; ~o сил прогре́сса и реа́кции Wíderstreit von Fórtschritt und Reaktión ■ находи́ться в состоя́нии ~a с кем-л. eine Auseinándersetzung mit j-m háben; реша́ть исхо́д ~a си́лой den Áusgang des Kámpfes mit Gewált entschéiden

противоре́чи‖**е** c Wíderspruch m, Gégensatz m ○ антагони́стические ~я antagonístische Wídersprüche; вне́шнее ~e äußerer Wíderspruch; вну́треннее ~e ínnerer Wíderspruch; внутриимпериалисти́ческие ~я Gégensätze zwíschen den imperialístischen Stáaten; вопию́щее ~e krásser [flagránter] Wíderspruch; глубо́кое ~e tíefer Wíderspruch; кла́ссовые ~я Klássengegensätze, Klássenwidersprüche; непреодоли́мые ~я unüberbrückbare [unüberwíndliche] Gégensätze; непримири́мое ~e únversöhnlicher Wíderspruch; неразреши́мое ~e únlösbarer Wíderspruch; основно́е ~e Grúndwiderspruch, Háuptwiderspruch; ре́зкое ~e krásser Wíderspruch; реша́ющее ~e entschéidender Wíderspruch; социа́льные ~я soziále Gégensätze; я́вное ~e éindeutiger [klárer, öffensichtlicher] Wíderspruch ● ~e ме́жду обще́ственным хара́ктером произво́дства и частнокапиталисти́ческой фо́рмой присвое́ния результа́тов труда́ Wíderspruch zwíschen dem geséllschaftlichen Charákter der Produktión und der privátkapitalistischen Form der Áneignung der Ergébnisse der Árbeit; ~e ме́жду произво́дством и потребле́нием Wíderspruch zwíschen Produktión und Konsumtión; ~e мéжду теóрией и прáктикой Wíderspruch zwíschen Theorie und Práxis; ~e мéжду трудóм и капитáлом Wíderspruch zwíschen Árbeit und Kapitál; анáлиз ~й Analýse der Widersprüche; вскрýтие ~й Áufdeckung der Widersprüche; клубóк ~й Knäuel [Bündel] von Widersprüchen; обострéние ~й Verschärfung der Widersprüche, Zúspitzung der Gégensätze ■ вступúть в ~е с чем-л. in Wíderspruch mit etw. geráten; вскрыть ~e éinen Wíderspruch áufdecken; запутáться в ~ях sich in Widersprüche verwíckeln; находúться в ~и с чем-л. im Wíderspruch mit etw. stéhen; обострúть ~я die Gégensätze verschärfen; переносúть идеологúческие ~я в сфéру межгосудáрственных отношéний ideológische Gégensätze in die Sphäre der zwíschenstaatlichen Bezíehungen (hinéin)trágen; сглáживать ~я die Widersprüche glätten; углублúть ~я die Widersprüche vertíefen

противостоя́ни\|е с Konfrontatión *f* ○ воéнное ~e militärische Konfrontatión; обострúвшееся воéнно-полúтическое ~e verschärfte militärisch-polítische Konfrontatión; я́дерное ~e nukleáre Konfrontatión ● ослаблéние воéнного ~я Abbau der militärischen Konfrontatión; Vermínderung der militärischen Konfrontatión; реáльное уменьшéние воéнного ~я reále Reduzíerung der militärischen Konfrontatión; снижéние ýровня воéнного ~я Vermínderung des Niveaus [-'vo:] der militärischen Konfrontatión; ýровень воéнного ~я das Niveau der militärischen Konfrontatión ■ обострúть я́дерное ~e die nukleáre Konfrontatión verschärfen; ослáбить воéнное ~e die militärische Konfrontatión míndern; снúзить ýровень ~я мéжду воéнно-полúтическими сою́зами das Niveau der Konfrontatión zwíschen den militärisch-polítischen Bündnissen vermíndern; умéньшить воéнное ~e die militärische Konfrontatión míndern

протокóл м Protokóll *n* ○ врéменный ~ Ínterimsprotokoll; дополнúтельный ~ Zúsatzprotokoll; заключúтельный ~ Schlúßprotokoll, Ábschlußprotokoll; крáткий ~ Kúrzprotokoll; подрóбный ~ áusführliches Protokóll ● ~ заседáния Sítzungsprotokoll; ~ о товарооборóте Wárenprotokoll; ~ судéбного заседáния Verhándlungsprotokoll; исправлéние ~a Beríchtigung des Protokólls; отмéтка в ~e Protokóllvermerk *m;* составлéние ~a Ábfassung des Protokólls ■ вестú ~ Protokóll führen; занестú в ~ zu Protokóll gében, ins Protokóll éintragen; исключúть из ~a im Protokóll stréichen; отмéтить что-л. в ~e etw. im Protokóll vermérken; приводи́ть по́лный текст ~a das Protokóll im vóllen Wórtlaut zitíeren; прилага́ть к ~y dem Protokóll béifügen; соста́-вить ~ ein Protokóll áufnehmen [áufstellen, áusfertigen]; утвер-ди́ть ~ предыду́щего заседа́ния das Protokóll der vorhérgehen-den Sítzung genéhmigen

профессиона́льн‖ый Berúfs‖, berúflich ○ ~ая го́рдость Berúfsstolz *m;* ~ая де́ятельность Berúfstätigkeit *f;* ~ый долг Berúfspflicht *f;* ~ое заболева́ние Berúfskrankheit *f;* ~ые зна́ния fáchliches Wíssen; ~ые интере́сы Berúfsinteressen *pl;* ~ое мастер-ство́ berúfliche Méisterschaft; ~ое образова́ние berúfliche Áus-bildung, Fáchausbildung *f;* ~ое обуче́ние Berúfsausbildung *f;* ~ая ориента́ция (профориента́ция) Berúfslenkung *f;* ~ый от-бо́р (профотбо́р) Berúfsauslese *f;* ~ый писа́тель Berúfsschrift-steller *m;* ~ый полити́ческий де́ятель Berúfspolitiker *m;* ~ая приго́дность (профприго́дность) fáchliche Éignung; ~ый рево-люционе́р Berúfsrevolutionär *m;* ~ый сою́з Gewérkschaft *f;* ~ый уби́йца Berúfskiller *m;* ~ый язы́к Berúfssprache *f*

профе́сси‖я *ж* Berúf *m* ○ гражда́нская ~я Zivílberuf [-v-]; дефици́тная ~я Mángelberuf; ма́ссовая ~я wéitverbreiteter Be-rúf; мо́дная ~я Módeberuf; основна́я ~я Grúndberuf, Háupt-beruf; прекра́сная ~я schöner Berúf; ро́дственная ~я verwándter Berúf; свобо́дная ~я fréier Berúf; сме́жная ~я verwándter Berúf; тру́дная ~я schwérer Berúf ● ~я арти́ста Scháuspielerberuf; ~я писа́теля Schríftstellerberuf; вы́бор ~и Berúfswahl *f;* запре́т на ~и *(ФРГ)* Berúfsverbot *n;* переме́на ~и Berúfswechsel *m* ■ избра́ть ~ю éinen Berúf ergréifen; не име́ть определённой ~и kéinen fésten Berúf háben; получи́ть ~ю éinen Berúf erlérnen; уво́лить кого́-л. с рабо́ты в связи́ с запре́том на ~и j-n mit Berúfsverbot belégen

профсою́з *м* Gewérkschaft *f* ○ зарегистри́рованный ~ éingetragene Gewérkschaft; незави́симый ~ únabhängige Gewérk-schaft; произво́дственный ~ Industríegewerkschaft; рабо́чий ~ Árbeitergewerkschaft; унита́рные ~ы Éinheitsgewerkschaften *pl* ● ~ служа́щих Angestélltengewerkschaft; ~ учителе́й Léhrerge-werkschaft; объедине́ние ~ов Gewérkschaftsbund *m;* член ~a Gewérkschafter *m,* Gewérkschaftsmitglied *n* ■ быть чле́ном ~a éiner Gewérkschaft ángehören; вступи́ть в ~ der Gewérkschaft béitreten

профсою́зн‖ый Gewérkschafts‖ ○ ~ый акти́в Gewérk-schaftsaktiv *n;* ~ый биле́т das Mítgliedsdokument der Gewérkschaft; ~ое движе́ние Gewérkschaftsbewegung *f;* ~ый де́ятель Gewérkschaftsfunktionär *m;* Gewérkschafter *m;* ~ая конфере́нция Gewérkschaftskonferenz *f;* ~ый ли́дер Gewérkschaftsführer *m;* ~ый комите́т Gewérkschaftsleitung *f;* ~ая организа́ция Gewérkschaftsorganisation *f;* ~ое собра́ние Gewérkschaftsversammlung *f;* ~ая шко́ла Gewérkschaftsschule *f*

процéсс *м* Prozéß *m* ○ боле́зненный ~ kránkhafter [ánormaler] Prozéß; дли́тельный ~ lángwieriger Prozéß; истори́ческий ~ histórischer Prozéß; мирово́й революцио́нный ~ revolutionärer Wéltprozeß; многосторо́нний ~ multilaterál er Prozéß; необрати́мый ~ irreversibler [unumké hrbarer] Prozéß; непреры́вный ~ kontinuierlicher Prozéß; общеевропе́йский ~ *(связанный с Совещанием по безопасности и сотрудничеству в Европе)* KSZE-Prozéß [,kaˌɛˌszetʼeː-] *(der mit der Konferenz über Sicherheit und Zusammenarbeit in Europa eingeleitete Prozéß);* обще́ственно-произво́дственный ~ geséllschaftlicher Produktiónsprozéß; обще́ственный ~ geséllschaftlicher Prozéß; рабо́чий ~ Arbeitsprozéß; созида́тельный ~ Áufbau *m;* тво́рческий ~ schöpferischer Prozéß; экономи́ческий ~ ökonómischer Prozéß ● ~ воспроизво́дства Reproduktiónsprozéß; ~, на́чатый Общеевропе́йским совеща́нием *(Хельсинки, 1975 г.)* mit der Gesámteuropäischen Konferénz éingeleiteter Prozéß; ~ нормализа́ции Normalisíerungsprozeß; ~ обще́ственного преобразова́ния geséllschaftlicher Úmgestaltungsprozeß; ~ перерабо́тки информа́ции Dátenverarbeitungsprozeß; ~ позна́ния Erkénntnisprozéß; ~ разви́тия Entwícklungsprozéß; ~ разобще́ния Auseinánderleben *n;* ~ разоруже́ния Abrüstungsprozéß; ~ разря́дки Entspánnungsprozéß; ~ ро́ста Wáchstumsprozéß; ~ сближе́ния социалисти́ческих госуда́рств Prozéß der Ánnäherung der sozialístischen Stáaten; необрати́мость ~а разря́дки Unumké hrbarkeit des Entspánnungsprozesses; подры́в ~а разря́дки Untergrábung des Entspánnungsprozesses; продолже́ние ~а разря́дки Wéiterführung des Entspánnungsprozesses; сохране́ние и продолже́ние ~а разря́дки Erháltung und Fórtsetzung des Entspánnungsprozesses ■ блоки́ровать ~ ограниче́ния и сокраще́ния я́дерных вооруже́ний den Prozéß der Begrénzung und Reduzíerung der nukleáren Rüstungen blockíeren; обеспе́чить прее́мственность общеевропе́йского ~а die Kontinuität des gesámteuropäischen Prozésses gewährleisten; останови́ть ги́бельный ~ den verhängnisvollen Prozéß áufhalten; подрыва́ть разви́тие позити́вных ~ов die

Entwícklung positíver Prozésse untergraben; препя́тствовать ~у разря́дки den Entspánnungsprozeß beeinträchtigen; противоде́йствовать ~у разря́дки dem Entspánnungsprozeß entgégenwirken; сде́лать ~ разря́дки необрати́мым den Entspánnungsprozeß unumké́hrbar máchen; ста́вить под угро́зу ~ разря́дки den Entspánnungsprozeß aufs Spiel sétzen; тормози́ть ~ éinen Prozéß hémmen; уско́рить ~ éinen Prozéß beschléunigen; ~ идёт успе́шно der Prozéß verläuft [vollzíeht sich] erfólgreich; ~ продолжа́ет развива́ться der Prozéß entwíckelt sich wéiter

путч м Putsch *m* ○ бескро́вный ~ únblutiger Putsch; вое́нный ~ Militärputsch; контрреволюцио́нный ~ kónterrevolutionärer Putsch; неуда́вшийся ~ mißglückter Putsch ● зачи́нщик ~a Ánführer des Pútsches; подавле́ние ~a Níederschlagung des Pútsches ■ подави́ть ~ den Putsch níederschlagen; прийти́ к вла́сти в результа́те ~a durch éinen Putsch an die Macht kómmen; устро́ить ~ éinen Putsch ánzetteln; ~ был вы́зван чем-л. der Putsch wúrde durch etw. áusgelöst

путь м Weg *m* ○ дипломати́ческим ~ём auf diplomátischem Wége; жи́зненный ~ь Lébensweg; зако́нный ~ь Réchtsweg; зако́нным ~ём auf gesétzlichem Wége; лега́льным ~ём auf legálem Wége; магистра́льный ~ь реше́ния (чего-л.) Háuptweg zur Lösung (*G*); ми́рным ~ём auf fríedlichem Wége; прогресси́вный ~ь fórtschrittlicher Weg; революцио́нный ~ь revolutionärer Weg; социалисти́ческий ~ь sozialístischer Weg ● ~ь вое́нной конфронта́ции Weg militärischer Konfrontatión; ~ь к нормализа́ции положе́ния Weg zur Normalisíerung der Láge; ~ь, наче́ртанный па́ртией Ле́нина von der Partéi Lénins vórgezeichneter Weg; ~ь обще́ственного разви́тия geséllschaftlicher Entwícklungsweg; ~ь, проло́женный Вели́ким Октябрём vom Gróßen Október gebáhnter Weg; ~ь социалисти́ческой индустриализа́ции Weg der soziálistischen Industrialisíerung; поступа́тельное продвиже́ние вперёд по ~и социали́зма и ми́ра konsequéntes Vóranschreiten auf dem Wége des Soziálismus und des Fríedens; ~ём перегово́ров auf dem Wége von Verhándlungen ■ воздвига́ть на ~я́х войны́ непреодоли́мую прегра́ду dem Krieg ein unüberwíndliches Híndernis in den Weg stéllen; éine unüberwíndliche Barríere auf dem Wége zum Krieg erríchten; вступи́ть на ~ь нара́щивания вое́нных приготовле́ний den Weg verstärkter Kríegsvorbereitungen beschréiten; вступи́ть на ~ь некапиталисти́ческого разви́тия den níchtkapitalistischen Entwícklungsweg éinschlagen

241

[beschréiten, betréten]; добиться чего-л. обходным путём etw. auf Úmwegen erzíelen; идти по крáйне опáсному ~й éinen äußerst gefährlichen Weg géhen; идти твёрдо и неуклóнно по лéнинскому ~й únbeirrt und konsequént auf dem Léninschen Weg voránschreiten; избрáть ~ъ социалистúческой ориентáции den soziakístisch orientíerten Entwícklungsweg wählen; намéтить ~ъ den Weg ábstecken; оглянýться на прóйденный нáми ~ъ únseren Werdegang überblícken; открыть ~ъ к объединéнию усúлий den Weg zur Veréinigung der Ánstrengungen frei máchen; перекрыть ~й к договорённости die Wége zu éiner Übereínkunft verbáuen; пойти по нóвому ~й éinen néuen Weg géhen; проклáдывать ~ъ всемý человéчеству der gesámten Ménschheit den Weg báhnen; преградúть ~ъ к ядерной катастрóфе den Weg in éine nukleáre Katastróphe verspérren; слéдовать по ~й борьбы des Kámpfes géhen; толкнýть когó-л. на ~ъ воéнной конфронтáции j-n auf den Weg der militärischen Konfrontatión drängen; указáть ~ъ den Weg wéisen [zéigen]; устранúть прегрáды на ~й Híndernisse aus dem Wége räumen

пятилéтк‖а ж Plánjahrfünft n, Fünfjáhrplan m ○ послевоéнная ~а Náchkriegs-Planjahrfünft ● очереднóй год ~и ein wéiteres Jahr des Fünfjáhrplanes; правофланговые ~и Schríttmacher des Fünfjáhrplanes ■ вступúть в нóвую ~у in ein néues Plánjahrfünft éintreten; выполнить ~у в четыре гóда den Fünfjáhrplan in 4 Jáhren erfüllen; выработать чёткие ориентúры на нóвую ~у kláre Orientíerungen für das néue Plánjahrfünft gében, kláre Orientíerungspunkte für das néue Plánjahrfünft sétzen

Р

рабóт‖а ж Árbeit f ○ дрýжная ~а éinmütiges Árbeiten; исправúтельные ~ы Stráfarbeit; кáторжные ~ы Zwángsarbeiten pl; культýрно-просветúтельная ~а Kultúr- und Bíldungsarbeit; мáссово-политúческая ~а polítische Mássenarbeit; наýчно-исслéдовательская ~а wíssenschaftliche Fórschungsarbeit; наýчно-исслéдовательские и óпытно-констрýкторские ~ы Fórschungs- und Entwícklungsarbeiten pl; обществéнная ~а geséllschaftliche Árbeit; éhrenamtliche Tätigkeit; организáторская ~а organisatórische Árbeit; партийно-организационная ~a partéiorganisatorische Arbeit; партийно-политическая ~a в массах politische Massenarbeit der Partéi; политико-массовая ~a mássenpolitische Árbeit; постоянная ~a Dáuerbeschäftigung f; проектно-изыскательские ~ы Projektíerungs- und Fórschungsarbeiten pl; сверхурочная ~a Überstundenarbeit; совместная ~a Gemeinschaftsarbeit; творческая ~a schöpferische Árbeit ● ~a (государственных органов) в тесном контакте с населением bürgernahe Árbeit (staátlicher Orgáne); ~a по совместительству gléichzeitige Tätigkeit auf zwei Stéllen; Nébenbeschäftigung f; ~a по специальности áusbildungsgerechte Tätigkeit; Berúfstätigkeit f; ~a коллегиальность в ~e Kollegialität in der Árbeit; ленинский стиль ~ы der Léninsche Árbeitsstil; непрерывный стаж ~ы ununterbróchene Beschäftigungsdauer; устройство на ~y Árbeitsantritt m, Árbeitsaufnahme f ▪ взяться [приняться] за ~y sich an die Árbeit máchen; наладить чёткую и бесперебойную ~y éine exákte und réibungslose Árbeit organisíeren; освободить от ~ы von der Árbeit fréistellen; открывать широкий простор для творческой ~ы ein wéites Feld für die schöpferische Betätigung bíeten; показывать замечательные примеры ударной ~ы , hervórragende Béispiele der Béstarbeit zéigen; предоставить ~y Árbeit zúweisen; приостановить [прекратить] ~y die Árbeit éinstellen [níederlegen]; проделать гигантскую созидательную ~y ein gewáltiges Áufbauwerk vollbríngen

работник м Funktionär m, Mítarbeiter m, Árbeitskraft f, Ángestellte sub m, Beschäftigte sub m ○ административный ~ Verwáltungsangestellte; внештатный ~ nicht féstangestellter [fréier] Mítarbeiter; высокооплачиваемый ~ hóchbezahlte Árbeitskraft; научный ~ Wíssenschaftler m, wíssenschaftlicher Mítarbeiter; освобождённый ~ háuptamtlicher Funktionär; ответственный ~ léitender Ángestellter [Funktionär], Spítzenfunktionär, verántwortlicher Funktionär [Mítarbeiter]; партийный ~ Partéifunktionär; перспективные ~и entwícklungsfähige Káder; профсоюзный ~ Gewérkschaftsfunktionär m; руководящие ~и Léitungskräfte pl, léitende Mítarbeiter ● и искусства Künstler pl, Kúnstschaffende sub pl; ~и кино Fílmschaffende sub pl; ~и культуры Kultúrschaffende sub pl; ~и прилавка Verkäufer pl, Verkáufskräfte pl; ~и сельского хозяйства Wérktätige der Lándwirtschaft; ~и умственного и физического труда Géistesschaffende und körperlich Árbeitende ▪ заботиться о нуждах

~ов, об усло́виях их труда́ и бы́та sich um die Bedürfnisse der Wérktätigen, um déren Arbeits- und Lébensbedingungen kümmern

рабо́чий I *сущ.* м Árbeiter *m* ○ иностра́нный ~ Gástarbeiter *(ФРГ)*; квалифици́рованный ~ Fácharbeiter, gelérnter [geschúlter] Árbeiter; малоквалифици́рованный ~ ángelernter Árbeiter; низкоопла́чиваемый, ~ mínderbezahlter Árbeiter; передово́й ~ fórtgeschrittener Árbeiter, Béstarbeiter; промы́шленный ~ Industríearbeiter; сельскохозя́йственный ~ Lándarbeiter ●~-сде́льщик Akkórdarbeiter; ~ — член профсою́за gewérkschaftlich organisíerter Árbeiter

рабо́чий II *прил.* Árbeiter//, Árbeits// ○ ~ая аристокра́тия Árbeiteraristokratie *f;* ~ее движе́ние Árbeiterbewegung *f;* ~ий день Árbeitstag *m;* ~ий класс Árbeiterklasse *f;* ~ая па́ртия Árbeiterpartei *f*

ра́венство *с* Gléichheit *f;* Gléichgewicht *n,* Paritä́t *f* ○ полити́ческое ~ poli̇́tische Gléichheit; по́лное ~ vólle Paritä́t; приме́рное ~ сил ánnäherndes [úngefähres] Krä́ftegleichgewicht; сувере́нное ~ souverä́ne [zuvǝ-] Gléichheit; экономи́ческое ~ ökonómische Gléichheit; юриди́ческое и факти́ческое ~ die juri̇́stische und tatsächliche Gléichheit; я́дерное ~ atomáres Gléichgewicht ~ всех люде́й Gléichheit áller Ménschen; ~ голосо́в Stímmengleichheit; ~ интере́сов Gléichheit der Interéssen, Interéssengleichheit; ~ на бо́лее ни́зком у́ровне *(напр. вооруже́ний)* Paritä́t auf éinem níedrigeren Niveau [-'vo:]; ~ пе́ред зако́ном Gléichheit vor dem Gesétz; ~ сторо́н в проце́ссе *юр.* Gléichheit der Partéien im Prozéß ■ обеспе́чить ~ die Gléichheit síchern

равнове́сие *с* Gléichgewicht *n,* Paritä́t *f* ○ вое́нное ~е militärisches Gléichgewicht; вое́нно-стратеги́ческое ~е militär-stratégisches Gléichgewicht; неусто́йчивое ~е labíles Gléichgewicht; полити́ческое ~е poli̇́tisches Gléichgewicht; приме́рное ~е ánnäherndes Gléichgewicht; усто́йчивое ~е stabíles Gléichgewicht; я́дерное ~е Kérnwaffengleichgewicht *n* ●~е сил Krä́ftegleichgewicht; ~е стра́ха Gléichgewicht des Schréckens; измене́ние ~я Verä́nderung des Gléichgewichts; поддержа́ние вое́нного ~я Áufrechterhaltung des militärischen Gléichgewichts ■ измени́ть вое́нное ~е das militärische Gléichgewicht verändern; наруша́ть ~е das Gléichgewicht stören; приводи́ть что-л. в ~е etw. ins Gléichgewicht [ins Lot] bríngen; сохраня́ть вое́нное ~е das militärische Gléichgewicht erhálten [wáhren]; установи́ть вое́нно-стратеги́ческое ~е das militär-stratégische Gléichgewicht herstéllen; в це́лом ~е сохраня́ется ínsgesamt bleibt die Parität áufrechterhalten

равнопра́ви‖е *с* Gléichberechtigung *f* ○ национа́льное ~е nationále Gléichberechtigung; по́длинное ~е wírkliche [échte] Gléichberechtigung ● ~е же́нщин Gléichberechtigung [réchtliche Gléichstellung] der Fráuen; ~е масс Gléichberechtigung der Má́ssen; ~е цветно́го населе́ния Gléichberechtigung der fárbigen Bevölkerung; борьба́ за ~е Kampf um die Gléichberechtigung; на усло́виях ~я únter den Bedíngungen der Gléichberechtigung; при́нцип ~я Grúndsatz der Gléichberechtigung ■ доби́ться ~я Gléichberechtigung erréichen; завоева́ть ~е sich (*D*) Gléichberechtigung erkämpfen; провозглаша́ть ~е Gléichberechtigung verkünden; установи́ть ~е vólle Gléichberechtigung bríngen

разви́ти‖е *с* Entwícklung *f*, Ausgestaltung *f* ○ безопа́сное ~е я́дерной энерге́тики gefáhrfreie Entwícklung der Kérnenergiewirtschaft; дальне́йшее ~е социалисти́ческой демокра́тии die Wéiterentwicklung der sozialístischen Demokratie; неравноме́рное ~е úngleichmäßige Entwícklung; планоме́рное ~е наро́дного хозя́йства plánmäßige Entwícklung der Vólkswirtschaft; поступа́тельное ~е Áufwärtsentwicklung; сбаланси́рованное и эффекти́вное ~е эконо́мики áusgewogene und effektíve Entwícklung der Wírtschaft; социа́льно-культу́рное ~е soziále und kulturélle Entwícklung; форси́рованное ~е эконо́мики die Ánkurbelung der Wírtschaft; экономи́ческое ~е страны́ wírtschaftliche Entwícklung des Lándes ● ~е вспять Rückwärtsentwicklung; ~е делов́ых свя́зей Áusbau der Geschäftsbeziehungen; ~е демокра́тии Áusgestaltung der Demokratie; ~е ли́чности Persönlichkeitsentwicklung; ~е отноше́ний Áusgestaltung der Bezíehungen; ~е по пути́ подъе́ма Áufwärtsentwicklung; ~е промы́шленности ускоря́ющимися те́мпами beschléunigte Entwícklung der Industrie; ~е (*чего-л.*) во всё увели́чивающихся масшта́бах Entwícklung (*G*) in ímmer größeren Dimensiónen; ме́ры по дальне́йшему ~ю торго́вли Máßnahmen zur wéiterer Entwícklung des Hándels; направле́ние ~я Entwícklungsrichtung *f;* путь ~я Entwícklungsweg *m;* сте́пень [ступе́нь] ~я Entwícklungsstufe *f;* стимули́рование ~я Entwícklungsförderung *f;* те́мпы ~я Entwícklungstempo *n;* тенде́нция ~я Entwícklungstrend *m,* Entwícklungstendenz *f;* у́ровень ~я Entwícklungsniveau [-ˌvoː] *n;* эта́пы ~я Ábschnitte der Entwícklung ■ заде́рживать ~е die Entwícklung áufhalten; меша́ть ~ю die Entwícklung stören; препя́тствовать ~ю die Entwicklung hémmen; способствовать ~ю die Entwicklung begünstigen [fördern]; тормозить ~e die Entwicklung (áb)brémsen; ускорять ~e die Entwicklung beschleúnigen

размещéниllе *c* Stationierung *f* ● ~e воéнных баз Stationierung [Errichtung] von Militärstützpunkten; ~e войск на постоя́нной основе ständige Stationierung der Trúppen; ~e новéйших стратегических средств Stationierung néuester strategischer Mittel; ~e промышленности Standortverteilung der Industríe; ~e я́дерного оружия Kérnwaffenstationierung ■ воспрепя́тствовать ~ю ракéт die Stationierung von Rakéten verhíndern

разноглáсиllе *c* Widerspruch *m*, Differénz *f* ○ внутриполити́ческие ~я ínnenpolitische Auseinándersetzungen; глубóкие ~я tíefgreifende Méinungsverschiedenheiten; óстрые ~я schárfe Differénzen; полити́ческие ~я polítische Differénzen; усиливающиеся ~я zúnehmende Differénzen ● игрá на чужи́х ~ях Ausnutzung von Widersprüchen zwíschen ánderen; преодолéние ~й Überwíndung der Differénzen [Widersprüche]; устранéние ~й Ausräumung der Differénzen ■ имéть ~я с кем-л. Differénzen mit j-m háben; сглáживать ~я Differénzen áusgleichen; урегули́ровать ~я Differénzen béilegen; устраня́ть ~я Differénzen áusräumen; вы́явились ~я es tráten Differénzen auf; ~я обостря́ются die Differénzen [Widersprüche] verschärfen sich; ~я сглáживаются die Differénzen glätten sich

разоружéниllе *c* Abrüstung *f* ○ áтомное ~e atomáre Ábrüstung; всеóбщее, полное и контроли́руемое ~e állgemeine, vóllständige und kontrollíerte Ábrüstung; всеобъéмлющее ~e umfássende Abrüstung; односторóннее ~e éinseitige Ábrüstung; поэтáпное ~e stúfenweise Ábrüstung; поэтáпное я́дерное ~e schríttweise nukleáre Ábrüstung; части́чное ~e téilweise [partiélle] Abrüstung ● вопрóс о ~и Abrüstungsfrage *f;* инициати́вы по ~ю Abrüstungsinitiativen *pl;* Коми́ссия по ~ю (*при ООН*) Ábrüstungskommission *f;* комитéт по ~ю Ábrüstungsausschuß *m;* контрóль за ~ем Abrüstungskontrolle *f;* конферéнция по ~ю Ábrüstungskonferenz *f;* мéры по ~ю Abrüstungsmaßnahmen *pl;* переговóры о ~и Ábrüstungsverhandlungen *pl;* предвари́тельные мéры по ~ю Abrüstungsvorleistungen *pl;* предложéние по ~ю Abrüstungsvorschlag *m;* прогрáмма ~я Ábrüstungsprogramm *n;* соглашéние о ~и Abrüstungsabkommen *n* ■ продви́нуть вперёд дéло ~я die Abrüstung voránbringen

разря́дкllа *ж* Entspánnung *f* ○ воéнная ~a militärische Entspánnung; политическая ~a politische Entspánnung ● ~a междунаро́дной напряжённости internationále Entspánnung; вклад в де́ло ~и напряжённости Béitrag zur Entspánnung; враждéбный де́лу ~и entspánnungsfeindlich; глубóкие кóрни ~и tíefe Wúrzeln der Entspánnung; дополнéние политической ~и ~ой воéнной Ergänzung der politischen Entspánnung durch die militärische; необрати́мость ~и Unumkéhrbarkeit der Entspánnung; подры́в ~и Unterminíerung der Entspánnung; политика ~и Entspánnungs-politik f; противник ~и Entspánnungsgegner m; процéсс ~и Entspánnungsprozeß m; развитие и упрочéние ~и Wéiterführung und Féstigung der Entspánnung; распространéние ~и на все райóны земли Ausdehnung der Entspánnung auf álle Regiónen der Érde; силы, противодéйствующие ~е entspánnungsfeindliche Kräfte; углублéние ~и Vertíefung der Entspánnung; фáктор ~и Entspánnungsfaktor n ■ верну́ться на путь ~и auf den Weg der Entspánnung zurückkehren; дать процéссу ~и нóвые усто́йчивые и́мпульсы dem Prozéß der Entspánnung néue beständige Impúlse verléihen; нанести́ ~е напряжённости значи́тельный ущéрб der Entspánnung beträchtlichen Scháden zúfügen; оживи́ть ~у die Entspánnung wíederbeleben; отстоя́ть ~у die Entspánnung vertéidigen; подрыва́ть осно́вы ~и die Gründlagen der Entspánnung unterminíeren; приумножáть достижéния ~и die Früchte der Entspánnung méhren; сохрани́ть ~у die Entspánnung erhálten; стабилизи́ровать ~у die Entspánnung stabilisíeren; тормози́ть процéсс ~и die Entspánnung brémsen; углуби́ть ~у die Entspánnung vertíefen; ~a приобретáет всеобъéмлющий харáктер die Entspánnung nimmt den umfássenden Charákter an

райóн м Gebíet n, Bezírk m, Distríkt m ○ администрати́вный ~ Verwáltungsrayon m, Verwáltungsgebiet; горнопромы́шленный ~ Bérgbaudistrikt; городскóй ~ Stádtbezirk; жилóй ~ Wóhngebiet; засу́шливый ~ Tróckengebiet; леснóй ~ Wáldgebiet; нефтенóсные ~ы Érdölgebiete pl; окрáинный ~ Rándgebiet; Áußenbezirk (der Stadt); промы́шленный ~ Industríegebiet, Industríebezirk; рабóчий ~ Árbeiterviertel n, Árbeiterbezirk; сельскохозя́йственный ~ Lándwirtschaftsgebiet; стратеги́ческий ~ stratégische Zone; сырьевóй ~ Róhstoffgebiet; у́гольный ~ Kóhlegebiet; Kóhlerevier n; экономи́ческий ~ Wirtschaftsgebiet ● ~ы бéдствий Nótstandsgebiete pl, Katastróphengebiete; ~ы, богáтые сырьём róhstoffreiche Gebíete

ракéт∥а ж Rakéte f ○ áтомная ~a Atómrakete; баллисти́ческая ~a ballístische Rakéte; космíческая ~a kósmische Rakéte; крыла́тая ~a Flügelrakete; межконтинента́льная ~a Interkontinentálrakete; межконтинента́льная баллисти́ческая ~a моби́льного бази́рования mobíle interkontinentále ballístische Rakéte; многоступе́нчатая ~a Méhrstufenrakete, méhrstufige Rakéte; назе́мные ~ы lándgestützte Rakéten; односту́пенчатая ~a éinstufige Rakéte; операти́вно-такти́ческие ~ы operatív-táktische Rakéten; орбита́льная ~a Orbitálrakete; управля́емая ~a Lénkrakete, gelénkte Rakéte ● ~a возду́шного бази́рования lúftgestützte Rakéte; ~ы всех ви́дов бази́рования Rakéten áller Stationíerungsarten; ~a кла́сса „во́здух-земля́" Lúft-Bóden-Rakéte; ~a морско́го бази́рования séegestützte Rakéte; ~a назе́много бази́рования bódengestützte Rakéte; ~ы, размещённые на подво́дных ло́дках U-Boot-gestützte Rakéten; полёт ~ы Rakétenflug *m;* развёртывание раке́т Stationíerung [Áufstellung] der Rakéten ■ запусти́ть ~у éine Rakéte stárten lássen; размеща́ть ~ы на подво́дных ло́дках U-Boote mit Rakéten bestücken

раси́зм *м* Rasísmus *m* ○ идеоло́гия ~a Rássenideologie *f;* искорене́ние ~a Áusrottung des Rassísmus; разгу́л ~a Wüten des Rassísmus ■ боро́ться про́тив ~a gégen Rassísmus kämpfen; оконча́тельно ликвиди́ровать все оста́тки ~a álle Überreste des Rasísmus éndgültig beséitigen; осужда́ть ~ den Rassísmus verúrteilen

ра́сов**ый Rássen**// ○ ~ое безу́мие Rássenwahn *m;* ~ые беспоря́дки Rássenunruhen *pl;* ~ый вопро́с Rássenfrage *f;* ~ая дискримина́ция Rássendiskriminierung *f;* ~ый конфли́кт Rássenstreit *m;* ~ая не́нависть Rássenhaß *m;* ~ая поли́тика Rássenpolitik *f;* ~ые предрассу́дки Rássenvorurteile *pl;* ~ое пресле́дование Rássenverfolgung *f;* ~ые пробле́мы Rássenprobleme *pl;* ~ые разли́чия Rássenunterschiede; *pl;* ~ая сегрега́ция Rássentrennung *f;* ~ая тео́рия Rássentheorie *f;* ~ый терро́р Rássenterror *m*

распределе́ни**е** *с* Verteilung *f* ● ~е земли́ die Verteilung [Áufteilung] des Bódens; ~е обя́занностей Áufgabenverteilung; ~е по труду́ Verteilung nach der Árbeitsleistung; ~е при́были Gewínnverteilung; ~е рабо́ты Árbeitsverteilung; Árbeitseinteilung *f;* ~е това́ров Wárenverteilung; ~е трудовы́х ресу́рсов Árbeitskräfteverteilung

расхо́д**ы** *мн.* Áusgaben *pl* ○ возраста́ющие вое́нные ~ы wáchsende Rüstungsausgaben; непроизводи́тельные ~ы únproduktive Áusgaben; обще́ственные ~ы öffentliche Áusgaben; огро́мные вое́нные ~ы imménse Rüstungsausgaben; постоя́нные ~ы ständige Ausgaben; представи́тельские ~ы Repräsentatiónsspesen *pl;* реко́рдные, вое́нные ~ы Rekórdrüstungsausgaben; теку́щие ~ы láufende Ausgaben ● ~ы на вое́нные це́ли Rüstungsausgaben; ~ы на командиро́вки Re̅isekosten *pl;* ~ы на социа́льные ну́жды Ausgaben für Soziálleistungen [soziále Zwécke]; взаи́мное неувеличе́ние вое́нных ~ов и их после́дующее сокраще́ние ge̅genseitige Ni̇chterhöhung und na̅chfolgende Ku̇rzung der Rüstungsausgaben; сниже́ние ~ов Se̅nkung der Ausgaben; сокраще́ние вое́нных ~ов Reduzi̇erung der Militärausgaben; сокраще́ние ~ов, на социа́льные ну́жды Soziálkürzungen *pl,* Soziálabbau *m,* A̅bbau der Soziálleistungen; уменьше́ние ~ов Vermi̇nderung der Ausgaben ■ идти́ на любы́е ~ы ke̅ine Ausgaben sche̅uen; избега́ть нену́жных ~ов u̇nnötige Ausgaben verme̅iden; нести́ ~ы die Ausgaben tra̅gen; сокраща́ть ~ы на социа́льные ну́жды die Ausgaben für Soziálleistungen reduzi̇eren; вое́нные ~ы замедля́ют экономи́ческий и социа́льный прогре́сс die Rüstungsausgaben he̅mmen den wi̇rtschaftlichen und soziálen Fo̅rtschritt; вое́нные ~ы стано́вятся для наро́дов все бо́лее тяжёлым бре́менем die Rüstungsausgaben we̅rden für die Völker zu e̅iner i̇mmer größeren Bürde

реа́кци‖я ж Reaktión *f* ○ оголте́лая ~я zügellose Reaktión ● разгу́л ~и Wüten der Reaktión; сго́вор вне́шней и вну́тренней ~и Verschwörung der äußeren und i̇nneren Reaktión

реа́льност‖ь ж Realität *f* ○ неизме́нная ~ь u̇nveränderte Realität ● мир ~ей Welt der Realitäten; понима́ние ~ей Sinn für Realitäten; чу́вство ~и Wi̇rklichkeitssinn *m* ■ верну́ться на по́чву ~ей auf den Bóden der Realitäten zurückkehren; игнори́ровать ~ь die Realität ignori̇eren; исходи́ть из ~ей von den Realitäten a̅usgehen; поста́вить под сомне́ние полити́ко-территориа́льные ~и die poli̇tischen und territoriálen Realitäten in Fra̅ge stéllen; счита́ться с ~ями den Realitäten ins A̅uge scha̅uen; теря́ть чу́вство ~и das Gefühl für die Realität verli̇eren; учи́тывать ~и Realitäten in Réchnung stéllen

революцио́нн‖ый revolutionär, Revolutións∕ ○ ~ое движе́ние revolutionäre Bewégung; ~ые завоева́ния revolutionäre Erru̇ngenschaften; ~ые иде́и revolutionäre Idéen; ~ый комите́т Revolutiónskomitee *n;* ~ое мировоззре́ние revolutionäre Wéltanschauung; ~ый переворо́т revolutionärer U̇msturz, revolutionäre U̇mwälzung; ~ое прави́тельство revolutionäre Regi̇erung, Revo-

lutiónsregierung *f;* ~ые преобразова́ния revolutionäre Úmgestaltungen; ~ое разви́тие revolutionäre Entwícklung; ~ый сове́т
Revolutiónsrat *m;* ~ые тради́ции наро́да revolutionäre Traditiónen des Vólkes; ~ые тре́бования revolutionäre Fórderungen; ~ый трибуна́л Revolutiónstribunal *n;* ~ые це́ли revolutionäre Zíele; ~ый энтузиа́зм revolutionärer Enthusiásmus, revolutionärer Elán

революци‖я *ж* Revolutión *f* ○ агра́рная ~я Agrárrevolution; бескро́вная ~я únblutige Revolutión; буржуа́зная ~я bürgerliche Revolutión; буржуа́зно-демократи́ческая ~я bürgerlich-demokrátische Revolutión; Вели́кая Октя́брьская социали-
сти́ческая ~я Gróße Sozialístische Októberrevolution; культу́рная
~я Kultúrrevolution; мирова́я ~я Wéltrevolution; нау́чно-техни́-
ческая ~я wissenschaftlich-téchnische Revolutión; пермане́нтная
~я permanénte Revolutión; пролета́рская ~я proletárische Revolutión; социа́льная ~я soziále Revolutión ● ~я в промы́шлен-
ности industriélle Revolutión; борцы́ за ~ю Kämpfer für die
Revolutión ■ гото́вить ~ю éine Revolutión vórbereiten; соверша́ть
~ю éine Revolutión vollzíehen; ~я начала́сь die Revolutión brach
aus; ~я победи́ла die Revolutión hat gesíegt

региона́льн‖ый regionál, Regionál‖ ○ ~ая группиро́вка
regionále Gruppíerung; ~ая конфере́нция regionále Konferénz;
~ый пакт Regionálpakt *m;* ~ая пробле́ма regionáles Problém;
~ые разли́чия regionále Unterschiede; ~ое соглаше́ние regionáles
Ábkommen; ~ые явле́ния regionále Erschéinungen

реда́кци‖я *ж (коллектив)* Lektorát *n,* Redaktión *f* ○ гла́в-
ная ~я Háuptredaktion, Chefredaktion [ˈʃɛf-]; кни́жная ~я
Búchlektorat; литерату́рная ~я Lektorát für belletrístische Literatúr; нау́чная ~я wissenschaftliche Redaktión; отраслева́я
~я Fáchlektorat; техни́ческая ~я Hérstellungsabteilung *f;* худо́-
жественная ~я Lektorát Áusstattung ● ~я обще́ственных нау́к
Lektorát Geséllschaftswissenschaften; ~я перево́дов Lektorát
Übersétzungen; заве́дующий ~ей Lektorátsleiter *m*

режи́м *м* Regíme [-ʒiːm] *n,* Órdnung *f* ○ авторита́рный
~ autoritäres Regíme; агресси́вный ~ aggressíves Regíme; анти-
наро́дный ~ vólksfeindliches Regíme; внешнеторго́вый ~ Áußen-
handelsregime *n;* вое́нно-фаши́стский ~ faschístisches Militär-
regime; демократи́ческий ~ demokrátische Órdnung, demokra-
tisches Hérrschaftssystem; марионе́точный ~ Marionéttenregime;
нелега́льный ~ illegáles Regíme; оккупацио́нный ~ Besátzungs-

regime; па́спортно-ви́зовой ~ Páß- und Vísavorschriften *pl;* пограни́чный ~ Grénzordnung; правово́й ~ Réchtsordnung; принуди́тельный ~ Zwángsregime, Zwángsordnung; проимпериалисти́ческий ~ proimperialístisches Regíme; раси́стский ~ Rassísten- -Regíme; реакцио́нный ~ reaktionäres Regíme; све́ргнутый ~ gestürztes Regíme; тамо́женный ~ Zóllregime, Zóllordnung; тоталита́рный ~ totalitäres Regíme; феода́льно-капиталисти́ческий ~ feudál-kapitalístisches Regíme; южноафрика́нский ~ südafrikanisches Regíme ● ~ апарте́йда Apártheid-Regíme [-heít-]; ~, послу́шный чьей-л. во́ле höriges [wíllfähriges] Regíme; ~ эконо́мии Spársamkeitsregime; брата́ние с дикта́торскими ~ами Verbrüderung mit diktatórischen Regímes ■ поко́нчить с ~ом mit dem Regíme Schluß máchen; предоста́вить ~ наибо́льшего благоприя́тствования *дип., ком.* Méistbegünstigung gewähren; установи́ть ~ иностра́нной вое́нной оккупа́ции ein áusländisches militärisches Besátzungsregime éinführen

резе́рв *м* Resérve *f* ○ госуда́рственные ~ы Stáatsreserve(n) *f (pl);* ме́стные ~ы örtliche Resérven; произво́дственные ~ы Produktiónsreserven *pl;* трудовы́е ~ы Árbeitskräftereserven *pl* ● ~ы, лежа́щие на пове́рхности Resérven des érsten Zúgriffs; ~ мо́щности Léistungsreserve; ~ы повыше́ния эффекти́вности Effektivitätsreserven *pl;* ~ы продово́льствия Resérven an Lébensmitteln, Lébensmittelreserven; ~ы произво́дственных мо́щностей Kapazitätsreserven; ~ы ро́ста производи́тельности труда́ Resérven zur Erhöhung der Árbeitsproduktivität, Produktivitätsreserven; выявле́ние ~ов Áufspüren von Resérven; испо́льзование вну́тренних ~ов Ausschöpfung der ínneren Resérven ■ вскрыва́ть неиспо́льзованные ~ы bráchliegende Resérven erschlíeßen; выявля́ть ~ы Resérven áufspüren [erschlíeßen]; располага́ть больши́ми ~ами в наро́дном хозя́йстве über gróße vólkswirtschaftliche Resérven verfügen

резолю́ци|я *ж* Resolutión *f* ● ~я проте́ста Protéstresolution *f;* прое́кт ~и Resolutiónsentwurf *m* ■ зачита́ть ~ю éine Resolutión verlésen; одо́брить единоду́шно ~ю éine Resolutión éinmütig billigen; предложи́ть ~ю éine Resolutión éinbringen; приня́ть ~ю éine Resolutión ánnehmen; соста́вить ~ю éine Resolution verfássen

результа́т *м* Ergébnis *n,* Resultát *n* ○ неубеди́тельный ~ dürftiges Ergébnis; оконча́тельный ~ éndgültiges Ergébnis; печа́льный ~ tráuriges Ergébnis; предвари́тельный ~ vórläufiges Ergébnis; удовлетвори́тельный ~ zufriedenstellendes Ergébnis ● ~ы вы́боров Wáhlergebnisse *pl;* ~ы голосова́ния Ábstimmungsergebnisse *pl;* ~ы перегово́ров Verhándlungsergebnisse *pl* ■ доби́ться хоро́ших ~ов gúte Ergébnisse erzíelen; отмеча́ть определённые положи́тельные ~ы auf éinige positíve Ergébnisse verwéisen; повы́сить заинтересо́ванность в ~ах труда́ die Interessíertheit an den Árbeitsergebnissen erhöhen; привести́ к определённым ~ам bestímmte Resultáte zéitigen, zu bestímmten Ergébnissen führen

рекла́м‖а *ж* Wérbung *f,* Reklа́me *f* ○ бро́ская ~а áuffällige Reklа́me; витри́нная ~а Scháufensterwerbung; де́йственная ~а wírksame Reklа́me; изда́тельская ~а Verlágswerbung; печа́тная ~а schríftliche Wérbung; плака́тная ~а Plákatwerbung; простра́нная ~а wéitläufige Reklа́me; светова́я ~а Líchtwerbung, Líchtreklame; телевизио́нная ~а Férnsehwerbung; у́стная ~а mündliche Wérbung ● возде́йствие ~ы Wérbewirkung *f;* злоупотребле́ние ~ой Míßbrauch der Reklа́me; ме́тоды ~ы Methóden der Wérbung, Wérbemethoden *pl;* неэффекти́вность ~ы Wírkungslosigkeit der Wérbung; расхо́ды на ~у Wérbekosten *pl,* Wérbespesen *pl;* специали́ст по ~e Wérbefachmann *m*

рекла́мн‖ый Wérbe‖ ○ ~ое аге́нтство Wérbeagentur *f;* ~ая де́ятельность Wérbetätigkeit *f;* ~ая кампа́ния Wérbeaktion *f,* Wérbekampagne [-,panjə] *f,* Wérbefeldzug *m;* ~ый ло́зунг Wérbeslogan [-,slo:gən] *m;* ~ое мероприя́тие Wérbemaßnahme *f;* ~ое объявле́ние (*в печати*) Wérbeanzeige *f;* ~ый отде́л Wérbeabteilung *f;* ~ый фильм Wérbefilm *m;* ~ый щит Wérbeschild *n;* ~ый эффе́кт Wérbeeffekt *m*

респу́блик‖а *ж* Repúblik *f* ○ автоно́мная ~а autonóme Repúblik; буржуа́зная ~а bürgerliche Repúblik; буржуа́зно-демократи́ческая ~а bürgerlich-demokrátische Repúblik; Ве́ймарская ~а *ист.* Wéimarer Repúblik; Герма́нская Демократи́ческая Респу́блика Déutsche Demokrátische Repúblik; наро́дная ~а Vólksrepublik; наро́дно-демократи́ческая ~а vólksdemokratische Repúblik; парла́ментская ~а parlamentárisch regíerte Repúblik; Сове́тская Социалисти́ческая ~а Sozialístische Sowjétrepublik; сою́зная ~а Unió́nsrepublik; Федерати́вная Респу́блика Герма́нии Búndesrepublik Déutschland ● Респу́блика Сове́тов Räterepublik *f;* провозглаше́ние ~и Áusrufung der Repúblik

ресу́рс‖ы *мн.* Ressóurcen [rɛ'sʊrsən] *pl,* Quéllen *pl* ○ материа́льные ~ы materiélle Ressóurcen; ме́стные ~ы örtliche

Ressóurcen; приро́дные ~ы Natúrschätze *pl;* произво́дственные ~ы betríebliche Ressóurcen, Produktiónsressourcen; сырьевы́е ~ы Róhstoffvorräte *pl;* трудовы́е ~ы verfügbare Árbeitskräfte; энергети́ческие ~ы Energiequellen ● высвобожде́ние материа́льных ~ов Fréisetzung materiéller Ressóurcen; рациона́льное испо́льзование ~ов rationélle Áusnutzung der Ressóurcen ■ высвобожда́ть материа́льные ~ы materiélle Resérven erschlíeßen

референдум *м* Vólksbefragung *f,* Vólksabstimmung *f* ● ~ о заморáживании я́дерных вооруже́ний Vólksabstimmung über das Einfrieren der nukleáren Rüstungen ■ гото́вить ~ éine Vólksbefragung vórbereiten; принима́ть уча́стие в ~е an éiner Vólksbefragung téilnehmen; проводи́ть ~ éine Vólksbefragung dúrchführen; тре́бовать ~а éine Vólksbefragung fórdern

рефо́рм‖а *ж* Refórm *f* ○ агра́рная ~а Agrárreform; де́нежная ~а Währungsreform, Géldreform; земе́льная ~a Bódenreform; радика́льные ~ы radikále Refórmen; социа́льная ~a Soziálreform; уме́ренные ~ы gemäßigte Refórmen; экономи́ческая ~a Wirtschaftsreform ● ~а вы́сшей шко́лы Hóchschulreform; ~а образова́ния Bíldungsreform ■ выступа́ть за ~у für éine Refórm éintreten; нача́ть осуществле́ние ~ы éine Refórm in Ángriff néhmen; нужда́ться в ~е refórmbedürftig sein; произвести́ ~у éine Refórm dúrchführen; стреми́ться к ~е éine Refórm ánstreben

ре‖чь *ж* Réde *f,* Ánsprache *f* ○ блестя́щая ~ь glänzende Réde; вступи́тельная ~ь éinleitende Réde; дли́нная ~ь lánge Réde; обвини́тельная ~ь Ánklagerede; пла́менная ~ь flámmende Réde; подстрека́тельская ~ь Hétzrede; предвы́борная ~ь Wáhlrede; приве́тственная ~ь Begrüßungsansprache; програ́ммная ~ь programmátische Réde; проду́манная ~ь durchdáchte Réde; пропаганди́стская ~ь Propagándarede; простра́нная ~ь áusführliche Réde; публи́чная ~ь öffentliche Réde; темпера́ментная ~ь temperaméntvolle Réde; торже́ственная ~ь Féstrede ● ~ь о положе́нии на́ции Bericht zur Láge der Natión; ~ь по ра́дио Rúndfunkansprache; ~ь при откры́тии (*чего-л.*) Eröffnungsrede ■ обраща́ться с ~ью к кому́-л. sich mit éiner Ánsprache an j-n wénden; произнести́ ~ь éine Réde hálten; весь смысл ~и сво́дится к тому́, что... der gánze Sinn der Réde läuft daráuf hináus, daß...; изверга́ется пото́к ~éй es ergíeßt sich ein Strom von Réden

реше́ни‖е *с* Beschlúß *m,* Lösung *f,* Entschéidung *f* ○ взаимоприе́млемые ~я gégenseitig ánnehmbare [akzeptáble] Lösungen;

„двойно́е" ~e НА́ТО „Dóppelbeschluß" der NÁTO; ка́жущееся ~e (*вопро́са*) Sche͟inlösung; ми́рное ~e fri͟edliche Lösung; неве́рное ~e Fe͟hlentscheidung; неприе́млемое ~e i͟nakzeptable [u͟ntragbare] Entsche͟idung; непроду́манное ~e u͟nüberlegte Entsche͟idung; нулево́е ~e Núll-Lösung; оконча́тельное ~e e͟ndgültige Entsche͟idung; отве́тственные ~я vera͟ntwortungsbewußte Entsche͟idungen; оши́бочное ~e Fe͟hlentscheidung; поспе́шное ~e e͟ilige [übere͟ilte] Entsche͟idung; предвари́тельное ~e Vórentscheidung; промежу́точное ~e Zwíschenentscheidung; ра́зовое ~e e͟inmalige Entsche͟idung; справедли́вое ~e gere͟chte Entsche͟idung; управле́нческое ~e Le͟itungsentscheidung; целесообра́зное ~e sáchdienliche [zwe͟ckmäßige] Lösung; ча́стное ~e Te͟ilentscheidung ● ~e вопро́са вое́нным путём militärische Lösung; ~e вопро́сов по существу́ substantie͟lle Lösung der Frágen; ~e НА́ТО о размеще́нии раке́т в Евро́пе NÁTO-Rakétenbeschluß; ~я, не ущемля́ющие ничьи́х зако́нных интере́сов Lösungen, die n͟iemanden in se͟inen legi͟timen Intere͟ssen beeinträchtigen; ~я, осно́ванные на при́нципе ра́венства и одина́ковой безопа́сности auf dem Prinzi͟p der Gle͟ichheit und der gle͟ichen Si͟cherheit basi͟erende Lösungen; ~e, при́нятое большинство́м (голосо́в) Majoritätsbeschluß; дальнови́дность ~й We͟itsichtigkeit der Beschlüsse; переги́бы в ~и национа́льного вопро́са Überspitzungen bei der Lösung der nationálen Fráge; приня́тие ~я Beschlúßfassung *f*; прое́кт ~я Beschlúßentwurf *m;* свобо́да ~я Entsche͟idungsfreiheit *f*; сме́лость в приня́тии ~й Entsche͟idungsfreude *f*, Entsche͟idungsfreudigkeit *f* ■ блоки́ровать ~e вопро́са die Lösung e͟iner Fráge block͟ieren [hintertre͟iben]; доби́ться ~я e͟ine Entsche͟idung herbe͟iführen; навя́зывать ~e e͟ine Lösung a͟ufzwingen; находи́ть удовлетвори́тельное ~e e͟ine befri͟edigende Lösung f͟inden; объяви́ть ~я необяза́тельными Beschlüsse für u͟nverbindlich erklären; оста́вить за собо́й пра́во приня́ть ~e sich (*D*) die Entsche͟idung vórbehalten; осуществля́ть ~я Beschlüsse verwi͟rklichen; отмени́ть ~e den Beschlúß rückgängig máchen; пересмотре́ть приня́тое ра́нее ~e den früher gefáßten Beschlúß überprüfen; подчиня́ться ~ю sich e͟inem Beschlúß fügen; подчиня́ться ~ю большинства́ sich dem Me͟hrheitsbeschluß be͟ugen; прийти́ к ~ю zu e͟iner Entsche͟idung kómmen; принима́ть вре́менное [неме́дленное] ~e e͟inen vórläufigen [dri͟ngenden, sofórtigen] Beschlúß fássen; принима́ть ~e e͟ine Entsche͟idung tréffen; e͟inen Beschlúß fássen; принима́ть ~e об отсро́чке Ver-

tágung beschlíeßen; приходи́ть к реалисти́ческим ~ям zu realístischen Lösungen gelángen; прота́скивать ~e éinen Beschlúß
dúrchpeitschen; противоре́чить ~ям dén Beschlüssen zuwíder-
laufen; соблюда́ть ~я Beschlüsse éinhalten; форси́ровать ~e воп-
ро́са die Lösung éiner Fráge vorántreiben

рито́рик|а ж Rédekunṣt f; Schönredneréi f, Wórtgeklingel n;
schöne Wórte, léere Flóskeln ● возвра́т к ~e холо́дной войны́
die Rückkehr zur Spráche des ká́lten Kríeges; заве́са ~и nichts
als schöne Wórte, was hínter den schönen Wórten steckt

роль ж Rólle f ○ авангáрдная ~ коммуни́стов béispielge-
bende [führende] Rólle der Kommuní́sten; Vórbildwirkung der
Kommuní́sten; истори́ческая ~ пролетариа́та histórische Rólle
des Proletariá́ts; мобилизу́ющая и направля́ющая ~ пáртии
mobilisíerende und ríchtungweisende Rólle der Partéi; стимули́-
рующая ~ зарабóтной пла́ты stimulíerende Rólle des Lóhnes
● ~ наро́дных масс в исто́рии Rólle der Vólksmassen in der
Geschíchte; возраста́ние руководя́щей рóли пáртии Ánwachsen
der führenden Rólle [wáchsende Führungsrolle] der Partéi ■ выпол-
ня́ть ~ веду́щей сИлы о́бщества die Rólle der führenden Kraft
der Geséllschaft áusüben; игра́ть гла́вную ~ die Háuptrolle spíelen,
das grÓße Wort führen; игра́ть двойну́ю ~ éine dóppelte Rólle
spíelen; игра́ть значи́тельную [реша́ющую, суще́ственную,
ва́жную, подчинённую] ~ éine bedéutende [entschéidende,
wésentliche, wíchtige, úntergeordnete] Rólle spíelen; обеспе́чи-
вать и укрепля́ть веду́щую и направля́ющую ~ КПСС die
führende und ríchtungweisende Rólle der KPdSU síchern und
féstigen; отводи́ть кому́-л. осо́бую ~ j-m éine besóndere Rólle
zúsprechen; повыша́ть ~ (чего́-л.) die Rólle (G) erhöhen

рост м Wáchstum n, Ánwachsen n, Zúnahme f ○ дальне́йший
~ экономи́ческого потенциа́ла Léistungszuwachs m; значи́тель-
ный ~ betrá́chtliche Zúnahme; культу́рный ~ kulturéller Áufstieg; незначи́тельный ~ gerínge Zúnahme; огро́мный ~ gewáltige
Zúnahme; опережа́ющий ~ не́которых о́траслей промы́шленн-
ности vórrangiges Wáchstum éiniger Industríezweige; преиму́щест-
венный ~ vórrangiges Wáchstum; сбаланси́рованный ~ gléichge-
wíchtiges Wáchstum; экономи́ческий ~ wírtschaftliches Wáchstum
● ~ благосостоя́ния das Ánwachsen des Wóhlstandes; ~ за́ня-
тости Beschäftigungswachstum; ~ населе́ния Bevölkerungszunahme, Bevölkerungszuwachs m; ~ потребле́ния материа́льных и
духо́вных благ die Zúnahme des Verbráuchs materiéller und

géistiger Güter; ~ рожда́емости Gebúrtenzunahme, Gebúrtenzuwachs *m;* ~ созна́тельности Bewúßtseinsentwicklung *f;* ~ тяжёлой индустри́и Wáchstum der Schwérindustrie; ~ цен Préissteigerung *f;* возмо́жности ~a Áufstiegsmöglichkeiten *pl;* замедле́ние те́мпов ~a Verlángsamung des Wáchstumstempos; те́мпы ~a Wáchstumstempo *n,* Wáchstumsrate *f* ■ добива́ться высо́кого экономи́ческого ~a ein hóhes wírtschaftliches Wáchstum erréichen; обеспе́чить стаби́льный ~ наро́дного благосостоя́ния ein stabíles Wáchstum des Vólkswohlstandes gewährleisten; ускоря́ть те́мпы ~a промы́шленного произво́дства das Wáchstum der Industríeproduktion beschléunigen

рубе́ж м ○ истори́ческий ~ histórischer Méilenstein ■ вы́йти на са́мые передовы́е ~и Spítzenpositionen erréichen; наме́тить высо́кие ~й hóhe Léistungsziele sétzen; наме́тить но́вые ~й néue Máßstäbe sétzen; э́то собы́тие знамену́ет ва́жный истори́ческий ~ díeses Eréignis markíert éinen wíchtigen histórischen Éinschnitt

руководи́тел║ь м Führer *m,* Léiter *m,* Funktionär *m* ○ испы́танный ~ь bewährter Führer; му́дрый ~ь wéiser Führer; нау́чный ~ь wíssenschaftlicher Betréuer; парти́йный ~ь Partéifunktionär, Partéiführer; хозя́йственные ~и wírtschaftsleitende Káder; худо́жественный ~ь künstlerischer Léiter ● вы́сшие ~и госуда́рств höchste [führende] Repräsentánten der Stáaten; ~ь делега́ции Delegatiónsleiter; ~и министе́рств и ве́домств Léiter der Ministérien und ánderer zentrálen Stáatsorgane; ~ь отде́ла Abtéilungsleiter; ~ь предприя́тия Betríebsleiter, Wérkleiter ■ спра́шивать с хозя́йственных ~ей за что-л. wírtschaftsleitende Káder wégen (*G*) zur Verántwortung zíehen

руково́дств║о *c* Léitung *f,* Führung *f* ○ госуда́рственное ~о Stáatsführung *f;* парти́йное ~о Partéiführung, Partéileitung; сове́тское ~о sowjétische Führung ● ~о предприя́тия Léitung éines Betríebes; прее́мственность ~a Kontinuität der Léitung ■ ~о состои́т из не́скольких челове́к die Léitung bestéht aus méhreren Persónen

руководя́щ║ий léitend, Leit∥ ○ ~ая иде́я Léitgedanke *m;* ~ие круги́ máßgebende Kréise, Führungskreise *pl;* ~ие о́рганы léitende Orgáne; ~ий рабо́тник Léiter *m,* Léitungskader *m;* ~ие рабо́тники предприя́тий léitende Mítarbeiter des Betríebes; ~ий соста́в вооружённых сил léitende Káder der Stréitkräfte ■ выбира́ть ~ие о́рганы léitende Orgáne wählen; назнача́ть на ~ий пост in éine léitende Funktión éinsetzen; находи́ться на ~ей рабо́те in léitender Stéllung tätig sein, éine léitende Tätigkeit áusüben

ры́н‖ок м Markt *m* ○ вне́шний ~ок Áußenmarkt; вну́тренний ~ок Bínnenmarkt; кры́тый ~ок überdáchter Markt; междунаро́дный ~ок internationáler Markt; мирово́й капиталисти́ческий ~ок kapitalístischer Wéltmarkt; мирово́й социалисти́ческий ~ок sozialístischer Wéltmarkt; „Óбщий ры́нок" „Gemeínsamer Markt"; свобо́дный ~ок fréier Markt; това́рный ~ок Wárenmarkt; чёрный ~ок Schwárzmarkt; ~ок сырья́ Róhstoffmarkt; борьба́ за ~ки сбы́та Kampf um Absatzmärkte; ёмкость ~ка die Kapazität [das Fássungsvermögen] des Ма́rktes; затова́ривание ~ка Wárenüberschuß auf dem Markt; колеба́ние ~ка Márktfluktuation *f;* на ~ках тре́тьих стран auf drítten Märkten, auf Dríttmärkten; пробле́ма ~ков Márktproblem *n;* суже́ние ~ка Éinengung des Má́rktes ■ выбра́сывать на ~ок *(това́р)* auf den Markt wérfen; вытесня́ть с ~ка vom Markt verdrängen; завоёвывать ~ок den Markt eróbern; иска́ть но́вые ~ки néue Märkte súchen; осво́ить ~ок éinen Markt erschlíeßen; открыва́ть но́вые ~ки néue Märkte erschlíeßen

ряд м Réihe *f* ○ в на́ших ~а́х in únseren Réihen; в пе́рвых ~а́х in vórderster Front; со́мкнутыми ~а́ми in geschlóssenen Réihen ● в ~а́х а́рмии bei der Armée, beim Militär; из ~о́в рабо́чего кла́сса aus den Réihen der Árbeiterklasse ■ боро́ться в ~а́х рабо́чего кла́сса in den Réihen der Árbeiterklasse kämpfen; встать в оди́н ~ с кем-л. *(б. ч. перен.)* sich in éine Réihe mit j-m stéllen; вступи́ть в ~ы́ како́го-л. движе́ния in die Réihen éiner Bewégung éintreten; исключа́ть кого́-л. из свои́х ~о́в j-n aus séinen Réihen áusschließen; находи́ться в пе́рвых ~а́х акти́вных побо́рников ми́ра in den érsten Réihen der aktíven Fríedenskämpfer stéhen; сомкну́ть ~ы́ die Réihen schlíeßen

С

самоопределе́ни‖е *с* Sélbstbestimmung *f* ○ национа́льное ~e nationále Sélbstbestimmung ● пра́во на́ций на ~e Recht der Natiónen auf Sélbstbestimmung ■ боро́ться за пра́во на ~e um das Recht auf Sélbstbestimmung kämpfen; осуществля́ть своё пра́во на ~e sein Recht auf Sélbstbestimmung verwírklichen;

отка́зывать в пра́ве на ~е das Recht auf Sélbstbestimmung verwéigern; признава́ть пра́во наро́да на ~е das Recht des Vólkes
auf Sélbstbestimmung ánerkennen; тре́бовать пра́ва на ~е das
Sélbstbestimmungsrecht fórdern

са́нкци‖я *ж. б. ч. мн.* Sanktión *f*, Sanktiónen *pl* ○ широ́кие
~и umfássende Sanktiónen; экономи́ческие ~и Wirtschaftssanktionen *pl* ● отме́на ~й Áufhebung der Sanktiónen; примене́ние
~й в отноше́нии кого́-л. Verhängung von Sanktiónen gégen
j-n ■ вводи́ть ~и про́тив кого́-л. Sanktiónen gégen j-n verhängen;
навяза́ть кому́-л. дискриминацио́нные экономи́ческие ~и
j-m diskriminíerende Wirtschaftssanktionen áufdrängen [áufzwin-
gen]; наста́ивать на ~ях про́тив кого́-л. auf Sanktiónen gégen
j-n bestéhen; отменя́ть ~и Sanktiónen áufheben; применя́ть ~и
Sanktiónen verhängen, zu Sanktiónen schréiten; тре́бовать ~й в
отноше́нии како́го-л. госуда́рства gégen éinen Stáat Sanktiónen
fórdern; ~и представля́ют собо́й вмеша́тельство во вну́тренние
дела́ die Sanktiónen stéllen éine Éinmischung in die ínneren Angelegenheiten dar

сближе́ни‖е *с* Ánnäherung *f* ○ дипломати́ческое ~е diplomátische Ánnäherung ● ~е всех кла́ссов и социа́льных групп
Ánnäherung áller Klássen und soziálen Grúppen; ~е всех на́ций и
наро́дностей СССР Ánnäherung áller Natiónen und Völkerschaften
der UdSSR; ~е ме́жду стра́нами Ánnäherung zwíschen den
Stáaten; ~е обе́их сторо́н Ánnäherung der béiden Partéien; ~е
пози́ций Ánnäherung der Stándpunkte; поли́тика ~я Ánnähe-
rungspolitik *f*; попы́тка ~я Ánnäherungsversuch *m* ■ спосо́бство-
вать ~ю zur Ánnäherung béitragen

свобо́д‖а *ж* Fréiheit *f* ○ национа́льная ~a natiónale Fréiheit;
по́длинная ~a wáhre Fréiheit; полити́ческая ~a polítische Fréiheit ● ~a вероисповеда́ния Gláubensfreiheit; ~a демонстра́ций
Demonstratiónsfreiheit; ~a ли́чности Fréiheit der Persönlichkeit
[Persón]; ~a морепла́вания Fréiheit der Schíffahrt; ~a мы́сли
Gedánkenfreiheit, Fréiheit des Dénkens; ~a нау́чного, техни́че-
ского и худо́жественного тво́рчества Fréiheit des wíssenschaftlichen, téchnischen und künstlerischen Scháffens; ~a печа́ти Préssefreiheit; ~a сло́ва Rédefreiheit; ~a собра́ний Versámmlungs-
freiheit; ~a со́вести Gewíssensfreiheit; предоставле́ние свобо́д
Éinräumung [Gewährung] von Fréiheiten ■ боро́ться за ~y
für die Fréiheit kämpfen; восстанови́ть демократи́ческие ~ы
die demokrátischen Fréiheiten wiederhérstellen; завоева́ть ~y

die Fréiheit erríngen [erkämpfen]; защища́ть свою́ ~y séine Fréiheit vertéidigen; обрести́ ~y Fréiheit erlángen; ограни́чивать ~y die Fréiheit beschränken; отда́ть свою́ жизнь за ~y sein Lében für die Fréiheit éinsetzen; пролива́ть кровь за ~y Blut für die Fréiheit vergíeßen; разглаго́льствовать о ~e von Fréiheit schwätzen; уреза́ть демократи́ческие ~ы demokrátische Fréiheiten beschnéiden

свобо́дн**ый** frei ○ ~oe вре́мя fréie Zeit; ~ые де́ньги flüssiges Geld; ~ый до́ступ fréier Zútritt; ~ая конкуре́нция fréie Konkurrénz, fréier Wéttbewerb; ~ая междунаро́дная торго́вля fréier internationáler Hándel; ~oe предпринима́тельство fréies Unternéhmertum; ~ая прода́жа fréier Verkáuf; ~ая профе́ссия fréier Berúf; ~ый ры́нок fréier Markt; ~oe судохо́дство fréie Schíffahrt

связ**ь** ж Beziéhung f, Verbíndung f, Verbúndenheit f ○ догово́рные ~и Vertrágsbeziehungen pl; неруши́мая ~ь féste Verbúndenheit; полити́ческие ~и polítische Beziéhungen; сою́знические ~и Bündnisbeziehungen pl; те́сная ~ь нау́ки и произво́дства énge Verfléchtung von Fórschung und Produktión; те́сные ~и énge Beziéhungen; экономи́ческие ~и wírtschaftliche Beziéhungen ● ~ь с ма́ссами Verbúndenheit mit den Mássen; испо́льзование торго́во-экономи́ческих ~ей в ка́честве сре́дства полити́ческого давле́ния Mißbrauch der Hándels- und Wírtschaftsbeziehungen als polítisches Drúckmittel; разруше́ние догово́рных ~ей die Untergrábung der Vertrágsbeziehungen ■ оживи́ть ~и Beziéhungen belében; подде́рживать ~и Beziéhungen áufrechterhalten; подрыва́ть осно́вы взаимовы́годных междунаро́дных ~ей die Grúndlagen der gégenseitig vórteilhaften internationálen Beziéhungen untergrában; порва́ть ~и Beziéhungen ábbrechen; укрепля́ть ~и Beziéhungen féstigen; укрепля́ть ~ь с трудя́щимися die Verbíndung zu den Wérktätigen féstigen; установи́ть ~и Beziéhungen áufnehmen

сде́лк**а** ж Geschäft n, Ábmachung f ○ безвозме́здная ~а Grátisgeschäft; валю́тная ~а Devísengeschäft; внешнеторго́вая ~a Außenhandelsgeschäft; двусторо́нняя ~a bílaterales [zwéiseitiges] Geschäft; делова́я ~a Geschäftsabschluß m; каба́льная ~a knéchtendes Réchtsgeschäft; компенсацио́нная ~a Kompensatións geschäft; недействи́тельная ~a úngültiges Réchtsgeschäft; посре́дническая ~a Vermíttlungsgeschäft; противозако́нная ~a gesétzwidriges Geschäft; сепара́тные ~и separáte Ábmachungen;

фикти́вная ~a Scheingeschäft; **фина́нсовая** ~a finanzielle Transaktion f ● ~a „газ — тру́бы" (*соглашение о взаимных поставках между СССР и ФРГ*) Érdgas-Röhren-Geschäft ■ соверши́ть ~y ein Geschäft ábschließen; ein Ábkommen tréffen

секре́тн‖ый Geheim‖ ○ ~ый аге́нт Gehéimagent *m;* ~ый догово́р Geheimvertrag *m;* ~ый докуме́нт Geheimdokument *n;* ~ое заседа́ние Geheimsitzung *f;* ~ая инстру́кция Geheiminstruktion *f;* ~ая информа́ция Geheiminformation *f;* ~ая конфере́нция Geheimkonferenz *f;* ~ая организа́ция Geheimorganisation *f;* ~ые перегово́ры Geheimverhandlungen *pl;* ~ый протоко́л Geheimprotokoll *n;* ~ая слу́жба Geheimdienst *m;* ~ое соглаше́ние Gehéimabkommen *n;* ~ый фонд Geheimfonds [-fō:] *m*

семь‖я́ ж Familie *f* ○ еди́ная ~ья́ равнопра́вных респу́блик éinträchtige Familie gleichberechtigter Repúbliken; малообеспе́ченная ~ья́ Familie mit niedrigem Éinkommen, éinkommensschwache Familie; многоде́тная ~ья́ kinderreiche Familie; рабо́чая ~ья́ Árbeiterfamilie; сре́дняя ~ья́ Durchschnittsfamilie ● благополу́чные отноше́ния в ~ье́ geordnete Familienverhältnisse; воспита́ние в ~ье́ Famílienerziehung *f;* воссоедине́ние ~е́й Familienzusammenführung *f;* неблагополу́чные отноше́ния в ~ье́ schwierige Familienverhältnisse; положе́ние в ~ье́ Familiensituation *f;* разме́р ~ьи́ Familiengröße *f* ■ разруша́ть ~ью́ éine Familie zerstören; создава́ть ~ью́ éine Familie gründen

сепара́тн‖ый Separat‖ ○ ~ый мир Separátfrieden *m;* ~ое прави́тельство Separátregierung *f;* ~ое реше́ние Separátbeschluß *m;* ~ая сде́лка Separátabmachung *f;* ~ое соглаше́ние Separátvertrag *m*

се́сси‖я ж Tagung *f,* Sitzung *f* ○ выездна́я ~я Sitzung áußerhalb des ständigen Tágungsortes; выездна́я ~я суда́ áuswärtige Verhándlung; расши́ренная ~я erweíterte Tágung; специа́льная ~я Генера́льной Ассамбле́и ООН Sóndertagung der UNO-Vóllversammlung ● ~я Верхо́вного Сове́та СССР Tagung des Óbersten Sowjéts der UdSSR; ~я Сове́та наро́дных депута́тов Tágung des Sowjéts der Vólksdeputierten; ~я сове́та НАТО NATO-Rátstagung *m;* ме́сто созы́ва ~и Tágungsort *m;* реше́ния ~и Beschlüsse éiner Tágung; уча́стник ~и Tágungsteilnehmer *m* ■ закрыва́ть ~ю éine Tágung [Sítzung] schließen; открыва́ть ~ю éine Tágung [Sítzung] eröffnen; созва́ть ~ю éine Tágung éinberufen

си́л‖а ж Kraft *f,* Stärke *f,* Gewalt *f* ○ антидемократи́ческие ~ы antidemokrátische Kräfte; антиимпериалисти́ческие освободи́тельные ~ы antiimperialístische Befréiungskräfte; антисоциали́стические ~ы antisozialístische Kräfte; веду́щие ~ы führende Kräfte; вели́кая преобразу́ющая ~a gróße verändernde Kraft; вне́шние ~ы äußere Kräfte; вооружённые ~ы двух вое́нных союзов Stréitkräfte zwéier Militärbündnisse; гла́вная ~a антиги́тлеровской коали́ции Háuptkraft der Antihítlerkoalition; дви́жущая ~a обще́ственного прогре́сса Tríebkraft des geséllschaftlichen Fórtschritts; животво́рная ~a маркси́зма-ленини́зма Lébenskraft des Marxísmus-Leninísmus; многосторо́нние я́дерные ~ы multilaterále Atómstreitkräfte; миролюби́вые ~ы Fríedenskräfte pl; нея́дерные ~ы níchtnukleare Kräfte; огро́мные ~ы gewáltige Kräfte; пра́вые ~ы réc..sgerichtete Kräfte, Réchtskräfte pl; притяга́тельная ~a социали́зма Anziehungskraft [Ausstrahlungskraft] des Sozialísmus; производи́тельные ~ы Produktívkräfte pl; руководя́щая и направля́ющая ~a führende und lénkende Kraft; са́мые чёрные ~ы реа́кции и войны́ fínsterste Mächte der Reaktión und des Kríeges; стратеги́ческие наступа́тельные ~ы stratégische Offensívwaffen; тво́рческие ~ы schöpferische Kräfte; ультрапра́вые ~ы últrarechte Kräfte; юриди́ческая ~a Réchtskraft ● ~ы бы́строго развёртывания (CIIIA) schnélle Éingreiftruppe; ~a возде́йствия Ausstrahlungskraft f; ~ы, вражде́бные разря́дке entspánnungsfeindliche Kräfte; ~ы, выступа́ющие за де́ло ми́ра Fríedenskräfte pl; ~ы, гото́вые пойти́ на соглаше́ние verständigungsbereite Kräfte; ~a ине́рции перен. Trägheitskraft; ~a приме́ра Kraft des Béispiels; группиро́вка сил Kräftegruppierung f; дальне́йшая активиза́ция агресси́вных сил die weítere Aktivierung der aggressíven Kräfte; неприменение воéнной ~ы Níchtanwendung militärischer Gewált; нехва́тка рабо́чей ~ы Árbeitskräftemangel m; перестано́вка сил Kräfteverschiebung f; размежева́ние полити́ческих сил Polarisíerung der polítischen Kräfte; размежева́ние сил Kräftedifferenzierung; распыле́ние сил Zersplítterung [Verzéttelung] der Kräfte; расстано́вка полити́ческих сил polítische Kräftekonstellation; сложе́ние сил Zusámmenführen der Kräfte; с неослабева́ющей ~ой mit únverminderter Kraft; соотноше́ние сил (в ми́ре) (internationáles) Kräfteverhältnis; соприкоснове́ние вооружённых сил Berührung der Stréitkräfte ■ вести́ перегово́ры с пози́ции ~ы von der Positión der Stärke aus verhándeln; возде́рживаться от примене́ния ~ы auf Gewáltanwendung verzíchten; возде́рживаться от угро́зы ~ой auf Gewáltandrohung verzíchten;

высвобожда́ть ~ы Kräfte fréilegen; дока́зывать что-л. ~ой при-
ме́ра etw. durch die Kraft des Béispiels bewéisen; нара́щивать
свои́ вооружённые ~ы séine Stréitkräfte verstärken; обузда́ть
агресси́вные ~ы die Aggressiónskräfte [aggressíve Kräfte] zügeln;
поощря́ть антисоциалисти́ческие ~ы все́ми сре́дствами die
antisozialistischen Kräfte auf jéde Wéise ermúntern; применя́ть
вое́нную ~у про́тив кого-л. gégen j-n militärische Gewált ánwenden; продемонстри́ровать уве́ренность в свои́х ~ах das Vertráuen in séine Kraft demonstríeren; развива́ть производи́тель-
ные ~ы die Produktívkräfte entwíckeln; слома́ть сложи́вшееся
равнове́сие сил das entstándene Kräftegleichgewicht zerstören;
сокраща́ть вооружённые ~ы die Stréitkräfte reduzíeren; умно-
жа́ть ~ы die Kräfte vervíelfachen; умножа́ть ~ы социалисти́-
ского содру́жества die Kräfte der sozialístischen Geméinschaft
méhren; устра́ивать про́бу сил sich auf éine Kráftprobe éinlassen;
соотноше́ние сил неукло́нно меня́ется в по́льзу кого-л. die
Kräftekonstellation [das Kräfteverhältnis] verändert sich únablässig zugúnsten (G)

систе́м‖а ж Systém n ○ автоматизи́рованная ~а automa-
tisíertes Systém; валю́тная ~а Währungssystem; двухпарти́йная
~а Zwéiparteiensystem; избира́тельная ~а Wáhlsystem; коло-
ниа́льная ~а Koloniálsystem; многопарти́йная ~а Méhrparteien-
system; несовмести́мые обще́ственные ~ы untereinánder un-
veréinbare geséllschaftliche Systéme; обще́ственная ~а geséllschaftliches Systém; однопарти́йная ~а Éinparteiensystem; пре-
миа́льная ~а Prämiensystem; прогни́вшая [реакцио́нная, раз-
ложи́вшаяся] ~а mórsches [reaktionäres, korrúptes] Systém;
противоспу́тниковая ~а Satellítenabwehrsystem; экономи́че-
ская ~а социали́зма ökonómisches Systém des Sozialísmus ●
~а воспита́ния Erzíehungssystem; ~а госуда́рственно-монопо-
листи́ческого капитали́зма Systém des stáatsmonopolistischen
Kapitalísmus; ~а коллекти́вной безопа́сности Systém der kollektíven Sícherheit; ~а материа́льного поощре́ния Systém der
materiéllen Stimulíerung; ~а медици́нского и бытово́го обслу́-
живания Systém der medizínischen Betréuung und der Dienst-
leistungen; ~а противораке́тной оборо́ны Rakétenabwehrsystem;
~а ра́ннего оповеще́ния и наведе́ния АВА́КС Frühwarnsystem
AWACS; широкомасшта́бная ~а ПРО с элеме́нтами косми́че-
ского бази́рования áusgedehntes [gróßangelegtes, umfássendes]
Rakétenabwehrsystem mit wéltraumgestützten Eleménten; ~а

социа́льного обеспе́чения Sýstem der Soziálfürsorge; на сты́ке двух обще́ственных систе́м an der Náhtstelle zwéier Geséllschaftssysteme; распа́д колониа́льной ~ы Zerfáll des Koloniálsystems ■ создава́ть ~у мора́льных и материа́льных сти́мулов ein Sýstem morálischer und materiéller Stímuli áusarbeiten

ситуа́ци‖я ж Situatión f ○ конфли́ктная ~я Konflíktsituatión; междунаро́дная ~я internationále Láge; напряжённая ~я gespánnte Situatión; тупико́вая ~я verfáhrene [áusweglose] Situatión ● находи́ть вы́ход из сло́жной ~и éinen Áusweg aus éiner komplizíerten Situatión fínden; овладе́ть ~ей die Situatión behérrschen; создава́ть кри́зисные ~и Krísensituationen heráufbeschwören; спасти́ ~ю die Situatión rétten; урегули́ровать конфли́ктные ~и ми́рным путём die Konflíktsituationen friedlich lösen; ~я коренны́м о́бразом измени́лась die Situatión ·hat sich grúndlegend geändert

сло́в‖о с Wort n ○ ве́ские ~а́ schwérwiegende Wórte; вступи́тельное ~о Eröffnungsansprache f; заключи́тельное ~о Schlúßwort; после́днее ~о подсуди́мого létztes Wort des Angeklagten; приве́тственное ~о Begrüßungsansprache f, Begrüßungsworte pl ● говоря́ ле́нинскими ~а́ми um mit Lénin zu spréchen; не на ~а́х, а на де́ле nicht in Wórten, sóndern tátsächlich [in Táten]; свобо́да ~а Rédefreiheit f ■ броса́ть ~а́ на ве́тер in den Wind réden; игра́ть ~а́ми mit Wórten spíelen; наруша́ть ~о sein Wort bréchen; не допуска́ть расхожде́ния ме́жду ~ом и де́лом kéine Diskrepánzen zwíschen Wort und Tat zúlassen; переходи́ть от слов к де́лу vom Wort zur Tat schréiten; сказа́ть своё ве́ское ~о sein gewíchtiges Wort spréchen; у него́ ~о не расхо́дится с де́лом er steht zu séinem Wort

слу́жб‖а ж Dienst m ○ действи́тельная ~а (в армии) aktíver Dienst; дипломати́ческая ~а áuswärtiger Dienst ● го́дность к вое́нной ~е Dfensttauglichkeit f; неприго́дность к вое́нной ~е Dienstuntauglichkeit f; отка́з от несе́ния вое́нной ~ы Wéhrdienstverweigerung f; поступле́ние на ~у Dienstantritt m; увольне́ние со ~ы Díenstentlassung f ■ оста́вить ~у den Dienst áufgeben; поступа́ть на вое́нную ~у den Wéhrdienst ántreten; с че́стью нести́ ~у séinen Dienst in Éhren léisten

служе́бн‖ый díenstlich, Dienst∥ ○ ~ый архи́в Díenstarchiv n; ~ая бума́га Díenstschreiben n; ~ое вре́мя Díenstzeit f; ~ые дела́ Díenstangelegenheiten pl; ~ая командиро́вка Díenstreise *f;* ~ые отношéния Díenstverhältnis *n;* ~ая перепи́ска díenstlicher Schríftverkehr; ~ое распоряжéние Díenstverordnung *f;* ~ая тáйна Díenstgeheimnis *n* ● в ~ом поря́дке auf dem Díenstwege

смéн‖а *ж* Schicht *f* ○ дневнáя ~a Tágesschicht; ночнáя ~a Náchtschicht; удáрная ~a Initiatívschicht, Hóchleistungsschicht; у́тренняя ~a Frühschicht ■ отрабáтывать ~y die Schicht máchen; рабóтать в две ~ы in zwei Schíchten árbeiten

смерть *ж* Tod *m* ○ естéственная ~ natürlicher Tod; наси́льственная ~ gewáltsamer Tod; преждеврéменная ~ vórzeitiger Tod; скоропости́жная ~ plötzlicher Tod ■ быть обречённым на ~ dem Tóde verfállen sein; быть осуждённым на ~ zum Tóde verúrteilt sein; сéять ~ и разрушéния Tod und Verdérben säen; умерéть голóдной ~ю den Húngertod stérben; умерéть ~ю герóя den Héldentod stérben

снижéние *с* Sénkung *f;* Ermäßigung *f;* Ábnahme *f* ● ~ заболевáемости Abnahme der Kránkheitsfälle; ~ зáработной плáты Lóhnabbau *m;* ~ рождáемости Gebúrtenabnahme, Gebúrtenrückgang *m;* ~ у́ровня воéнной конфронтáции Vermínderung des Niveaus [-ʼvoː-] der militärischen Konfrontatión; ~ цен Préissenkung, Préisreduzierung *f*

собрáни‖е *с* Versámmlung *f* ○ законодáтельное ~e gesétzgebende Versámmlung; закры́тое ~e geschlóssene Versámmlung; комсомóльское ~e Komsomólversammlung; Национáльное ~e Nationálversammlung; óбщее ~e Generálversammlung, Háuptversammlung; откры́тое ~e öffentliche Versámmlung; отчётно-вы́борное ~e Beríchtswahlversammlung; парти́йное ~e Partéiversammlung; перевы́борное ~e Wáhlversammlung; профсою́зное ~e Gewérkschaftsversammlung; торжéственное ~e féstliche Veránstaltung, Féstveranstaltung *f,* Féstsitzung *f;* учреди́тельное ~e konstituíerende [verfássungsgebende] Versámmlung ● ~e акти́ва Aktívtagung *f;* прáво проведéния ~й Versámmlungsrecht *n* ■ переноси́ть ~e éine Versámmlung verlégen; проводи́ть ~e éine Versámmlung ábhalten; распусти́ть ~e éine Versámmlung áuflösen

сóбственност‖ь *ж* Éigentum *n* ○ госудáрственная ~ь stáatliches Eigentum; еди́ная общенарóдная ~ь éinheitliches Vólkseigentum; земéльная ~ь Grúndbesitz *m,* Lándeigentum; колхóзная ~ь Kolchóseigentum, kollektívwirtschaftliches Eigentum;

кооперати́вная ~ь genóssenschaftliches Éigentum; кооперати́вно-колхо́зная ~ь genóssenschaftlich-kollektívwirtschaftliches Éigentum; ли́чная ~ь persönliches Éigentum; недви́жимая ~ь únbewegliches Éigentum; общенаро́дная ~ь állgemeines Vólkseigentum; обще́ственная ~ь geséllschaftliches Éigentum; социалисти́ческая ~ь на сре́дства произво́дства sozialístisches Éigentum an Produktiónsmitteln; ча́стная ~ь Priváteigentum [-v-]; ча́стно-капиталисти́ческая ~ь privátkapitalistisches Éigentum ● приумноже́ние ~и Méhrung des Éigentums; фо́рма ~и Éigentumsform *f;* хище́ние социалисти́ческой ~и Entwéndung sozialístischen Éigentums

    собы́ти||е *c* Eréignis *n* ○ знамена́тельное. ~e dénkwürdiges [bedéutendes] Eréignis; истори́ческое ~e histórisches Eréignis; междунаро́дное ~я internationáles Geschéhen; чрезвыча́йное ~e áußerordentliches Eréignis; эпоха́льное ~е epóchemachendes Eréignis ● ~я в ми́ре Wéltgeschehen *n;* ~я вну́тренней и междунаро́дной жи́зни Eréignisse des nationálen und internationálen Lébens; ~я дня Tágesgeschehen *n;* водоворо́т ~й Wírbel [Strúdel] der Eréignisse; кла́ссовая оце́нка ~й klássenmäßige Beúrteilung der Eréignisse; ход ~й Lauf [Gang] der Eréignisse ■ испо́льзовать како́е-л. ~e в ка́честве предло́га ein Eréignis als Vórwand benútzen; останови́ть опа́сное разви́тие ~й die gefährliche Entwícklung der Eréignisse áufhalten; поверну́ть ход ~й в како́м-л. направле́нии den Gang der Eréignisse in Ríchtung (*G*) lénken; предотврати́ть подо́бный ход ~й éinen dérartigen Lauf der Eréignisse ábwenden; следи́ть за ~ями die Eréignisse verfólgen; стать ~ем истори́ческой ва́жности ein Eréignis von histórischer Trágweite wérden

    соверше́нствование *c* Vervóllkommnung *f* ● ~ всей систе́мы госуда́рственного управле́ния Vervóllkommnung des gesámten Systéms der Stáatsverwaltung; ~ распредели́тельных отноше́ний Vervóllkommung der Vertéilungsverhältnisse; ~ хозя́йственного механи́зма Vervóllkommnung des Wírtschaftsmechanismus

    сове́т *м* Rat *m;* Sowjét *m* ○ администрати́вный ~ Verwáltungsrat; вое́нный ~ Kríegsrat, Militärrat; Госуда́рственный ~ (*ГДР*) Stáatsrat (*DDR*); исполни́тельный ~ Exekutívrat; контро́льный ~ Kontróllrat; ме́стные ~ы örtliche Sowjéts; наблюда́тельный ~ Áufsichtsrat; Национа́льный ~ (*ГДР*) Nationálrat (*DDR*); парла́ментский ~ parlamentárischer Rat; постоя́нный

~ ständiger Rat; ре́гентский ~ Regéntschaftsrat ● Верхо́вный Сове́т СССР Óberster Sowiét der UdSSR; Всеми́рный Сове́т Ми́ра Wéltfriedensrat; Всеми́рный ~ церкве́й Wéltkirchenrat; Всесою́зный ~ нау́чно-техни́ческих о́бществ Uniónsrat der wissenschaftlich-téchnischen Geséllschaften; Всесою́зный Центра́льный Сове́т Профессиона́льных Сою́зов (ВЦСПС) Zentrálrat der Gewérkschaften der Sowjétunion; Сове́т Безопа́сности ООН UNO-Sícherheitsrat; Сове́т Мини́стров Minísterrat; Сове́т наро́дных депута́тов Sowjét der Vólksdeputierten; Сове́т Национа́льностей (*Верхо́вного Сове́та СССР*) Nationalitätensowjet; Сове́т Оборо́ны СССР Vertéidigungsrat der UdSSR; Сове́т по национа́льной безопа́сности (*США*) Nationáler Sícherheitsrat; Сове́т Сою́за (*Верхо́вного Сове́та СССР*) Uniónssowjet; Сове́т Экономи́ческой Взаимопо́мощи (СЭВ) Rat für Gégenseitige Wírtschaftshilfe (RGW); ~ управля́ющих Междунаро́дного аге́нтства по а́томной эне́ргии Gouverneursrat [guvɛr'nɷ:r-] der Internationá́len Atómenergieorganisation (IAEA); съезд Сове́тов Sowjétkongreß *m* ■ повы́сить роль ~ов die Rólle der Sowjéts erhöhen; уси́лить контро́льные фу́нкции ~ов die Kontróllfunktionen der Sowjéts auf ein höheres Niveau [-'vo:] bringen

сове́тник *м* Berá́ter ○ ближа́йшие ~и éngste Berá́ter; вое́нный ~ Militärberater *m;* дипломати́ческий ~ diplomá́tischer Berá́ter; ли́чный ~ persönlicher Berá́ter; торго́вый ~ Hándelsrat *m* ● ~ (дипломати́ческой) ми́ссии Gesándschaftsrat *m; ~* по внешнеполити́ческим вопро́сам áußenpolitischer Berá́ter; ~ по полити́ческим вопро́сам polítischer Berá́ter; ~-посла́нник Gesá́ndte *sub m;* ~ посо́льства Bótschaftsrat *m; ~* по экономи́ческим вопро́сам Wírtschaftsberater; ~ президе́нта по национа́льной безопа́сности (*США*) Sícherheitsberater des USA-Präsidénten [u:ɛs'a:-]; гру́ппа ~ов Berá́terstab *m*

совеща́ние *с* Konferénz *f*, Berá́tung *f* ○ очередно́е ~ túrnusmäßige Berá́tung; продолжи́тельное ~ längere Berá́tung; произво́дственное ~ Produktiónsberatung; рабо́чее ~ Árbeitsberatung ● ~ в верха́х Gípfelkonferenz; ~ глав прави́тельств Konferénz der Regíerungschefs [-ʃefs]; ~ мини́стров иностра́нных дел Áußenministerkonferenz; ~ передовико́в произво́дства Béstarbeiterkonferenz; Совеща́ние по безопа́сности и сотру́дничеству в Евро́пе Konferénz über Sícherheit und Zusámmenarbeit in Euró́pa; Экономи́ческое ~ стран — чле́нов СЭВ на вы́сшем у́ровне Wírtschaftsberatung der RGW-Mítgliedsländer auf höchster

Ebene; участник совещания Beratungsteilnehmer *m* ■ возобновить ~ eine Beratung wiederaufnehmen; прервать ~ eine Beratung abbrechen; приглашать кого-л. на ~ j-n zu einer Beratung einladen; проводить ~ eine Beratung abhalten; ~ прошло в духе интернациональной солидарности die Beratung verlief im Geiste der internationalen Solidarität

соглашение *с* Abkommen *n*, Vertrag *m*, Vereinbarung *f* ○ двустороннее ~e bilaterales Abkommen; долгосрочное ~e langfristiges Abkommen; дополнительное ~e Zusatzabkommen; кабальное ~e knechtender Vertrag, Schandvertrag; компромиссное ~e Kompromißabkommen; кэмп-дэвидские ~я Abkommen von Camp David [kæmp'devid]; межгосударственное ~e zwischenstaatliche Vereinbarung; международное ~e internationales Abkommen; межправительственное ~e Regierungsabkommen; многосторонние ~я multilaterale Abkommen; общее ~e Globalabkommen, Generalvereinbarung; патентное ~e Patentabkommen; платёжное ~e Zahlungsabkommen; Потсдамское ~e Potsdamer Abkommen; приемлемое для всех, ~e die für alle annehmbare Übereinkunft; промежуточное ~e Interimsabkommen; торговое ~e Handelsabkommen; Четырёхстороннее ~e от 3.IX. 1971 (*по Западному Берлину*) Vierseitiges Abkommen vom 3.09.1971 (*über Westberlin*); Ялтинское ~e Abkommen von Jalta ; Соглашение между СССР и США о предотвращении ядерной войны die Vereinbarung zwischen der UdSSR und den USA zur Verhütung eines Kernwaffenkrieges; ~e, не наносящее ущерба безопасности какой-л. из сторон der Sicherheit keiner Seite abträgliche Vereinbarung; Соглашение о мерах по уменьшению опасности возникновения ядерной войны Abkommen über Maßnahmen zur Verminderung der Gefahr des Ausbruches eines Kernwaffenkrieges; Соглашение об ограничении стратегических наступательных вооружений (ОСВ—2) Abkommen über die Begrenzung strategischer Angriffswaffen [Offensivwaffen] (SALT—2); ~e о перемирии Waffenstillstandsabkommen; Соглашение о полном и всеобщем запрещении испытаний ядерного оружия Abkommen über das vollständige und allgemeine Verbot der Kernwaffenversuche; ~e о поставках Lieferabkommen; Соглашение о предотвращении инцидентов в открытом море и в воздушном пространстве над ним Abkommen über die Verhütung von Zwischenfällen auf und über dem offenen Meer; ~e о прекращении военных действий Abkommen über die Einstellung der Kampf-

handlungen; ~e о товарообме́не Hándelsabkommen; ~e о товаро-
оборо́те и платежа́х Abkommen über den Wáren- und Záhlungs-
austausch [Wáren- und Záhlungsverkehr]; текст ~я Wórtlaut
des Ábkommens ■ аннули́ровать ~e ein Ábkommen kündigen
[für null und níchtig erklären]; дости́чь надёжно контроли́руе-
мых ~й zúverlässig kontrollíerbare Ábkommen erréichen; заклю-
ча́ть ~e ein Ábkommen (áb)schließen; навяза́ть кому́-л. капиту-
ля́нтское ~e j-m ein Kapitulatiónsabkommen áufzwingen; не на-
руша́ть никаки́х ~й gégen kéinerlei Verträge verstóßen; не оста́-
вить никаки́х лазе́ек для обхо́да ~я kein Híntertürchen óffen
lássen, das Ábkommen zu umgéhen; парафи́ровать ~e ein Ábkom-
men paraphíeren; подписа́ть ~e ein Ábkommen unterzéichnen;
пойти́ на ~e auf ein Ábkommen éingehen; стро́го соблюда́ть
заключённые ~я ábgeschlossene Veréinbarungen strikt éinhalten;
~e вы́держало испыта́ние вре́менем das Abkommen hat die
geschíchtliche Bewährungsprobe bestánden

    содру́жеств||о с Geméinschaft f ○ мирово́е социалисти́че-
ское ~o wéltumspannende sozialístische Geméinschaft; неруши́-
мое боево́е ~о únerschütterliche Kámpfgemeinschaft; те́сное
~o énge Geméinschaft ● ~о всех миролюби́вых наро́дов Ge-
méinschaft áller fríedliebenden Völker; Содру́жество на́ций Com-
monwealth [ˈkɔmɔnwɛlθ] n; Völkergemeinschaft f; неотъе́мле-
мая часть социалисти́ческого ~a féster Bestándteil der sozia-
lístischen Geméinschaft ■ войти́ в ~o sich in die Geméinschaft
éingliedern; вступи́ть в ~o in éine Geméinschaft éintreten, éiner
Geméinschaft béitreten; попы́тки расшата́ть социалисти́ческое
~o обречены́ на прова́л Versúche, die sozialístische Stáatenge-
meinschaft zu untergráben, sind zum Schéitern verúrteilt; поста́-
вить себя́ вне ~a sich áußerhalb der Geméinschaft stéllen

    сокраще́ни||е с Reduzíerung f, Kürzung f, Vermínderung
f ○ взаи́мное ~e вооружённых сил и вооруже́ний gégenseitige
Vermínderung der Stréitkräfte und Rüstungen; всео́бщее, по-
степе́нное и сбаланси́рованное ~e állgemeine, stúfenweise und
áusgewogene Reduzíerung; обою́дное ~e войск и вооруже́ний
béiderseitige Verríngerung der Stréitkräfte und Rüstungen; одно-
сторо́ннее ~e войск éinseitige Reduzíerung der Trúppen; посте-
пе́нное ~e запа́сов я́дерного ору́жия állmähliche Reduzíerung
von Kérnwaffenbeständen; ре́зкое ~e расхо́дов на социа́льные
ну́жды rigoróser Sozíalabbau; части́чное ~e военного континге́н-
та téilweise Reduzíerung des Militärkontingents ● ~e ассигнова́ний

на здравоохране́ние die Ábstriche im Gesúndheitswesen; ~е вое́нного бюдже́та Reduzíerung des Militärbudgets [-by,dʒe:s]; ~е вооруже́ний Reduzíerung der Rüstungen; ~е всех ви́дов ору́жия Reduzíerung áller Wáffenarten; ~е обы́чных вооруже́ний Reduzíerung der konventionéllen [herkömmlichen] Wáffen; ~е произво́дства Kürzung [Drósselung] der Produktión; ~е реа́льной зарабо́тной пла́ты Reduzíerung des Reállohnes; ~е ры́нка Schrúmpfung des Márktes; ~е товарооборо́та Kürzung des Wárenumsatzes [Wárenaustausches]; ~е шта́тов Stéllenplankürzung, Reduzíerung des Personálbestandes; ~е я́дерных арсена́лов Reduzíerung der Kérnwaffenarsenale ■ добива́ться ~я я́дерных вооруже́ний éine Reduzíerung der nukleáren Rüstungen ánstreben; провести́ ~е (чего́-л.) die Verríngerung (G) vórnehmen

солида́рност‖**ь** ж Solidarität f ○ „атланти́ческая" сою́зническая ~ь „atlántische" Búndnissolidarität; междунаро́дная ~ь internationále Solidarität ● акт ~и Solidaritätsakt m; движе́ние ~и Solidaritätsbewegung f; демонстра́ция ~и Solidaritätsaktion f; забасто́вка ~и Solidaritätsstreik m; заявле́ние о ~и Solidaritätserklärung f; комите́т ~и Solidaritätskomitee n; мероприя́тие, проводи́мое в знак ~и Solidaritätsveranstaltung f; ми́тинг ~и Solidaritätskundgebung f; посла́ние с выраже́нием ~и Solidaritätsadresse f; проявле́ние ~и Solidaritätsbekundung f; си́ла пролета́рской ~и Kraft der proletárischen Solidarität; счёт ~и (банко́вский) Solidaritätskonto n; фонд ~и Solidaritätsfonds [-fɔ̃:] m; чу́вство ~и Solidaritätsgefühl n ■ вы́разить свою́ ~ь séine Solidarität zum Áusdruck bríngen; проявля́ть ~ь Solidarität üben; рассчи́тывать на бра́тскую ~ь кого́-л. auf j-s brüderliche Solidarität réchnen; сохраня́ть и крепи́ть ~ь бра́тских социалисти́ческих стран die Solidarität der sozialístischen Brúderländer wáhren und stärken; укрепля́ть ~ь die Solidarität féstigen

сообще́ни‖**е** с Informatión f, Mítteilung f, Méldung f ○ клеветни́ческие ~я verléumderische Informatiónen; кра́ткое ~е. ку́рзе Mítteilung; официа́льное ~е offizíelle [ámtliche] Mítteilung; прави́тельственное ~е Regíerungserklärung f, regíerungsamtliche Mítteilung; тенденцио́зные ~я tendenziöse Informatiónen; у́стное ~е mündliche Mítteilung ● ~е печа́ти Préssemeldung; ~е со́бственного корреспонде́нта Éigenmeldung; распростране́ние ~й Verbréitung der Informatiónen; согла́сно ~ю laut Mítteilung ■ опубликова́ть ~е éine Mítteilung veröffentlichen; опубликова́ть ~е в пре́ссе éine Mítteilung in der Présse bríngen

сообществ||о с Geméinschaft f ○ Европе́йское экономи́ческое ~о (ЕЭС) Europäische Wírtschaftsgemeinschaft (*EWG*); междунаро́дное ~о internationále Geméinschaft ■ противопоставля́ть себя́ междунаро́дному ~у sich der internationálen Geméinschaft entgégenstellen

сопротивле́ние с Wíderstand *m* ○ антифаши́стское ~ antifaschístischer Wíderstand; вооружённое ~ bewáffneter Wíderstand ● борьба́ уча́стников движе́ния Сопротивле́ния Wíderstandskampf *m;* движе́ние Сопротивле́ния Wíderstandsbewegung *f;* уча́стник движе́ния Сопротивле́ния Wíderstandskämpfer *m* ■ натолкну́ться на ~ auf Wíderstand stóßen; ока́зывать (акти́вное, пасси́вное) ~ (aktíven, passíven) Wíderstand léisten; преодоле́ть ~ den Wíderstand überwínden; продолжа́ть ~ den Wíderstand fórtsetzen; сломи́ть ~ den Wíderstand bréchen

соревнова́ни||е с Wéttbewerb *m* ○ внутризаводско́е социалисти́ческое ~е ínnerbetrieblicher sozialístischer Wéttbewerb; всесою́зное ~е Uniónswettbewerb; ма́ссовое ~е Mássenwettbewerb; ми́рное ~е fríedlicher Wéttbewerb; предсъе́здовское ~е Wéttbewerb zu Éhren des Partéitages; социалисти́ческое ~е sozialístischer Wéttbewerb; экономи́ческое ~е двух мировы́х систе́м ökonómischer Wéttbewerb der béiden Wéltsysteme ● ~е за высо́кое ка́чество Qualitätswettbewerb; ~е за досто́йную встре́чу како́й-л. годовщи́ны Wéttbewerb zur würdigen Vórbereitung éines Jáhrestages; ~е за лу́чшие показа́тели Wéttbewerb um höchste Léistungen; ~е передовико́в произво́дства Spítzenwettbewerb; вы́зов на ~е Wéttbewerbsaufruf *m;* застре́льщик [передови́к] ~я Initiátor [Schríttmacher] des Wéttbewerbs; исхо́д ~я Áusgang des Wéttbewerbs; подведе́ние ито́гов ~я Wéttbewerbsauswertung *f* ■ включа́ться в социалисти́ческое ~е sich dem sozialístischen Wéttbewerb ánschließen; вступи́ть в ~е in den Wéttbewerb tréten, den Wéttbewerb áufnehmen; вы́звать на социалисти́ческое ~е zum sozialístischen Wéttbewerb áuffordern; организова́ть социалисти́ческое ~е sozialístischen Wéttbewerb organisíeren; разверну́ть социалисти́ческое ~е den sozialístischen Wéttbewerb entfálten

сосуществова́ни||е с Koexisténz f ○ ми́рное ~е fríedliche Koexisténz, fríedliches Miteinánder ● ми́рное ~е госуда́рств с разли́чным обще́ственным стро́ем fríedliche Koexisténz von Stáaten mit unterschíedlicher Geséllschaftsordnung ■ подорва́ть ми́рное ~е die fríedliche Koexisténz untergráben; утверди́лось ми́рное ~е госуда́рств die fríedliche Koexisténz von Stáaten hat sich dúrchgesetzt; ми́рному ~ю нет разу́мной альтернати́вы zur fríedlichen Koexisténz gibt es kéine vernünftige Alternatíve

сотру́дничеств‖о *c* Zusámmenarbeit *f* ○ бра́тское ~о brüderliche Zusámmenarbeit; взаимовы́годное ~о gégenseitig vórteilhafte Zusámmenarbeit; двусторо́ннее ~о zwéiseitige [bilaterále] Zusámmenarbeit; конструкти́вное ~о konstruktíve Zusámmenarbeit; крупномасшта́бное ~о úmfangreiche Zusámmenarbeit; культу́рное ~о kulturélle Zusámmenarbeit; межгосуда́рственное ~о zwíschenstaatliche Zusámmenarbeit; междунаро́дное ~о internationále Zusámmenarbeit; ми́рное ~о fríedliche Zusámmenarbeit; многогра́нное ~о víelfältige Zusámmenarbeit; многосторо́ннее ~о méhrseitige [multilaterále] Zusámmenarbeit; нау́чное ~о wíssenschaftliche Zusámmenarbeit; нау́чно-техни́ческое ~о téchnisch-wíssenschaftliche Zusámmenarbeit; плодотво́рное ~о frúchtbare [frúchtbringende] Zusámmenarbeit; полити́ческое ~о polítische Zusámmenarbeit; равнопра́вное ~о gléichberechtigte Zusámmenarbeit; тво́рческое ~о schöpferische Zusámmenarbeit; те́сное ~о énge Zusámmenarbeit; экономи́ческое ~о wírtschaftliche Zusámmenarbeit ● ~о на долговре́менной осно́ве Zusámmenarbeit auf lángfristiger Grúndlage; ~о на осно́ве равнопра́вия и взаи́мной вы́годы Zusámmenarbeit auf der Grúndlage der Gléichberechtigung und des gégenseitigen Nútzens; ~о, осно́ванное на по́лном дове́рии vertráuensvolle Zusámmenarbeit; плоды́ ~а Früchte [Ergébnisse] der Zusámmenarbeit; програ́мма ~а Prográmm der Zusámmenarbeit; разви́тие ~а Entwícklung der Zusámmenarbeit; расшире́ние ~а Erwéiterung [Áusbau] der Zusámmenarbeit; свёртывание ~а Ábbau der Zusámmenarbeit; укрепле́ние ~а Féstigung der Zusámmenarbeit; в ~е с... in Zusámmenarbeit mit... ■ выража́ть гото́вность к откры́тому, че́стному ~у Beréitschaft zu óffener und éhrlicher Zusámmenarbeit bekúnden; де́лать ~о всё бо́лее те́сным die Zusámmenarbeit ímmer énger gestálten; иска́ть но́вые фо́рмы ~а nach néuen Fórmen der Zusámmenarbeit súchen; нала́живать ~о в междунаро́дных отноше́ниях die Zusámmenarbeit in den internationálen Bezíehungen normalisíeren; осуществля́ть ~о die Zusámmenarbeit verwírklichen; подменя́ть ~о конфронта́цией die Zusámmenarbeit durch Konfrontatión ersétzen; подорва́ть ~о die Zusámmenarbeit unterminíeren; призыва́ть к широ́кому междунаро́дному ~у zu éiner bréiten internationálen Zusámmenarbeit

271

áufrufen; развива́ть ми́рное ~o die fríedliche Zusámmenarbeit fördern; расширя́ть ~o die Zusámmenarbeit erwéitern; расши-ря́ть ~o на бо́лее высо́ком у́ровне die Zusámmenarbeit auf höherem Niveau [-'vo:] áusbauen; углубля́ть ~o die Zusámmen-arbeit vertíefen; ~o охва́тывает все сфе́ры обще́ственной жи́зни die Zusámmenarbeit umfáßt álle Beréiche des geséllschaftlichen Lébens; ~o приобрело́ живо́й и плодотво́рный хара́ктер es entwíckelte sich éine lebéndige und frúchtbare Zusámmenarbeit

социали́зм м Sozialísmus m ○ нау́чный ~ wíssenschaftlicher Sozialísmus; реа́льно существу́ющий ~ réal existíerender Sozia-lísmus; реа́льный ~ réaler Sozialísmus ● бастио́н ~a и ми́ра Ba-stión des Sozialísmus und des Fríedens; благоро́дное де́ло ~a héhre Sáche des Sozialísmus; борьба́ за ~ der Kampf für den Sozialísmus; влия́ние ~a в мирово́й поли́тике Éinfluß des So-zialísmus in der Wéltpolitik; гла́вный при́нцип ~a Grúndprinzip des Sozialísmus; заверше́ние постро́ения ~a Volléndung des Áufbaus des Sozialísmus; осно́вы ~a Grúndlagen des Sozialís-mus; отка́з от ~a Abkéhr vom Sozialísmus; откры́то враждéбное отноше́ние к ~y óffene Féindschaft zum Sozialísmus; перехо́д к ~y, минуя́ капиталисти́ческую ста́дию разви́тия Übergang zum Sozialísmus únter Umgéhung des kapitalístischen Entwíck-lungsstadiums; развёрнутое строи́тельство ~a umfássender Áuf-bau des Sozialísmus; соверше́нствование зре́лого ~a Vervóll-kommnung des réifen Sozialísmus; строи́тельство ~a Áufbau des Sozialísmus; эпо́ха ~a Zéitalter des Sozialísmus ■ жить при ~e im Sozialísmus lében; задержа́ть продвиже́ние ~a вперёд das Voránschreiten des Sozialísmus áufhalten; полне́е раскрыва́ть возмо́жности ~a die Poténzen des Sozialísmus bésser erschlíeßen; де́ло ~a победи́т де́ло Sáche des Sozialísmus wird síegen; ~ утвер-ди́лся оконча́тельно и бесповоро́тно der Sozialísmus hat sich éndgültig und unwiderrúflich dúrchgesetzt

социалисти́ческ||ий sozialístisch ○ ~ое госуда́рство sozia-lístischer Staat; ~ая зако́нность sozialístische Gesétzlichkeit; ~ая идеоло́гия sozialístische Ideologíe; ~ий интернационали́зм sozialístischer Internationalísmus; мирова́я ~ая систе́ма sozialí-stisches Wéltsystem; ~ое мировоззре́ние sozialístische Wéltan-schauung; ~ий о́браз жи́зни sozialístische Lébensweise; ~ое о́б-щество sozialístische Geséllschaft; ~ая па́ртия sozialístische Partéi; ~ое пла́новое хозя́йство sozialístische Plánwirtschaft; по́длин-ный ~ий демократи́зм wáhre sozialístische Demokratíe; ~ие

272

преобразова́ния sozialistische Úmgestaltungen; ~ий реали́зм sozialistischer Realísmus; ~ая систе́ма хозя́йства sozialistisches Wírtschaftssystem; ~ая со́бственность sozialístisches Éigentum; ~ое содру́жество sozialistische Geméinschaft [Stáatengemeinschaft]; ~ое соревнова́ние sozialístischer Wéttbewerb; ~ая эконо́мика sozialistische Wírtschaft ■ вы́брать ~ую ориента́цию éine sozialistische Orientíerung wählen

социа́льн‖ый sozial, Sozial// ○ ~ое законода́тельство Soziálgesetzgebung f; ~ые конфли́кты soziále Konflíkte; ~ый кри́зис soziále Kríse; ~ая напряжённость soziále Spánnungen; ~ое нера́венство soziále Úngleichheit; ~ая несправедли́вость soziále Úngerechtigkeit; ~ое обеспе́чение soziále Betréuung [Fürsorge]; ~ая обеспе́ченность и ;защищённость soziále Sícherheit und Gebórgenheit; ~ое обнища́ние трудя́щихся soziále Verélendung der Wérktätigen; ~ое обновле́ние soziále Ernéuerung; ~ый партнёр Soziálpartner m; ~ое партнёрство Soziálpartnerschaft f; ~ое положе́ние soziále Stéllung; ~ая по́мощь Soziálhilfe f; ~ый прогре́сс soziáler Fórtschritt; ~ые противоре́чия soziále Gégensätze; ~ое разви́тие soziále Entwícklung; ~ые разли́чия soziále Únterschiede; ~ая револю́ция soziále Revolutión; ~ое страхова́ние Soziálversicherung f; ~ый строй soziále Órdnung; ~ая структу́ра Soziálstruktur f; ~ые тече́ния soziále Strömungen

сою́з м Bund m, Bündnis n, Verbánd m ○ боево́й ~ единомы́шленников Kámpfbund Gléichgesinnter; бра́тский ~ Brúderbund, brüderliches Bündnis; вое́нно-полити́ческий оборони́тельный ~ militärpolitisches Vertéidigungsbündnis; испы́танный боево́й ~ bewährtes Kámpfbündnis; непоколеби́мый ~ únerschütterliches Bündnis; оборони́тельный ~ Vertéidigungsbündnis; предвы́борный ~ Wáhlbündnis ● Сою́з архите́кторов Architéktenverband; ~ госуда́рств Stáatenbund; Сою́з журнали́стов Journalístenverband [zʊr-]; Сою́з кинематографи́стов Verbánd der Fílmschaffenden; Сою́з компози́торов Kómponístenverband; Сою́з о́бществ Кра́сного Креста́ и Кра́сного полуме́сяца Verbánd der Geséllschaften des Róten Kréuzes und des Róten Hálbmondes; Сою́з писа́телей Schríftstellerverband; Сою́з сове́тских о́бществ дру́жбы и культу́рной свя́зи с зарубе́жными стра́нами Verbánd der sowjétischen Geséllschaften für Fréundschaft und kulturélle Verbíndungen mit dem Áusland; Сою́з театра́льных де́ятелей СССР Verbánd der Theáterschaffenden der UdSSR; Сою́з худо́жников Verbánd Bíldender Künstler; Центра́льный ~

273

потреби́тельских о́бществ СССР Zentrálverband der Konsúmge-
nossenschaften der UdSSR; зало́г про́чности ~a Únterpfand für
die Trágfähigkeit des Bündnisses; неиссяка́емый исто́чник си́лы
на́шего ~a únversiegbarer Kráftquell únseres Bündnisses; неруши-
мый ~ рабо́чего кла́сса, крестья́нства и интеллиге́нции ún-
zerstörbares Bündnis der Árbeiter, Báuern und Intelligénz; по-
стоя́нное укрепле́ние боево́го ~a únablässige Féstigung des
Ка́mpfbündnisses; принадле́жность к ~y Bündniszugehörigkeit
f ■ вовлека́ть госуда́рства пря́мо или ко́свенно в военно-
-полити́ческие ~ы die Stáaten dirékt óder índirekt in militärpolitische Bündnisse éinbeziehen; расши́рить сфе́ру де́йствия
военно-полити́ческого ~a den Aktiónsbereich des militärpoli-
tischen Bündnisses erwéitern; укрепля́ть ~ с социалисти́ческими
стра́нами das Bündnis mit den sozialístischen Stáaten féstigen
    сою́зник м Verbündete *sub m*, Bündnispartner *m* ○ надёж-
ный ~ zúverlässiger Verbündeter ● ~и по Варша́вскому Догово́-
ру Bündnispartner des Wárschauer Vertráges; ~и по НА́ТО
NÁTO-Verbündete *pl;* ~ рабо́чего кла́сса Wéggefährte [Bünd-
nispartner] der Árbeiterklasse
    сою́зн‖ый alliíert, Unións‖, verbündet ○ ~ое госуда́рство
verbündeter Staat; ~ые держа́вы alliíerte Mächte; ~ый догово́р
Bündnisvertrag *m;* ~ая респу́блика Unió́nsrepublik *f*
    специа́льн‖ый Sónder‖, Speziál‖ ○ ~ый вы́пуск *(газеты)*
Sónderausgabe *f;* ~ый комите́т Sónderausschuß *m;* ~ый корре-
спонде́нт Sónderberichterstatter *m;* ~ый креди́т Sónderkredit *m;*
~ая ми́ссия Sóndermission *f;* ~ый по́езд Sónderzug *m;* ~ый
протоко́л Sónderprotokoll *n;* ~ый самолёт Sónderflugzeug *n,*
Sóndermaschine *f;* ~ая се́ссия Сове́та Безопа́сности Sóndertagung des UNO-Sícherheitsrates; ~ая слу́жба Speziáldienst *m;*
~ое соглаше́ние Sónderabkommen *n;* ~ый уполномо́ченный
Sónderbeauftragte *sub m;* ~ый фонд Sónderfonds [-fɔ̃ː] *m*
    спис‖ок м Líste *f* ○ еди́ный ~ок Éinheitsliste; избира́тель-
ный ~ок Wáhlliste; именно́й ~ок Námensliste; послужно́й ~ок
Díenstliste *f* ● ~ок зака́зов Bestélliste; ~ок избира́телей Wählerliste; ~ок кандида́тов Kandidátenliste; ~ок прису́тствующих
Ánwesenheitsliste; ~ок сотру́дников Mítarbeiterliste, Personál-
verzeichnis *n;* ~ок уча́стников Téilnehmerliste; голосова́ние
по ~ку Lístenabstimmung *f* ■ вноси́ть в ~ок in éine Líste éintragen; голосова́ть ~ком éine Lístenwahl dúrchführen; заноси́ть
в чёрный ~ок auf die Schwárze Líste sétzen

сплочённость ж Geschlóssenheit f ○ брáтская ~ brüderliche Geschlóssenheit; неруши́мая ~ unerschütterliche Geschlóssenheit ● ~ пáртии Geschlóssenheit der Partéi; ~ социалисти́ческого содру́жества Geschlóssenheit der sozialístischen Geméinschaft ▪ крепи́ть ~ стран социали́зма die Geschlóssenheit der sozialístischen Länder féstigen

спор м Streit m, Stréitigkeit f ○ бесполéзный ~ nútzloser Streit; беспредмéтный ~ gégenstandsloser Streit; иму́щественный ~ Vermögensstreitigkeit, Vermögensstreit; ожесточённый ~ erbítterter Streit; трудовóй ~ Arbéitsstreitigkeit, Arbeitsstreit ● предмéт ~a Stréitgegenstand m; разрешéние ~a Béilegung éines Stréitfalls ▪ прекрати́ть ~ éinen Streit béilegen; начáть ~ éinen Streit begínnen [vom Záune bréchen]; разрешáть ~ы Stréitigkeiten béilegen, Stréitfragen entschéiden; решáть ~ы ми́рными срéдствами Stréitigkeiten mit friédlichen Mítteln béilegen

спрос м Bedárf m, Náchfrage f ○ мáссовый ~ Mássenbedarf; ожидáемый ~ perspektívischer Bedárf, voráussichtliche Náchfrage; повы́шенный ~ erhöhter Bedárf, erhöhte Náchfrage; покупáтельский ~ Käufernachfrage, Bedarfsäußerung f; постоя́нный ~ ständiger Bedárf, tägliche Náchfrage; твёрдый ~ stabíler Bedárf, stabíle Náchfrage; усто́йчивый ~ stabíler Bedárf, gléichbleibende Náchfrage; факти́ческий ~ Ist-Bedárf, wírkliche [tátsächliche] Náchfrage ● ~ населéния Bedárf der Bevölkerung; знáние ~a Kénntnis des Bedárfs; изменéние ~a Veränderung der Náchfrage; изучéние ~a Bedárfsforschung f; удовлетворéние ~a Bedárfsdeckung f, Déckung des Bedárfs, Befríedigung des Bedárfs; учёт ~a Erfássung der Náchfrage, Bedárfserfassung f ▪ находи́ть широ́кий ~ sich gróßer Náchfrage erfréuen; удовлетворя́ть ~ den Bedárf décken [befríedigen]; учи́тывать ~ den Bedárf berücksichtigen [erfássen]

срéдств▯о с Míttel n ○ ми́рные ~a friédliche Míttel; огрóмные дéнежные ~a horrénde Géldsummen; удáрные косми́ческие ~a kósmische Ángriffsmittel, Wéltraumangriffswaffen pl ● ~a, высвобождáемые в результáте сокращéния воéнных расхóдов durch Kürzung der Rüstungsausgaben fréiwerdende Míttel; запрещённые ~a ведéния войны́ verbótene Míttel der Kríegführung; косми́ческие ~a изучéния приро́дных ресу́рсов Míttel der Ráumfahrt zur Erfórschung der Natúrressourcen [-ʒʊrsən]; kósmische Míttel zur Erfórschung der natürlichen Ressourcen; ~a мáлой механизáции Kléinmechanisierungsmittel pl; ~a мáссо-

вого уничтоже́ния Massenvernichtungsmittel *pl;* ~а ма́ссовой информа́ции Massenmedien *pl;* масшта́бные ~а укрепле́ния дове́рия umfangreiche vertrauensbildende Mittel; ~а ми́рного решения территориа́льных спо́ров Mittel zur friedlichen Lösung
territorialer Streitfragen; ~а к существова́нию Existenzmittel
pl; ~а, напра́вленные на реше́ние какой-л. зада́чи für die Lösung einer Aufgabe bereitgestellte Mittel; ~а на образова́ние,
здравоохране́ние и вы́плату пе́нсий Mittel für Bildung, Gesundheit und Rentenzahlung; ~а на социа́льные ну́жды Sozialleistungen *pl,* Mittel für soziale Zwecke; ~а произво́дства Produktionsmittel *pl;* ~а разреше́ния междунаро́дных спо́ров Mittel
zur Lösung internationaler Streitfragen; ~а укрепле́ния дове́рия
и безопа́сности Mittel zur Festigung von Vertrauen und Sicherheit; ~а управле́ния и контро́ля Steuer- und Überwachungmittel
pl; все́ми досту́пными ~ами mit allen verfügbaren Mitteln; разбаза́ривание госуда́рственных средств Verschwendung [Vergeudung, Verschleuderung] staatlicher Mittel; распыле́ние средств
Zersplitterung von Mitteln; я́дерные ~а передово́го бази́рования
vorgeschobene Kernwaffen ■ мобилизова́ть все име́ющиеся в
распоряже́нии ~а alle zur Verfügung stehenden Mittel bereitstellen; отвлека́ть нема́лые ~а на уκрепле́ние безопа́сности страны́
bedeutende Mittel für die Festigung der Sicherheit des Landes
abzweigen; прибега́ть к кра́йним ~ам äußerste [extreme] Mittel
anwenden; пусти́ть в ход все ~а mit allen Mitteln eingreifen,
alle Mittel einsetzen; развива́ть что-л. за счёт со́бственных
средств etw. aus eigenen Mitteln entwickeln; вы́деленные ~а даю́т
отда́чу die bereitgestellten Mittel machen sich bezahlt

срок *м* Frist *f,* Termin *m,* Dauer *f* ○ испыта́тельный ~ Probezeit *f; юр.* Bewährungsfrist; после́дний ~ äußerster [letzter]
Termin ● ~ да́вности по дела́м наци́стских вое́нных престу́пников Verjährungsfrist für Nazikriegsverbrecher; ~ де́йствия Laufzeit *f,* Gültigkeitsdauer; ~ де́йствия догово́ра Geltungsdauer
des Vertrages; ~ де́йствия соглаше́ния Gültigkeitsdauer eines
Abkommens; ~ исполне́ния зака́зов (*в сфере обслуживания*)
Wartezeit *f* (*im Dienstleistungsbereich*); ~ лише́ния свобо́ды
Dauer des Freiheitsentzuges; ~ полномо́чий (*законодательных
органов*) Amtsperiode *f,* Legislaturperiode; ~ поста́вок Liefertermin, Lieferfrist; ~ реклама́ции Reklamationsfrist, Anzeigefrist; ~и созда́ния и освое́ния (*новой техники*) Entwicklungs-
und Überleitungszeiten *pl;* истече́ние ~а Ablauf einer Frist; к на-

276

значенному ~у zum vereinbarten Termín; контро́ль за соблюде́-
нием ~ов Termínkontrolle *f;* на коро́ткий ~ auf kúrze Frist,
für kúrze Zeit; наруше́ние ~ов Termínverstoß *m;* сда́ча объе́ктов
в ~ termíngerechte Übergabe der Objékte ■ вы́держать ~и die
Termíne éinhalten; пропусти́ть ~ éinen Termín verstréichen lássen,
éinen Termín versäumen; растя́гивать ~и Frísten überschréiten;
согласо́вывать ~и Termíne ábstimmen; сократи́ть ~ die Frist
verkürzen; установи́ть ~ éine Frist sétzen; ~ истека́ет die Frist
läuft ab [ist zu Énde] ; ~ приближа́ется der Termín rückt näher

стаж *м* ○ кандида́тский ~ Kandidátenzeit *f,* Kandidáten-
stand *m;* парти́йный ~ Dáuer der Partéizugehörigkeit, Partéialter
n; трудово́й ~ Díenstalter, Berúfsjahre *pl,* Árbeitsjahre

сторон||а́ *ж* Séite *f,* Partéi *f,* Pártner *m* ○ вою́ющая ~а́ krieg-
führende Séite [Macht]; вражду́ющие сто́роны féindliche Partéien;
Высо́кие Догова́ривающиеся Сто́роны hóhe vertrágschließende
Séiten; заинтересо́ванные сто́роны betéiligte Partéien [Séiten];
оборо́тная ~а́ меда́ли *перен.* Kéhrseite der Medaille [-′daljə]; от-
рица́тельная ~а́ negatíve Séite; положи́тельная ~а́ positíve Séite;
проти́вная ~а́ ándere Séite, gégnerische Partéi ● пре́ния сторо́н
Debátte der Partéien; примире́ние сторо́н Versöhnung der Partéien ■ брать чью-л. сто́рону j-s Partéi ergréifen [néhmen] ; быть
на чьей-л. ~é auf j-s Séite sein; вы́слушать о́бе сто́роны béide
Séiten (án)hören; переходи́ть на чью-л. сто́рону auf j-s Séite
übergehen; привлека́ть кого́-л. на свою́ сто́рону j-n auf séine
Séite zíehen, j-n für sich gewínnen

сторо́нник *м* Ánhänger *m,* Kämpfer *m,* Befürworter *m* ○
ве́рный ~ tréuer Ánhänger; стра́стный ~ léidenschaftlicher Ánhänger; убеждённый ~ überzéugter Kämpfer ● ~ войны́ и агре́с-
сии Befürworter von Krieg und Aggressíon; ~ демокра́тии и
ми́ра Kämpfer für Demokratíe und Fríeden; ~ жёсткого ку́рса
Ánhänger éines hárten Kúrses; ~и ми́ра Fríedensfreunde *pl;* ~
холо́дной войны́ kálter Kríeger ■ изобража́ть себя́ ~ом чего́-л.
sich als Befürworter von etw hínstellen [áusgeben]

стран||а́ *ж* Land *n,* Staat *m* ○ бра́тская социалисти́ческая
~а́ soziálistisches Brúderland; дру́жественная ~а́ befréundetes
Land, Fréundesland; колониа́льные и зави́симые стра́ны koloniále und ábhängige Länder; ма́лые стра́ны kléine Länder; непри-
соедини́вшиеся стра́ны nichtpaktgebundene Länder, Níchtpaktgebundene *pl;* нея́дерная ~а́ níchtkernwaffenbesitzendes Land,
Níchtkernwaffenland; освободи́вшиеся стра́ны frei [souverän]

gewórdene Länder; отста́лая ~а́ rückständiges Land; прибре́жные стра́ны (*напр. Балти́йского мо́ря*) Anliegerstaaten *pl* (*z. B. der Ostsee*); развива́ющиеся стра́ны Entwicklungsländer *pl*; развитые капиталисти́ческие стра́ны hóchentwickelte kapitalístische Länder, kapitalístische Industrieländer; сла́бые в экономи́ческом отноше́нии стра́ны ökonómisch schwáche Länder; средиземномо́рские стра́ны Mittelmeerländer *pl*; я́дерная ~а́ Kérnwaffenland, kérnwaffenbesitzendes Land ● стра́ны Варша́вского Догово́ра Stáaten des Wárschauer Vertráges; стра́ны-депозита́рии Depositárstaaten *pl*; стра́ны-мандата́рии Mandatárstaaten *pl*; ~а́ на стыке двух мировы́х социа́льных систе́м Land an der Trénnlinie [Náhtstelle] zwéier soziáler geséllschaftlicher Wéltsysteme; стра́ны ОПЕК (*организа́ции стран — экспортёров не́фти*) OPEC-Länder; ~а́-партнёр Pártnerland; стра́ны — поставщики́ нефти Ölländer *pl*, Ölförderländer; ~а́ пребыва́ния (*дипломати́ческого представи́теля*) Aufenthaltsstaat, Gástland; ~а́, принима́ющая госте́й Gástgeberland; стра́ны све́та Hímmelsrichtungen *pl*; Страна́ Сове́тов Sowjétland; стра́ны „тре́тьего ми́ра" Länder der „drítten Welt"; стра́ны — уча́стницы догово́ра Signatárstaaten *pl*; стра́ны — уча́стницы Совеща́ния по безопа́сности и сотру́дничеству в Евро́пе Téilnehmerstaaten der Konferénz über Sícherheit und Zusámmenarbeit in Európa (KSZE) ■ вы́слать кого́-л. из ~ы́ j-n des Lándes verwéisen, j-n áusweisen

страте́ги∥я *ж* Strategie *f* ● вое́нная ~я Militärstrategie, Kríegsstrategie; наступа́тельная ~я Ángriffsstrategie, Offensívstrategie; непра́вильная ~я fálsche Strategie; революцио́нная ~я Strategie der Revolutión, revolutionäre Strategie ● ~я внеза́пного нападе́ния Strategie des Überráschungsangriffs; ~я ги́бкого реаги́рования Strategie der flexíblen Reaktión; ~я империали́зма США Strategie des USA-Imperialísmus [u:ɛsˈaː-]; ~я и та́ктика междунаро́дного рабо́чего движе́ния Strategie und Táktik der internationálen Árbeiterbewegung; ~я передовы́х рубеже́й Vórwärtsstrategie; ~я устраше́ния Strategie der Abschreckung ■ испо́льзовать ~ю éine Strategie ánwenden

страхова́ние *с* Versícherung *f* ○ госуда́рственное ~ stáatliche Versícherung; доброво́льное ~ fréiwillige Versícherung; ли́чное ~ Persónenversicherung; обяза́тельное ~ Pflíchtversicherung; пожи́зненное ~ Versícherung auf Lébenszeit; социа́льное ~ Soziálversicherung ● ~ жи́зни Lébensversicherung; ~ дома́шнего иму́щества Háusratversicherung; ~ иму́щества Sáchversicherung,

Vermögensversicherung; ~ на слу́чай безрабо́тицы Árbeitslosen-versicherung; ~ на слу́чай боле́зни Kránkenversicherung; ~ от несча́стных слу́чаев Unfallversicherung; ~ по инвали́дности Inválidenversicherung

строи́тельство с Áufbau m, Bau m ○ госуда́рственное ~ Stáatsaufbau; гражда́нское ~ Gesélschaftsbau; жили́щное ~ Wóhnungsbau; индивидуа́льное жили́щное ~ Eigenheimbau; капита́льное ~ Investitionsbau; культу́рно-бытово́е ~ Geséllschaftsbau, Bau sozia̋ler, kulture̋ller und ánderer gesélschaftlicher Einrichtungen; незавершённое ~ únfertige Báuproduktion; ми́рное ~ friedliche Áufbauarbeit; парти́йное ~ Organisatiónsaufbau der Parte̋i, Parte̋iaufbau; промы́шленное ~ Industríebau; скоростно́е ~ Schnéllbauweise f; социа́льно-культу́рное ~ kulturélle und soziále Entwícklung, Bau sozia̋ler und kulture̋ller Einrichtungen; хозя́йственное ~ wírtschaftlicher Áufbau, wírtschaftliche Entwícklung ● ~ коммуни́зма Aufbau des Kommúnismus; ~ объе́ктов произво́дственного назначе́ния Bau von Produktiónsobjekten

строй м Órdnung f ○ антидемократи́ческий ~й antide-mokrátische Órdnung; госуда́рственный ~й Stáatsordnung, Stáatsform f; демократи́ческий ~й demokrátische Órdnung; капита-листи́ческий ~й kapitalístische Órdnung; конституцио́нный ~й konstitutionélle Regíerungsform; обще́ственный ~й Gesélschaftsordnung; отжи́вший ~й überlébte Órdnung; отмира́ющий ~й ábsterbende Órdnung; сове́тский ~й Sowjétordnung; социалисти́ческий ~й sozialístische Órdnung; социа́льный ~й soziále Ordnung, Soziálordnung; эксплуата́торский ~й Áusbeuterordnung ● о́бщность социа́льного ~я Geméinsamkeit der Soziálordnung; отмира́ние капиталисти́ческого ~я Ábsterben der kapitalístischen Gesélschaftsordnung; сверже́ние существу́ющего ~я Sturz der bestéhenden Órdnung; сме́на существу́ющего обще́ственного ~я Áblösung der bestéhenden Gesélschaftsordnung ■ созда́ть но́вый ~й éine néue Órdnung scháffen

суверените́т м Souveränität [zuve-] f ○ госуда́рственный ~ stáatliche Souveränität; мни́мый ~ Schéinsouveränität, vórgetäuschte Souveränität; национа́льный ~ nationále Souveränität ● взаи́мное уваже́ние ~a gégenseitige Áchtung der Souveränität; отка́з от ~a Verwéigerung der Souveränität; посяга́тельство на ~ Ánschlag auf die Souveränität; стро́гое уваже́ние ~a госуда́рств strikte Áchtung der Souveränität der Stáaten ■ затро́нуть чей-л. ~ j-s Souveränität ántasten; наруша́ть ~ госуда́рства die Sou-

279

veränität éines Stáates verlétzen; ограни́чивать ~ како́го-л. госуда́рства die Souveränität éines Stáates éinschränken; оспа́ривать ~ какóй-л. страны́ die Souveränität éines Lándes in Frage stéllen; уважа́ть ~ како́го-л. госуда́рства die Souveränität éines Stáates respektíeren

суд *м* Gerícht *n* ○ Верхо́вный ~ СССР Óberstes Gerícht der UdSSR; вое́нный ~ Militärgericht; городско́й ~ Stádtgericht; гражда́нский ~ Zivílgericht [-v-]; Междунаро́дный ~ Internationáler Geríchtshof; наро́дный ~ Vólksgericht; областно́й ~ Gebíetsgericht; това́рищеский ~ Kamerádschaftsgericht, Ehrengericht; трете́йский ~ Schíedsgericht; уголо́вный ~ Stráfgericht; федера́льный конституцио́нный ~ *(ФРГ)* Búndesverfassungsgericht ● ~ исто́рии Úrteil der Geschíchte; ~ Ли́нча Lynchjustiz ['lɪntʃ-] *f;* ~ пе́рвой инста́нции (Gerícht) érste(r) Instánz; ~ прися́жных Schwúrgericht; ~ че́сти Éhrengericht; заседа́ние ~á Geríchtssitzung *f;* на усмотре́ние ~á nach geríchtlicher Entschéidung, nach Geríchtsentscheid; пригово́р ~á Geríchtsurteil *n* ■ войти́ с хода́тайством в ~ sich an das Gerícht wénden; вызыва́ть в ~ vor Gerícht láden; отда́ть под ~ vor Gerícht stéllen

судéбн‖ый Geríchts‖, Justíz‖, ríchterlich ○ ~ые изде́ржки Geríchtskosten *pl;* ~ый исполни́тель Geríchtsvollzieher *m;* ~ое заседа́ние Geríchtssitzung *f;* ~ые о́рганы Geríchtsorgane *pl,* Justízorgane; ~ая оши́бка Justízirrtum *m;* ~ое пра́во Geríchtsrecht *n,* Justízrecht *n;* ~ый произво́л Justízterror *m,* Justízwillkür *f;* ~ый проце́сс Geríchtsprozeß *m,* Geríchtsverfahren *n;* ~ый прецеде́нт ríchterlicher Präzedénzfall; ~ое разбира́тельство Verhándlung *f,* geríchtliche Régelung; ~ое сле́дствие Bewéisaufnahme *f*

судьб‖á *ж* Schícksal *n* ○ печа́льная ~á tráuriges Schícksal; траги́ческая ~á trágisches Schícksal; тяжёлая ~á schwéres Schícksal ● ~á бе́женцев Flüchtlingsschicksal; ~á челове́ка Ménschenschicksal; неразде́льность истори́ческих суде́б Untéilbarkeit des histórischen Schícksals ■ верши́ть судьба́ми наро́дов über die Geschícke der Völker entschéiden; оста́вить кого́-л. на произво́л ~ы́ j-n séinem Schícksal überlássen; отврати́ть уда́ры ~ы́ Schícksalsschläge ábwenden; примири́ться со свое́й ~óй sich mit séinem Schícksal ábfinden; раздели́ть чью-л. ~ý j-s Schícksal téilen; ропта́ть на свою́ ~ý mit séinem Schícksal hádern; сами́м определя́ть свою́ ~ý über sein Schícksal selbst entschéiden; устро́ить свою́ ~ý sein Schícksal méistern

существова́ни‖е с Existénz f ● борьба́ за ~е Existénzkampf
m; возмо́жность ~я Existénzmöglichkeit f; име́ющий пра́во на
~е existénzberechtigt; осно́ва ~я Existénzgrundlage f; пра́во на
~е Existénzberechtigung f; сре́дства к ~ю Existénzmittel pl;
усло́вия ~я Existénzbedingungen pl; фо́рма ~я Existénzform f
■ влачи́ть ни́щенское ~е ein Élendsdasein frísten; не име́ть доста́-
точных средств к ~ю kéine síchere Existénz háben, únter dem
Existénzminimum lében

сфе́р‖а ж Sphäre f, Beréich m ● ~а влия́ния Éinflußsphäre,
Éinflußbereich, Interéssensphäre; ~а де́йствия Wírkungssphäre,
Wírkungsbereich; ~а де́йствия бло́ка Géltungsbereich éines Blocks;
~а межгосуда́рственных отноше́ний Sphäre zwíschenstaatlicher
Bezíehungen; ~а обраще́ния, эк. Úmlaufsphäre; закрепле́ние
~ы влия́ния Féstigung der Éinflußsphäre; переде́л сфер влия́-
ния Néuaufteilung der Éinflußsphären ■ расширя́ть ~у де́йствия
бло́ка den Géltungsbereich éines Blocks áusdehnen

съезд м Kongréß m ○ всесою́зный ~ Uniónskongreß; чрезвычайный ~ áußerordentlicher Kongréß ● ~ комсомо́ла Kom-
somólkongreß; ~ па́ртии Partéitag m; ~ писа́телей Schríftsteller-
kongreß; ~ профсою́зов Gewérkschaftskongreß; Съезд Сове́тов
ист. Sowjétkongreß; ~ Сою́за свобо́дной неме́цкой молодёжи
(CCHM) FDJ-Parlamént n, Parlamént der Fréien Déutschen Júgend;
делега́т парти́йного ~а Partéitagsdelegierte sub m, Delegíerter des
Partéitages; ито́ги ~а die Ergébnisse [die Bilánz, das Fázit] éines
Kongrésses; материа́лы ~а па́ртии Partéitagsmaterialien pl; реше́-
ния ~а Beschlüsse éines Kongrésses; уча́стник ~а Kongréßteilnehmer m; Partéitagsteilnehmer (партийного) ■ выступа́ть на ~е
auf éinem Kongréß spréchen; закры́ть ~ den Kongréß für geschlóssen erklären; откры́ть ~ den Kongréß eröffnen; созва́ть ~ éinen
Kongréß éinberufen; уча́ствовать в рабо́те ~а an éinem Kongréß
téilnehmen

сырьё с Róhstoff m ○ втори́чное ~ё Sekundärrohstoff(e);
Áltstoff m; дефици́тное ~ё kná́pper Róhstoff; исхо́дное ~ё
Áusgangs(roh)stoff; Áusgangsprodukte pl; ме́стное ~ё örtliche
[örtlich vórkommende] Róhstoffe; оте́чественное ~ё éinheimischer
Róhstoff; промы́шленное ~ё Indústrierohstoff, industríeller
Róhstoff; сельскохозя́йственное ~ё Agrárrohstoffe pl, lándwirtschaftliche Róhstoffe; страте́гическое ~ё stratégischer Róhstoff ● добы́ча ~я́ Róhstoffgewinnung f; запа́сы ~я́ Róhstoffvorräte pl; исто́чник ~я́ Róhstoffquelle f; недоста́ток ~я́ Róh-

stoffmangel *m;* нехва́тка ~я Róhstoffverknappung *f;* поставщи́к ~я Róhstofflieferant *m;* потре́бность в ~é Róhstoffbedarf *m;* снабже́ние ~ём Róhstoffversorgung *f*

сырьев||о́й Róhstoff// ○ ~а́я ба́за Róhstoffbasis *f;* ~о́е бога́тство Róhstoffreichtum *m;* ~о́й дефици́т Róhstoffmangel *m;* ~о́й прида́ток Róhstoffanhängsel *n;* ~ы́е ресу́рсы Róhstoffquellen *pl*

Т

та́йн||а *ж* Gehéimnis *n* ○ враче́бная ~а ärztliche Schwéige-pflicht; госуда́рственная ~a Státsgeheimnis; профессиона́льная ~a Berúfsgeheimnis; служе́бная ~a Díenstgeheimnis ● ~a перепи́ски Póstgeheimnis, Bríefgeheimnis ■ вы́ведать чью-л. ~у j-m ein Gehéimnis entlócken; вы́дать ~y ein Gehéimnis verráten; де́лать ~y из чего́-л. ein Gehéimnis aus etw. máchen; держа́ть что-л. в глубо́кой ~e etw. streng gehéimhalten; дове́рить кому́--л. ~у j-m ein Gehéimnis ánvertrauen; знать ~y um ein Gehéimnis wissen; посвяща́ть кого́-л. в ~y j-n in ein Gehéimnis éinweihen; раскры́ть ~y ein Gehéimnis lüften, hínter ein Gehéimnis kómmen; стро́го бере́чь [храни́ть] ~y ein Gehéimnis streng hüten

та́йн||ый gehéim ○ ~ое голосова́ние gehéime Ábstimmung; ~ая дипломáтия Gehéimdiplomatie *f;* ~ый догово́р Gehéimvertrag *m;* ~ое заседа́ние Gehéimsitzung *f;* ~ая наде́жда gehéime [verbórgene] Hóffnung; ~ые пла́ны gehéime Pläne; ~ая поли́ция Gehéimpolizei *f;* ~ый радиопереда́тчик Gehéimsender *m;* ~ый сго́вор gehéime Verschwörung, Gehéimabmachung *f;* ~ый сове́т gehéimer Rat; ~ое соглаше́ние Gehéimabkommen *n;* ~ый сою́з Gehéimbund *m;* ~ое сре́дство Gehéimmittel *n*

та́ктик||а *ж* Táktik *f* ○ излю́бленная ~a Líeblingstaktik; наступа́тельная ~a offensíve Táktik; неуда́чная ~a verféhlte Táktik; обструкциони́стская ~a Obstruktíonstaktik; пра́вильная ~a ríchtige Táktik ● ~a выжида́ния Ábwartetaktik; ~a „выкру́чивания рук" Erpréssungstaktik; ~a зама́лчивания Tótschweige-taktik; ~a затя́гивания перегово́ров Verzögerungstaktik [Ver-schléppungstaktik] bei den Verhándlungen; ~a предвы́борной борьбы́ Wáhltaktik; ~a проволо́чек Verschléppungstaktik ■ изме-ни́ть ~y die Táktik ändern, éine ándere Táktik éinschlagen; испо́льзовать но́вую ~у е́ine néue Tа́ktik а́nwenden; отказа́ться от ~и е́ine Tа́ktik а́ufgeben

тамо́женн‖ый Zoll// ○ ~ый барье́р Zо́llschranke *f;* ~ая грани́ца Zо́llgrenze *f;* ~ая деклара́ция Zо́lldeklaration *f,* Zо́llerklärung *f;* ~ая дискримина́ция Zо́lldiskriminierung *f;* ~ый досмо́тр Zо́llkontrolle *f,* Zо́llabfertigung *f;* ~ое законода́тельство Zо́llgesetzgebung *f;* ~ая зо́на Zо́llgebiet *n;* ~ый конфли́кт Zо́llstreitigkeit *f;* ~ый досмо́трщик Zо́llbeamte *sub m;* ~ое наруше́ние Zо́llvergehen *n;* ~ая охра́на Zо́llwache *f;* ~ые пра́вила Zо́llbestimmungen *pl;* ~ые сбо́ры Zо́llabgaben *pl,* Zо́llgebühren *pl;* ~ое соглаше́ние Zо́llabkommen *n;* ~ый суверените́т Zо́llhoheit *f;* ~ый тари́ф Zо́lltarif *m;* ~ое управле́ние Zо́llbehörde *f;* ~ые форма́льности Zо́llformalitäten *pl;* пункт ~ого досмо́тра Zо́llaufsichtsstelle *f*

тари́ф м Tarif *m* ○ договорный ~ Vertrа́gstarif; еди́ный ~ Еinheitstarif; е́inheitlicher Tarif; льго́тный ~ Vо́rzugstarif, ermа́ßigter Tarif; междунаро́дный ~ internatiоnáler Tarif; основно́й ~ Grundtarif; осо́бый ~ Sоndertarif; сезо́нный ~ Saisontarif [ze'zõ:-]; тамо́женный ~ Zо́lltarif; торго́вый ~ Hа́ndelstarif ● ~ на опла́ту труда́ Lо́hntarif; ~ на пла́тные услу́ги Dіenstleistungstarif

тве́рд‖ый hart, fest ○ ~ая валю́та hа́rte Währung; ~ая во́ля fе́ster Wille; ~ый ду́хом челове́к stа́ndhafter Mensch; ~ый курс *(на би́рже)* fе́ster Kurs; ~ое наме́рение fе́ste Absicht; ~ые при́нципы fе́ste Grundsätze [Prinzípien]; ~ое реше́ние fе́ster Entschlúß; ~ое убежде́ние fе́ste Überzéugung; ~ая уве́ренность fе́ste Zúversicht; ~ые це́ны fе́ste Prеise

тво́рческ‖ий schöpferisch, kreativ ○ ~ая акти́вность schöpferische Aktivität; ~ая атмосфе́ра schöpferische Atmosphäre; ~ий ве́чер писа́теля Dіchterlesung *f;* ~ая иде́я schöpferische [gestа́lterische] Idée; ~ая инициати́ва schöpferische Initiative; ~ая командиро́вка Stúdienreise *f;* ~ие пла́ны schöpferische Pläne; ~ий подхо́д schöpferische Hа́ltung, Kreativität [-v-] *f;* ~ий портре́т Künstlerporträt [-,trɛ:] *n;* ~ий проце́сс Schа́ffensprozeß *m;* ~ий путь худо́жника künstlerischer Schа́ffensweg; ~ие рабо́тники Künstler *pl,* schöpferisch Tätige; ~ие си́лы schöpferische Kräfte; ~ий сою́з *(композиторов, писа́телей и т. n.)* Künstlerverband *m;* ~ие спосо́бности schöpferische Fähigkeiten; ~ий труд schöpferische Arbeit; ~ая фанта́зия schöpferische Phantasie; ~ий челове́к schöpferischer Mensch

тво́рчеств||о *с* Schöpfertum *n*, Schäffen *n* ○ коллекти́вное ~о kollektíve [schöpferische] Léistung; литерату́рное ~о literárisches Scháffen; наро́дное ~о Schöpfertum des Vólkes; Vólksschaffen; поэти́ческое ~о díchterisches Scháffen; совреме́нное ~о zéitgenössisches Scháffen; техни́ческое ~о téchnische schöpferische Léistung; худо́жественное ~о künstlerisches Scháffen ● жа́жда ~а Scháffensdrang *m;* пробле́ма ~а Scháffensproblem *n;* ра́дость ~а Scháffensfreude *f*

теа́тр *м* Theáter *n* ○ агитацио́нно-пропаганди́стский ~ Agitpróptheater; ле́тний ~ Sómmertheater, Fréilichtbühne *f;* люби́тельский ~ Láientheater, Líebhabertheater; мирово́й ~ Bühnen der Welt; Wéltbühne *f;* национа́льный ~ Nationáltheater; передвижно́й ~ Wándertheater, Réisetheater; пролета́рский ~ proletárisches Theáter; профессиона́льный ~ Berúfstheater; сове́тский многонациона́льный ~ multinationáles sowjétisches Theáter; телевизио́нный ~ Férnsehtheater ● ~ для дете́й и ю́ношества Kínder- und Júgendtheater; ~ одного́ актёра Éinmanntheater; Междунаро́дный институ́т ~а Internationáles Theáterinstitut; рабо́тники ~а Bühnenschaffende *sub pl*

театра́льн||ый Theáter||, Bühnen|| ○ ~ый ве́чер Theáterabend *m;* ~ое де́ло Theáterwesen *n;* ~ая де́ятельность Theáterarbeit *f;* ~ый журна́л Theáterzeitschrift *f;* ~ый институ́т Theáterhochschule *f;* ~ое иску́сство Bühnenkunst *f;* ~ая кри́тика Theáterkritik *f;* ~ая Москва́ Móskauer Theáter- und Musíkleben; ~ый мир Theáterwelt *f;* ~ый музе́й Muséum für Theáterkunst; ~ое представле́ние Theátervorstellung *f;* ~ая пу́блика Theáterpublikum *n;* ~ое собы́тие Theáterereignis *n;* ~ый фестива́ль Theáterfestspiele *pl*

те́зис *м* Thése *f* ○ гла́вный ~ Háuptthese; зата́сканный ~ о мни́мой сове́тской угро́зе ábgedroschene Thése von éiner ángeblichen sowjétischen Gefáhr; излюбленный ~ Líeblingsthese; основно́й ~ Grúndthese ● ~ы к докла́ду Thésen zum Vórtrag; необосно́ванность ~ов Háltlosigkeit [Unháltbarkeit] der Thésen ■ выдвига́ть ~ éine Thése áufstellen; опроки́нуть ~ éine Thése verwérfen; отойти́ от ~а von éiner Thése ábrücken; отста́ивать [защища́ть] ~ éine Thése verféchten [vertéidigen]; предста́вить свои́ ~ы séine Thésen vórlegen; приде́рживаться како́го-л. ~а an éiner Thése fésthalten; сформули́ровать ~ éine Thése formulíeren

теку́щ||ий gégenwärtig, Gégenwarts|| ○ ~ий моме́нт gégenwärtiger Augenblick; ~ее положе́ние gegenwärtige Lage; ~ие собы́тия Gégenwartsgeschehen n, Zéitgeschehen n; ~ий счёт laufendes Kónto n ● зада́чи ~его́ моме́нта Gégenwartsaufgaben pl; поли́тика ~его момента Tágespolitik f

телевизио́нн‖ый Férnseh‖ ○ ~ое веща́ние Férnsehfunk m; ~ая ка́мера Férnsehkamera f; ~ая переда́ча Férnsehsendung f; ~ая постано́вка Férnsehinszenierung f; ~ый репорта́ж Férnsehreportage [-,taʒə] f; ~ая сту́дия Férnsehstudio n; ~ый фильм Férnsehfilm m; ~ый центр Férnsehzentrum n, Férnsehsender m ● програ́мма ~ых переда́ч Férnsehprogramm n ■ смотре́ть ~ую переда́чу férnsehen, sich (D) éine Séndung im Férnsehen anschauen

те́м‖а ж Théma n ○ гла́вная ~a Háupthema, führendes Théma; животрепе́щущие ~ы hóchaktuelle Themen; изби́тая ~a ábgedroschenes Théma; излю́бленная ~a Lieblingsthema; основна́я ~a Grúndthema; привлека́тельная ~a réizvolles Théma; совреме́нная ~a zéitnahes [modérnes] Théma; спо́рная ~a úmstrittenes Théma, Stréitthema; щекотли́вая ~a héikles Théma ● ~a докла́да das Théma éines Vórtrages; ~a иссле́дования Fórschungsthema; ~a перегово́ров Verhándlungsthema; на ~y дня zum Théma des Tages ■ бро́сить [оста́вить] ~y das Théma verlás sen; верну́ться к ста́рой ~e aufs álte Théma zurückkommen; затро́нуть ~y ein Théma ánschneiden; избега́ть животрепе́щущих тем hóchaktuelle Themen méiden; обсужда́ть [излага́ть] ~y ein Théma behándeln ‖[erörtern, dárlegen]; отклоня́ться от ~ы vom Théma ábweichen [ábkommen]; перескочи́ть с одно́й ~ы на другу́ю auf ein ánderes Théma überspringen; переходи́ть к друго́й ~e zu éinem ánderen Théma übergehen; развива́ть ~y ein Théma entwickeln; разрабо́тать ~y ein Théma áusarbeiten [gestálten]; э́та ~a волну́ет миллио́ны люде́й dieses Théma bewegt Milliónen Ménschen

темп м Témpo n ○ бе́шеный ~ rásendes Témpo; ме́дленным ~ом in lángsamem Témpo; опережа́ющий ~ vórrangiges [überdurchschnittliches] Témpo; сре́дние ~ы разви́тия durchschnittliches Entwícklungstempo; стреми́тельный ~ stürmisches Témpo; ускоря́ющийся ~ wáchsendes Témpo; в уско́ренном ~e in beschléunigtem [ráschem] Témpo ● ~ы инфля́ции Inflatiónstempo; ~ы приро́ста Zúwachstempo, Wáchstumsrate f; ~ рабо́ты Árbeitstempo ■ взять бы́стрый ~ ein schnélles Témpo éinschlagen; вы́держать ~ das Témpo dúrchstehen; вы́играть ~ (an) Témpo gewinnen; **заме́длить** ~ы экономи́ческого ро́ста das Tempo des Wirtschaftswachstums verlangsamen; набира́ть ~ im Tempo zulegen; подде́рживать высо́кие ~ы разви́тия производи́тельных сил mit der dynamischen Entwicklung der Produktivkräfte Schritt halten; потеря́ть ~ (an) Tempo verlieren; сдава́ть ~ы im Tempo nachlassen; соблюда́ть ~ das Tempo einhalten; ускоря́ть ~ das Tempo beschleunigen; ~ы вы́росли das Tempo hat sich erhöht

тенде́нци‖**я** ж Tendenz f, Trend m ○ гла́вная ~я Haupttendenz, Haupttrend; госпо́дствующая ~я vorherrschende [dominierende] Tendenz; долговре́менная ~я langfristige Tendenz; совреме́нные ~и gegenwärtige Tendenzen ● ~я к повыше́нию (an)steigende Tendenz; ~я к ро́сту Wachstumstendenz, Wachstumstrend; ~я разви́тия Entwicklungstendenz ■ преодолева́ть неблагоприя́тную ~ю eine ungünstige Tendenz überwinden; проявля́ть ~ю die Tendenz haben; но́вая ~я проявля́ется всё я́вственнее die neue Tendenz zeigt sich immer deutlicher; це́ны име́ют ~ю к пониже́нию die Preise haben eine fallende [sinkende] Tendenz; э́та ~я многообеща́юща diese Tendenz ist vielversprechend

теори‖**я** ж Theorie f ○ маркси́стско-ле́нинская ~я die Theorie des Marxismus-Leninismus, marxistisch-leninistische Theorie; нау́чная ~я wissenschaftliche Theorie; ра́совая ~я Rassentheorie; революцио́нная ~я revolutionäre Theorie; социологи́ческая ~я soziologische Theorie; це́льная нау́чная ~я in sich geschlossene wissenschaftliche Theorie; экономи́ческая ~я ökonomische Theorie, Wirtschaftstheorie ● ~я информа́ции Informationstheorie; ~я кла́ссовой борьбы́ Theorie des Klassenkampfes; ~я кри́зисов Krisentheorie; ~я народонаселе́ния Bevölkerungstheorie; ~я наси́лия Gewalttheorie; ~я относи́тельности Relativitätstheorie; ~я социалисти́ческой револю́ции die Theorie der sozialistischen Revolution; ~я сто́имости Werttheorie, Wertlehre f; соедине́ние ~и и пра́ктики Verbindung von Theorie und Praxis ■ владе́ть ~ей die Theorie beherrschen; вы́двинуть ~ю eine Theorie aufstellen; овладева́ть ~ей sich eine Theorie aneignen

территориа́льн‖**ый** territorial, Gebiets‖ ○ ~ые во́ды Hoheitsgewässer n, Territorialgewässer n; ~ое еди́нство territoriale Einheit; ~ая неприкоснове́нность territoriale Unverletzlichkeit; ~ые прете́нзии territoriale Forderungen, Gebietsansprüche pl; ~ый при́нцип Territorialprinzip n; ~ые притяза́ния territoriale Ansprüche; ~ая разро́зненность госуда́рства territoriale Zersplitterung éines Stáates; ~ая структу́ра territoriále Struktúr; ~ая це́лостность territoriále Integrität

террито́ри‖я _ж_ Gebíet _n_, Territórium _n_ ○ арендо́ванная ~я Páchtgebiet; госуда́рственная ~я Stáatsgebiet, Hóheitsgebiet; замо́рская ~я Überseeterritorium; иско́нная ~я ángestammtes Territórium; незако́нно оккупи́рованная ~я widerrechtlich besétztes Territórium; несамоуправля́ющиеся ~и Gebíete óhne Sélbstverwaltung; оккупи́рованная ~я besétztes Gebíet; отто́рг-нутые ~и ábgetrennte Gebíete; подманда́тная ~я _дип._ Mandáts-gebiet; подопе́чная ~я _дип._ Tréuhandgebiet; спо́рная ~я strít-tiges [úmstríttenes] Gebíet; суверéнная ~я Hóheitsgebiet ● ~я страны́ Territórium des Lándes, Lándesgebiet; бомбардиро́в-ка чужо́й ~и Bombardíerung von frémdem Stáatsgebiet; вторже́-ние на ~ю друго́го госуда́рства der Éinfall [das Éindringen, die Invasión [-v-]] in frémdes Stáatsgebiet; расчленéние ~и Áuf-teilung [Zerstückelung] des Gebíets; суверéнность ~и Gebíets-hoheit _f;_ усту́пка ~и Gebíetsabtretung _f_ ■ аннекси́ровать ис-ко́нные ~и úreigenes Territórium annektíeren; захвати́ть чужи́е ~и frémde Territórien eróbern; оккупи́ровать чужу́ю ~ю ein frémdes Gebíet besétzen; отдели́ть ~ю ein Gebíet ábtrennen; присоедини́ть к стране́ сосе́днюю ~ю dem Lánde ein benách-bartes Gebíet ángliedern; пролета́ть над чужо́й ~ей ein frémdes Territórium überflíegen; уступи́ть ~ю ein Gebíet ábtreten

террори́зм _м_ Terrorísmus _m_ ○ госуда́рственный ~ Stáats-terrorismus; междунаро́дный ~ internationáler Terrorísmus ● вол-на́ ~а Wélle des Terrorísmus

те́хник‖а _ж_ Téchnik _f_ ○ вычисли́тельная ~а Réchentechnik ● ~а безопа́сности Sícherheitstechnik, Árbeitsschutz _m;_ ~а произ-во́дства Fértigungstechnik; бы́страя окупа́емость но́вой ~и, schnéller Rückfluß der für néue Téchnik áufgewandten Míttel; созда́ние, освоéние и внедрéние но́вой ~и Entwícklung, Über-leitung und Éinsatz néuer Téchnik ■ овладе́ть ~ой die Téchnik méistern

техни́ческ‖ий téchnisch ○ ~ие да́нные téchnische Dáten; ~ая документа́ция téchnische Dokumentatión [Únterlagen]; ~ие культу́ры téchnische Kultúren; ~ое переоснащéние téch-nische Umrüstung; ~ая по́мощь téchnischer Béistand, téchnische Hílfe; ~ий. прогрéсс téchnischer Fórtschritt; ~ое сотру́дничест-во téchnische Zusámmenarbeit; ~ие усло́вия téchnische Bedín-gungen

техноло́гия *ж* Technologíe *f* ○ безотхо́дная ~ ábfallose Technologíe; малолю́дная [трудосберега́ющая] ~ bedíenarme Technologíe; малоотхо́дная ~ ábfallarme [ábproduktarme] Technologíe; передова́я [прогресси́вная] ~ Spítzentechnologíe, Bésttechnologíe, fórtgeschrittene Technologíe; энергосберега́ющая ~ energíesparendes Verfáhren ● ~ изготовле́ния Hérstellungstechnologie

тира́ж *м* Áuflage *f*, Áuflagenhöhe *f* ○ большо́й ~ gróße [hóhe] Áuflage; годово́й ~ Jáhresauflage; ма́лый ~ kléine Áuflage; ма́ссовый ~ Mássenauflage; миллио́нный ~ Millíonenauflage; ни́зкий ~ níedrige Áuflage; о́бщий ~ Gesámtauflage; ра́зовый ~ éinmalige Áuflage; расту́щий ~ stéigende Áuflage ● ~ кни́ги Búchauflage; увеличе́ние ~а Stéigerung der Áuflage ■ издава́ть кни́гу ~о́м в 1 000 экземпля́ров ein Buch in éiner Áuflage von 1 000 Exemplá́ren heráusgeben; определя́ть ~ die Áuflagenhöhe féstlegen; увели́чивать ~ die Áuflage vergrö́ßern; уменьша́ть ~ die Áuflage vermíndern [reduzíeren]; устана́вливать ~ éine Áuflage féstlegen; ~ превы́сил 100 000 экземпля́ров die Áuflage überstíeg 100 000 Exemplá́re; ~ составля́ет 50 000 экземпля́ров die Áuflage beträgt 50 000 Exemplá́re

това́р *м* Wáre *f* ○ высокока́чественный ~ hóchwertige Wáre, Spítzenerzeugnis *n;* дефици́тный ~ Mángelware; kná́ppe Wáre; контраба́ндный ~ Schmúggelware; неучтённый ~ nichterfáßte Wáre; неходово́й ~ schwer ábsetzbare Wáre; первокла́ссный ~ érstklassige Wáre; полноце́нный ~ vóllwertige Wáre; промы́шленные ~ы Industriewaren *pl;* сопу́тствующий ~ Ergä́nzungsware; уценённые ~ы préisgesenkte [verbílligte] Wáren, Wáren zu reduzíerten Préisen; ходово́й ~ stark gefrá́gte Wáre ● ~ы дли́тельного по́льзования lánglebige Güter; ~ы основно́го спро́са Wáren des Grúndbedarfs; ~ отли́чного ка́чества Qualitätsware; ~ пе́рвой необходи́мости lébensnotwendige [lébenswichtige] Wáre, Wáre des tä́glichen Bedárfs; ~ повы́шенного спро́са stark [viel] gefrá́gte Wáre; ~ы устано́вленного ассортиме́нта Wáren im féstgelegten Sortimént; ~ы хозя́йственного обихо́да Wírtschaftswaren *pl;* ~ ча́стого спро́са häufig [tä́glich] gefrá́gte Wáre; ~ы широ́кого потребле́ния Mássenbedarfsartikel *pl;* вы́ставка ~ов Wárenschau *f;* и́мпорт ~ов Wárenimport *m,* Wáreneinfuhr *f;* поста́вки ~ов Wárenlieferungen *pl;* поступле́ние ~ов Wáreneingang *m;* распределе́ние ~ов Wárenverteilung *f;* э́кспорт ~ов Wárenexport *m* ■ поставля́ть ~ы Wáren (án)liefern; продава́ть

~ éine Wáre verkáufen; производи́ть ~ éine Wáre produzíeren [hérstellen]; сбыва́ть ~ éine Wáre ábsetzen; торгова́ть каки́м-л. ~ом éine Wáre führen

това́рн║ый Wáren// ○ ~ая би́ржа Wárenbörse *f;* ~ый знак Wárenzeichen *n;* ~ое обраще́ние Wárenzirkulation *f;* ~ые оста́тки Wárenbestand *m;* ~ые отноше́ния Wárenbeziehungen *pl;* ~ая проду́кция Wárenproduktion *f;* ~ое произво́дство Wárenproduktion; ~ый ры́нок Wárenmarkt *m;* ~ое хозя́йство Wárenwirtschaft *f*

товарооборо́т *м* Wárenumsatz *m* ○ вне́шний ~ Áußenhandelsumsatz; увели́чивающийся ~ stéigender Wárenumsatz ● нало́г с ~а Wárenumsatzsteuer *f;* план ~а Wárenumsatzplan *m;* рост ~а Wáchstum des Wárenumsatzes ■ вы́полнить план ~а den Wárenumsatzplan erfüllen; ~ соста́вил... der Wárenumsatz betrúg...

торго́вл║я *ж* Hándel *m* ○ вне́шняя ~я Áußenhandel; вну́тренняя ~я Bínnenhandel, Inlandshandel; госуда́рственная ~я stáatlicher Hándel; двусторо́нняя ~я bilateráler Hándel; коопера́тивная ~я genóssenschaftlicher Hándel; межгосуда́рственная ~я zwíschenstaatlicher Hándel; междунаро́дная ~я internationáler Hándel; мирова́я ~я Wélthandel; многосторо́нняя ~я méhrseitiger [multilateráler] Hándel; монопо́льная ~я Alléinhandel; незако́нная ~я réchtswidriger Hándel; оживлённая ~я réger [schwúngvoller] Hándel; опто́вая ~я Gróßhandel; посре́дническая ~я Zwíschenhandel, vermíttelnder Hándel; свобо́дная ~я Fréihandel ● ~я ме́жду Восто́ком и За́падом Ost-West-Hándel; запреще́ние ~и Hándelsverbot *n;* кри́зис ~и Hándelskrise *f;* культу́ра ~и Verkáufskultur *f;* мини́стр ~и Hándelsminister *m;* неравнопра́вие в ~е Benáchteiligung im Hándel; объём ~и Hándelsvolumen *n;* ограниче́ние ~и Restriktión des Hándels, Hándelsbeschränkung *f;* расшире́ние ~и Áusweitung des Hándels; свобо́да ~и Hándelsfreiheit *f;* соде́йствие разви́тию ~и Hándelsförderung *f* ■ вести́ ~ю Hándel tréiben; оживи́ть ~ю den Hándel belében; препя́тствовать разви́тию ~и den Hándel hémmen [beéinträchtigen]; расширя́ть ~ю den Hándel erwéitern; ~я сокраща́ется der Hándel schrumpft

торго́в║ый Hándels// ○ ~ый атташе́ Hándelsattaché [-,ʃe:] *m;* ~ый бала́нс Hándelsbilanz *f;* ~ый барье́р Hándelsschranke *f;* ~ая блока́да Hándelssperre *f;* ~ая война́ Hándelskrieg *m;* ~ый догово́р Hándelsvertrag *m;* ~ые изде́ржки Hándelskosten *pl;* ~ая компа́ния Hándelsgesellschaft *f;* ~ый конце́рн Hándelskonzern *m;* ~ый кри́зис Hándelskrise *f;* ~ие круги́ Hándelskreise *pl;* ~ый мир Hándelswelt *f;* ~ая монопо́лия Hándelsmonopol *n;* ~ый обме́н Hándelsaustausch *m;* ~ые ограниче́ния Hándelsrestriktionen *pl;* ~ая организа́ция Hándelsorganisation *f;* ~ая пала́та Hándelskammer *f;* ~ый партнёр Hándelspartner *m;* ~ые перегово́ры Hándelsgespräche *pl;* ~ая поли́тика Hándelspolitik *f;* ~ое пра́во Hándelsrecht *n;* ~ое предприя́тие Hándelsbetrieb *m;* ~ый представи́тель Hándelsvertreter *m;* ~ое представи́тельство Hándelsvertretung *f;* ~ые привиле́гии Hándelsprivilegien *pl;* ~ые рабо́тники káufmännische Angestellte, Hándelspersonal *n;* ~ые связи Hándelsverbindungen *pl;* ~ая сеть Hándelsnetz *n;* ~ие сноше́ния Hándelsverkehr *m;* ~ый сове́тник Hándelsrat *m;* ~ое соглаше́ние Hándelsabkommen *n;* ~ое су́дно Hándelsschiff *n;* ~ый флот Hándelsflotte *f;* ~ый шпиона́ж Hándelsspionage [-ʒə] *f;* ~ое эмба́рго Hándelsembargo *n;* ~ая я́рмарка Hándelsmesse *f*

торже́ственн‖ый féierlich, Fest‖ ○ ~ый акт Féstakt *m;* ~ый ве́чер Féstabend *m;* ~ое заседа́ние Féstsitzung *f;* ~ый моме́нт féierlicher Augenblick; ~ое обеща́ние féierliches Verspréchen; ~ое откры́тие Féstakt, féierliche Eröffnung; ~ый приём féierlicher Empfáng; ~ая проце́ссия Féstaufzug *m;* ~ый слу́чай féierliche Angelegenheit; ~ая тишина́ féierliche Stille; ~ая церемо́ния féierliche Zeremoníe ■ дать ~ое обеща́ние éine féierliche Versícherung a̋bgeben

торжество́ *c* Triúmph *m* ● ~ справедли́вости Triúmph der Geréchtigkeit; ~ челове́чности Triúmph der Ménschlichkeit ■ насто́йчиво боро́ться за ~ коммунисти́ческих идеа́лов behárrlich für den Triúmph der kommunístischen Ideále kämpfen

тост *м* Toast [to:st] *m,* Trínkspruch *m* ● обменя́ться дру́жественными ~ами mít in fréundschaftlichen Wórten Trínksprüche wéchseln; провозглаша́ть ~ в честь кого́-л. éinen Toast auf j-n a̋usbringen [hálten]; провозглаша́ть ~ за чьё-л. здоро́вье auf das Wohl von j-m trínken; ein Glas auf das Wohl von j-m erhében

то́чк‖а *ж* Punkt *m* ○ вы́сшая ~а Hö́hepunkt; горя́чая ~а *перен.* neurálgischer Punkt; горя́чая ~а плане́ты Krísenpunkt auf dem Planéten; исхо́дная ~а Ausgangspunkt; коне́чная ~а Endpunkt; мёртвая ~а tóter Punkt; ни́зшая ~а Tíefpunkt; отправна́я ~а Anhaltspunkt; торго́вая ~а Verkáufsstelle *f,* Verkáufsstand *m* ● ~а зре́ния Gesíchtspunkt, Stándpunkt; ~а опо́ры Stützpunkt; ~а отсчёта A̋blesepunkt; ~а пересече́ния Schníttpunkt; ~а приложе́ния си́лы Ángriffspunkt éiner Kraft; ~и соприкоснове́ния Berührungspunkte *pl;* с э́той ~и зре́ния únter diesem Gesíchtswinkel ■ дости́чь како́й-л. ~и éinen Punkt erréichen; преодоле́ть мёртвую ~у den tóten Punkt überwínden; сдви́нуть де́ло с мёртвой ~и die Sáche über den tóten Punkt hinwégbringen, die Sáche in Gang bríngen; ста́вить ~у над „и" *перен.* den Punkt auf das „i" sétzen

тради́ци∥я *ж* Traditión *f* ○ гуманисти́ческие ~и humanístische Traditiónen; демократи́ческие ~и demokrátische Traditiónen; культу́рная ~я Kultúrtradition; прогресси́вные ~и fórtschrittliche Traditiónen; профессиона́льная ~я Berúfstradition; революцио́нные ~и revolutionäre Traditiónen; самобы́тные ~и éigenständige Traditiónen; семе́йная ~я Famílientradition, famíliengebunde Tradition; сла́вная ~я rúhmreiche Traditión ● бога́тый ~ями traditiónsreich; по ~и traditiónsgemäß; свя́занный с ~ями traditiónsgebunden; соблюде́ние ~и Pflége éiner Traditión ■ отказа́ться от како́й-л ~и mit éiner Traditión bréchen; подде́рживать революцио́нные ~и revolutionäre Traditiónen pflégen; продолжа́ть ~ю éine Traditión fórtsetzen; храни́ть ~ю éine Traditión bewáhren

тра́нспорт *м* Verkéhr *m,* Transpórt *m* ○ автомоби́льный ~ Kráftverkehr, Kráftfahrzeugverkehr; во́дный ~ Schíffsverkehr, Schíffstransport; возду́шный ~ Flúgverkehr, Lúftverkehr, Lúfttransport; городско́й ~ Stádtverkehr, städtischer Verkéhr; железнодоро́жный ~ Éisenbahnverkehr, Eisenbahntransport; контéйнерный ~ Containerverkehr [kɔn'te:nər-]; ли́чный ~ Individuálverkehr; ме́стный ~ Náhtransport, Náhverkehr; назе́мный ~ Lándtransport *m;* обще́ственный ~ öffentliche Verkéhrsmittel; öffentlicher Verkéhr; пассажи́рский ~ Persónenverkehr; при́городный ~ städtischer Náhverkehr, Vórortverkehr ● рабо́та ~а Arbeit des Verkéhrswesens ■ нала́живать рабо́ту ~a den Verkéhr [den Transpórt] régeln

тра́ур *м* Tráuer *f* ○ глубо́кий ~ tíefe Tráuer; госуда́рственный ~ Stáatstrauer; национа́льный ~ Nationáltrauer ● год ~a Tráuerjahr *n;* день ~a Tráuertag *m*

тра́урн∥ый Tráuer∥ ○ ~ое зна́мя Tráuerfahne *f;* ~ая кайма́ Tráuerrand *m;* ~ый марш Tráuermarsch *m;* ~ый ми́тинг Gedénkstunde *f;* ~ая му́зыка Tráuermusik *f;* ~ая повя́зка Tráuerbinde *f,* Tráuerflor *m;* ~ая речь Tráuerrede *f;* ~ое ше́ствие Tráuerprozession *f,* Tráuerzug *m*

10*

требовани‖**е** *c* Forderung *f*, Ánforderung *f* ○ возро́сшие ~я gewáchsene [gestíegene] Fórderungen; высо́кие ~я hóhe Fórderungen; жёсткие ~я hárte Fórderungen; зако́нное ~е réchtmäßige Fórderung; настоя́тельное ~е dríngendes Ánsuchen; насу́щное и правоме́рное ~е dríngliche und beréchtigte Fórderung; неопра́вданно высо́кое ~е únberechtigt hóhe Ánforderung, überspítzte [überhöhte] Ánforderung; основны́е ~я Grúndforderungen *pl*; полити́ческие ~я polítische Fórderungen; справедли́вое ~е geréchte Fórderung; ультимати́вное ~е ultimatíve Fórderung ● (настоя́тельное) ~е моме́нта das Gebot der Stúnde; ~е повы́сить зарпла́ту Fórderung nach Lóhnerhöhung, Lóhnforderung; ~я сего́дняшнего и за́втрашнего дня Ánforderungen der Gégenwart und der Zúkunft; ~я эпо́хи Fórderungen der Epóche; осуществле́ние ~я Verwírklichung éiner Fórderung ■ выдвига́ть сли́шком высо́кие ~я zu hóhe Fórderungen stéllen [erhében]; выполня́ть все ~я álle Fórderungen erfüllen; добива́ться выполне́ния свои́х ~й séine Fórderungen dúrchsetzen; исходи́ть из конкре́тных ~й von konkréten Fórderungen áusgehen; настоя́ть на своём ~и auf séiner Fórderung bestéhen; отвеча́ть ~ям den Fórderungen entspréchen; отклоня́ть ~е éine Fórderung áblehnen; предъявля́ть необосно́ванные ~я к кому́-л. únbegründete Fórderungen an j-n stéllen; удовлетворя́ть чьи-л. ~я j-s Fórderungen befríedigen

трево́г‖**а** *ж* 1. (*сигнал опасности*) Alárm *m* ○ боева́я ~а Geféchtsalarm; возду́шная ~а Lúftalarm; ло́жная ~а blínder [fálscher] Alárm; уче́бная ~а Próbealarm ● сигна́л ~и Alármsignal *n* ■ бить ~у Alárm [Lärm] schlágen; объяви́ть возду́шную ~у Flíegeralarm mélden [ánsagen]; подня́ть ~у alarmíeren; труби́ть ~у Alárm blásen 2. (*беспокойство*) Únruhe *f*; Besórgnis *f* ■ быть в ~е sich beúnruhigen; всели́ть ~у в кого́-л. j-n in Únruhe versétzen; вызыва́ть ~у Besórgnis errégen; жить в ~е за за́втрашний день in Sórge um das Mórgen [um den mórgigen Tag] lében; in soziáler Únsicherheit lében

трибуна́л *м* Tribunál *n* ○ вое́нный ~ Kríegsgericht *n*, Militärtribunal; революцио́нный ~ Revolutiónstribunal ■ преда́ть кого́-л. суду́ ~а j-n vor ein Tribunál stéllen; он предста́л пе́ред ~ом er kam vor das Tribunál

труд *м* Árbeit *f* ○ добросо́вестный, инициати́вный ~ gewíssenhafte, initiatívreiche Árbeit; изнури́тельный ~ áufreibende Árbeit; интеллектуа́льный ~ géistige [intellektuélle] Árbeit;

ка́чественный ~ qualitätsgerechte Árbeit; коллекти́вный ~ Kollektívarbeit; ми́рный тво́рческий ~ friedliches Scháffen; наёмный ~ Lóhnarbeit; напряжённый ~ ángespannte Árbeit; обще́ственно поле́зный ~ geséllschaftlich nützliche Árbeit; поднево́льный ~ Sklávenarbeit [-v-]; производи́тельный ~ produktíve Árbeit; самоотве́рженный ~ áufopferungsvolle Árbeit; созида́тельный [тво́рческий] ~ schöpferische Árbeit; у́мственный ~ géistige Árbeit; физи́ческий ~ körperliche Árbeit ● ~ без эксплуата́ции von Áusbeutung fréie Árbeit; ~ на о́бщее бла́го Árbeit zum Geméinwohl [zum Wóhle] der Geméinschaft; би́ржа ~а́ Árbeitsamt n; ветера́н ~а́ Árbeiterveteran m; вознагражде́ние за ~ Entlóhnung der Árbeit; интенсифика́ция ~а́ Intensivíerung der Árbeit; лю́ди ~а́ Wérktätige, árbeitende Ménschen; (нау́чная) организа́ция ~а́ (wíssenschaftliche) Árbeitsorganisation; обобществле́ние ~а́ Vergeséllschaftung der Árbeit; охра́на ~а́ Árbeitsschutz m; пра́во на ~ Recht auf Árbeit; производи́тельность ~а́ Árbeitsproduktivität f; рабо́тники у́мственного и физи́ческого ~а́ manuéll und géistig Scháffende [Tätige]; разделе́ние ~а́ Árbeitsteilung f ■ быть лишённым пра́ва на ~ des Rechts auf Árbeit beráubt séin; взять на себя́ ~ die Mühe auf sich néhmen; добыва́ть что-л. свои́м ~о́м etw. durch séine éigene Árbeit erréichen; жить свои́м ~о́м von séiner (Hände) Árbeit lében; повыша́ть производи́тельность ~а die Árbeitsproduktivität erhöhen; сокраща́ть до́лю тяжёлого физи́ческого и неквалифици́рованного ~а́ den Ánteil der schwéren körperlichen und wénigqualifizierten Árbeit reduzíeren; энерговооружённость ~а́ возросла́ на... die Energíeausstattung der Árbeit (je Árbeitskraft) stieg um...

тру́дность ж Schwíerigkeit f ○ вре́менные ~и zéitweilige Schwíerigkeiten; непредви́денные ~и únvorhergesehene Schwíerigkeiten; непреодоли́мые ~и unüberwíndliche Schwíerigkeiten; объекти́вные ~и objektíve Schwíerigkeiten ● ~и жи́зни Schwíerigkeiten des Lébens; ~и послевое́нного вре́мени Náchkriegsschwierigkeiten pl; ~и ро́ста Wáchstumsschwierigkeiten pl; ~и со снабже́нием Versórgungsschwierigkeiten pl ■ закрыва́ть глаза́ на ~и die Áugen vor den Schwíerigkeiten verschlíeßen; избега́ть ~ей Schwíerigkeiten verméiden; не боя́ться ~ей kéine Schwíerigkeiten fürchten [schéuen]; обходи́ть ~и Schwíerigkeiten umgéhen; преодолева́ть ~и Schwíerigkeiten überwínden; создава́ть кому́-л. ~и j-m Schwíerigkeiten beréiten; ста́лкиваться с ~ями auf Schwíe-

'rigkeiten stoßen; устранять ~и Schwíerigkeiten aus dem Weg räumen; э́то не представля́ет ~и das beréitet kéine Schwíerigkeiten трудов‖ой Árbeits/ ○ ~а́я акти́вность Árbeitselan *m*, Scháffensfreude *f;* ~а́я ва́хта Produktiónsaufgebot *n;* ~а́я дисципли́на Árbeitsdisziplin *f;* ~о́й догово́р Árbeitsvertrag *m;* ~ые дохо́ды Árbeitseinkünfte *pl;* ~а́я жизнь árbeitsreiches [berúfliches] Lében, Berúfsleben *n;* ~о́е законода́тельство Árbeitsgesetzgebung *f;* ~а́я интеллиге́нция wérktätige Intelligénz; ~о́й ко́декс Árbeitsgesetzbuch *n;* ~о́й конфли́кт Árbeitskonflikt *m*, Árbeitsstreitfall *m;* ~о́е населе́ние wérktätige Bevölkerung; ~ые побе́ды бо́льшие Produktiónserfolge *pl;* ~а́я пови́нность, Árbeitspflicht *f;* ~о́й подъём Árbeitselan *m;* ~ые резе́рвы Árbeitsreserven *pl;* ~ые сбереже́ния sélbsterarbeitete Erspárnisse; ~о́й стаж Dienstalter *n;* Berúfsjahre *pl;* Beschäftigungsdauer *f;* ~ые успе́хи Árbeitsleistungen *pl*, Árbeitserfolge *pl;* ~о́й энтузиа́зм Árbeitsenthusiasmus *m*, Léistungsbereitschaft *f*

тру́женик *м* Wérktätige *sub m* ○ се́льские ~и Wérktätige der Lándwirtschaft ● ~и го́рода и села́ Wérktätige in Stadt und Land; ~и села́ Wérktätige aus der Lándwirtschaft

тяжёл‖ый schwer, hart ○ ~ая боле́знь schwére Kránkheit; ~ые времена́ schwére Zéiten; ~ое го́ре schwéres Unglück; ~ая ка́ра hárte Stráfe; ~ое преступле́ние schwéres Verbréchen; ~ая промы́шленность Schwérindustrie *f;* ~ый просту́пок schwéres Vergéhen; ~ая рабо́та schwére Árbeit; ~ое ране́ние schwére Verlétzung; ~ый уда́р hárter Schícksalsschlag; ~ое чу́вство níederdrückendes Gefühl

У

убеди́тельн‖ый überzéugend; dríngend ○ ~ый до́вод tríftiger [überzéugender] Grund; ~ое доказа́тельство schlüssiger Bewéis; ~ый приме́р überzéugendes Béispiel; ~ая про́сьба dríngende [dríngliche] Bítte; ~ое реше́ние (*какой-л. задачи*) éine überzéugende Lösung

убежде́ни‖е *с* Überzéugung *f* ○ вну́треннее ~е ínnere Überzéugung; полити́ческие ~я polítische Überzéugungen ● ве́рный свои́м ~ям séinen Überzéugungen treu; си́ла ~я Überzéugungs-

'kraft *f* ■ боро́ться за свои́ ~я für séine Überzéugungen kämpfen; выступа́ть за свои́ ~я für séine Überzéugungen éintreten; де́йствовать вопреки́ свои́м ~ям gégen séine Überzéugungen hándeln; де́йствовать по ~ю nach séiner Überzéugung hándeln; де́лать что-л. по тве́рдому ~ю etw. aus féster Überzéugung tun; меня́ть свои́ ~я séine Ánschauungen wéchseln; прийти́ к како́му-л. ~ю zu éiner Überzéugung kómmen [gelángen]; умира́ть за свои́ ~я für séine Überzéugungen stérben.

уби́йств‖о *c* Mord *m* ○ зве́рское ~о bestiálischer Mord; злоде́йское ~о gräßliche Mórdtat; кова́рное ~о héimtückischer [hínterhältiger] Mord; ма́ссовое ~о Mássenmord; полити́ческое ~о polítischer Mord; преднаме́ренное ~о ábsichtlicher Tótschlag ● ~о из-за угла́ Méuchelmord; ~о с це́лью ограбле́ния Ráubmord; мысль об ~e Mórdgedanke *m;* ору́дие ~a Mórdwerkzeug *n;* сго́вор с це́лью соверше́ния ~a Mórdkomplott *n;* соуча́стник ~a Mórdkomplice [-sǝ] *m* ■ замышля́ть ~о éinen Mord plánen [vórhaben]; обвиня́ть кого́-л. в ~e j-n des Mórdes beschúldigen; организова́ть ~о éinen Mord ánstiften; подозрева́ть кого́-л. в ~e j-n des Mórdes verdächtigen; соверши́ть ~о éinen Mord begéhen [verüben].

убы́т‖ок *м* Scháden *m*, Verlúst *m* ○ действи́тельный ~ок wírklicher Scháden [Verlúst]; пла́новые ~ки geplánte Verlúste; произво́дственные ~ки Betríebsverluste; прямо́й ~ок únmittelbarer Verlúst, dirékter Scháden; части́чный ~ок Téilschaden, Téilverlust; чи́стый ~ок réiner [glátter] Verlúst ● возмеще́ние ~ков Schádenersatz *m;* компенса́ция за понесённые ~ки Schádenausgleich *m* ■ возмести́ть ~ок éinen Scháden ersétzen; für éinen Scháden áufkommen; гаранти́ровать возмеще́ние ~ка das Verlústrisiko ábnehmen; нести́ ~ки den Scháden trágen; оказа́ться в ~ке zu Scháden kómmen; приноси́ть ~ок Verlúst bríngen; причини́ть ~ок Scháden zúfügen; терпе́ть [понести́] ~ки Scháden [Verlúste] (er)léiden.

уваже́ни‖е *c* Achtung *f*, Respektíerung *f* ○ взаи́мное ~e gégenseitige Achtung; стро́гое ~e суверените́та госуда́рств stríkte Achtung der Souveränität [zuvǝ-] der Stáaten ● ~e полити́ко--территориа́льных реа́льностей Achtung der polítischen und territoriálen Realitäten; ~e прав наро́дов Achtung der Réchte der Völker; ~e прав челове́ка Respektíerung der Ménschenrechte; ~e суверените́та и территориа́льной це́лостности Respektíerung der Souveränität [zuvǝ-] und der territoriálen Integrität ■ быть окружённым ~ем и забо́той mit hóher A̒chtung und Fürsorge umgében sein; внуша́ть ~e A̒chtung [Respékt] e̒inflößen; завоева́ть ~e sich (G) A̒chtung erwérben; лиши́ться чьего́-л. ~я j-s A̒chtung verlíeren; ока́зывать ~e кому́-л. j-m A̒chtung erwéisen; отда́ть дань глубо́кого ~я кому́-л. j-s in tíefer Veréhrung gedénken; относи́ться с ~ем к кому́-л. vor j-m A̒chtung háben; по́льзоваться ~ем A̒chtung geníeßen; свиде́тельствовать своё ~e séine Hóchachtung bezéugen

увеличе́ние *c* Zúnahme *f*, Vergrößerung *f*, Stéigerung *f* ○ минима́льное ~ minimále Zúnahme; (не) значи́тельное ~ (ún)bedéutende Zúnahme; огро́мное ~ gewáltige Zúnahme ●~ вое́нных расхо́дов Stéigerung der Militärausgaben; ~ населе́ния Bevölkerungszunahme; ~ посевно́й пло́щади Erwéiterung der A̒ussaatfläche; ~ рожда́емости Gebúrtenzunahme; ~ ско́рости Vergrößerung der Geschwíndigkeit; ~ объёма торго́вли Vergrößerung des Hándelsvolumens; ~ чи́сленности а́рмии Verstärkung der Armée ■ ~ составля́ет 5 проце́нтов die Zúnahme beträgt 5 Prozént

уве́ренность *ж* Zúversicht *f*, Sícherheit *f*, Überzéugung *f* ○ социа́льная ~ь sozíále Sícherheit; твёрдая ~ь féste Überzéugung ○ ~ь в за́втрашнем дне Zúkunftsgewißheit *f*, Zúkunftszuversicht; ~ь в побе́де Síegeszuversicht; ~ь в свои́х си́лах das Vertráuen auf die éigenen Kräfte; в по́лной ~и im fésten Gláuben ■ внуша́ть ~ь кому́-л. j-m Zúversicht e̒inflößen; выража́ть ~ь в чём-л. séiner Überzéugung Ausdruck gében; смотре́ть с по́лной ~ю в бу́дущее vóller Zúversicht in die Zúkunft scháuen; утвержда́ть что-л. с ~ю etw. mit áller Gewißheit behaúpten

увольне́ние *c* Entlássung *f*, Kündigung *f* ○ ма́ссовое ~e Mássenentlassung; незако́нное ~e (с рабо́ты) gesétzwidrige Entlássung (aus der A̒rbeitsstelle) ●~e в отста́вку Versétzung in den Rúhestand; ~e по инициати́ве администра́ции Entlássung [Kündigung] durch den Betríeb; ~e по инициати́ве рабо́тника *юр.* Kündigung durch den Wérktätigen; ~e со слу́жбы Díenstentlassung; ~e с рабо́ты без предвари́тельного предупрежде́ния frístlose Kündigung; заявле́ние об ~и Entlássungsantrag *m;* предупрежде́ние об ~и за ме́сяц mónatliche Kündigung; прика́з об ~и Entlássungsbefehl *m;* причи́на ~я Entlássungsgründ *m* ■ проси́ть об ~и с рабо́ты um séine Entlássung aus dem Dienst bítten

уголо́вный Kriminál/, Straf/, stráfrechtlich ○ ~ый ко́декс Stráfgesetzbuch *n;* ~ое наказа́ние Kriminálstrafe; ~ая отве́тственность stráfrechtliche Verántwortlichkeit; ~ая полиция Kriminálpolizei *f;* ~ое прáво Stráfrecht *n;* ~ое преслéдование Strafverfolgung *f;* ~ое преступлéние Kriminálverbrechen *n;* ~ый преступник Kriminálverbrecher *m;* ~ый процéсс Stráfprozeß *m;* ~ый рóзыск Kriminálbehörde *f,* Kriminálamt *n;* ~ое слéдствие stráfrechtliches Ermíttlungsverfahren; ~ое судопроизвóдство Stráfverfahren *n*

угрóзаa *ж* Dróhung *f,* Ándrohung *f,* Gefáhr *f* ○ непосрéдственная ~a únmittelbare Gefáhr; открытая ~a únverhüllte Dróhung; потенциáльная ~a potenziélle Gefáhr; пустые ~ы léere Dróhungen ● ~a войны Kríegsgefahr; ~a мировóй ядерной войны die Gefáhr éines wéltweiten Kérnwaffenkrieges; ~a миру Gefährdung [Bedróhung] des Fríedens; ~a применéния силы Gewáltandrohung; ~a ядерного нападéния atomáre Bedróhung; ослаблéние ~ы войны Verríngerung der Gefáhr éines Kríeges, Ábbau der Kríegsgefahr; пéред лицóм ядерной ~ы ángesichts [im Angesicht] der nukleáren Bedróhung; под ~ой войны únter Ándrohung éines Kríeges; пугáло „совéтской воéнной угрóзы" Schréckgespenst éiner sowjétischen militärischen Bedróhung ■ быть под ~ой in Gefáhr sein; жить под ~ой смéрти in tödlicher Gefáhr lében; постоянно использовать легéнду о мнимой ~e die Bedróhungslüge strapazíeren; ликвидировать воéнную ~y die Kríegsgefahr bánnen; оказáться безоружным пéред лицóм ~ы éiner Gefáhr únbewaffnet gegénüberstehen; отвести от человéчества ядерную ~y die nukleáre Gefáhr von der Ménschheit ábwenden; отодвинуть ~y войны die Kríegsgefahr zurückdrängen; постáвить под ~y gefährden, éiner Gefáhr áussetzen; превращáть кóсмос в источник смертéльной ~ы для человéчества den Wéltraum in éine tödliche Gefáhrenquelle für die Ménschheit verwándeln; предотвратить ~y ядерной войны die Gefáhr éines Atómkrieges ábwenden; создавáть ~y die Gefáhr heráufbeschwören; создавáть серьёзную ~y миру éine érnste Bedróhung des Fríedens verúrsachen; устранить ~y войны die Kríegsgefahr beséitigen; шантажировать когó-л. ядерной ~ой j-n mit der nukleáren Bedróhung erpréssen; ~a ослабевáет die Gefáhr verríngert sich; ~a рéзко усиливается die Gefáhr verschärft sich drástisch; над нарóдами Еврóпы нависла ~a die Gefáhr schwebt über den Völkern Európas

удáр *м* Schlag *m,* Stoß *m* ○ внезáпный ~ únerwarteter Schlag; глáвный ~ Háuptstoß, Háuptschlag; превентивный ~ Präventív-

schlag; смерте́льный ~ tödlicher Schlag; сокруши́тельный отве́т-
ный ~ vernichtender Gégenschlag ● ~ судьбы́ Schícksalsschlag;
си́ла ~a Stóßkraft *f* ■ гото́виться к реша́ющему ~y zum ent-
schéidenden Schlag áusholen; нанести́ реши́тельный ~ den ent-
schéidenden Stoß führen; нанести́ сокруши́тельный ~ любо́му
агре́ссору jéden Aggréssor vernichtend schlágen; опра́виться от
~a sich von éinem Schlag erhólen; отрази́ть ~ éinen Schlag ábwehren; смягчи́ть ~ den Schlag dämpfen; ста́вить под ~ in Gefáhr
bríngen

указа́ни‖е *c* Hínweis *m*, Ánweisung *f* ○ пи́сьменное ~e schríftliche Ánweisung; после́днее ~e létzte Anweisung; прозорли́вое
ле́нинское ~e wéitsichtiger Léninscher Hínweis; руководя́щее
~e Wéisung *f*; специа́льное ~e speziélle Ánweisung; то́чное ~e
стри́кте Anweisung ■ дать необходи́мые ~я nötige Ánweisungen
gében [ertéilen]; име́ть стро́гое ~e strénge Ánweisung háben;
сде́лать ~e éinen Hínweis gében [bríngen]; сле́довать ~ю éiner
Ánweisung fólgen

укла́д *м* Form *f*, Órdnung *f* ○ жи́зненный ~ Lébenshaltung
f; но́вый экономи́ческий ~ néue Wírtschaftsform; обще́ственно-
-экономи́ческий ~ geséllschaftlich-ökonómische Formatión; об-
ще́ственный ~ Geséllschaftsform; социалисти́ческий ~ sozialí-
stische Órdnung, sozialístisches Systém; хозя́йственный ~ Wírt-
schaftsweise *f* ● ~ жи́зни Lébensweise *f*

укрепле́ни‖е *c* Féstigung *f*, Stärkung *f* ○ дальне́йшее ~e со-
о́бщества социалисти́ческих госуда́рств wéitere Stärkung der
sozialístischen Státengemeinschaft; постоя́нное ~e боево́го сою́за
die únablässige Féstigung des Kámpfbündnisses ● ~e взаи́много
дове́рия Féstigung des gégenseitigen Vertráuens; ~e вла́сти Féstigung der Macht; ~e всео́бщего ми́ра Féstigung des Wéltfriedens; ~e дове́рия ме́жду госуда́рствами Féstigung des Vertráuens
zwíschen den Státen; ~e еди́нства Féstigung der Éinheit; ~e
междунаро́дной безопа́сности Stärkung der internationálen
Sícherheit; ~e ми́ра Féstigung des Fríedens; ~e экономи́ческого
и оборо́нного потенциа́ла Féstigung des Wírtschafts- und Vertéi-
digúngspotentials

улучше́ни‖е *c* Verbésserung *f* ● ~e междунаро́дного кли́мата
Verbésserung des internationálen Klímas; ~e снабже́ния населе́ния
Verbésserung der Versórgung der Bevölkerung; ~e усло́вий труда́
и жи́зни Verbésserung der Árbeits- und Lébensbedingungen

ультима́тум *м* Ultimátum *n* ○ полити́ческий ~ polítisches

Ultimátum ■ отклоня́ть ~ ein Ultimátum áblehnen [zurückweisen]; предъявля́ть ~ ein Ultimátum stéllen; приня́ть ~ ein Ultimatum ánnehmen; его́ тре́бование напомина́ло ~ séine Fórderung glich éinem Ultimátum

уменьше́ние с Verríngerung f, Ábnahme f, Rückgang m ● ~ безрабо́тицы Rückgang der Árbeitslosigkeit; ~ вое́нной опа́сности Mínderung der Kríegsgefahr; ~ вы́работки Produktiónsrückgang; ~ затра́т Aufwandsverríngerung; ~ населе́ния Bevölkerungsabnahme; ~ числа́ чле́нов *(организации)* Rückgang der Mítgliederzahl; ~ чи́сленности войск Trúppenverringerung

у́мственн||ый géistig, Géistes// ♂ ~ая де́ятельность géistige Tätigkeit; ~ая лень Géistesträgheit f, géistige Trägheit; ~ая ограни́ченность géistige Beschränktheit [Borníertheit]; ~ое разви́тие челове́ка géistige Entwícklung éines Ménschen; ~ые спосо́бности géistige Fähigkeiten; ~ый труд géistige Árbeit, Kópfarbeit f; ~ые уси́лия géistige Ánstrengungen ● рабо́тники ~ого труда́ Géistesschaffende pl, géistig Tätige pl, Intellektuélle pl

университе́т м Universität f ♂ вече́рний ~ Ábenduniversität; вече́рний ~ маркси́зма-ленини́зма Ábendhochschule des Marxísmus-Leninísmus; Моско́вский госуда́рственный ~ им. Ломоно́сова Móskauer Stáatliche Lomonóssow-Universität; наро́дный ~ Vólkshochschule f ● вре́мя обуче́ния в ~е Universitätszeit f, Stúdienzeit f; оконча́ние ~a Universitätsabschluß m ■ поступи́ть в ~ auf die Universität géhen; рабо́тать в ~е преподава́телем an der Universität als Léktor tätig sein; учи́ться в ~e an der Universität studíeren; чита́ть ле́кции в ~e an der Universität Vórlesungen hálten

уничтоже́ни||е с Verníchtung f, Ábschaffung f ♂ ма́ссовое ~е Mássenvernichtung; по́лное ~е всего́ я́дерного ору́жия völlständige Verníchtung áller Kérnwaffen ● ~e всех запа́сов хими́ческого ору́жия Verníchtung áller Vórräte chémischer Wáffen; ~e престу́пности Beséitigung der Kriminalität; ~e эксплуата́ции челове́ка челове́ком Ábschaffung der Ausbeutung des Ménschen durch den Ménschen; ору́жие (ма́ссового) ~я Verníchtungswaffen pl; сре́дства ~я Verníchtungsmittel pl

упа́д||ок м Verfáll m, Níedergang m ♂ экономи́ческий ~ок ökonómischer Verfáll ● ~ок ду́ха Mútlosigkeit f; ~ок иску́сства Kúnstverfall; ~ок культу́ры Verfáll der Kultúr, Kultúrverfall; ~ок нра́вов Síttenverfall; ~ок сил Kräfteverfall ■ бли́зиться к ~ку dem Verfáll entgégengehen, allmählich verfállen; вести́ к ~ку чего-л. etw. zum Verfáll führen; находи́ться в состоя́нии ~ка sich im Níedergang befínden, im Verfáll begríffen sein; приходи́ть в ~ок in Verfáll geráten [kómmen]

управле́ни|**е** *c* Léitung *f*, Führung *f* ○ автомати́ческое ~е automátische Stéuerung; администрати́вное ~е administratíve Léitung; Verwáltungsdienststelle *f*; гла́вное ~е Háuptverwaltung; госуда́рственное ~е stáatliche Léitung [Verwáltung]; ме́стное ~е örtliche Verwáltung [Stéuerung], dezentralisíerte Stéuerung; отраслево́е ~е Zwéigleitung, Léitung éines Wírtschaftszweiges [Industríezweiges]; рабо́чее ~е Árbeiterverwaltung; Центра́льное статисти́ческое ~е Zentrálverwaltung für Statístik ● ~е дела́ми Geschäftsstelle *f*, Büro *n*; ~е людьми́ Ménschenführung; ~е наро́дным хозя́йством Léitung der Vólkswirtschaft; ~е предприя́тием Betríebsleitung, Léitung éines Betríebs; ~е проце́ссами Prozéßsteuerung *f*; ~е эконо́микой Wírtschaftsleitung, Léitung der Wírtschaft ■ совершéнствовать ~е die Léitung vervóllkommnen; укрепля́ть централизо́ванное ~е die zentralisíerte Léitung stärken

управля́ющий *сущ.* *м* Léiter *m* ○ ~ дела́ми Geschäftsführer *m*, Chef [ʃεf] der Kanzléi, Léiter des Büros; ~ дела́ми Сове́та Мини́стров Léiter des Büros des Ministerrates; ~ дела́ми ЦК КПСС Léiter des Büros des ZK der KPdSU

урегули́ровани|**е** *c* Régelung *f* ○ ближневосто́чное ~е Náhostregelung; всеобъе́млющее ~е umfássende Régelung; еди́ное ~е éinheitliche Régelung; ми́рное ~е междунаро́дных спо́ров friedliche Régelung internationáler Stréitfälle; по́длинное ~е положе́ния échte Régelung der Situatíon; полити́ческое ~е polítische Régelung; послевое́нное ~е Náchkriegsregelung; правово́е ~е réchtliche Régelung ● ~е застаре́лых и сло́жных пробле́м Régelung verschléppter und komplizíerter Probléme; ~е конфли́кта Béilegung des Konflíktes; ~е междунаро́дных отноше́ний Régelung der internationálen Beziehungen; ~е на осно́ве заключе́ния ми́рного догово́ра friedensvertragliche Régelung; ~е на справедли́вой и реа́льной осно́ве Régelung auf geréchter und reáler Grúndlage ■ доби́ться справедли́вого ~я éine geréchte Régelung erréichen

у́ров|**ень** *м* Niveau [-'vo:] *n*, Ébene *f*, Stand *m* ○ высо́кий ~ень разви́тия отноше́ний hóher Stand der Beziehungen; вы́сший мирово́й ~ень internationáler Höchststand, Wéltniveau; жи́зненный ~ень Lébensstandard *m*, Lébensniveau; иде́йный ~ень ideológisches Niveau; культу́рный ~ень Kultúrniveau, kulturélles Niveau; реко́рдный ~ень Rekórdleistung *f* ● выра́внивание ~ня экономи́ческого разви́тия Áusgleich des wírtschaftlichen Entwícklungsstandes; на вы́сшем ~не auf höchster Ébene; на прави́тельственном ~не auf Regíerungsebene; наступле́ние на жи́зненный ~ень Offensíve gégen den Lébensstandard, Ángriff auf den Lébensstandard; на ~не мини́стров (*напр. о совеща́нии*) auf Mínisterebene; на ~не посло́в auf Bótschafterebene; повыше́ние иде́йно-полити́ческого ~ня Hébung des polítisch-ideológischen Niveaus; повыше́ние ~ней вое́нного противостоя́ния Erhöhung des Niveaus der militärischen Konfrontatión; сниже́ние ~ня вое́нной конфронта́ции Vermínderung des Niveaus der militärischen Konfrontatión; сокраще́ние разры́ва в ~не экономи́ческого разви́тия Verríngerung der Unterschíede im ökonómischen Entwícklungsniveau. ■ забо́титься о поддержа́нии обороноспосо́бности на до́лжном ~не für die Áufrechterhaltung der Vertéidigungsfähigkeit auf dem erfórderlichen Niveau Sórge trágen; заморо́зить ~ни вооружённых сил и вооруже́ний das Niveau der Stréitkräfte und Rüstungen éinfrieren; находи́ться на ~не мирово́й станда́ртов Wéltspitze sein, das Wéltniveau bestímmen; повы́сить ~ень конта́ктов die Ébene der Kontákte hében; подня́ть созна́ние на но́вый ~ень das Bewúßtsein auf ein néues Niveau hében; сни́зить ~ень я́дерного противостоя́ния das Niveau der nukleáren Konfrontatión sénken; уреза́ть жи́зненный ~ень den Lébensstandard beschnéiden

урожа́й *м* Érnte *f* ○ бога́тый ~й gúte [réiche] Érnte; реко́рдный ~й Rekórdernte; сре́дний ~й dúrchschnittliche Érnte ● ~й с гекта́ра Héktarertrag *m;* ~й хлебо́в Getréideertrag *m;* ви́ды на ~й Érnteaussichten *pl;* вре́мя убо́рки ~я Érntezeit *f;* гото́вность к убо́рке ~я Érntebereitschaft *f;* ме́сяц сбо́ра ~я Érntemonat *m;* пра́здник ~я Érntefest *n;* убо́рка ~я Érnte, Éinbringung der Érnte ■ сохрани́ть со́бранный ~й die éingebrachte Érnte gut lágern; убра́ть ~й бы́стро и без поте́рь die Érnte schnell und verlústlos bérgen [éinbringen]

, уро́к *м* Léhre *f;* Unterríchtsstunde *f,* Lektión *f* ○ нагля́дный ~ Ánschauungsunterricht *m;* откры́тый ~ öffentliche Únterrichtsstunde; поле́зный ~ gúte [nützliche] Léhre; суро́вый ~ hárte Léhre [Lektión] ● гла́вный ~ второ́й мирово́й войны́ Háuptlehre des zwéiten Wéltkrieges; (го́рькие) ~и исто́рии (bíttere) Léhren der Geschíchte; ~и про́шлого Léhren der Vergángenheit

■ извле́чь ~ из чего́-л. éine Léhre aus etw. zíehen; получи́ть (хоро́ший) ~ éine (gúte) Léhre bekómmen; послужи́ть кому́-л. (хоро́шим) ~ом j-m als éine (gúte) Léhre díenen; предава́ть забве́нию ~и про́шлого die Léhren der Vergángenheit vergéssen; пренебрега́ть ~ами исто́рии die Léhren der Geschíchte mißáchten; преподава́ть кому́-л. (хоро́ший) ~ j-m (gúte) Léhren ertéilen [vermítteln]; э́то бу́дет для меня́ ~ом das soll mir éine Léhre sein

уси́ли|е *с* Ánstrengung *f*; Bemühung *f* ○ беспло́дные ~я erfólglose [vergébliche] Bemühungen; герои́ческие ~я heróische Bemühungen; о́бщие [совме́стные] ~я geméinsame Ánstrengungen ● ~я по нала́живанию полити́ческого диало́га ме́жду госуда́рствами Bemühungen um die Ánbahnung éines polítischen Dialogs zwíschen den Stáaten; объедине́ние ~й Veréinigung der Ánstrengungen; объединёнными ~ями mit veréinten Kräften ■ концентри́ровать ~я на разви́тии нау́ки и те́хники Ánstrengungen auf die Entwícklung der Wíssenschaft und Téchnik ríchten; направля́ть все ~я на что́-л. álle Ánstrengungen auf etw. (*A*) ле́нken [ríchten]; нара́щивать ~я изо дня в день die Ánstrengungen von Tag zu Tag verstärken [vergrößern]; не жале́ть ~й kéine Mühen schéuen; не ослабля́ть свои́х ~й séine Ánstrengungen nicht verríngern; объединя́ть ~я в борьбе́ за де́ло ми́ра и прогре́сса die Ánstrengungen im Kampf für Fríeden und Fórtschritt veréinen; прилага́ть все ~я álle Kräfte éinsetzen; прилага́ть насто́йчивые ~я behárrliche Ánstrengungen unternéhmen; продолжа́ть ~я по повыше́нию эффекти́вности экономи́ческого сотру́дничества die Ánstrengungen zur Erhöhung der Effektivität der ökonómischen Zusámmenarbeit fórtsetzen; слить воеди́но ~я госуда́рств die Ánstrengungen der Stáaten veréinen; удво́ить ~я die Ánstrengungen verdóppeln; высоко́ цени́ть неуста́нные ~я die únermüdlichen Ánstrengungen hoch würdigen

усло́ви|е *с* Bedíngung *f* ○ благоприя́тные ~я günstige Bedíngungen; измени́вшиеся вне́шние ~я veränderte äußere Bedíngungen; каба́льные ~я knéchtende Bedíngungen; основно́е ~е Grúndbedingung, Háuptbedingung; предвари́тельное ~е Vórbedingung; соотве́тствующие ~я entspréchende Bedíngungen ● ~я окружа́ющей среды́ Úmweltbedingungen *pl*; ~я платежа́ Záhlungsbedingungen *pl*; ~я поста́вки Líeferbedingungen *pl*; ~я существова́ния Existénzbedingungen *pl*; на взаимовы́годных ~ях zu gégenseitig vórteilhaften Bedíngungen; на льго́тных ~ях

302

únter Vórzugsbedingungen; на ра́вных ~ях zu gléichen Bedíngungen ▪ выполня́ть ~e éine Bedíngung erfüllen; огова́ривать согла́сие неприе́млемыми ~ями das Einverständnis an únannehmbare Bedíngungen knüpfen; отклоня́ть ряд ~й éine Réihe von Bedíngungen áblehnen; преодолева́ть успе́шно тру́дные ~я schwíerige Bedíngungen erfólgreich méistern; приня́ть ряд ~й éine Réihe von Bedíngungen ánnehmen; создава́ть благоприя́тные ~я günstige Bedíngungen scháffen; ста́вить заве́домо неприе́млемые ~я wíssentlich [bewúßt] únannehmbare Bedíngungen stéllen

услу́г∥а ж Dienst m, Díenstleistung f ○ беспла́тные ~и únentgeltliche [kóstenlose] Díenstleistungen; бытовы́е ~и Díenstleistungen und Reparatúren; взаи́мная ~а Gégendienst; гаранти́йные ~и Garantíeleistungen pl; до́брые ~и gúte Díenste; дру́жеская ~а Fréundschaftsdienst; коммуна́льные ~и kommunále Díenstleistungen; ме́лкие ~и kléine Hándreichungen; обще́ственные ~и geséllschaftliche Díenstleistungen; öffentliche Díenste; пла́тные ~и Díenstleistungen gégen Entgélt; плоха́я ~а schléchter Dienst ▪ оказа́ть кому́-л. ~у j-m éinen Dienst erwéisen; по́льзоваться ~ами Díenste in Ánspruch néhmen; предлага́ть кому́-л. свои́ ~и j-m séine Díenste ánbieten

успе́х м Erfólg m ○ боево́й ~ Kámpferfolg; впечатля́ющие ~и beéindruckende Erfólge; значи́тельный ~ bedéutender Erfólg; неоспори́мый ~ unbestréitbarer Erfólg; произво́дственные ~и Produktiónserfolge pl; трудовы́е ~и Árbeitserfolge pl, erfólgreiche Árbeit ● ~ на вы́борах Wáhlerfolg; ~ перегово́ров Verhándlungserfolg; уве́ренность в ~e Erfólgsgewißheit f; с огро́мным ~ом mit dúrchschlagendem Erfólg ▪ де́лать ~и Fórtschritte máchen; добива́ться ~а éinen Erfólg erríngen [erzíelen]; достига́ть ~а éinen Erfólg erréichen; име́ть заслу́женный ~ sich verdíenten Erfólgs erfréuen; не име́ть ~а kéinen Erfólg háben; отмеча́ть с го́рдостью ~и в определённой о́бласти die Erfólge auf éinem bestímmten Gebíet mit Stolz hervórheben; по́льзоваться (больши́м) ~ом (gróßen) Erfólg háben

уста́в м Statút n, Sátzung f, Órdnung f, Vórschrift f ○ во́инский ~ Díenstvorschrift, Díenstordnung; приме́рный ~ Músterstatut ● ~ вну́тренней слу́жбы Ínnendienstvorschrift; Уста́в Коммунисти́ческой па́ртии Сове́тского Сою́за Statút der Kommunístischen Partéi der Sowjétunion; ~ нау́чного о́бщества Sátzung éiner wíssenschaftlichen Geséllschaft; ~ объедине́ния Statút éines Veréins [éiner Veréinigung]; Устáв ООН UN-Charta [u:'ɛn‚karta] f, Sátzung der ÚNO; ~ пáртии Partéistatut; ~ профсоюза Gewérkschaftsstatut; противоречащий ~у statútenwidrig; соглáсно ~у sátzungmäßig, sátzungsgemäß ■ изменя́ть ~ ein Statút ändern; нарушáть ~ ein Statút verlétzen; разрабáтывать ~ ein Statút áufstellen; соблюдáть ~ ein Statút éinhalten

устанóвк‖а ж Ríchtlinie f, Zíelstellung f, Diréktive f ○ важнéйшая прогрáммная ~а пáртии wíchtigster Prográmmpunkt der Partéi; внешнеполити́ческие ~и áußenpolitische Ríchtlinien; коллекти́вно вы́работанные ~и на что-л. kollektív erárbeitete Ríchtlinien zu etw.; нóвые ~и néue Diréktiven; стратеги́ческие ~и пáртии stratégische Áufgabenstellungen der Partéi; целевáя ~a Zíelsetzung f ■ вы́работать еди́ную ~у éine éinheitliche Ríchtlinie erárbeiten; давáть комý-л. ~и j-m Ríchtlinien gében [ertéilen]; изложи́ть свои́ внешнеполити́ческие ~и séine áußenpolitischen Léitlinien dárlegen; слéдовать ~e éiner Diréktive fólgen; соблюдáть ~и die Ríchtlinien beáchten [éinhalten]

устóи мн. Prinzípien pl, Grúndpfeiler pl ○ морáльные ~ morálische Grúndsätze; нрáвственные ~ Morálprinzipien pl, síttliche Prinzípien ● ~ обществеенного поря́дка Grúndpfeiler der Geséllschaftsordnung ■ расшáтывать ~ какóго-л. стрóя die Grúndpfeiler éiner Geséllschaftsordnung erschüttern

устóйчив‖ый stabíl, bestándig ○ ~ое большинствó stabíle Méhrheit; ~ая валю́та stabíle [hárte, féste] Währung; ~ая погóда bestándiges Wétter; ~ое равновéсие stabíles Gléichgewicht; ~ые свя́зи stabíle Verhältnisse; ~ый спрос stabíler [gléichbleibender] Bedárf; stabíle [gléichbleibende] Náchfrage; ~ые цéны stabíle Préise; ~ая экономи́ка stabíle Wírtschaft

устранéние с Beséitigung f, Behébung f ● ~ всех препя́тствий Beséitigung áller Híndernisse; ~ дискримина́ции и любы́х иску́сственных препя́тствий в междунарóдной торгóвле Abschaffung der Diskrimínierung und jéglicher künstlicher Híndernisse im internationálen Hándel; ~ конкуре́нции Áusschaltung der Konkurrénz; ~ нарушéний (чегó-л.) Behébung éines Míßstandes; ~ недостáтков Beséitigung der Mängel; ~ непоря́дка Beséitigung von Únordnung [Míßständen]; ~ неритми́чности в рабóте Beséitigung von Störungen im Árbeitsablauf; ~ оши́бок Áusmerzung der Féhler; ~ торгóвых барьéров Ábbau der Hándelsschranken; ~ угрóзы термоя́дерной войны́ Beséitigung [Ábwendung] der Gefáhr éines Kérnwaffenkrieges

устраше́ни|**е** *c* Ábschreckung *f* ○ вое́нное ~e militärische Ábschreckung; я́дерное ~e nukleáre Ábschreckung ■ служи́ть для ~я zur Ábschreckung díenen

устремле́ние *c см.* милитари́стский

устро́йство *c* Órdnung *f*, Áufbau *m* ○ администрати́вно--территориа́льное ~ administratív-territoriále Glíederung; госуда́рственное ~ Stáatsaufbau; обще́ственное ~ Geséllschaftsordnung

усту́п|**ка** *ж* Zúgeständnis *n* ○ взаи́мные ~ки gégenseitiges Entgégenkommen, gégenseitige Zúgeständnisse ■ вы́нудить кого́-л. пойти́ на односторо́нние ~ки j-n zu éinseitigen Zúgeständnissen zwíngen, j-m ein éinseitiges Zúgeständnis ábringen; доби́ться больши́х ~ок gróße Zúgeständnisse erzíelen; упо́рно домога́ться ~ок в принципиа́льных вопро́сах behárrlich auf Zúgeständnisse in prinzipiéllen Frágen hínarbeiten; пойти́ на не́которые серьё́зные ~ки кому́-л. j-m éinige weséntliche Zúgeständnisse máchen; тре́бовать но́вых ~ок wéitere Zúgeständnisse fórdern

утра́т|**а** *ж* Verlúst *m;* Éinbuße *f* ○ невосполни́мая ~a únersetzlicher Verlúst ● ~a гражда́нства Verlúst der Stáatsbürgerschaft; ~a дове́рия Vertráuensverlust; ~a прести́жа Prestígeverlust [-ʒə-]; ~a трудоспосо́бности der Verlúst [die Éinbuße] der Árbeitsfähigkeit ■ понести́ тяжёлую ~y éinen schmérzlichen [schwéren] Verlúst erléiden

уча́сти|**е** *c* Téilnahme *f,* Betéiligung *f,* Mítwirkung *f* ○ акти́вное ~e в обще́ственной жи́зни aktíve Betéiligung [Téilnahme] am geséllschaftlichen Lében; де́йственное ~e в разви́тии (чего́-л.) tátkräftige Mítwirkung bei der Entwícklung (G); заинтересо́ванное ли́чное ~e hóhes persönliches Engagement [ãgaʒəˈmãː], hóher persönlicher Éinsatz; ли́чное ~e persönliche Téilnahme; непосре́дственное ~e únmittelbare [dirékte] Téilnahme; широ́кое ~e в управле́нии дела́ми госуда́рства и о́бщества bréite Téilnahme an der Léitung von Staat und Geséllschaft ● ~e в вы́борах Wáhlbeteiligung; ~e в демонстра́ции Téilnahme an der Demonstratión; ~e в рабо́те Téilnahme an der Árbeit, Árbeitseinsatz *m;* ~e в управле́нии произво́дством Mítbestimmung *f,* Mítspracherecht *n;* при ~и кого́-л. únter Betéiligung von j-m ■ име́ть пра́во ~я téilnahmeberechtigt sein; отказа́ться от ~я в чём-л. die Téilnahme ábsagen; привле́чь кого́-л. к ~ю в чём-л. j-n zur Téilnahme an etw. (D) heránziehen; призна́ть откры́то своё ~e в чём-л. séine Betéiligung an etw. (D) óffen zúgeben; согласи́ться приня́ть

~е в како́м-л. мероприя́тии se̅ine Bete̅iligung an e̅iner Vera̅nstaltung zu̅sagen

уча́стник *м* Te̅ilnehmer *m* ● ~и антиги́тлеровской коали́ции Te̅ilnehmer der Antihi̅tlerkoalition; ~ войны̅ Kri̅egsteilnehmer; ~ вы́ставки Au̅ssteller *m;* ~ диску́ссии Diskussio̅nsteilnehmer; ~ за́говора Mi̅tverschwörer *m,* Te̅ilnehmer an der Verschwörung; ~и конфере́нции Konfere̅nzteilnehmer *pl;* ~и Oли́мпийских игр Oly̅mpiateilnehmer *pl,* Oly̅mpiakämpfer *pl;* ~и переговоров Verha̅ndlungsteilnehmer *pl;* ~ соревнова́ний We̅ttkampfteilnehmer; ~ съе́зда Kongre̅ßteilnehmer; соста́в ~ов Zusa̅mmensetzung der Te̅ilnehmer; спи́сок ~ов Te̅ilnehmerliste *f;* число́ ~ов Te̅ilnehmerzahl *f*

уча́сток *м* A̅bschnitt *m,* Bere̅ich *m,* Bezi̅rk *m* ○ земе́льный ~ Gru̅ndstück *n;* избира́тельный ~ Wa̅hlbezirk; Wa̅hllokal *n;* отве́тственный ~ vera̅ntwortungsvolles A̅rbeitsgebiet; произво́дственный ~ Me̅isterbereich; Produktio̅nsabschnitt; садо́вый ~ Ga̅rtengrundstück *n;* строи́тельный ~ Ba̅ustelle *f* ● ~ рабо́ты A̅rbeitsbereich, A̅rbeitsgebiet *n;* ~ фро́нта Fro̅ntabschnitt; руководи́тель уча́стка Le̅iter des A̅bschnittes

уче́ни‖е *c* Le̅hre *f* ○ еди́ное и це́лостное ~e e̅inheitliche und in sich geschlo̅ssene Le̅hre; еди́нственно ве́рное ~e e̅inzig ri̅chtige Le̅hre; маркси́стско-ле́нинское ~e marxi̅stisch-leninstische Le̅hre; революцио́нное ~e revolutionäre Le̅hre ~ К. Ма́ркса die Le̅hre von K. Marx; ~e Ле́нина die Le̅hre Le̅nins; вооружённый ~ем маркси́зма-ленини́зма... a̅usgerüstet mit der Le̅hre des Marxi̅smus-Lenini̅smus... ■ выступа́ть за како́е-л. ~e für e̅ine Le̅hre e̅intreten; выступа́ть про́тив како́го-л. ~я sich ge̅gen e̅ine Le̅hre we̅nden; защища́ть како́е-л. ~e e̅ine Le̅hre vertei̅digen; напада́ть на како́е-л. ~e e̅ine Le̅hre a̅ngreifen; тво́рчески развива́ть ле́нинское ~e die Le̅ninsche Le̅hre schöpferisch we̅iter entwi̅ckeln

учён‖ый 1. wi̅ssenschaftlich ○ ~ые запи́ски wi̅ssenschaftliche Schri̅ften; ~ое зва́ние akade̅mischer Ti̅tel; ~ый секрета́рь wi̅ssenschaftlicher Sekretär; ~ый сове́т wi̅ssenschaftlicher Rat; ~ая сте́пень akade̅mischer [wi̅ssenschaftlicher] Grad **2.** *сущ. м.* Gele̅hrte *sub m,* Wi̅ssenschaftler *m* ● вели́кий ~ый großer Gele̅hrte; ви́дный ~ый bede̅utender Gele̅hrter; выдаю́щийся ~ый hervo̅rragender Gele̅hrter; изве́стный ~ый na̅mhafter Gele̅hrter; кабине́тный ~ый Stu̅bengelehrter; масти́тый ~ый e̅hrwürdiger Gele̅hrter; молодо́й ~ый ju̅nger Gele̅hrter, Na̅chwuchswissenschaftler ● ~ый-обществове́д Gese̅llschaftswissenschaftler; ~ый с мировы́м и́менем Gelе́hrter von Wе́ltruf; же́нщина-~ый Wíssenschaftlerin *f;* мир ~ых Welt der Wíssenschaftler, Gelе́hrtenwelt *f;* сотру́дничество ~ых в разли́чных областя́х Zusа́mmenarbeit von Wíssenschaftlern auf verschíedenen Gebíeten

учёт м Erfа́ssung *f,* Rе́chnungsführung *f,* Statístik *f* ○ бухга́лтерский ~ Bûchführung *f,* bûchhalterische Erfа́ssung; наро́днохозя́йственный ~ vólkswirtschaftliche Rе́chnungsführung; экономи́ческий ~ Wírtschaftsrechnung *f* ● ~ жило́й пло́щади Wóhnraumerfassung *f;* ~ запро́сов населе́ния Bedа́rfsforschung *f;* ~ населе́ния Erfа́ssung der Bevólkerung; Vólkszählung *f;* ~ потребле́ния Verbrа́uchsstatistik *f;* ~ потре́бностей Erfа́ssung des Bedа́rfs; ~ спро́са statístische Erfа́ssung der Nа́chfrage [des Bedа́rfs] ■ проводи́ть ~ е́ine Erfа́ssung dúrchführen

учётн||**ый** Diskо́nt//, Erfа́ssungs//, rе́chnerisch ○ ~ый банк Diskо́ntbank *f,* Wе́chselbank *f;* ~ая ста́вка Diskо́ntsatz *m* ● поли́тика завыше́ния ~ых ста́вок Hóchzinspolitik *f* ● сни́зить ~ую ста́вку den Diskо́ntsatz sénken; увели́чить ~ую ста́вку' den Diskо́ntsatz erhöhen

учрежде́ни||**е** с Éinrichtung *f,* Institutión *f,* Behörde *f* ○ администрати́вное ~е Verwа́ltung *f,* Verwа́ltungsdienststelle *f;* госуда́рственное ~е stа́atliche Institutión [Dienststelle]; де́тские ~я Kíndereinrichtungen *pl;* дошко́льные ~я Vórschuleinrichtungen *pl;* культу́рно-просвети́тельное ~е Kultúr- und Bíldungseinrichtung *f,* kulturе́lle Bíldungseinrichtung; лече́бное ~е medizínische Institutión; нау́чное ~е wíssenschaftliche Éinrichtung; обще́ственное ~е óffentliche Institutión; прави́тельственное ~е Regíerungsdienststelle *f;* Regíerungsbehörde, Regíerungsamt *n;* суде́бное ~е Geríchtsbehörde; фина́нсовое ~е Finа́nzeinrichtung, Finа́nzamt *n* ■ рабо́тать в како́м-л. ~ in éinem Amt [Büro] а́rbeiten

уще́рб м Schа́den *m* ○ иму́щественный ~ Vermögensschaden; материа́льный ~ materiе́ller Schа́den; незначи́тельный ~ gerínger [únbedeutender] Schа́den; огро́мный ~ ungeheurer [gewа́ltiger] Schа́den; причинённый ~ entstа́ndener Schа́den; прямо́й ~ dírekter Schа́den; части́чный ~ Téilschaden ● возмеще́ние ~а Schа́denersatz *m;* ~, нанесённый пожа́ром Brа́ndschaden, Féuerschaden; ~, причинённый ава́рией Únfallschaden; ~, причинённый наводне́нием Wа́sserschaden ■ возмести́ть ~ éinen Schа́den ersе́tzen; нанести́ ~ Schа́den zúfügen; понести́ ~ Schа́den erlе́iden; причини́ть ~ Schа́den verúrsachen

307

11*

Ф

факт м Tátsache *f*, Fakt *m* ○ бесспо́рный ~ únbestrittene [unbestréitbare] Tátsache; истори́ческий ~ geschíchtliche Tátsache; неопроверж́имый ~ únleugbare Tátsache; неоспори́мый ~ unbestréitbare [únbestrittene] Tátsache; общеизве́стный ~ állgemein bekánnte Tátsache; трево́жные ~ы alarmíerende Fákten; юриди́ческие ~ы jurístische [réchtserhebliche] Tátsachen ● беспардо́нное извраще́ние ~ов rücksichtslose Tátsachenverdrehung; гру́бое искаже́ние ~ов gróbe Verfälschung der Fákten, gróbe Entstéllung von Tátsachen; драматиза́ция ~ов Dramatisierung von Fakten; изложе́ние ~ов Dárstellung des Sáchverhalts; пе́ред лицо́м ~ов ángesichts der Tátsachen; пряма́я фальсифика́ция ~ов dirékte Verdréhung der Tátsachen ■ дока́зывать что-л. на ~ах etw. anhánd von Tátsachen bewéisen; затушёвывать ~ы Tátsachen vertúschen, über Tátsachen hinwégtäuschen; не остана́вливаться пе́ред фальсифика́цией ~ов sich nicht schéuen, Tátsachen zu verdréhen; обрати́ться к ~ам sich den Fákten zúwenden; опроверга́ть ~ы Tátsachen widerlégen; передёргивать ~ы Fákten unterschlágen; поста́вить кого́-л. пе́ред сверши́вшимся ~ом j-n vor éine volléndete Tátsache stéllen; приводи́ть (то́лько) ~ы Tátsachen spréchen lássen; призна́ть само́ собо́й разуме́ющийся ~ éine náheliegende [sélbstverständliche] Tátsache ánerkennen; сопоставля́ть ~ы Tátsachen gegenüberstellen [vergléichen]; счита́ться с ~ом éiner Tátsache Réchnung trágen; таковы́ ~ы das [so] sind die Tátsachen; устано́вить ~ы Tátsachen féststellen; учи́тывать по́лностью какой-л. ~ éine Tátsache volláuf berücksichtigen [in Réchnung stéllen]; ~ы говоря́т са́ми за себя́ die Tátsachen spréchen für sich; объекти́вные ~ы неопроверж́имо свиде́тельствуют, что... objektíve Fákten bezéugen unwíderlegbar, daß...; э́то утвержде́ние не соотве́тствует ~ам díese Beháuptung entsprícht nicht den Tátsachen

фа́ктор м Fáktor *m* ○ ва́жный ~ wíchtiger Fáktor; вне́шний ~ äüßerer Fáktor; значи́тельный ~ bedéutender Fáktor; определя́ющий ~ bestímmender Fáktor; психологи́ческий ~ psychológischer Fáktor; реша́ющий ~ entschéidender Fáktor; стабилизи́рующий ~ stabilisíerender Fáktor, Stabilisíerungsfaktor; суще́ственный ~ wésentlicher Fáktor; челове́ческий ~ Fáktor Mensch, ménschlicher [subjektíver] Fáktor ● благоприя́тный ~ ро́ста günstiger Wachstumsfaktor; влия́тельный ~ полити́ческой стаби́льности einflußreicher Fáktor der poli´tischen Stabili´tät; ~ воспита́ния Erzíehungsfaktor; ~, де́йствующий в по́льзу оздоровле́ния междунаро́дной обстано́вки ein Fáktor, der für die Gesúndung der internatiónalen Láge wirkt; ~ разви́тия Entwícklungsfaktor; переплете́ние вну́тренних и междунаро́дных ~ов Verfléchtung natiónaler und internatiónaler Faktóren ■ учи́тывать ~ы die Faktóren berücksichtigen [beáchten]; здесь де́йствуют не́сколько ~ов híerbei wírken méhrere Faktóren mit; э́тот ~ нельзя́ недооце́нивать das ist ein nicht zu unter-schätzender Fáktor

факульте́т m Fakultät f ○ есте́ственные ~ы natúrwissenschaftliche Fakultäten; медици́нский ~ medizínische Fakultät; рабо́чий ~ Árbeiterfakultät; филосо́фский ~ philosóphische Fakultät; юриди́ческий ~ juristische Fakultät; экономи́ческий ~ wírtschaftswissenschaftliche Fakultät ● ~ы вы́сших уче́бных заведе́ний Fakultäten an den Hóchschulen; ~ журнали́стики Fakultät für Journalistik [ʒʊr-]; ~ обще́ственных профе́ссий Fakultät für éhrenamtlich áusgeübte Tätigkeiten; дека́н ~а Dekán éiner Fakultät; специализа́ция ~a Fáchrichtung éiner Fakultät ■ быть при́нятым [зачи́сленным] на каки́-л. ~ an éiner Fakultät immatrikuli´ert sein; учи́ться на како́м-л. ~e an éiner Fakultät studíeren

фарс m Fárce [-sə] f ○ глу́пый ~ láppische Fárce; неле́пый ~ álberne Fárce; позо́рный ~ schändliche Fárce ● ~ вы́боров Wáhlfarce ■ воспринима́ть чьё-л. поведе́ние как ~ j-s Betrágen als Fárce empfínden; преврати́ть серьёзное де́ло в ~ éine érnste Ángelegenheit zu éiner Fárce máchen; э́то был сплошно́й ~ das war éine éinzige Fárce

федера́льн‖ый Búndes// ○ ~ый бюдже́т *(ФРГ, Австрия)* Búndeshaushalt m; ~ое ве́домство *(ФРГ)* Búndesamt n; ~ая земля́ *(в составе ФРГ)* Búndesland n; ~ый ка́нцлер *(ФРГ, Австрия)* Búndeskanzler m; ~ый конституцио́нный суд *(ФРГ)* Búndesverfassungsgericht n; ~ый мини́стр *(ФРГ, Австрия)* Búndesminister m; ~ый парла́мент *(ФРГ)* Búndestag m; ~ое прави́тельство *(ФРГ, Австрия)* Búndesregierung f; ~ый прези́дент *(ФРГ, Австрия)* Búndespräsident m

федерати́вн‖ый föderatív, Búndes// ○ ~ое госуда́рство Búndesstaat m, Föderatívstaat m; Федерати́вная Респу́блика Герма́нии Búndesrepublik Déutschland; Росси́йская Сове́тская

309

Федерати́вная Социалисти́ческая Респу́блика Rússische Sozialístische Föderative Sowjétrepublik

федера́ци‖я ж Verbánd *m*, Bund *m*, Föderatión *f* ○ Все-
ми́рная ~я ассоциа́ций соде́йствия ООН Wéltverband der Ge-
séllschaften für die Veréinten Natiónen; Всеми́рная ~я демо-
крати́ческой молодёжи Wéltbund der Demokrátischen Júgend;
Всеми́рная ~я нау́чных рабо́тников Wéltföderation der Wissen-
schaftler; Всеми́рная ~я профсою́зов Wéltgewerkschaftsbund;
Междунаро́дная ~я астрона́втики Internationále Astro-
náutische Föderatión; Междунаро́дная демократи́ческая ~я
же́нщин Internationále Demokrátische Fráuenföderation; Между-
наро́дная ~я борцо́в Сопротивле́ния Internationále Föderatión
der Widerstandskämpfer; Междунаро́дная ~я журнали́стов
Internationále Journalísten-Föderatión [ʒʊr-]; Междунаро́дная ~я
защи́ты прав челове́ка Internationále Veréinigung für Ménschenrechte; Междунаро́дная ~я перево́дчиков Internationále Fö-
deratión der Übersétzer; спорти́вная ~я Spórtverband ● Федера́-
ция городо́в-побрати́мов Wéltföderation der Pártnerstädte ■
вступи́ть в ~ю éinem Verbánd béitreten; входи́ть в ~ю éinem
Verbánd ángehören; вы́йти из ~и aus éinem Verbánd áustreten;
основа́ть ~ю éinen Verbánd gründen; приня́ть кого́-л. в ~ю
j-n in éinen Verbánd áufnehmen

фестива́л‖ь м Festivál *n*, Féstspiele *pl* ○ Всеми́рный ~ь
молодёжи и студе́нтов Wéltfestspiele der Júgend und Studénten;
музыка́льный ~ь Musíkfestival; театра́льный ~ь Theáterfest-
spiele *pl*, Theáterfestival; ~ь теа́тра и му́зыки Fésttage des Thea-
ters und der Musík; ~ь францу́зского кино́ Festivál des franzö-
sischen Films; ~ь худо́жественной самоде́ятельности трудо-
вы́х коллекти́вов Arbeiterfestspiele *pl*; уча́стники ~я Festi-
válteilnehmer *pl*, Téilnehmer am Festivál ■ принима́ть уча́стие
в ~e an Féstspielen téilnehmen

физи́ческ‖ий phýsisch, körperlich, Körper∥ ○ ~ое воспи-
та́ние Körpererziehung *f*; ~ое истоще́ние phýsische Erschöp-
fung; ~ое лицо́ *юр.* natürliche Persó́n; ~ое напряже́ние phýsische
Beánspruchung; ~ое разви́тие ребёнка körperliche Entwicklung
des Kíndes; ~ая си́ла Körperkraft *f*; phýsische Kraft; ~ий труд
phýsische [körperliche] Árbeit; ~ие упражне́ния körperliche
Übungen ■ испо́льзовать ~ую си́лу mit phýsischer Gewált vórgehen

филиа́л м Zwéigstelle *f*, Filiále *f* ○ заграни́чный ~ Áuslandsfiliale, Áuslandsniederlassung f; нóвый ~ néue Zwéigstelle ● ~ Акадéмии наýк Zwéigstelle der Akademíe der Wíssenschaften; ~ бáнка Bánkfiliale; ~ объединéния Téilbetrieb éiner Veréinigung; ~ предприя́тия Zwéigbetrieb m ■ основáть ~ éine Filiále gründen; откры́ть ~ éine Zwéigstelle erríchten [eröffnen]; руководи́ть ~ом éine Filiále léiten

фильм м Film m ○ двухсери́йный ~ zwéiteiliger Film; документáльный ~ Dokumentárfilm; дубли́рованный ~ synchronisíerter [-k-] Film; кáссовый ~ kássenfüllender Film, Kássenfüller m; ковбóйский ~ Wíldwestfilm, Wéstern m; комеди́йный ~ Fílmkomödie f; короткометрáжный ~ Kúrzfilm; люби́тельский ~ Amateurfilm [-tф:r-]; многосери́йный ~ méhrteiliger Film, Fílmserie f, Méhrteiler m; полнометрáжный ~ ábendfüllender Film; реклáмный ~ Wérbefilm, Reklámefilm; хроникáльный ~ Wóchenschau f; худóжественный ~ Spíelfilm; цветнóй ~ Fárbfilm; чёрно-бéлый ~ Schwarzwéißfilm; широкоэкрáнный ~ Bréitwandfilm ● ~ совмéстного произвóдства Gemeínschaftsfilm; назвáние ~a Fílmtitel m; покáз ~a Fílmvorführung f; произвóдство ~a Fílmproduktion f, Fílmherstellung f ■ вы́пустить ~ на экрáн éinen Film auf die Léinwand (heráus)bríngen; дубли́ровать ~ éinen Film synchronisíeren [-k-]; покáзывать ~ éinen Film vórführen; снимáть ~ éinen Film dréhen; ~ вы́шел на экрáн der Film ist ángelaufen; ~ идёт на э́тот ~ дéти (не) допускáются der Film ist (nicht) júgendfrei

финанси́рование c Finanzíerung f ○ бáнковское ~ Finanzíerung über [durch] éine Bank; бюджéтное ~ Finanzíerung aus dem Háushalt; воéнное ~ Rüstungsfinanzíerung ● ~ жили́щного строи́тельства Finanzíerung des Wóhnungsbaus; ~ за счёт привлечéния чужóго капитáла Frémdfinanzierung; ~ за счёт сóбственных средств Éigenfinanzierung; ~ капиталовложéний Investitiónsfinanzierung

фина́нсов‖ый Finánz// ○ ~ый год Finánzjahr n, Réchnungsjahr n; ~ый капитáл Finánzkapital n; ~ый контрóль Finánzkontrolle f; ~ый кри́зис Finánzkrise f; ~ый магнáт Finánzmagnat m; ~ая монопóлия Finánzmonopol n; ~ая олигáрхия Finánzoligarchie f; ~ый отдéл Finánzabteilung f, Finánzamt n; ~ый план Finánzplan m; ~ая поли́тика Finánzpolitik f; ~ое положéние Finánzlage f; ~ая пóмощь Finánzhilfe f; ~ая рефóрма Finánzreform f; ~ая систéма Finánzsystem n

фи́рм‖а ж Fírma f ○ ведýщая ~a Léitfirma; головнáя ~a

311

Stammfirma; дееспособная ~a léistungsfähige Fírma; дочéрняя ~a Tóchterfirma; конкури́рующая ~a Konkurrénzfirma, konkurríerende Fírma; оптовая ~a Gróßhandelsfirma; посы́лочная ~a Versándhaus *n*, Versándfirma; соли́дная ~a solíde [vertráuenswürdige] Fírma; торго́вая ~a Hándelsfirma; ча́стная ~a Privátfirma [-v-], Privátgeschäft *n* ● ~a-изготови́тель Hérstellerfirma; ~а-конкурéнт Konkurrénzfirma; ~а-поставщи́к Líeferfirma; владéлец ~ы Fírmeninhaber *m*, Fírmenbesitzer *m* ■ возглавля́ть ~у éine Fírma führen; рабо́тать на како́й-л. ~e bei éiner Fírma árbeiten; руководи́ть ~ой éine Fírma léiten; в ~e рабо́тает мно́го люде́й die Fírma beschäftigt víele Ménschen; ~a несёт убы́тки die Fírma árbeitet mit Verlúst

фи́рменн‖**ый** Fírmen‖ ○ **~ая вы́веска** Fírmenschild *n;* **~ый знак** Fírmenzeichen *n;* **~ая накле́йка** Fírmenaufdruck *m*

флаг *м* Flágge *f*, Fáhne *f* ○ государственный ~ Stáatsflagge; иностранный ~ frémde Flágge; национа́льный ~ Nationálflagge, Landesfahne; нейтральный ~ neutrále Flágge; праздничные ~и Fésttagsfahnen *pl;* советский ~ sowjétische Flágge; торго́вый ~ Hándelsflagge ● страна́ ~a су́дна Flággenstaat *m* ■ водрузи́ть ~ éine Fáhne áufpflanzen; выве́шивать ~и Flággen hináushängen; плыть под чужи́м ~ом únter fálscher Flágge ségeln; подня́ть ~ die Flágge híssen [áufziehen]; приспусти́ть ~ *(в знак траура)* hálbmast flággen; спусти́ть ~ die Flágge éinziehen; кора́бль пла́вает под испа́нским ~ом das Schiff führt die spánische Flágge, das Schiff fährt únter spánischer Flágge; ~ развева́ется [ре́ет] die Fáhne weht

фонд *м* Fonds [fõ:] *m*, Bestánd *m* ○ амортизацио́нный ~ Amortlsatiónsfonds; валю́тный ~ Valútafonds; де́нежный ~ Géldfonds; дире́кторский ~ Verfügungsfonds *(eines Direktors);* жило́й ~ Wóhnraumbestand; земе́льный ~ Bódenfonds; золото́й ~ *перен.* Góldschatz *m;* лесно́й ~ Wáldbestand; недели́мый ~ únteilbarer Fonds; поощри́тельные ~ы Stimulíerungsfonds *pl;* премиа́льный ~ Prämíenfonds; секре́тный ~ Gehéimfonds; специа́льный ~ Sónderfonds; стачечный ~ Stréikkasse *f*, Kámpffonds; това́рный ~ Wárenbestand; худо́жественный ~ Kúnstfonds; целево́й ~ zwéckgebundener Fonds ● ~ за́работной пла́ты Lóhnfonds; ~ индивидуа́льного потребле́ния Fonds der indivíduéllen Konsumtión; ~ ми́ра Fríedensfonds; ~ накопле́ния Akkumulatiónsfonds; ~ непредви́денных расхо́дов Rücklagenfonds; ~ оборо́ны Vertéidigungsfonds; ~ потребле́ния Konsumtiónsfonds; ~ предприятия Betríebsfonds; ~ произвóдства Produktiónsfonds; ~ социáльно-культу́рных мероприя́тий Kultúr- und Soziálfonds

фóрм‖а ж Form f ○ коллекти́вная ~а kollektíve Form, Geméinschaftsform; наду́манная ~a gekünstelte Form; организацио́нная ~a Organisatiónsform ● брига́дная ~а организáции труда́ Organisatión der Arbeit nach dem Brigádeprinzíp; подря́дная ~а организáции труда́ Organisatión der Arbeit nach dem Prinzíp des Léistungsvertrages; ~a воспроизвóдства Reproduktiónsform; ~a госудáрственного устрóйства Stáatsform; ~a зáработной плáты Lóhnform; ~ы клáссовой борьбы́ Fórmen des Klássenkampfes; ~а обслу́живания Bedíenungsform; ~ы обще́ственной жи́зни Fórmen des geséllschaftlichen Lébens; ~a правлéния Regíerungsform, Regíerungssystem n; капиталисти́ческая ~а присвоéния эк. kapitalístische Form der Áneignung; ~a сóбственности Éigentumsform; ~a существовáния Existénzform; ~а труда́ Árbeitsweise f; исключéние любóй ~ы нерáвенства Áusschließung [Áusschluß] jéglicher Form der Úngleichheit; потéря спорти́вной ~ы Verlúst der spórtlichen Form; произведéние, совершéнное по ~е и содержáнию ein nach Form und Ínhalt volléndetes Werk ■ заяви́ть о чём-л. по всей ~е etw. in áller Form erklären; отделя́ть ~у от содержáния die Form vom Ínhalt trénnen; придавáть большóе значéние ~e der Form gróße Bedéutung béimessen, viel auf Form hálten; проéкт при́нял ужé определённые ~ы der Entwúrf hat schon bestímmte Fórmen ángenommen

формáция ж Formatión f ○ обще́ственная ~ Geséllschaftsformation; обще́ственно-экономи́ческая ~ ökonómische Geséllschaftsformation, soziálökonomische Formatión; экономи́ческая ~ Wírtschaftsformation

формировáние с Heráusbildung f, Bíldung f ● ~ кабинéта (*правительства*) Kabinéttsbildung; ~ коммунисти́ческого отношéния к труду́ Heráusbildung der kommunístischen Éinstellung zur Árbeit; ~ нóвого человéка Heráusbildung des néuen Ménschen; ~ прави́тельства Regíerungsbildung; ~ социалисти́ческого сознáния Heráusbildung des sozialístischen Bewúßtseins; ~ спрóса Lénkung des Bedárfs; Bíldung der Náchfrage; ~ цен Préisbildung

формулирóвк‖а ж Formulíerung f ○ крáткая ~а knáppe Formulíerung; óстрая ~a zúgespitzte Formulíerung; расплы́вчатые ~и verschwómmene Formulíerungen; спóрная ~a stríttige

313

Formulíerung; тóчная ~a genáue [präzíse] Formulíerung; чёткая ~a kláre Formulíerung ● измене́ние ~и Úmformulierung ■ дать нóвую ~y éine néue Formulíerung gében [prägen]; употребля́ть весьма́ тума́нные ~и höchst nébelhafte Formulíerungen gebráuchen

фóрум м Fórum n, Grémium n ○ всеми́рный ~ Wéltforum; Всеми́рный ~ солида́рности молодёжи и студе́нтов Wéltforum der Solidarität der Júgend und Studénten; междунаро́дный ~ „За безъя́дерный мир, за выжива́ние челове́чества" Internationáles Fórum „Für éine kérnwaffenfreie Welt, für das Überlében der Ménschheit"; междунаро́дный ~ молодёжи internationáles Fórum der Júgend; Междунаро́дный ~ по связя́м миролюби́вых сил Internationáles Fórum für Verbíndungen der Friedenskräfte, Internationáles Verbíndungsforum; обще́ственный ~ öffentliches Fórum; полити́ческий ~ polítisches Fórum; фóрум в защи́ту ми́ра Friedensfórum ■ заяви́ть что-л. высо́кому ~y etw. vor dém hóhen Grémium erklären; организова́ть ~ ein Fórum veranstalten; пригласи́ть кого́-л. на ~ j-n zu éinem Fórum éinladen; принима́ть уча́стие в ~e an éinem Fórum téilnehmen

фронт м Front f ○ антиимпериалисти́ческий ~ antiimperialistische, Front; антифаши́стский ~ antifaschístische Front; еди́ный ~ Einheitsfront; идеологи́ческий ~ ideológische Front; культу́рный ~ Kulturfront; наро́дный ~ Vólksfront; неви́димый ~ únsichtbare Front; трудово́й ~ Árbeitsfront; хозя́йственный ~ Wírtschaftsfront; широ́кий ~ миролюби́вых сил bréite Front der Friedenskräfte ■ де́йствовать на два ~a an zwei Frónten hándeln; расколо́ть еди́нство ~a die Einheitsfront spálten

X

хао́с м Cháos [k-] n, Durcheinánder n ○ валю́тный ~ Währungschaos; настоя́щий ~ wáhres [échtes] Cháos; по́лный ~ vólles Durcheinánder; ры́ночный ~ Márktchaos; экономи́ческий ~ wírtschaftliches Cháos, Wírtschaftschaos ● ~ войны́ Cháos des Kríeges ■ ликвиди́ровать ~ das Cháos entwírren; преодоле́ть ~ das Cháos bewältigen; стране́ угрожа́л экономи́ческий ~ dem Land dróhte ein wírtschaftliches Cháos

хара́ктер м Charákter [k-] m ○ закономе́рный ~ gesétzmäßiger Charákter; кла́ссовый ~ Klássencharakter; оборони́тельный ~ defensíver Charákter; общенаро́дный ~ поли́тики vólksverbundene(r) (Charákter der) Politík; открове́нный ~ обсужде́ния offener Charákter der Berátungen; полеми́ческий ~ статьи́ polémischer Charákter éines Artíkels; представи́тельный ~ Repräsentativität f, repräsentatíver Charákter; принуди́тельный ~ zwángsmäßiger Charákter; хи́щнический ~ räuberischer Charákter ● ~ рабо́ты Árbeitsweise f; ~ экономи́ческого разви́тия Charákter der Wírtschaftsentwicklung; ~ эпо́хи Charákter éinér Epóche; черта́ ~a Charákterzug m ■ носи́ть случа́йный ~ (напр. о фа́кте) den Charákter des Zúfälligen háben; прида́ть широ́кий ~ чему́-л. éiner Sáche (D) umfássenden Charákter verléihen; приня́ть всенаро́дный ~ éinen das gánze Volk umfássenden Charákter ánnehmen; сохраня́ть кла́ссовый ~ идеоло́гии den Klássencharakter der Ideologíe bewáhren; формирова́ть ~ den Charákter heráusbilden [fórmen]; бесе́да носи́ла официа́льный ~ das Gespräch trug offiziéllen Charákter; бесе́да приняла́ о́стрый ~ die Unterháltung spítzte sich zu [nahm éinen schárfen Charákter an]; разгово́р име́л довери́тельный ~ das Gespräch trug vertráulichen Charákter

характе́рн||**ый** kénnzeichnend, charakterístisch ○ ~ые осо́бенности charakterístische Besónderheiten; ~ый при́знак kénnzeichnendes Mérkmal; ~ые сво́йства charakterístische Éigenschaften; ~ый факт kénnzeichnende Tátsache; ~ая черта́ charakterístischer Zug

ха́рти||**я** ж Charta ['kar-] f ○ Атланти́ческая ~я Atlántikcharta; конституцио́нная ~я Verfássunfsurkunde f; Олимпи́йская ~я Chárta der Olýmpischen Spíele ■ подпи́сывать ~ю éine Chárta unterzéichnen; принима́ть ~ю éine Chárta ánnehmen [beschlíeßen]

хи́щническ||**ий** Ráub//, räuberisch ○ ~ая вы́рубка лесо́в Ráubbau am Wáldbestand; ~ий лов ры́бы Ráubbau am Físchbestand, Ráubfischerei f; ~ая обрабо́тка земли́ Ráubbau am Bóden; ~ий убо́й скота́ verbrécherisches Ábschlachten von Vieh; ~ая эксплуата́ция räuberische Áusbeutung

ход м Verláuf m, Lauf m ● ~ исто́рии Lauf der Geschíchte; ~ конфере́нции Verláuf der Konferénz; ~ рабо́ты Verláuf der Árbeit; ~ разви́тия Verláuf [Gang] der Entwícklung; ~ собы́тий Verláuf der Eréignisse; в ~е бесе́ды im Verláuf(e) des Gesprächs; в ~е перегово́ров im Verláuf(e) der Verhándlungen; по ~у де́ла

315

nach Láge der Dínge ■ наруша́ть ~ чего́-л. den Verláuf éiner Sáche stören [unterbréchen]; остана́вливать ~ чего́-л. den Verláuf éiner Sáche áufhalten; следи́ть за ~ом чего́-л. den Verláuf von etw. verfólgen

хозрасчёт м wírtschaftliche Réchnungsführung ○ вну́тренний ~ interne wírtschaftliche Réchnungsführung; внутризаводско́й ~ ínnerbetriebliche wírtschaftliche Réchnungsführung; по́лный ~ vóllständige wírtschaftliche Réchnungsführung ● на ~e mit éigener Réchnungsführung ■ перевести́ предприя́тия на по́лный ~ die Betríebe auf vóllständige wírtschaftliche Réchnungsführung überführen

хозя́ин м Herr m, Wirt m, Besítzer m ○ единоли́чный ~ Éinzelbesitzer, Éinzellandwirt, Éinzelbauer m; кру́пный ~ Gróßbesitzer, Gróßlandwirt, Gróßbauer m; полновла́стный ~ souveräner [zuvə-] Herr; самостоя́тельный ~ sélbständiger Besítzer ■ быть ~ом положе́ния Herr der Láge [der Situatión] sein; выступа́ть в ро́ли ~a den Wirt máchen; стать ~ом sich zum Herrn máchen, zum Herrn wérden; он сам себе́ ~ er ist sein éigener Herr

хозя́йственн‖ый wírtschaftlich, Wírtschafts/ ○ ~ый год Wírtschaftsjahr n; ~ая де́ятельность Wírtschaftstätigkeit f; ~ый догово́р Wírtschaftsvertrag m; ~ая жизнь (страны́) Wírtschaftsleben n; ~ое объедине́ние Wírtschaftsvereinigung f; ~ый о́рган wírtschaftsleitendes Orgán, Wírtschaftsinstitution f; ~ый механи́зм Wírtschaftsmechanismus m; ~ый план Wírtschaftsplan m; ~ая пра́ктика Wírtschaftspraxis f; ~ая разру́ха Wírtschaftsruin m; ~ый расчёт wírtschaftliche Réchnungsführung; ~ое строи́тельство Wírtschaftsaufbau m; ~ые това́ры Háushaltsartikel pl, Háushaltswaren pl

хозя́йств‖о c Wírtschaft f ○ высокопроизводи́тельное ~o hóchproduktive [léistungsfähige] Wírtschaft; городско́е ~o Kommunálwirtschaft, Stádtwirtschaft; госуда́рственное ~o Stáatsgut n; дома́шнее ~o Háushalt m; единоли́чное ~o Éinzelwirtschaft, éinzelbäuerliche Wírtschaft; жили́щное ~o Wóhnungswirtschaft; капиталисти́ческое ~o kapitalístische Wírtschaft; коллекти́вное ~o Kollektívwirtschaft; кру́пное ~o Gróßbetrieb m; ли́чное подсо́бное ~o persönliche Nébenwirtschaft, individuélle Háuswirtschaft; многоотраслево́е ~o aus méhreren Betríebszweigen bestéhende Wírtschaft; наро́дное ~o Vólkswirtschaft; образцо́вое ~o Músterwirtschaft; обще́ственное ~o geséllschaftliche Wirtschaft; передово́е ~o fórtschrittliche Wirtschaft; пла́новое ~o Planwirtschaft, planmäßig betriebene Wirtschaft; подсо́бные ~a промы́шленных предприя́тий Nebenwirtschaften von Industriebetrieben; ры́ночное ~o Marktwirtschaft; се́льское ~o Landwirtschaft; социалисти́ческое ~o sozialistische Wirtschaft ● зве́нья наро́дного ~a Teile [Bereiche] der Völkswirtschaft; перево́д наро́дного ~a на путь интенси́вного разви́тия Umstellung der Völkswirtschaft auf den Weg der intensiven Entwicklung; перево́д ~a на но́вые ре́льсы Umstellung der Wirtschaft; послевое́нное возрожде́ние ~a Wiederaufbau der Wirtschaft nach dem Krieg; те́сное переплете́ние наро́дного ~a двух стран enge Verflechtung der Völkswirtschaften zweier Länder ■ занима́ться ~om die Wirtschaft führen, wirtschaften; наро́дное ~o не получи́ло мно́го ну́жных това́ров viele nützliche Waren blieben der Völkswirtschaft vorenthalten

хро́ник‖а ж Chronik [k-] f ○ газе́тная ~a Tageschronik (in der Zeitung); городска́я ~a Chronik einer Stadt, Stadtchronik; ме́стная ~a Lokalchronik; подро́бная ~a ausführliche Chronik; семе́йная ~a Familiengeschichte f, Familienchronik; сканда́льная ~a Skandalchronik ● ~a жи́зни страны́ Landeschronik; ~a междунаро́дной жи́зни Weltchronik ■ э́то собы́тие занесено́ в ~y dieses Ereignis ist in der Chronik aufgezeichnet

худо́жественн‖ый Kunst// ○ ~ый ансамбль Künstlergruppe f; ~ый вкус Kunstgeschmack m; ~ое воспита́ние Kunsterziehung f; ~ая вы́ставка Kunstausstellung f; ~ые изде́лия Kunsterzeugnisse pl; ~ая литерату́ра schöne [schöngeistige] Literatur, Belletristik f; ~ое произведе́ние Kunstwerk n; ~ое ремесло́ Kunsthandwerk n; ~ая самоде́ятельность Laienkunst f; ~ое тво́рчество Kunstschaffen n; ~ые тради́ции Kunsttraditionen pl. Kunstüberlieferung f; ~ое учи́лище Kunstschule f; ~ая фо́рма Kunstform f

худо́жник м Künstler m ○ гла́вный ~ (теа́тра) Chefbühnenbildner [ʃ-] m; профессиона́льный ~ Berufskünstler ● ~иллюстра́тор Buchillustrator m; ~ кино́ Filmbildner m, Filmarchitekt m; ~ (офо́рмитель) кни́ги Buchgestalter; ~-костюме́р Kostümbildner m; ~-люби́тель Freizeitmaler m; ~-модельер Modegestalter m, Modeschöpfer m; ~-мультиплика́тор Trickfilmzeichner m; ~-офо́рмитель Ausstatter m, Bühnenbildner m; ~ сло́ва Künstler des Wortes; ~ теа́тра Bühnenbildner m; мастерска́я ~a Künstlerwerkstatt f; сою́з ~ов Künstlerverband m

ху́нт‖а ж Júnta [x-] f ○ вое́нная ~a Militärjunta; пра́вящая ~a hérrschende Júnta; престу́пная ~a verbrécherische Júnta; реакцио́нная ~a reaktionäre Júnta ■ образова́ть ~y éine Júnta bílden; ~a пришла́ к вла́сти die Júnta übernáhm die Regíerungsgewalt

Ц

цветн‖о́й Farb‖, Bunt‖ ○ ~а́я металлу́ргия Níchteisenmetallurgie f, Búntmetallurgie f; ~ы́е мета́ллы Níchteisenmetalle pl, Búntmetalle pl; ~о́е телеви́дение Fárbfernsehen n; ~о́й фильм Fárbfilm m; ~а́я фотогра́фия Fárbfotografie f

целев‖о́й Ziel‖, Zweck‖, zwéckgebunden ○ ~о́й креди́т zwéckgebundener Kredít; ~а́я напра́вленность Zwéckgebundenheit f, Zwéckbestimmtheit f; ~а́я програ́мма Zíelprogramm n; ~о́й (специа́льный) резе́рв zwéckgebundene Resérve; ~а́я устано́вка Zíelstellung f, Zíelsetzung f; ~о́е финанси́рование zwéckgebundene Finanzíerung

цели́н‖а ж Néuland n ○ по́днятая ~á Néubruch m, únter den Pflug genómmenes Néuland ● освое́ние ~ы́ Néulanderschließung f, Néulandgewinnung f, Úrbarmachung von Néuland; покори́тели ~ы́ Bezwínger des Néulandes ■ е́хать на ~ý aufs Néuland fáhren; осва́ивать [поднима́ть] ~ý Néuland gewínnen [úrbar máchen]

це́лостность ж см. территориа́льный

цел‖ь ж Ziel n, Zweck m ○ благоро́дная ~ь е́dles Ziel; вели́кая ~ь gróßes Ziel; высо́кая ~ь hóhes [hóchgestecktes] Ziel; главне́йшая ~ь vórrangiges Ziel; достижи́мая ~я erréichbares Ziel; коне́чная ~ь Éndziel; коры́стная ~ь éigensüchtiger Zweck; несбы́точная ~ь únerreichbares Ziel; я́сная ~ь kláres Ziel; в ми́рных ~ях zu fríedlichen Zwécken ● ~ь жи́зни Lébensziel; ~ь пое́здки Réiseziel; ~ь, предусмо́тренная пла́ном Plánziel; еди́нство ~и Éinheitlichkeit des Zíels; отхо́д от каки́х-л. ~ей (в поли́тике) Ábkehr von den Zíelen (in der Politík); у са́мой ~и dicht vor dem Ziel ■ вести́ к ~и zum Ziel führen; добива́ться настойчиво како́й-л. ~и auf ein Ziel behárrlich hínarbeiten; име́ть ~ью etw. zum Ziel háben; пресле́довать ~ь ein Ziel verfólgen; прибли́зиться к жела́нной ~и dem lángersehnten Ziel näherkómmen; ста́вить пе́ред собо́й ~ь sich (D) etw. zum Ziel sétzen; sich

(*D*) ein Ziel sétzen [stécken]; стреми́ться к достиже́нию вели́кой ~и ein hóhes Ziel erstrében; стреми́ться к ~и zum Ziel strében, éinem Ziel zústreben; я́сно осознава́ть ~и Zíele klar erkénnen

цен‖а́ ж Preis *m* ○ бро́совые ~ы Schléuderpreise *pl;* догово́рная ~а́ Veréinbarungspreis; досту́пные ~ы erschwíngliche Préise; еди́ная ~а́ Éinheitspreis; заку́почная ~а́ Erzéugerpreis, Áufkaufspreis, Éinkaufspreis; льго́тная ~а́ Vórzugspreis; Sónderpreis; максима́льная ~а́ Höchstpreis; минима́льная ~а́ Míndestpreis; мирова́я ~а́ Wéltmarktpreis; монопо́льные ~ы Monopól-preise *pl;* недосту́пные ~ы únerschwingliche Préise; номина́льная ~а́ Nominálpreis; опто́вая ~а́ Industríepreis, Gróßhandelsabgabe-preis; покупна́я ~а́ Ка́ufpreis; Éinkaufspreis; потреби́тельские ~ы Verbráucherpreise *pl;* прода́жная ~а́ Verkáufspreis; ро́знич-ная ~а́ Éinzelhandels(verkaufs)preis; Ládenpreis; ры́ночная ~а́ Ма́rktpreis; сопостави́мые ~ы vergléichbare Préise; спекуляти́в-ные ~ы Spekulatiónspreise *pl;* твёрдая ~а́ Féstpreis, féster Preis ● ~ы на предме́ты широ́кого потребле́ния Préise für Ма́ssen-bedarfsgüter; бу́рный рост цен Préisexplosion *f;* взви́нчивание цен Hóchschrauben der Préise, Préistreiberei *f,* Préiswucher *m;* ги́бкость цен Elastizität [Flexibilität] der Préise; дина́мика цен Préisentwicklung *f,* Préisbewegung *f,* Préisdynamik *f;* замора́-живание цен Préisstopp *m;* и́ндекс цен Préisindex *m;* колеба́ние цен Préisschwankung *f;* наруше́ние устано́вленных цен Préis-verstoß *m;* но́жницы цен Préisspanne *f,* Préisschere *f;* поддержа́-ние у́ровня цен Préisstützung *f,* Erháltung des Préisniveaus [-vo:s]; поли́тика цен Préispolitik *f;* по твёрдым ~ам zu fésten Préisen; рост цен Préiserhöhung *f;* сниже́ние цен Préisherabsetzung *f,* Préis-senkung *f;* установле́ние цен Féstsetzung der Préise, Préisfest-setzung *f* ■ взви́нчивать ~ы die Préise hóchschrauben; покупа́ть по ~é... zum Preis von (*D*)... káufen; сбива́ть ~у den Preis drücken; снижа́ть ~у den Preis herábsetzen [sénken]; устана́вливать ~у den Preis bestímmen

ценз *м* Zénsus *m* ○ возрастно́й ~ Álterszensus, Áltersgrenze *f;* избира́тельный ~ Wáhlzensus; иму́щественный ~ Vermögens-zensus; образова́тельный ~ Bíldungszensus

це́нность ж Wert *m* ○ валю́тные ~и Valútawerte; духо́вные ~и géistige Wérte; иму́щественные ~и Vermögenswerte *pl;* мате-риа́льные ~и materíelle Wérte; реа́льная ~ь reáler Wert, Sach-wert ● переоце́нка ~ей Úm(be)wertung der Wérte; шкала́ ~ей Wérteskala *f* ■ приобрета́ть бо́льшую ~ь an Wert gewínnen; сохрани́ть свою́ ~ь séinen Wert behálten; э́то представля́ет большу́ю ~ь das ist von gróßem Wert

центр м Zéntrum n ○ администрати́вный ~ Verwáltungszentrum; информацио́нный ~ Informatiónszentrum; краево́й ~ Regiónszentrum, Regiónshauptstadt f; крупне́йший ~ Bállungszentrum; культу́рный ~ Kultúrzentrum; нау́чно-иссле́довательский ~ Fórschungszentrum; областно́й ~ Gebíetszentrum, Gebíetshauptstadt f; промы́шленный ~ Industríezentrum; райо́нный ~ Rayónzentrum, Rayónhauptstadt f; телевизио́нный ~ Férnsehzentrale f, Férnsehzentrum; торго́вый ~ Hándelszentrum ● ~ го́рода Zéntrum der Stadt, Stádtzentrum, Stádtmitte f; ~ мирово́й торго́вли Wélthandelsplatz m, Wélthandelszentrum; в ~е и на места́х zentrál und örtlich

централизо́ванн|ый zentralisíert, zentrál ○ ~ое госуда́рство zentralisíerter Staat; ~ое капита́льное стро́ительство Stáatsplanvorhaben n; ~ое плани́рование zentrále Plánung; ~ое пла́новое зада́ние Stáatsplanposition f; ~ое снабже́ние zentrále Wárenversorgung; ~ое управле́ние zentrále Lénkung [Stéuerung]

центра́льн|ый Zentrál//, zentrál ○ ~ый банк Zentrálbank f; ~ая власть Zentrálgewalt f, Zentrálbehörde f; ~ый вопро́с zentrále Fráge; ~ые госуда́рственные о́рганы zentrále Stáatsorgane; Центра́льный Исполни́тельный Комите́т, ЦИК ист. Zentrálexekutivkomitee n; Центра́льная коми́ссия парти́йного контро́ля (СЕПГ) Zentrále Partéikontrollkommission; Центра́льный Комите́т КПСС Zentrálkomitee der KPdSU; ~ый о́рган (печа́ти) zentráles Présseorgan, Zentrálorgan n; ~ая ось мирово́й поли́тики Dréhscheibe der Wéltpoiitik; ~ый сове́т Zentrálrat m

церемо́ни|я ж Zeremónie f ○ пы́шная ~я prúnkvolle Zeremónie; торже́ственная ~я féierliche Zeremónie; тра́урная ~я Tráuerfeier f ● ~я встре́чи Begrüßungszeremonie; ~я вступле́ния в до́лжность Zeremoníe der Amtseinführung; ~я корона́ции Krönungszeremonie; ~я похоро́н Bestáttungszeremonie

цикл м Zýklus m ○ промы́шленный ~ industriéller Zýklus; экономи́ческий ~ Wírtschaftszyklus ● ~ докла́дов Vórtragszyklus; ~ ле́кций Vórlesungsreihe f; ~ оборо́та (капита́ла) Úmschlagszyklus; ~ пе́сен Líederzyklus; ~ произво́дства Produktiónszyklus; ~ стихо́в Gedíchtezyklus

ци́фр|а ж Zíffer f, Zahl f ○ ду́тые ~ы áufgebauschte Zíffern; ито́говая ~а Ergébnisziffer; контро́льные ~ы Kontróllziffern pl; пла́новые ~ы Plánzahlen pl; сре́дняя ~а Dúrchschnittsziffer

Ч

час м Stúnde f ○ академи́ческий ~ akadémische Stúnde, Kúrzstunde; коменда́нтский ~ Spérrstunde; лётный ~ Flúgstunde; обе́денный ~ Míttagsstunde, Míttagspause f; предсме́ртный ~ Tódesstunde; приёмные ~ы Spréchstunden pl, Empfángszeit f, Öffnungszeit f; рабо́чий ~ Árbeitsstunde; сверхуро́чные ~ы Überstunden pl ● ~ы пик Spítzenzeit f; Spítzenstunden pl (на тра́нспорте); ~ы рабо́ты (напр. магази́нов) Öffnungszeit f, Geschäftszeit f; до́брый ~ пути́ éine gúte Stúnde Wegs; в ~ы опа́сности in der Stúnde der Gefáhr; на расстоя́нии одного́ ~а пути́ éine Stúnde entférnt ■ ждать би́тый ~ éine geschlágene Stúnde lang wárten; наступи́л ~ распла́ты die Stúnde der Ábrechnung ist gekómmen; ~ про́бил die Stúnde hat geschlágen

части́чн‖ый Teil‖, téilweise ○ ~ая автоматиза́ция Téilautomatisierung f; ~ый взнос Téilzahlung f; ~ые вы́боры Téilwahlen pl; ~ый результа́т Téilergebnis n; ~ое реше́ние téilweise Lösung; ~ое тре́бование Téilforderung f; ~ый успе́х Téilerfolg m

ча́стн‖ый privát [-v-], Privát‖ ○ ~ый вопро́с Téilfrage f, Éinzelfrage f; ~ое де́ло priváte Angelégenheit; ~ая инициати́ва Privátinitiative f; ~ый капита́л Privátkapital n; ~ое лицо́ Privátperson f; ~ое обвине́ние юр. Privátklage f; ~ое определе́ние суда́ юр. Geríchtskritik f; ~ое пра́во юр. Privátrecht n; ~ый предприни́матель Privátunternehmer m; ~ое предприя́тие Privátbetrieb m; ~ый производи́тель Privátproduzent m; ~ый слу́чай speziéller Fall, Sónderfall m; ~ый со́бственник Priváteigentümer m; ~ая со́бственность Priváteigentum n; ~ое хозя́йство Privátwirtschaft f; ~ая шко́ла Privátschule f

часть‖ ж Teil m; Ábteilung f ○ администрати́вно-хозя́йственная ~ь Verwáltungs- und Wírtschaftsabteilung; во́инская ~ь Trúppenteil m; вступи́тельная ~ь (докуме́нта) Präámbel f; дохо́дная ~ь (бюдже́та) Éinnahmeteil; заключи́тельная ~ь (догово́ра) Schlúßbestimmungen pl; неотъе́млемая ~ь úntrennbarer Teil; официа́льная ~ь offiziéller Teil; расхо́дная ~ь (бюдже́та) Áusgabenteil; суще́ственная ~ь wésentlicher Teil; уче́бная ~ь Léhrabteilung, Stúdienabteilung ■ состоя́ть из не́скольких ~ей aus éinigen Téilen bestéhen

чая́ни‖е с Erwártung f, Hóffnung f ○ миролюби́вые ~я Fríedenssehnen n, Fríedenssehnsucht f ● ~я наро́дных масс Hóffnungen der Vólksmassen

чек м Scheck m ○ ба́нковский ~ Bánkscheck; ка́ссовый ~ Bárscheck, Kássenscheck, Kássenbon [-bɔŋ] m; незапо́лненный [бла́нковый] ~Blánkoscheck; просро́ченный ~ verfállener Scheck; расчётный ~ Verréchnungsscheck; Überwéisungsscheck; тури́стский [доро́жный] ~ Réisescheck ● ~ на предъяви́теля Inhaberscheck ■ вы́писать ~ éinen Scheck áusstellen; плати́ть по ~у éinen Scheck éinlösen, mit Scheck bezáhlen

челове́к м Mensch m, Mann m ○ выдаю́щийся ~ hervо́rragender Mensch, hervо́rragende Persö́nlichkeit; делово́й ~ Geschä́ftsmann; здравомы́слящий ~ vernǘnftig dénkender Mensch; культу́рный ~ kultivíerter [kultúrvoller] Mensch; надёжный ~ zúverlässiger Mensch; обыкнове́нный ~ Dútzendmensch; полити́чески акти́вный ~ polítisch aktíver Mensch; поря́дочный ~ ánständiger [о́rdentlicher] Mensch; предусмотри́тельный ~ úmsichtiger Mensch; религио́зный ~ religiö́ser [fró́mmer] Mensch; слабово́льный ~ wíllensschwacher Mensch; совреме́нный ~ modе́rner Mensch; чу́ткий ~ féinfühliger Mensch ● ~ бу́дущего Mensch der Zúkunft; ~ де́ла Mensch der Tat; ~ тво́рческого скла́да Mensch schö́pferischen Schlа́ges; ~ труда́ а́rbeitender Mensch; деловы́е ка́чества ~a fа́chliche Éigenschaften des Mе́nschen; долг ~a Mе́nschenpflicht f; права́ ~a Mе́nschenrechte pl ■ восхища́ться ~ом éinen Mе́nschen bewúndern; доверя́ть ~у éinem Mе́nschen vertrа́uen; цени́ть ~a éinen Mе́nschen schätzen

челове́ческ‖ий Mе́nschen‖, mе́nschlich ○ ~ий век Mе́nschenalter n; ~ое досто́инство Mе́nschenwürde f; ~ая жизнь Mе́nschenleben n; ~ая му́дрость Mе́nschenweisheit f; ~ий о́браз Mе́nschengestalt f; ~ое о́бщество mе́nschliche Gesе́llschaft; ~ая приро́да Mе́nschennatur f; ~ий ра́зум Mе́nschenverstand m; ~ий ум Mе́nschengeist m; ~ий фа́ктор Fа́ktor Mensch, mе́nschlicher [subjektíver] Fа́ktor; ~ое чу́вство mе́nschliches Gefühl

челове́честв‖о с Mе́nschheit f ○ всё миролюби́вое ~о gа́nze fríedliebende Mе́nschheit; прогресси́вное ~о fо́rtschrittliche Mе́nschheit; ~о высо́кие идеа́лы ~а hо́he Mе́nschheitsideale; звёздный час ~а Stе́rnenstunde der Mе́nschheit; исто́рия ~a Geschíchte der Mе́nschheit; разви́тие ~a Entwícklung der Mе́nschheit; труд на бла́го ~a Árbeit zum Wо́hle der Mе́nschheit ■ изба́вить ~о от войн die Mе́nschheit von Kríegen erlö́sen; име́ть больши́е заслу́ги пе́ред ~ом grо́ße Verdíenste um die Mе́nschen hа́ben; обрести́ ве́ру в ~о den Glа́uben an die Mе́nschheit wíedergewinnen

чёрн‖ый schwarz, Schwarz‖ ○ ~ая би́ржа schwárze Börse; ~ое де́ло, schlímme [böse] Tat; ~ая металлу́ргия Schwárzmetallurgie f, Eisenhüttenwesen n; ~ые мета́ллы Eisenmetalle pl; ~ые мы́сли schwárze [schwére] Gedánken; ~ая неблагода́рность schnöder Úndank; ~ая рабо́та schmútzige [schwárze, únqualifizierte] Árbeit; ~ый ры́нок schwárzer Markt; ~ые си́лы реа́кции fínstere Kräfte der Reaktión; ~ые спи́ски Schwárze Líste; на ~ый день für den Nótfall

черт‖а́ ж Grénze f; Zug m ○ городска́я ~а́ Wéichbild éiner Stadt; отличи́тельная ~а́ kénnzeichnender [charakterístischer] Zug; пограни́чная ~а́ Grénzlinie f; примеча́тельная ~а́ (напр. собы́тия) hervórstechender [bemérkenswerter] Wésenszug ● ~а́ осе́длости Ánsiedlungsgrenze f; в о́бщих ~а́х in gróßen Zügen, in den Háuptzügen ■ подводи́ть ~у́ под спи́ском выступа́ющих die Líste der Diskussiónsredner ábschließen

честь ж Éhre f ○ высо́кая ~ь hóhe Éhre ● де́ло ~и Éhrensache f; долг ~и Éhrenpflicht f; здра́вица в ~ь кого́-л. Hóch(ruf) auf j-n; оскорбле́ние ~и Éhrenbeleidigung f; ~ь предприя́тия Éhre des Betríebes; суд ~и Éhrengericht n; челове́к ~и ein Mann von Éhre ■ вы́полнить что-л. с ~ью etw. in Éhren erfüllen; де́лать ~ь кому́-л. j-m Éhre máchen; не име́ть поня́тия о ~и кéine Éhre im Léibe háben; оказа́ть кому́-л. (большу́ю) ~ь j-m (gróße) Éhre erwéisen; оправда́ть высо́кую ~ь die hóhe Éhre réchtfertigen; счита́ть за ~ь es für éine Éhre hálten

чин м Dienstgrad m, Rang m, Würde f ○ офице́рский ~ Offíziersrang; полице́йский ~ Polizíst m; Ángehörige sub m der Polizéi ● повыше́ние в ~e Ra´ngerhöhung f, Befórderung f ■ быть в одно́м ~е с кем-л. den gléichen Rang mit j-m háben; быть вы́ше кого́-л. по ~у den Rang über j-m háben; име́ть высо́кий ~ éinen hóhen Rang bekléiden, éine hóhe Stéllung éinnehmen; лиши́ть ~о́в áller Würden entkléiden

чита́тел‖ь м Léser m ○ крити́чески настро́енный ~ь krítisch gesínnter Léser; ма́ссовый ~ь Ma´ssenleser; ме́нее подгото́вленный ~ь úngeübter Léser; подгото́вленный ~ь geübter Léser ● восприя́тие книг ~ем Áufnahme der Bücher durch den Léser; запро́сы ~ей Léserbedarf m, Lésernachfrage f; о́тзывы ~ей Léseräußerungen pl, Lésermeinungen pl; пожела́ния ~ей Léserwünsche pl; удовлетворе́ние запро́сов ~ей Befríedigung der Lésernachfrage; число́ ~ей Léserzahl f

чита́тельск‖ий Léser‖ ○ ~ая аудито́рия Léserkreis m; ~ий вкус Geschmáck der Léser; ~ие интере́сы Léserinteressen *pl;* ~ая культу́ра Léserkultur *f;* ~ие пи́сьма Léserbriefe *pl;* ~ая психоло́гия Léserpsychologie *f;* ~ий спрос Léserbedarf *m;* ~ая устано́вка Lésereinstellung *f* ■ влия́ть на формирова́ние ~их вку́сов die Geschmácksbildung der Léser beéinflussen; кни́га не по́льзуется ~им спро́сом das Buch entsprícht nicht dem Léserbedarf

член *м* Mítglied *n* ○ действи́тельный ~ (*Акаде́мии нау́к*) órdentliches [wírkliches] Mítglied; непостоя́нный ~ Сове́та Безопа́сности ООН níchtständiges Mítglied des ÚNO-Sícherheitsrates; поле́зный ~ о́бщества nützliches Mítglied der Geséllschaft; постоя́нный ~ Сове́та Безопа́сности ООН ständiges Mítglied des ÚNO--Sícherheitsrates; почётный ~ Éhrenmitglied; рядово́й ~ (*организа́ции*) éinfaches Mítglied ● ~ делега́ции Mítglied éiner Delegatión; ~-корреспонде́нт Акаде́мии нау́к korrespondíerendes Mítglied der Akademíe der Wíssenschaften; ~ па́ртии Partéimitglied; ~ прави́тельства Regíerungsmitglied; ~ правле́ния Vórstandsmitglied; ~ прези́диума Mítglied des Präsídiums, Vórstandsmitglied; ~ профсою́за Gewérkschaftsmitglied, Gewérkschaft(l)er *m;* ~-учреди́тель (*о́бщества*) Gründungsmitglied; госуда́рство-~ (*организа́ции*) Mítgliedsstaat *m;* кандида́т в па́ртии Kandidát der Partéi; о́бщее собра́ние ~ов (*организа́ции*) Mítgliederversammlung *f;* спи́сок ~ов (*организа́ции*) Mítgliederliste *f;* число́ ~ов (*организа́ции*) Mítgliederbestand *m* ■ быть ~ом како́й-л. организа́ции éiner Organisatión als Mítglied ángehören; стать ~ом како́й-л. организа́ции Mítglied éiner Organisatión wérden

чрезвыча́й∥ный áußerordentlich, Sónder// ○ ~ая госуда́рственная коми́ссия áußerordentliche stáatliche Kommissión; ~ый зако́н Áusnahmegesetz *n;* ~ые ме́ры Sóndermaßnahmen *pl;* ~ые полномо́чия áußerordentliche Befúgnisse; Чрезвыча́йный и Полномо́чный Посо́л der Áußerordentliche und Bevóllmächtigte Bótschafter; ~ое положе́ние Áusnahmezustand *m;* ~ое происше́ствие besónderes Vórkommnis; ~ые расхо́ды áußerordentliche Áusgaben; ~ый суд áußerordentliches Gerícht, Sóndergericht *n*

чу́вств∥о *с* Gefühl *n,* Sinn *m* ○ высо́кое ~о hóhes [erhábenes] Gefühl; патриоти́ческие ~а patríotische Gefühle; противоречи́вые ~а widerspréchende Gefühle; сме́шанные ~а gemíschte Gefühle; шесто́е ~о séchster Sinn ● ~а благода́рности Gefühl der Dánkbarkeit; ~а взаи́много доброжела́тельства и уваже́ния Gefühle des Wóhlwollens und der gégenseitigen Áchtung; ~о го́рдо́сти Gefühl des Stólzes; ~о до́лга Pflíchtgefühl; ~о жа́лости Mítleid *n*, Mítgefühl; ~о ло́ктя Túchfühlung *f*; ~о ме́ры Gefühl für das réchte Maß; ~о обречённости Gefühl völliger Höffnungs-losigkeit; ~о обще́ственного до́лга geséllschaftliches Pflícht-gefühl; ~о отве́тственности Verántwortungsgefühl; ~о со́бствен-ного досто́инства Sélbstwertgefühl, Sélbstgefühl; ~о ю́мора Sinn für Humór; издева́тельство над национа́льными ~ами Ver-höhnung der nationálen Gefühle; обма́н чувств Sínnestäuschung *f* ■ име́ть ~о но́вого Sinn für das Néue háben; оскорбля́ть чьи-л. ~а j-s Gefühle verlétzen [beléidigen]; сде́рживать свои́ ~а séine Gefühle zähmen [behérrschen]

Ш

шаг *м* Schritt *m* ○ гига́нтские ~и́ gigántische Schrítte; ди-пломати́ческий ~ diplomátischer Schritt; ло́жный ~ Féhltritt *m*; недружелю́бный ~ únfreundliche Hándlung; (не)обду́ман-ный ~ (ún)überlegter Schritt; осяза́емый ~ spürbarer Schritt; отве́тный ~ Ántwortschritt; отве́тственный ~ verántwortungs-voller Schritt; поспе́шный ~ vóreiliger Schritt; реши́тельный ~ entschíedener Schritt; риско́ванный ~ gewágter Schritt; роково́й ~ verhängnisvoller Schritt; уве́ренный ~ sícherer Schritt ■ не от-ступа́ть ни на ~ ké́inen Schritt zurückweichen; оста́вить за собо́й пра́во предприня́ть все необходи́мые ~и́ sich (*D*) álle nótwen-digen Schrítte vórbehalten; предприня́ть ~и́ Schrítte unter-néhmen [éinleiten]; приблизи́ться хотя́ бы на оди́н ~ к осу-ществле́нию за́мысла zur Verwírklichung éines Vórhabens, wenn auch nur éinen Schritt, näher kómmen; реши́ться на како́й-л. ~ sich zu éinem Schritt entschlíeßen, sich für éinen Schritt ent-schéiden; сде́лать пе́рвый ~ (*напр. к примире́нию*) den érsten Schritt tun; согласо́вывать но́вые конкре́тные ~и́ по дальне́й-шему расшире́нию сотру́дничества né́ue konkré́te Schrítte für den wéiteren Áusbau der Zusámmenarbeit veré́inbaren

шанс *м* Chance ['ʃã:sə[*f* ○ еди́нственный ~ éinzige [éinma-lige] Chánce ● ~ы на побе́ду Síegeschancen *pl*; ~ы на успе́х Erfólgschancen *pl* ■ взве́шивать ~ы die Cháncen (gegeneinánder) ábwägen; дать ~ кому́-л. j-m éine Chánce gében; име́ть все ~ы die bésten Cháncen háben; испо́льзовать благоприя́тный

~ die günstige Chánce áusnützen; не имѣ́ть никакѝх ~ов kéine Cháncen háben; предостáвить ~ кому́-л. j-m éine Chánce bíeten; упусти́ть ~ séine Chánce verspíelen [verpássen, vertún]; каковы́ ~ы? wie stéhen die Cháncen?; ~ы ограни́чены die Cháncen sind gering; ~ы расту́т die Cháncen stéigen

шеф м 1. (*руководитель*) Chef [ʃef] *m* ● ~ Пентаго́на Chef des Pentagons [ˈpen-]; ~пило́т Chéfpilot *m;* ~по́вар Chéfkoch *m;* ~ поли́ции Polizéichef *m* 2. (*шефствующая организация*) Páte *m*

широ́к‖ий breit, gróßangelegt, gróßzügig ○ ~ие возмо́жности umfássende Möglichkeiten; ~ая кампа́ния gróßangelegte Kampagne [-ˈpanjə]; ~ие ма́ссы bréite Mássen; ~ий обме́н áusgedehnter Áustausch; ~ое обсужде́ние bréite Diskussión; ~ие о́тклики bréites Écho; ~ие пла́ны gróßangelegte [wéitgehende] Pläne; ~ое примене́ние bréite Ánwendung; ~ая програ́мма umfássendes Prográmm; ~ая пропага́нда bréite [umfássende] Propagánda; ~ая пу́блика bréites Públikum, bréite Öffentlichkeit; cáмые ~ие круги́ wéite Kréise; cáмые ~ие полномо́чия wéitestgehende Vóllmachten; ~ие свя́зи wéitreichende Verbíndungen; ~ое строи́тельство gróßzügiger Áufbau; ~ое уча́стие bréite Betéiligung ● в ~их разме́рах im gróßen Máßstab [Áusmaß]; в ~ом смы́сле im wéiten Sínne ■ сде́лать ~ий жест éine gróßzügige Géste máchen

шкала́ ж Skála *f* ○ подвижна́я ~ bewégliche Skála; скользя́щая ~ gléitende Skála; ступе́нчатая ~ Stúfenskala ● дохо́дов Éinkommensskala; ~ зарабо́тной пла́ты Lóhnskala, Tarífskala; ~ обложе́ния нало́гом Tarífstaffelung *f;* Stéuertarif *m;* ~ оце́нок (*школьная*) Zensúrenskala; ~ премирова́ния Prämíerungsskala; ~ цен Préisskala

шко́л‖а ж Schúle *f* ○ вы́сшая ~а Hóchschule; нача́льная ~ Elementárschule, Grúndschule; общеобразова́тельная ~а állgemeinbildende Schúle; парти́йная ~а Partéischule; профессиона́льная ~а Berúfsschule; се́льская ~а Lándschule, Dórfschule; специа́льная ~а Spezíalschule; Sónderschule; сре́дняя ~а Míttelschule; Óberschule (*in der DDR*); ча́стная ~а Prívatschule [-v-] ● ~а-интерна́т Internátschule; ~а передово́го о́пыта Néuererschule; ~а продлённого дня Gánztagsschule; Tágesschule; ~а рабо́чей молодёжи Schúle der Árbeiterjugend; ~а с математи́ческим укло́ном Schúle mit erwéitertem Mathematíkunterricht; ~а с преподава́нием ря́да предме́тов на неме́цком языке́ Schúle mit erwéitertem Déutschunterricht; ~а с разде́льным обуче́нием (*мальчиков и девочек*) Schúle mit getrénntem Únterricht; дире́ктор ~ы Schúldirektor *m;* исключе́ние из ~ы Schúlverweisung *f* ■ око́нчить ~y die Schúle ábschließen [absolvíeren]; отда́ть кого́-л. в ~y j-n zur Schúle schícken; поступи́ть в ~y in die Schúle éintreten, die Schúle begínnen; стать по́длинной ~ой *перен.* éine léhrreiche Schúle sein; он прошёл хоро́шую ~y *перен.* er hat éine gúte Schúle dúrchgemacht

шко́льн‖ый Schul‖, schúlisch ○ ~ая обяза́тельное ~ое обуче́ние Schúlpflicht *f;* ~ые го́ды Schúljahre *pl;* ~ые кани́кулы Schúlferien *pl;* ~ые мероприя́тия schúlische Verántstaltungen; ~ое образова́ние Schúlbildung *f;* ~ая поли́тика Schúlpolitik *f;* ~ый пра́здник Schúlfeier *f;* ~ый това́рищ Schúlfreund *m;* ~ый учи́тель Schúllehrer *m*

шовини́зм *м* Chauvinísmus [ʃovi-] *m* ○ великодержа́вный ~ Gróßmachtchauvinismus

шовинисти́ческ‖ий chauvinístisch [ʃovi-] ○ ~ие взгля́ды chauvinístische Ánschauungen; ~ая идеоло́гия chauvinístische Ideologíe; ~ие настрое́ния chauvinístische Gesínnung; ~ая пози́ция chauvinístische Einstellung

шпио́нск‖ий Spionáge‖ [-ʒə] ○ ~ое гнездо́ Spionágenest *n;* ~ая организа́ция Spionágeorganisation *f;* ~о-подрывна́я дея́тельность Spionáge- und Zersétzungstätigkeit *f;* ~ая слу́жба Spionágedienst *m;* ~ий центр Spionágezentrum *n* ■ организова́ть ~ую сеть ein Spionágenetz áufziehen

штат *м* (*постоянный состав сотрудников*) Personálbestand *m* ○ администрати́вно-хозя́йственный ~ Verwáltungspersonal *n* ● ~ учителе́й Léhrkörper *m;* сокраще́ние ~ов Stéllenplankürzung *f,* Personálabbau *m;* утвержде́ние ~ов Bestätigung des Stéllenplans; чи́сленность ~a Personálstärke *f* ■ быть [состоя́ть] в ~e fest [háuptamtlich] ángestellt sein; включи́ть в ~ fest [háuptberuflich] ánstellen; увели́чивать ~ы den Personálbestand vergrößern

шта́тн‖ый háuptamtlich ○ ~ая до́лжность (háuptamtliche) Plánstelle *f;* etatmäßige [eta:-] Stélle; ~ый преподава́тель féstangestellter Léhrer; ~ое расписа́ние Stéllenplan *m;* ~ый сотру́дник háuptamtlicher Mítarbeiter

штраф *м* Stráfe *f* ○ администрати́вный ~ Verwáltungsstrafe; де́нежный ~ Géldstrafe, Géldbuße *f;* догово́рный ~ Vertrágsstrafe ● ~ за просро́чку платежа́ Verzúgszinsen *pl;* ~ за просто́й (*оборудования*) Stándgeld *n;* подлежа́щий ~y stráfbar ■ взима́ть ~ éine Géldstrafe éinziehen; налага́ть ~ на кого́-л. j-n mit éiner Stráfe belégen, éine Géldstrafe verhängen; отсро́чить упла́ту ~a éine Stráfe áussetzen; плати́ть ~ éine Stráfe záhlen

шту́чн‖ый Éinzel∥, Stück∥ ○ ~ый груз Éinzellast *f;* ~ое изготовле́ние Éinzelherstellung *f,* Éinzelfertigung *f;* ~ый това́р Stückware *f,* Stückgut *n*

Щ

ще́др‖ый gróßzügig, áusgiebig ○ ~ые дары́ réichliche Gáben; ~ая награ́да gróßzügige Áuszeichnung; ~ый пода́рок gróßzü-giges Geschénk; ~ая по́мощь gróßzügige Hílfe; ~ая приро́да fréigebige Natúr; ~ой руко́й mit vóllen Händen

щит *m* Schild *m;* Schild *n* ○ рекла́мный ~ *(стенд)* Wérbe-schild *n* ● ~ и меч Schild und Schwert; ~ на гербе́ Wáppenschild *m* ■ подня́ть кого́-л. на ~ *перен.* j-n auf den Schild hében; при-крыва́ться ~о́м sich mit dem Schild décken

Э

экза́мен *m* Exámen *n,* Prüfung *f* ○ вступи́тельный ~ Áuf-nahmeprüfung; выпускно́й ~ Ábschlußprüfung; госуда́рственный ~ Stáatsexamen; ко́нкурсный ~ Éignungsprüfung; перехо́дный ~ *(в шко́ле)* Zwíschenprüfung; стро́гий ~ strénge Prüfung ● ~ на аттеста́т зре́лости Réifeprüfung; поря́док проведе́ния ~ов Prüfungsordnung *f* ■ вы́держать ~ das Exámen [die Prüfung] áblegen [bestéhen]; гото́виться к ~y sich auf éine Prüfung vór-bereiten; допуска́ть кого́-л. к ~y j-n zu éiner Prüfung zúlassen; принима́ть ~ die Prüfung ábnehmen; провали́ться на ~e durch die Prüfung [durchs Exámen] fállen; проводи́ть ~ éine Prüfung ábhalten; устро́ить ~ кому́-л. j-m éinem Exámen unterzíehen

экземпля́р *m* Exemplár *n* ○ а́вторский [беспла́тный] ~ Autórenexemplar, Fréiexemplar; архи́вный ~ Archívexemplar; дефе́ктный ~ *(напр. кни́ги)* Féhlexemplar; еди́нственный ~ Unikát *n;* контро́льный ~ Kontróllexemplar, Belégexemplar;

обяза́тельный ~ Pflíchtexemplar; про́бный ~ Pró́beexemplar; сигна́льный ~ Signálexemplar ● ~ журна́ла Zéitschriftenexemplar; ~ кни́ги Búchexemplar ∎ утвержда́ть сигна́льный ~ das Signálexemplar fréigeben; в библиоте́ку поступи́л ре́дкий ~ die Bibliothék erhíelt ein séltenes Exemplár

эконо́мик‖а *ж* Wírtschaft *f*, Ökonomíe *f*, Ökonómik *f* ○ больна́я ~а *перен.* kránke Wírtschaft; вое́нная ~a Rüstungswirtschaft; капиталисти́ческая ~a kapitalístische Wírtschaft; милитаризо́ванная ~a militarisíerte Wírtschaft; национа́льная ~a Nationálwirtschaft *f*, Wírtschaft éines Lándes, nationále Wírtschaft, Nationálökonomie; не зна́ющая кри́зисов ~a krísenfreie Wírtschaft; отста́лая ~a rǘckständige Wírtschaft; передова́я ~a fórtschrittliche Wírtschaft; пла́новая ~a Plánwirtschaft; ры́ночная ~a Márktwirtschaft; социалисти́ческая ~a sozialístische Wírtschaft; управля́емая ~a gestéuerte [regulíerte] Wírtschaft; ча́стнокапиталисти́ческая ~a privátkapitalistische [-v-] Wírtschaft ● ~a народонаселе́ния Bevölkerungsökonomik; ~a промы́шленности Industríeökonomik; ~a се́льского хозя́йства Agrárökonomie; интенси́вное разви́тие ~и intensíve Entwícklung der Wírtschaft; милитариза́ция ~и die Militarisíerung der Wírtschaft; о́трасли ~и Wírtschaftsbereiche *pl;* перево́д ~и на преиму́щественно интенси́вный путь разви́тия Úmstellung der Wírtschaft auf den vórwiegend intensíven Entwícklungsweg; перестро́йка ~и Úmgestaltung der Wírtschaft; подъём ~и Áufschwung der Wírtschaft; усто́йчивый рост ~и stabíles Wírtschaftswachstum ∎ подрыва́ть ~y die Wírtschaft untergráben; преобразова́ть ~y die Wírtschaft úmgestalten; соверше́нствовать управле́ние ~ой die Léitung der Wírtschaft vervóllkommnen; укрепля́ть ~ю die Wírtschaft féstigen; улучша́ть управле́ние ~ой die Léitung der Wírtschaft verbéssern

экономи́ческ‖ий Wírtschafts‖, wírtschaftlich, ökonómisch ○ гла́вная ~ая зада́ча ökonómische Háuptaufgabe; ~ий администрати́вный райо́н Wírtschafts- und Verwáltungsrayon *m;* ~ий ана́лиз ökonómische Analýse; ~ая блока́да Wírtschaftsblokade *f;* ~ая борьба́ Wírtschaftskampf *m;* ~ая война́ Wírtschaftskrieg *m;* ~ая зави́симость wírtschaftliche Abhängigkeit; ~ое закаба́ление wírtschaftliche Knéchtung; ~ий зако́н ökonómisches Gesétz; ~ие иссле́дования wírtschaftswissenschaftliche Fórschungen; ~ий кри́зис Wírtschaftskrise *f;* ~ая мощь Wírtschaftsmacht *f*, Wírtschaftskraft *f;* ~ая нау́ка Wírtschaftswissenschaft *f;* ~ая неусто́йчивость wirtschaftliche Labilität; ~ое объедине́ние стран wirtschaftlicher Zusammenschluß von Ländern; ~ая осно́ва госуда́рства ökonomische Grundlage éines Staates; ~ие отноше́ния Wirtschaftsbeziehungen *pl;* ~ая отста́лость wirtschaftliche Rückständigkeit; ~ий переворо́т wirtschaftlicher Umschwung; ~ая поли́тика Wirtschaftspolitik *f;* ~ое положе́ние Wirtschaftslage *f;* ~ая по́мощь Wirtschaftshilfe *f;* ~ий потенциа́л Wirtschaftspotential *n;* ~ое потрясе́ние wirtschaftliche Erschütterung; ~ая самостоя́тельность wirtschaftliche Selbständigkeit; ~ие са́нкции wirtschaftliche Sanktionen; ~ие свя́зи Wirtschaftsverbindungen *pl;* ~ое соглаше́ние Wirtschaftsabkommen *n;* ~ое сообщество Wirtschaftsgemeinschaft *f;* ~ое соревнова́ние ökonomischer Wettbewerb; ~ое сотру́дничество wirtschaftliche Zusammenarbeit; Экономи́ческий и Социа́льный Сове́т ООН Wirtschafts- und Sozialrat der UNO; ~ий сою́з Wirtschaftsbündnis *n,* Wirtschaftsallianz *f;* ~ий спад wirtschaftlicher Rückschlag, wirtschaftliche Rezession; ~ий укла́д Wirtschaftsform *f;* ~ая форма́ция Wirtschaftsformation *f;* ~ая экспа́нсия Wirtschaftsexpansion *f;* ~ий эффе́кт wirtschaftlicher Nutzen

экономи́||я *ж* Einsparung *f;* Sparsamkeit *f* ○ абсолю́тная ~я absolute Einsparung; относи́тельная ~я relative Einsparung; сверхпла́новая ~я überplanmäßige Einsparung ● ~я вре́мени Zéiteinsparung *f;* ~я дене́жных средств Einsparung von Géldmitteln; ~я зарабо́тной пла́ты Lóhneinsparung *f;* ~я сырья́ и материа́лов Einsparung an [von] Rohstoffen und Material; ~я то́плива Einsparung an Treib- und Brennstoffen; ~я труда́ Arbeitseinsparung *f;* ~я электроэне́ргии Stromeinsparung *f;* режи́м ~и Sparsamkeitsregime [‑ʒiːm] *n*

экра́н *м* Léinwand *f* ○ голубо́й ~ TV-Bildschirm [teːˈfaʊ-] *m;* Mattscheibe *f (разг.)* ; широ́кий ~ Breitwand *f* ● „коро́ль" ~a der König der Léinwand ■ ви́деть на ~е auf der Léinwand séhen; демонстри́роваться на ~e über die Léinwand [den Bildschirm] géhen; следи́ть за собы́тиями на ~e das Geschéhen auf der Léinwand [am Bildschirm] verfolgen; фильм вы́шел на ~ der Film ist angelaufen

экспанциони́стский *см.* поли́тика

экспа́нси||я *ж* Expansion *f* ○ внешнеторго́вая ~я Außenhandelsexpansion; внешнеэкономи́ческая ~я Außenwirtschaftsexpansion; империалисти́ческая ~я imperialistische Expansion; креди́тная ~я Kreditausweitung *f,* Kreditexpansion; экономи́ческая ~я wirtschaftliche Expansión [Ausbreitung]; экспортная ~я Exportausweitung f ● политика ~и Expansiónspolitik f; стремле́ние како́го-л. госуда́рства к ~и Strében éines Státes nach Expansión, Expansiónsstreben éines Státes; тенде́нция к ~и Expansiónsbewegung f

эксперти́з‖**а** ж Gútachten f, Prüfung f ○ дополни́тельная ~a ergänzendes Gútachten; náchträgliche Prüfung; ко́мплексная ~a umfássendes Gútachten; контро́льная ~a Kontróllgutachten; пате́нтная ~a Paténtexpertise f; перви́чная ~a Erstgutachten; повто́рная ~a Zwéitgutachten, wiederhóltes Gútachten; профессиона́льная ~a fáchliches Gútachten; суде́бно-медици́нская ~a gerichtsmedizinisches Gútachten ● ~a ка́чества Qualitätsgutachten; ~a трудоспосо́бности Begútachtung der Arbeitstauglichkeit [der Arbeitsfähigkeit]; заключе́ние ~ы Ergébnis éines Gútachtens; результа́т ~ы Befúnd m ■ отда́ть на ~у ein Sáchverständigengutachten ánordnen; подверга́ть ~е der Begútachtung unterzíehen; begútachten lássen; производи́ть ~у ein Gútachten ánfertigen

эксплуата́ци‖**я** ж Ausbeutung f ○ беспоща́дная ~я rücksichtslose Ausbeutung; бессты́дная ~я schámlose Ausbeutung; бесчелове́чная ~я únmenschliche Ausbeutung; жесто́кая ~я национа́льных меньши́нств gráusame Ausbeutung nationáler Mínderheiten; кла́ссовая ~я Ausbeutung éiner Klásse; колониа́льная ~я koloniále Ausbeutung; хи́щническая ~я Ráubbau m (z. B. an Bodenschätzen) ● ~я наёмного труда́ Ausbeutung von Lóhnarbeitern; ~я рабо́чей си́лы Ausbeutung der Arbeitskraft; ~я челове́ка челове́ком Ausbeutung des Ménschen durch den Ménschen; в усло́виях ~и únter den Bedíngungen der Ausbeutung, únter Ausbeutungsverhältnissen; о́бщество, осно́ванное на ~и auf Ausbeutung berúhende Geséllschaft, Ausbeutergeséllschaft f; спо́соб ~и Ausbeutungsweise f; сте́пень ~и Ausbeutungsgrad m; сфе́ра ~и Ausbeutungsbereich m ■ освободи́ть от капиталисти́ческой ~и von kapitalístischer Ausbeutung befréien

э́кспорт м Expórt m, Áusfuhr f ○ ко́свенный ~ índirekter Expórt, índirekte Áusfuhr; непосре́дственный ~ Diréktexport, Diréktausfuhr ● ~ зерна́ Getréideexport; ~ капита́ла Kapitálexport; ~ са́хара Zúckerexport; ~ сельскохозя́йственных проду́ктов Agrárexport; ~ угля́ Kóhleexport; объём ~a Expórtvolumen n; поощре́ние ~a Expórtförderung f; преоблада́ние

~а над импортом Exportüberschuß *m;* произвóдство на ~ Exportproduktion *f;* соглашéние об ~е чегó-л. Exportabkommen *n* über (*A*); сокращéние ~а Exporttrückgang *m,* увеличéние ~а Exportsteigerung *f* ■ осуществля́ть ~ контрреволю́ции - den Export der Konterrevolution vollziehen; рабóтать на ~ für den Export produzieren; расширя́ть ~ den Export erweitern; ~ растёт der Export steigt [nimmt zu]; ~ сокраща́ется der Export nimmt ab

экспортн‖ый Export‖, Ausfuhr‖ ○ ~ый груз Exportfracht *f;* ~ый зака́з Exportauftrag *m;* ~ые креди́ты Exportkredite *pl;* ~ая лицéнзия Exportlizenz *f,* Ausfuhrbewilligung *f;* ~ые ограничéния Ausfuhrbeschränkungen *pl;* ~ая поста́вка Exportlieferung *f;* ~ая пóшлина Exportzoll *m;* ~ые това́ры Exportgüter *pl,* Exportartikel *pl;* ~ая торгóвля Exporthandel *m;* ~ая фи́рма Exportfirma *f,* Ausfuhrhaus *n*

экстренн‖ый Sofort‖, Sonder‖; außerordentlich ○ ~ый вы́пуск (*газеты*) Extrablatt *n,* Extraausgabe *f;* ~ое заседа́ние außerordentliche Sitzung *f,* Sondersitzung *f;* ~ая мéра außerordentliche Maßnahme; ~ая пресс-конферéнция Sonderpressekonferenz *f;* ~ое совеща́ние Sofortberatung *f;* ~ое торможéние Notbremsung *f;* в ~ых слу́чаях in dringenden Fällen

эмба́рго *c* Embargo *n* ● ~ на вы́воз Ausfuhrsperre *f,* Exportsperre *f,* Ausfuhrverbot *n;* ~ на поста́вку зерна́ в каку́ю-л. страну́ Getreideembargo gégen ein Land; ~ на торгóвлю Handelsembargo ■ вводи́ть ~ ein Embargo verhängen; вводи́ть ~ на ввоз ору́жия das Waffenembargo durchsetzen; наложи́ть ~ на что-л. etw. mit Embargo belegen, für [auf] etw. (*A*) ein Embargo legen, ein Embargo über etw. (*A*) verhängen; наложи́ть ~ на все находя́щиеся в порту́ суда́ ein Embargo auf alle im Hafen befindlichen Schiffe legen; отмени́ть ~ на что-л. das Embargo auf etw. (*A*) aufheben; снима́ть ~ das Embargo aufheben

энтузиа́зм *м* Elan *m,* Enthusiasmus *m* ○ горя́чий [пла́менный] feuriger Enthusiasmus; тво́рческий ~ миллиóнов schöpferischer Elan von Millionen; трудовóй ~ Arbeitseifer *m,* Arbeitselan; Leistungsbereitschaft *f;* ю́ношеский ~ jugendlicher Elan ● пóлный ~а voller Enthusiasmus ■ защища́ть [отста́ивать] что-л. с ~ом etw. mit Enthusiasmus verfechten

эскала́ци‖я *ж* Eskalation *f* ○ беспримéрная ~я гóнки вооружéний beispiellose Rüstungseskalation ● ~я агрéссии Eskalation der Aggression; ~я войны́ Eskalation des Krieges; опа́сность

~и Eskalatiónsgefahr *f;* поли́тика ~и Politík der Eskalatión; по-ро́г ~и Eskalatiónsschwelle *f;* преде́л ~и Eskalatiónsgrenze *f;* ступе́нь ~и Eskalatiónsstufe *f*

эстафе́та *ж* Stafétte *f* ● ~ ми́ра Fríedensstafette; ~ сверше́ний Stafétte der Léistungen

эта́п *м* Etáppe *f* ○ заключи́тельный ~ Schlußetappe ● ~ разви́тия Entwícklungsetappe; на совреме́нном ~e разви́тия auf der héutigen Entwícklungsstufe; нача́ло но́вого ~a в полити́ческом разви́тии Begínn éiner néuen Etáppe in der polítischen Entwícklung; победи́тель ~a *(велоспорт)* Etáppensieger *m* ■ нача́ть но́вый ~ в исто́рии госуда́рства éine néue Etáppe in der Geschíchte éines Stáates éinleiten

эффе́кт *м* Effékt *m,* Nútzen *m,* Wírkung *f* ○ народнохо-зя́йственный ~ vólkswirtschaftlicher Nútzen; непосре́дственный экономи́ческий ~ dirékter ökonómischer Nútzeffekt [Nútzen]; реа́льный ~ reáler Nútzen ● ~ производи́тельности Produktivi-tätseffekt; ~ разорва́вшейся бо́мбы Wírkung der explodíerten Bómbe ■ дать бы́стрый ~ éine rásche Wírkung háben; ~ ра́вен нулю́ der Effékt ist gleich null; ~ мероприя́тия был незначи́те-лен der Effékt díeser Máßnahme war gering

эффекти́вность *ж* Effektivität *f,* Nútzeffekt *m* ○ техни́че-ская ~ь произво́дства téchnischer Wírkungsgrad der Produk-tión; экономи́ческая ~ь ökonómische Effektivität, ökonómi-scher Nútzeffekt ● ~ь испо́льзования основны́х фо́ндов Grúnd-fondseffektivität [-fó:-]; ~ь произво́дства Produktiónseffekti-vität; ~ь труда́ Effektivität der Árbeit; ме́ра ~и Effektivitäts-maß *n;* повыше́ние ~и Effektivitätszuwachs *m;* у́ровень ~и Effektivitätsgrad *m*

эффекти́вный wírksam, wírkungsvoll ○ ~ые ме́ры wírk-same Máßnahmen; ~ый ме́тод wírkungsvolle [wírksame] Methóde; ~ые сре́дства wírksame Míttel; ~ая фо́рма сотру́дничества wírksame [effektíve] Form der Zusámmenarbeit ■ оказа́ть кому́-л. ~ую по́мощь j-m wírksame Hílfe léisten

Ю

юбиле́й *м* Jubiläum *n* ○ столе́тний ~ Húndertjahrfeier *f;* трид-цатиле́тний ~ dréißigjähriges Jubiläum ● ~ трудово́й де́ятельности Dienstjubiläum ■ отмеча́ть [пра́здновать] ~ ein Jubiläum feiern [begehen]

юриди́ческ‖ий Rechts//, juristisch ○ ~ий акт juristischer Akt, Rechtsakt *m;* ~ая консульта́ция Rechtsberatungsstelle *f;* ~ое лицо́ juristische Person; ~ая наука Rechtswissenschaft *f;* ~ое образова́ние juristische Ausbildung; ~ая по́мощь juristischer Beistand; ~ое рассле́дование juristische Untersuchung; ~ий факт rechtserhebliche [juristische] Tatsache; ~ий факульте́т juristische Fakultät ■ прида́ть сде́лке ~ую фо́рму eine Abmachung in eine juristische Form kleiden, einer Abmachung eine juristische Form geben

юрисди́кци‖я *ж* Jurisdiktion *f,* Rechtsprechung *f* ■ облада́ть ~ей richterliche Gewalt besitzen [ausüben]; подлежа́ть ~и in den Zuständigkeitsbereich fallen, der Jurisdiktion unterstehen; der Zuständigkeit eines Gerichts unterliegen; госуда́рство осуществля́ет ~ю на свое́й террито́рии der Staat übt die Jurisdiktion auf seinem Hoheitsgebiet aus; прови́нции э́той страны́ подлежа́т ~и прави́тельства die Provinzen dieses Landes unterstehen der Jurisdiktion der Regierung

юсти́ци‖я *ж* Justiz *f,* Rechtspflege *f* ○ вое́нная ~я Militärjustiz ● сове́тник ~и Justizrat *m*

Я

явле́ние *с* Erscheinung *f* ○ аналоги́чное ~ analoge Erscheinung; боле́зненное ~ Krankheitserscheinung, Krankheitsbild *n;* едини́чное ~ Einzelerscheinung; засто́йные явле́ния *мн.* Stagnationserscheinungen; исключи́тельное ~ Ausnahmeerscheinung; кри́зисное ~ Krisenerscheinung; ма́ссовое ~ Massenerscheinung; побо́чное ~ Nebenerscheinung; повседне́вное ~ Alltagserscheinung; поголо́вное ~ allgemeine Erscheinung; примеча́тельное социа́льное и обще́ственно-полити́ческое ~ beachtenswerte soziale und gesellschaftspolitische Erscheinung; соверше́нно норма́льное ~ völlig normale Erscheinung; стра́нное ~ sonderbare [eigentümliche] Erscheinung; типи́чное ~ typische Erscheinung; трево́жное ~ alarmierende Erscheinung; угрожа́ющее ~ bedrohliche Erscheinung ● ~ приро́ды Naturerscheinung

я́вн‖ый offenbar, offensichtlich ○ ~ое беззако́ние offene